MÉMOIRE

SUR LE

SYSTÈME PRIMITIF DES VOYELLES

DANS LES

LANGUES INDO-EUROPÉENNES

PAR

FERDINAND DE SAUSSURE.

LEIPSICK

EN VENTE CHEZ B. G. TEUBNER.

1879.

LEIPSICK : IMPRIMERIE B. G. TEUBNER.

TABLE DES MATIÈRES.

	Pages
Revue des différentes opinions émises sur le système des *a*	1
Chapitre I. Les liquides et nasales sonantes	6
§ 1. Liquides sonantes	6
§ 2. Nasales sonantes	18
§ 3. Complément aux paragraphes précédents	45
Chapitre II. Le phonème A dans les langues européennes	50
§ 4. La voyelle *a* des langues du nord a une double origine	50
§ 5. Equivalence de l'*a* grec et de l'*a* italique	52
§ 6. Le phonème A dans les langues du nord	62
Chapitre III. Les deux *o* gréco-italiques	69
§ 7. o_2 gréco-italique. — a_2 indo-européen	70
§ 8. Second *o* gréco-italique	96
Chapitre IV. § 9. Indices de la pluralité des *a* dans la langue mère indo-européenne	116
Chapitre V. Rôle grammatical des différentes espèces d'*a*	123
§ 10. La racine à l'état normal	123
§ 11. Rôle grammatical des phonèmes A et *ọ*. Système complet des voyelles primordiales	134
§ 12. Aperçu synoptique des variations du vocalisme amenées par la flexion	185
§ 13. Aperçu synoptique des variations du vocalisme amenées par la formation des mots	228
Chapitre VI. De différents phénomènes relatifs aux sonantes *i*, *u*, *r*, *n*, *m*	239
§ 14. Liquides et nasales sonantes longues	239
§ 15. Phénomènes spéciaux	275
Additions et corrections	284
Registre des mots grecs	289

Etudier les formes multiples sous lesquelles se manifeste ce qu'on appelle l'*a* indo-européen, tel est l'objet immédiat de cet opuscule: le reste des voyelles ne sera pris en considération qu'autant que les phénomènes relatifs à l'*a* en fourniront l'occasion. Mais si, arrivés au bout du champ ainsi circonscrit, le tableau du vocalisme indo-européen s'est modifié peu à peu sous nos yeux et que nous le voyions se grouper tout entier autour de l'*a*, prendre vis-à-vis de lui une attitude nouvelle, il est clair qu'en fait c'est le système des voyelles dans son ensemble qui sera entré dans le rayon de notre observation et dont le nom doit être inscrit à la première page.

Aucune matière n'est plus controversée; les opinions sont divisées presque à l'infini, et les différents auteurs ont rarement fait une application parfaitement rigoureuse de leurs idées. A cela s'ajoute que la question de l'*a* est en connexion avec une série de problèmes de phonétique et de morphologie dont les uns attendent encore leur solution, dont plusieurs n'ont même pas été posés. Aussi aurons-nous souvent, dans le cours de notre pérégrination, à traverser les régions les plus incultes de la linguistique indo-européenne. Si néanmoins nous nous y aventurons, bien convaincu d'avance que notre inexpérience s'égarera mainte fois dans le dédale, c'est que pour quiconque s'occupe de ces études, s'attaquer à de telles questions n'est pas une témérité, comme on le dit souvent: c'est une nécessité, c'est la première école où il faut passer; car il s'agit ici, non de spéculations d'un ordre transcendant, mais de la recherche de données élémentaires, sans lesquelles tout flotte, tout est arbitraire et incertitude.

Je suis obligé de retirer plusieurs des opinions que j'ai émises dans un article des Mémoires de la Société de Linguistique de Paris intitulé: «Essai d'une distinction des différents *a* indo-européens». En particulier la ressemblance de *ar* avec les phonèmes sortis du *r̥* m'avait conduit à rejeter, fort à contre-cœur, la théorie des liquides et nasales sonantes à laquelle je suis revenu après mûre réflexion.

Bopp et ceux qui suivirent immédiatement l'illustre auteur de la *Grammaire Comparée* se bornèrent à constater qu'en regard des trois voyelles *a e o* des langues européennes, l'arien montrait uniformément *a*. L'*e* et l'*o* passèrent dès lors pour des affaiblissements propres aux idiomes de l'Occident et relativement récents de l'*a* unique indo-européen.

Le travail de M. Curtius dans les Sitzungsberichte der Kgl. Sächs. Ges. der Wissensch. (1864) enrichit la science d'un grand fait de plus: M. Curtius montrait que l'*e* apparaît à la même place dans toutes les langues d'Europe, qu'il ne peut par conséquent s'être développé indépendamment dans chacune d'elles. Et partant de l'idée reçue que la langue-mère ne possédait que les trois voyelles *a i u*, il tira cette conclusion, que tous les peuples européens avaient dû traverser une période commune, où, parlant encore une même langue, ils étaient déjà séparés de leurs frères d'Asie: que durant cette période une partie des *a* s'étaient — sous une influence inconnue — affaiblis en *e*, tandis que le reste persistait comme *a*. Plus tard les différentes langues ont laissé s'accomplir, séparément les unes des autres, un second scindement de l'*a* qui a produit l'*o*. Au sud de l'Europe néanmoins, cette voyelle a dû prendre naissance dès avant la fin de la période gréco-italique, vu la concordance de l'*o* des deux langues classiques, notamment dans la déclinaison des thèmes masculins en *-a* (*ἵππος* = *equos*).

Nous croyons représenter exactement le système de M. Curtius par le tableau suivant[1]:

1. Il y faut ajouter cependant la remarque suivante des Grundzüge (p. 54): «le dualisme (Zweiklang) primitif *gan* (skt. *gan-â-mi*) et *gân* (skt.

Indo-europ.	*a*	*ā*
Européen	*a; e*	*ā*
Plus tard .	*a o; e*	*ā*

L'exposé de M. Fick (Spracheinheit der Indogermanen Europas, p. 176 seq.) reproduit en gros le système précédent. L'ancien *a* s'est scindé dans la période européenne en *a* et *e*. Lorsqu'un mot montre *e* dans toutes les langues, il faut supposer que le changement de son *a* en *e* remonte jusqu'à cette période; apparaît-il au contraire avec *a* ou *o*, ne fût-ce que dans une seule langue, il faut admettre que l'*a* subsistait encore à l'époque de la communauté. L'*ablaut* du grec *δέρκομαι δέδορκα*, mais surtout du germanique *ita at*, est une admirable utilisation du scindement de l'*a*. Sur ce dernier point chez M. Curtius cf. la note ci-dessous.

Autre était le système de Schleicher. Admettant dans chaque série vocalique deux degrés de renforcement produits par l'adjonction d'un ou de deux *a*, il posait pour la série de l'*a* les trois termes: *a aa āa*.

Il retrouve ces trois degrés en grec: *a* y est représenté ordinairement par ε (ex. *ἔδω*), puis par ο (*ποδός*) et par α (*ἄκων*). *a* + *a*, le premier renforcement, est représenté par ο lorsqu'il se produit sur un ε, ainsi «*γέ-γον-α*, forme première: *ga-gān-a*; skr. «*ǵa-ǵān-a*, à côté de *ἐ-γεν-όμην*.» Ce même degré se traduit sous la forme de ᾱ, η, lorsqu'il a un α pour base: *ἔλακον*, *λέλᾱκα*. Le second renforcement est ω: *ἔρρωγα*. — Le gothique posséderait aussi les trois degrés; les autres langues auraient confondu les deux renforcements.

L'arbre généalogique des langues, tel que le construisait Schleicher, n'étant pas celui que la plupart des autres savants ont adopté et ne comportant pas de période européenne, il est

---

«parf. *ǵa-ǵân-a*), *bhar* (skt. *bhar-â-mi*) et *bhâr* (skt. *bhâra-s* fardeau) de-«vint par une substitution insensible d'abord: *gen gan*, *bher bhar*, puis *gen* «*gon* (*γενέσθαι*, *γέγονα*), *bher bhor* (*φέρω*, *φόρος*). Mais rien ne peut faire «penser qu'il y ait jamais eu une période où *γεν* et *γον*, *φερ* et *φορ* se «seraient échangés arbitrairement, de telle sorte qu'il eût pu arriver de «dire *γονέσθαι*, *φόρω* ou inversément *γέγενα*, *φέρος*.» Ici par conséquent le savant professeur admet une diversité originaire de l'*e* et de l'*o* et fait remonter l'*o* de *γέγονα* à l'indo-européen *ā*.

clair que l'*e* des langues d'Europe ne remonte pas pour lui à une origine commune. En particulier l'*i* gothique a dans son Compendium une toute autre place que l'*ε* grec: ce dernier est considéré comme le représentant régulier de l'*a* indo-européen, l'*i* gothique comme un affaiblissement anormal. Nous faisons donc abstraction de l'idée d'un développement historique commun du vocalisme européen, en formulant dans le schéma suivant le système de Schleicher:

Indo-europ.	*a*	*aa*	*āa*
Européen	*a e o*	*a o ā*	*ā*

Il faut noter en outre que l'*α* grec et l'*a* latin ne sont pas mentionnés comme degrés renforcés.

Dans un opuscule intitulé: «Die bildung der tempusstämme durch vocalsteigerung» (Berlin 1871), le germaniste Amelung, prématurément enlevé à la science, a essayé d'appliquer le système de Schleicher d'une manière plus conséquente en le combinant avec la donnée de l'*e* commun européen. Cet *e* est à ses yeux le seul représentant normal de l'*a* non renforcé. L'*a* européen — sous lequel il comprend aussi l'*o*, comme l'avait fait M. Curtius — remonte au premier renforcement qu'il désigne par *ā*, et le second renforcement (*â*) est l'*ā* long des langues d'Europe. Les présents tels que goth. *fara*, gr. *ἄγω*, *ὄζω* montrent donc une voyelle renforcée, et il faut admettre que ce sont des dénominatifs. — En un mot le dualisme d'*e* et *a* est primitif, et le rapport qu'il y a entre eux est celui de la voyelle simple à la voyelle renforcée. Voici le tableau:

Indo-europ.	*a*	*ā*	*â*
(Arien	*a*	*a ā*	*ā*)
Européen	*e*	*a*	*ā*
Gothique	*i*	*a*	*ō*
Grec	*ε*	*α o*	*ā ω*

Le débat qu'Amelung a eu sur cette question avec M. Leo Meyer dans le Journal de Kuhn (XXI et XXII) n'a pas apporté de modification essentielle à ce système qui a été exposé une seconde fois d'une manière détaillée dans la *Zeitschrift für deutsches Alterthum* XVIII 161 seq.

M. Brugman (Studien IX 367 seq. K. Z. XXIV 2) fait remonter l'existence de l'*e*, en tant que voyelle distincte de toute autre, à la période indo-européenne, sans prétendre par là que sa prononciation ait été dès l'origine celle d'un *e*; et il en désigne le prototype par a_1. Concurremment à cette voyelle, le même savant trouve dans gr. lat. slav. *o* = lith. goth. *a* = skr. *ā* (du moins dans les syllabes ouvertes) un phonème plus fort qu'il appelle a_2 et dont la naissance serait provoquée par l'accent.

D'après cette théorie on dresse assez généralement le tableau suivant, qui cependant n'est certainement pas celui qu'approuverait M. Brugman lui-même, puisqu'il fait allusion (Studien IX 381) à la possibilité d'un plus grand nombre d'*a* primitifs:

	(*a*)		
Indo-europ.	a_1	a_2	*ā*
Européen	*e*	*a*	*ā*

On voit qu'en résumé, pour ce qui est des langues de l'Occident, les différents auteurs, quel que soit leur point de vue, opèrent avec trois grandeurs; l'*e*, l'*a* et l'*ā* des langues européennes. Notre tâche sera de mettre en lumière le fait qu'il s'agit en réalité de quatre termes différents, et non de trois; que les idiomes du nord ont laissé se confondre deux phonèmes fondamentalement distincts et encore distingués au sud de l'Europe: *a*, voyelle simple, opposée à l'*e*; et *o*, voyelle renforcée, qui n'est qu'un *e* à sa plus haute expression. La dispute entre les partisans du scindement (*a* primitif affaibli partiellement en *e*) et ceux du double *a* originaire (a_1, a_2 devenus *e* et *a*), cette dispute, il faut le dire, porte dans le vide, parce qu'on comprend sous le nom d'*a* des langues d'Europe un aggrégat qui n'a point d'unité organique.

Ces quatre espèces d'*a* que nous allons essayer de retrouver à la base du vocalisme européen, nous les poursuivrons plus haut encore, et nous arriverons à la conclusion qu'ils appartenaient déjà à la langue-mère d'où sont sorties les langues de l'Orient et de l'Occident.

Chapitre I.

Les liquides et nasales sonantes.

Avant de commencer une recherche sur l'*a*, il est indispensable de bien déterminer les limites de son domaine, et ici se présente d'emblée la question des liquides et nasales sonantes: car quiconque admet ces phonèmes dans la langue-mère considérera une foule de voyelles des périodes historique de la langue comme récentes et comme étrangères à la question de l'*a*.

L'hypothèse des nasales sonantes a été mise en avant et développée par M. Brugman, Studien IX 287 seq. Dans le même travail (p. 325), l'auteur a touché incidemment le sujet des liquides sonantes, dont la première idée est dûe, paraît-il, à M. Osthoff.

§ 1. Liquides sonantes.

Dans la langue-mère indo-européenne la liquide ou les liquides, si l'on en admet deux, existaient non-seulement à l'état de *consonnes*, mais encore à l'état de *sonantes*, c'est-à-dire qu'elles étaient susceptibles d'accent syllabique, capables de former une syllabe. C'est ce qui a lieu, comme on sait, en temps historique, dans le sanskrit. Tout porte à croire que les liquides sonantes n'ont jamais pris naissance que par un affaiblissement, en raison duquel l'*a* qui précédait la liquide se trouvait expulsé; mais cela n'empêche pas, comme nous le verrons, de les placer exactement sur le même rang que *i* et *u*.

Il est certain tout d'abord qu'au *r̥* indien[1] correspond presque constamment en zend un phonème particulier, très-voisin

1. Le signe diacritique que nous adoptons pour marquer les liquides et nasales sonantes (*r̥ n̥ m̥*) a un emploi différent dans les Grundzüge der Lautphysiologie de Sievers (p. 89). Aussi avons-nous cherché à l'éviter, mais inutilement: qu'on considère que la désignation ordinaire *ṛ* devenait impossible, puisqu'elle eût entraîné la confusion de la nasale sonante (*ṇ*) avec la nasale cérébrale sanskrite; que d'autre part la désignation *r̲* (Sievers, Brugman) ne saurait être introduite dans la transcription du sanskrit, qu'enfin le caractère *r̥* a été employé déjà par M. Ascoli précisément avec la valeur du *ṛ*-voyelle, et l'on reconnaîtra que si nous innovons, c'est du moins dans la plus petite mesure possible.

sans doute du *r̥*-voyelle, savoir *ĕrĕ:* aussi le *r̥* de la période indo-iranienne ne trouvera plus aujourd'hui de sceptiques bien décidés. — L'ancien perse, il est vrai, n'offre rien de semblable, si ce n'est peut-être *akunavam* = skr. *ákr̥ṇavam*. En regard du skr. *kr̥tá*, du zd. *kĕrĕta*, il montre *karta*, et il n'y a point là d'inexactitude de l'écriture, car la transcription grecque nous donne *αρ*, par exemple dans *ἄρξιφος* = skr. *r̥ǵipyá*, zd. *ĕrĕzifya* «faucon»[1]. Les noms qui contiennent *Ἀρτα-* sont moins probants à cause du zend *asha* qui, lui aussi, remonte à **arta* en dépit du skr. *r̥tá*.

En présence de l'accord du zend et du sanskrit, on est forcé d'admettre que le perse a confondu des phonèmes différents à l'origine, et c'est là un des exemples les plus patents de la tendance générale des langues ariennes à la monotonie du vocalisme; l'iranien en cela rend des points au sanskrit, mais dans le sein de l'iranien même l'ancien perse est allé plus loin que le zend.

En regard du *r̥* des langues ariennes, les langues d'Europe montrent toutes un *r*-consonne (ou *l*-consonne) accompagné d'une voyelle distinctement articulée. Mais cette voyelle est, chez plusieurs d'entre elles, de telle nature, qu'on ne saurait ramener simplement le groupe phonique où elle se trouve à *a* + *r*, et que tout parle au contraire pour qu'elle ne soit qu'un développement anaptyctique survenu postérieurement.

Au *r̥* arien et indo-européen répond:

En grec: *αρ, αλ; ρα, λα*
En latin: *or, ul* (*ol*)
En gothique: *aúr, ul*

Le slave et le lithuanien n'ont pas conservé d'indice positif du *r̥*. On peut dire seulement que cette dernière langue l'a remplacé souvent par *ir, il*.

1. La forme perse a dû être *arzifiya*. Disons tout de suite que le mot existe aussi en grec avec la substitution régulière: d'abord dans l'idiome macédonien où il a la forme *ἀργίπους* (Hes.) pour laquelle M. Fick (K. Z. XXII 200) a tort de chercher une autre étymologie. A côté d'*ἀργίπους* l'Etymol. Mag. nous a conservé *αἰγίποψ· ἀετὸς ὑπὸ Μακεδόνων* qui est évidemment le même mot, et ceci nous amène avec sûreté au grec *αἰγυπιός*. La disparition du *ρ* a son analogie dans deux autres cas de *r̥*-voyelle: *μαπέειν* de *μάρπτω* et *αἴγλη* = skr. *r̥ǵrá*. Pour l'*ι* d'*αἰγυπιός* et d'*αἴγλη* v. ces mots au registre.

Nous passons à l'énumération des cas:

1. Syllabe radicale.

L'ordre adopté ici, pour distinguer les différents cas où apparaît *r̥*, se base sur une classification nouvelle des racines, qui ne pourra être justifiée que plus tard mais qui ne saurait non plus désorienter le lecteur.

Nous ne nous occuperons que des racines contenant *e*. — Toute racine qui dans les langues d'Europe contient *e*, a la faculté d'expulser cet *e* et de prendre ainsi une forme plus faible, à condition seulement que les combinaisons phoniques ainsi produites puissent se prononcer commodément.

Sont à ranger dans les racines contenant *e*: les racines où se trouvent les diphthongues *ei* et *eu* et qu'on a l'habitude de citer sous leur forme affaiblie, privée d'*e*; ainsi *kei*, *sreu*, *deik*, *bheugh* (*ki*, *sru*, *dik*, *bhugh*).

L'*i* et l'*u* de ces racines, ainsi que la liquide et la nasale des racines telles que *derk bhendh*, peuvent prendre le nom de *coefficient sonantique*. Ils concourent au vocalisme de la racine. Suivant que l'*e* persiste ou disparaît, leur fonction varie: *r*, *l*, *m*, *n*, de consonnes deviennent sonantes; *i* et *u* passent de l'état *symphthongue* à l'état *autophthongue*.

A. Racines terminées par un coefficient sonantique.

Exemples *kei* (forme faible *ki*) *sreu* (f. fble *sru*) *bher* (f. fble *bhr*) *men* (f. fble *mn*).

B. Racines renfermant un coefficient sonantique suivi d'une consonne.

Ex. *deik* (f. fble *dik*) *bheugh* (f. fble *bhugh*) *derk* (f. fble *dr̥k*) *bhendh* (f. fble *bhn̥dh*).

C. Racines sans coefficient sonantique, terminées par une consonne.

Ex. *pet* (f. fble *pt*) *sek* (f. fble *sk*) *sed* (f. fble *sd*).

Nous n'avons pas à nous occuper ici des racines *terminées* par *e*, comme, en grec, θε δε ἑ.

Dans la forme faible, selon que le suffixe ajouté commence par une consonne ou par une voyelle, les racines de la classe A seront assimilables à celles de la classe B ou à celles de la classe C.

En effet, dans la classe B, le coefficient sonantique, à l'instant où l'*e* disparaît, prend nécessairement la fonction de voyelle puisqu'il se trouve entre deux consonnes. C'est là aussi ce qui arrive pour les racines de la classe A, lorsqu'elles prennent un suffixe commençant par une consonne: ainsi *mn̥-to.*

Mais si le suffixe commence par une voyelle, leur coefficient sonantique aura la qualité de consonne, et ces mêmes racines ressembleront de tout point aux racines de la classe C; ainsi *ἐ-πλ-ό-μην* comme *ἔ-σχ-ο-ν.*

En vue du but spécial que nous nous proposons dans ce chapitre, nous tirons des remarques qui précèdent l'avantage suivant: c'est que nous connaissons le point précis où il faut s'attendre à trouver les liquides sonantes et que nous assistons pour ainsi dire à leur formation; la comparaison seule d'un *r̥* indien avec un *αρ* grec n'a, en effet, qu'une valeur précaire si l'on ne voit pas comment cet *αρ* a pris naissance et s'il y a une probabilité pour que ce soit un *ar* ordinaire. Partout où l'*e* tombe normalement, partout en particulier où apparaît l'*i* ou l'*u* autophthongue, les liquides sonantes doivent régulièrement exister ou avoir existé, si la position des consonnes les forçait à fonctionner comme voyelles.

a. FORMATIONS VERBALES.

AORISTE THÉMATIQUE. On a dit souvent que ce temps coïncidait entièrement, pour ce qui est de la forme, avec l'imparfait de la sixième classe verbale des grammairiens hindous. Reste à savoir si cette sixième formation remonte aux temps indo-européens, comme cela est indubitable pour notre aoriste, mais infiniment moins certain pour le présent.

Quoi qu'il en soit, cet aoriste réclame l'expulsion de l'*e* — ou de l'*a* dans les langues ariennes —. En conséquence les racines des classes A et C (v. plus haut) font en grec très-régulièrement:

πελ:	*ἐ-πλ-ό-μην*	*πετ:*	*ἐ-πτ-ό-μην*
(ἐ)γερ:	*(ἐ)γρ-ε-το*	*σεχ:*	*ἔ-σχ-ο-ν*
		1 *σεπ:*	*ἔ-σπ-ο-ν*
		2 *σεπ:*	*ἐνί-σπ-ε*[1]

1. La présence de l'*ε* dans les trois derniers exemples atteste l'ancienneté de cette formation. — En ce qui concerne *ἔνισπε* on ne peut repousser complètement l'idée qu'il y a là un imparfait dont le présent

Les impératifs σχές et ἐνίσπες ont déterminé M. Curtius à admettre dans ces deux aoristes la métathèse de la racine[1]. M. Osthoff dans son livre: *das Verbum in der Nominalcomposition* p. 340, a déjà déclaré ne pouvoir souscrire à une opinion semblable de l'éminent linguiste relative aux présents comme γίγνομαι, μίμνω, et cela en partant aussi de la conviction que la dégradation de la racine y est absolument normale. Comment d'ailleurs la métathèse se mettra-t-elle d'accord avec le vocalisme des thèmes σχε σχο, σπε σπο? — Ces impératifs ont donc suivi l'analogie de θές, ἕς.

Chose étonnante, le sanskrit ne forme cet aoriste que sur les racines de la classe B: les formes comme ἔ-πτ-ε-το lui sont étrangères; la seule trace qu'il en offre peut-être est la 3me personne du plur. *kránta* qui, à côté de *ákrata* (3e pl.) a l'air d'être une forme thématique; qu'on veuille bien comparer plus bas ce qui a trait aux nasales des désinences[2].

En revanche les exemples abondent pour les racines de la forme B: *róhati áruhat*, *várdhati ávr̥dhat* etc. En grec φευγ fait ἔφυγον, στειχ fait ἔστιχον; de même, et c'est là que nous en voulions venir,

δέρκομαι	fait	ἔ-δρακ-ο-ν	(skr. *ádr̥çam*)
πέρθω	-	ἔ-πραθ-ο-ν	
πέρδω	-	ἔ-παρδ-ο-ν	
τέρπω	-	ταρπ-ώ-μεθα	

ἔτραπον de τρέπω vient aussi d'une forme ἔτr̥πον, mais ici c'est une liquide *précédant l'e* qui s'est transformée en sonante.

Aoriste thématique redoublé. Il n'est pas certain que les aoristes causatifs du sanskrit soient immédiatement comparables aux aoristes grecs redoublés. Mais il existe d'autres aoristes in-

---

serait *ἰ-σπ-ω. Cf. ἴ-σχ-ω, πί-πτ-ω et notre note 1, page 11. Il faudrait donc diviser ainsi: ἐν-ί-σπ-ε.

1. Dans les autres aoristes on aurait la syncope. Verbum II 7.

2 M. Delbrück (Altind. Verb. p. 63) dit bien que *sran* dans *avasran* (R. V. IV 2, 19) contient la voyelle thématique. Mais les preuves positives manquent et Grassmann interprète cette forme d'une manière toute différente (*a-vas-ran*). — *á-gama-t* est d'une autre formation qui se reproduit en grec dans le dorien ἔ-πετο-ν, dans l'attiq. ἔ-τεμο-ν. Cet aoriste-là coïncide pour la forme avec l'imparfait de la 1re classe verbale. C'est l'aoriste non-sigmatique slave: *nesŭ*.

diens, moins nombreux, qui coïncident exactement avec les formes grecques: ici encore l'*a* (*e*) est invariablement expulsé.

Racines des formes A et C:

skr. *sać*: *á-sa-çć-a-t*[1] gr. σεπ: ἑ-σπ-έ-σθαι

pat: *á-pa-pt-a-t* κελ: ἐ-κέ-κλ-ε-το

φεν: ἔ-πε-φν-ο-ν

τεμ: ἔ-τε-τμ-ο-ν

Racines de la forme B, avec *i*, *u* pour coefficient sonantique:

skr. *tveš*: *á-ti-tviš-a-nta* gr. πειθ: πε-πιθ-έ-σθαι

πευθ: πε-πυθ-έ-σθαι

Et enfin avec une liquide pour coefficient sonantique:

skr. *darh*: *á-da-dṛh-a-nta* gr. τερπ: τε-τάρπ-ε-το

M. Delbrück range une partie de ces formes indiennes dans le plus-que-parfait; mais si l'on peut accéder sans réserves à sa manière de voir pour les formes *sans voyelle thématique* comme *aǵabhartana*, on n'en sera que plus enclin à placer les premières sous la rubrique aoriste.

Parfait. Le parfait indo-européen affaiblissait la racine au pluriel et au duel de l'actif, et dans tout le moyen. Voy. en particulier Brugman Stud. IX 314. Ce mode de formation s'est conservé intact dans les langues ariennes.

Racines des formes A et C:

skr. *sar*: *sa-sr-ús* *pat*: *pa-pt-ús*

Devant les suffixes commençant par une consonne, certaines racines en *r* n'admettent pas l'*i* de liaison, et l'on a alors un *ṛ* comme dans *ća-kṛ-má*. Ce même *i* de liaison permet, chez les racines de la classe C, des formes telles que *pa-pt-imá*[2].

---

1. On dira qu'*ásaçćat* est imparfait (présent *sáçćati*); sans doute, mais il n'y a pas de limite fixe entre les deux temps. Les aoristes redoublés sont les imparfaits d'une classe verbale que la grammaire hindoue a oubliée et dans laquelle rentreraient, avec *sáçćati*, le skr. *sīdati*, le part. *pibdamāna*, le gr. πίπτω, γίγνομαι, μίμνω, μέμβλεται etc.

2. M. Brugman (Studien IX 386) éprouve une certaine hésitation à attribuer aux périodes les plus anciennes des formes comme *paptima*, et croit plutôt qu'elles doivent le jour à l'analogie de *ća-kr-* etc. Au fond la question reviendrait à cette autre, de savoir si la voyelle de liaison existait déjà dans la langue-mère, auquel cas *pat* faisait nécessairement *pa-pt-* au parfait pluriel. Or l'*u* des formes germaniques (bundum, bundufs) s'accorderait bien avec cette hypothèse, et l'α du grec γεγήθαμεν

En arrivant aux racines de la forme B nous pouvons tout de suite mettre le gothique en regard de l'indien:

bhaugh: skr. *bu-bhuǵ-imá* goth. *bug-um*

et avec *r̥*:

vart: skr. *va-vr̥t-imá* goth. *vaurþ-um*

Cf. goth. *baug* = *bubhóga*, *varþ* = *vavárta*.

En grec la forme du singulier a peu à peu empiété sur celle du pluriel; dans les quelques restes de la formation primitive du pluriel actif (Curtius Verb. II 169) nous trouvons encore *ἐπέπιθμεν* en regard de *πέποιθα*, *ἔικτον* en regard de *ἔοικα*, mais le hasard veut qu'aucun cas de *r̥* n'ait subsisté [1]. Le moyen du moins s'est mieux conservé:

Racines de la forme A:

σπερ:	*ἔ-σπαρ-ται*	*περ*:	*πε-παρ-μένος*
δερ:	*δε-δαρ-μένος*	*στελ*:	*ἔ-σταλ-μαι*
φθερ:	*ἔ-φθαρ-μαι* cf. *ἔ-φθορ-α*		
μερ:	*εἵ-μαρ-ται*, et *ἔ-μβρα-ται* Hes. — cf. *ἔ-μμορ-α*		

Il est superflu de faire remarquer encore ici que *ἔ-φθαρ-μαι* est à *φθερ* ce que *ἔ-σσυ-μαι* est à *σευ*.

Les langues italiques ont trop uniformisé la flexion verbale pour qu'on puisse s'attendre à retrouver chez elles l'alternance des formes faibles et des formes fortes. Mais il est fort possible que les doublets comme *verto* — *vorto* proviennent de cette source. On ne doit pas attacher beaucoup d'importance à *pepuli* de *pello*, *perculi* de *percello*; il y a peut-être là le même affaiblissement de la voyelle radicale que dans *detineo*, *colligo*, avec cette différence que l'influence du *l* aurait déterminé la teinte *u* au lieu d'*i*.

L'ombrien possède, en regard de l'impératif kuvertu, le futur antérieur vurtus — prononcé sans doute vortus — formé

---

n'y répugne pas, bien qu'il s'explique plus probablement par la contamination du singulier *γέγηθα* et de la 3e p. du plur. *γεγήθασι*; qu'on compare enfin le latin *-imus* dans *tulimus*. — Dans cette question il faut considérer aussi les parfaits indiens comme *sedimá*, gothiques tels que *sētum*, et latins tels que *sēdimus* qui sont reconnus pour contenir la racine redoublée et dénuée de voyelle. Ainsi *sedimá* = **sa-zd-imá*. Il va sans dire que la même analyse phonétique ne serait pas applicable à chacune de ces formes: la formation s'est généralisée par analogie.

1. *τέ-τλᾰ-μεν* vient de la rac. *τλᾱ* comme *ἕστᾰμεν* de *στᾱ*; son *λα* ne remonte pas à une liquide sonante.

sur le thème faible du parfait. Sur les tables en écriture latine on a *covertu* et *covortus*. Si l'on était certain que *covortuso* fût un parfait (v. Bréal, Tables Eugubines p. 361), cette forme serait précieuse. Seulement il ne faut pas perdre de vue que sur sol italique *vort-* représente aussi bien *va₂rt-* que *r̥t-*, en sorte que toutes ces formes ont peut-être pour point de départ le singulier du parfait, non pas le pluriel; elles n'en restent pas moins remarquables. Autre exemple: p e r s n i m u, p e p u r k u r e n t.

PRÉSENT. Dans la 2ᵉ et la 3ᵉ classe verbale, au présent et à l'imparfait, la racine ne conserve sa forme normale qu'aux trois personnes du singulier de l'actif; le duel, le pluriel et tout le moyen demandent l'expulsion de l'*a*: ainsi, en sanskrit, pour ne citer que des racines de la forme A:

e	fait	*i-más*	*kar*	fait	*kr̥-thás* (véd.)
ho	-	*ǵu-hu-más*	*par*	-	*pi-pr̥-más*

En grec *πίμ-πλα-μεν* correspond exactement à *pi-pr̥-más*; cette forme, en effet, n'appartient point à une racine *πλᾱ* qui serait la métathèse de *πελ*, autrement les Doriens diraient *πίμπλᾱμι*. L'*η* panhellène indique au contraire que *πίμπλημι* est une transformation récente de **πιμπελμι* = skr. *píparmi*[1].

La rac. *φερ* prend la forme *πι-φρα-* (dans *πιφράναι*) qui est égale au skr. *bi-bhr̥-* (*bibhr̥más*). Les traces nombreuses de l'*ε*, par exemple dans *φρές* (Curtius Stud. VIII 328 seq.), nous garantissent que la racine était bien *φερ*, non *φρᾱ*.

Les autres formations du présent n'offrant dans les langues d'Europe que des traces incertaines de *r̥*, il n'y aurait pas grand avantage à les passer en revue. Rappelons seulement le latin *po(r)sco* identique à l'indien *pr̥ććhāmi*. Si la racine est bien *prak*, le *r̥* est né ici de la même manière que dans *ἔτραπον* de *τρέπω*. Pour comparer ces deux présents, il faut partir de l'idée que *posco* est bien le descendant direct de la forme indo-européenne, exempt de toute contamination venant des autres formes ver-

---

1. Il existe, il est vrai, des formes comme *πλᾶθος* (v. Joh. Schmidt Vocal. II 321), mais celles qui se trouvent chez les tragiques attiques sont, suivant Ahrens, des dorismes de mauvais aloi, et celles des inscriptions peuvent provenir, comme les formes éléennes bien connues, d'un passage secondaire d'*ᾱ* à *α*. On pourrait du reste admettre que *πλᾱ* existait parallèlement à *πελ*. Cf. récemment Schrader Studien X 324.

bales, et une telle supposition aura toujours quelque chose de périlleux, étant donnée l'habitude des dialectes italiques de passer le niveau sur le vocalisme de la racine et de propager une seule et même forme à travers toute la flexion. Mais, dans le cas de *posco*, c'est sans doute précisément la forme du présent qu'on a généralisée de la sorte. — Avec les mêmes réserves, on peut rapprocher *horreo* et *torreo*, ce dernier dans le sens intransitif seulement, des présents indiens *hṛ̊ṣyati* et *tṛ̊ṣyati*[1]; ces deux racines montrent l'*e* dans les formes grecques non affaiblies: **χέρσος**, **τέρσομαι**.

b. FORMATIONS NOMINALES.

Dans les langues ariennes, le PARTICIPE PASSÉ PASSIF en -TÁ rejette régulièrement l'*a* radical, si cela est possible, c'est-à-dire si la racine est de la forme A ou B (page 8). Ainsi en sanskrit *yo* donne *yu-tá*, en zend *dar* donne *dĕrĕ-ta*, etc. A la dernière forme citée correspond exactement le grec **δαρ-τό** ou **δρα-τό** de **δέρω**, et l'on a de même **σπαρτός** de **σπερ**, **καρτός** de **κερ**, (**πάμ-**)**φθαρτος** de **φθερ**.

Dans **φερτός**, dans **ἄ-δερκτος** et dans les autres adjectifs semblables, il faut voir des formations récentes. C'est ainsi, pour ne citer que cet exemple entre cent, qu'à côté de l'ancien **πύσ-τι-ς** = skr. *buddhi*, nous voyons apparaître **πεῦσις**, formé à nouveau sur l'analogie de **πεύθομαι**.

La racine de **σπάρτον** (câble) est **σπερ**, comme on le voit par **σπεῖρα**.

βλαστός = skr. *vṛ̊ddhá* montre aussi un **λα** fort régulier; mais comme ce participe a perdu son présent, notre principal moyen de contrôle, savoir l'**ε** des formes congénères, nous fait ici défaut.

Le latin a *pulsus* de *pello*, *vulsus* de *vello*, *perculsus* de *per-cello*, *sepultus* de *sepelio*.

M. Fick identifie *curtus* — qui paraît être sorti de **cortus* — au grec **καρτός**.

pro-cul rappelle vivement l'indien *vi-pra-kṛ̊ṣ-ṭa* (éloigné), *pra-kṛ̊ṣ-ṭa* (long, grand, en parlant d'une distance); il faudrait alors le ramener à un cas du thème **proculsto-*[2]. *recello* et *procello* ont

1. Mémoires de la Soc. de Linguistique III 283.
2. Ou au comparatif neutre **proculstis*, **proculsts*?

d'ailleurs un sens voisin de celui du skr. *karš*, mais comme *verro* s'en approche encore davantage, toute cette combinaison est sujette à caution.

On a comparé l'ancien mot *forctus* (Corssen Ausspr. I² 101) au skr. *dṛḍhá* de *darh*.

L'étymologie *porta a portando* étant difficile à accepter, *porta* doit être un participe de la racine *per* (d'où gr. *πείρω, διαμπερές*), et il équivaudrait à une forme grecque **παρτή*.

Le gothique a les participes *þaurft(a)-s, daurst(a)-s, faurht(a)-s, handu-vaurht(a)-s, skuld(a)-s*.

L'adjonction du SUFFIXE -TI nécessite également l'expulsion de l'*a* (*e*) radical. Nous ne citons que les cas où cette loi a donné naissance au *ṛ*:

Les exemples abondent dans les langues d'Asie: skr. *bhṛ-tí*, zend *bĕrĕ-ti* de la rac. *bhar*, et ainsi de suite.

Le grec a *κάρ-σις* de *κερ*. Hésychius donne: *ἀγαρρίς· ἄθροισις* (l'accent paraît être corrompu) qui doit remonter à **ἄγαρ-σι-ς* de *ἀγείρω*. — *στάλ-σις* de *στελ* est d'une époque tardive.

Le gothique forme sur *bairan: ga-baurþ(i)-s*, sur *tairan: ga-taurþ(i)-s;* de même *þaurft(i)-s, fra-vaurht(i)-s*.

Le latin *fors* (thème *for-ti-*) de *fero* coïncide avec le skr. *bhṛtí*. — *mors* est l'équivalent du skr. *mṛti*, seulement le prés. *morior* et le grec *βροτός* montrent que l'*o* est répandu par toute la racine et recommandent donc la prudence.

sors, pour **sorti-s*, paraît être sorti de la même racine *ser* qui a donné *exsero, desero, praesertim*[1]. Le mot serait donc à l'origine simplement synonyme d'*exsertum*.

Si les adverbes en *-tim* dérivent, comme on le pense, de thèmes nominaux en *-ti*, il faut citer ici l'ombrien *trah-vorfi* = *transversim;* cf. *covertu*.

Le SUFFIXE -Ú demande, dans la règle, l'affaiblissement de

---

1. Toute différente est la racine de *con-sero, as-sero* qui signifie *attacher*. Le *sero* dont nous parlons est le skr. *sárati, sisarti* «couler, avancer»: composé avec la préposition *pra* il a aussi le sens transitif et donne le védique *prá bāhávā sisarti* (R. V. II 38, 2) «il étend les bras», exactement le grec *χεῖρας ἰάλλειν* (= *σι-σαλ-γειν, σι-σλ-γειν*). Le verbe *insero* peut appartenir à l'une ou à l'autre des deux racines en question.

la racine. En dehors des langues ariennes, le r̥ ainsi produit se reflète encore fidèlement dans l'adjectif gothique:

þaursus (rac. *þers*) = skr. *tr̥šú*

Nous insistons moins sur les adjectifs grecs:

βραδύς = skr. *mr̥dú*[1]

πλατύς = skr. *pr̥thú*

Le lithuanien *platùs* donnerait à croire que le *λα* de *πλατύς* est originaire, car dans cette langue on attendrait *il* comme continuation du r̥. En tous cas on aimerait trouver parallèlement à *πλατύς*, *βραδύς* des formes contenant l'*e*[2].

Lorsque les racines des classes A et B (page 8) sont employées SANS SUFFIXE comme thèmes nominaux, elles expulsent leur *a* (en Europe leur *e*). Sous cette forme elles servent fréquemment en composition:

skr. *bhed*: *pūr-bhíd* *darç*: *sam-dŕ̥ç*

Tel est, en grec, l'adverbe *ὑπό-δρα(κ)* de *δερκ*. Cf. pour la fonction comme pour la forme le skr. *ā-pŕ̥k* «mixtim».

Voici enfin quelques mots, de différentes formations, qui renferment un r̥:

Skr. *hŕ̥d* «cœur» = lat. *cord-*. Le grec *καρδία*, *κρᾰδίη* se place à côté de la forme indienne *hr̥dí*. — Le goth. *hairto*, le gr. *κῆρ* (= *κερδ*? Curtius Grdz. 142) offrent une forme non affaiblie de la racine.

Skr. *ŕ̥kša* «ours» = gr. *ἄρκτος* = lat. *ursus* (**orcsus*).

Le lat. *cornua* au pluriel répond peut-être exactement au védique *çŕ̥ṅgā*; il serait donc pour **corngua*. Dans cette hypothèse le singulier ne serait pas primitif. Le goth. *haurn*, dans la même supposition remonterait à **haurng*, et la flexion se serait dirigée d'après la forme du nom.-accus. où la gutturale devait facilement tomber[3].

---

1. A côté de *βραδύς* on a avec *l*: *ἀβλαδέως· ἡδέως* Hes. ce qui rend bien vraisemblable l'ancienne étymologie du latin *mollis* comme étant pour **moldvis*.

2. *πλέθρον*, *πέλεθρον* seraient-ils par hasard ces parents de *πλατύς* où nous trouverions l'*e*?

3. Le capricorne, ce coléoptère à grandes antennes, qui s'appelle en grec *κεράμβυξ*, nous a peut-être conservé la trace d'un ancien thème **κ(ε)ραμβο-* = *çŕ̥ṅga*.

Le rapprochement du grec *τράπελος* avec le skr. *tṛprá, tṛpála* (Fick W. I[3] 96) demeure très-incertain.

κάρχαρος «hérissé» (cf. *κάρκαρος*) fait penser au skr. *kṛcchrá* «âpre, pénible etc.»

Le lat. *furnus* «four» sort de **fornus* = skr. *ghṛṇá* «ardeur».

κελαινός «noir», ramené à **κ(ε)λασνyο-ς*, devient le proche parent du skr. *kṛṣṇá* (même sens)[1].

λαυκăνίη «gosier» est pour **σλακϝαν-ίη*, amplification du thème *sṛ́kvan* qui signifie en sanskrit *coin de la bouche;* le thème parent *srákva* a suivant Böhtlingk et Roth le sens général de *bouche, gueule*[2]. L'épenthèse de l'*υ* dans le mot grec a des analogies sur lesquelles nous aurons l'occasion de revenir. Chez des auteurs post-homériques on trouve aussi *λευκανίη*.

ε-ὐλάκα (lacon.) «charrue», *α-ὖλακ-ς* «sillon» répondent, d'après l'étymologie de M. Fick, au védique *vṛ́ka* «charrue».

Le lat. *morbus* est sans doute parent du skr. *mṛ́dh* «objet hostile, ennemi», mais la différence des thèmes ne permet pas d'affirmer que l'*or* du mot latin soit sorti de *ṛ*.

ταρτημόριον· τὸ τριτημόριον Hes. Cf. skr. *tṛtī́ya*.

Gr. *πράσον* = lat. *porrum* contient sans doute aussi le *ṛ*.

Si l'on fait abstraction des formations courantes, comme les substantifs grecs en *-σι-ς*, dans lesquelles la voyelle du présent devait inévitablement pénétrer peu à peu, les exceptions à la loi de correspondance énoncée en commençant sont peu nombreuses.

Les cas tels que *γέλγις* — *gṛ́ñjana, merda* — *mṛ́d*, ou *περκνός* — *pṛ́çni* n'entrent pas en considération, vu que les thèmes ne sont pas identiques; à côté de *περκνός* nous trouvons d'ailleurs *πρακνός* (Curt. Grdz. 275). — *δειράς* (dor. *δηράς*) «crête de montagne» a été rapproché de skr. *dṛṣád* «pierre», mais à tort, car *δειράς* ne saurait se séparer de *δειρή*.

---

1. Ce qui rend suspecte la parenté de *κελαινός* avec *κηλίς*, c'est l'*a* du dorien *κᾱλίς* et du lat. *cālīgo*.

2. Si l'on compare en outre les sens de *srakti*, on reconnaît que tous ces mots contiennent l'idée de *contour*, d'*angle* ou d'*anfractuosité*. Ce mot d'*anfractuosité* lui-même s'y rattache probablement en ligne directe, car le latin *an-fractus* sort régulièrement de **am-sractus* comme **cerefrum, cerebrum* de *ceres-rum*. Cf. cependant Zeyss K. Z. XVI 381 qui divise ainsi: *anfr-actus*. — Le grec ajoute à cette famille de mots: *ῥακτοί· φάραγγες, πέτραι, χαράδραι* et *ῥάπται· φάραγγες, χαράδραι, γέφυραι*. Hes.

L'identification de *Φλέγυς* avec *bhŕ̥gu* (Kuhn, herabk. des feuers) est séduisante, mais elle ne peut passer pour parfaitement sûre.

Au skr. *kŕ̥mi* répond presque sans aucun doute, et très-régulièrement pour ce qui est du r̥, le goth. *vaúrms;* mais le gr. *ἕλμις*, le lat. *vermis* montrent *e*. La forme de ce mot a du reste une instabilité remarquable dans son consonantisme[1] aussi bien que dans la voyelle radicale: l'épel *krimi* est très-fréquent en sanskrit, et *λίμινϑες· ἕλμινϑες· Πάφιοι* (Hes.) nous donne la forme correspondante du grec.

2. Syllabes suffixales.

Les noms de parenté et les noms d'agent en -TAR expulsent, aux cas faibles, l'*a* du suffixe qui se réduit à *-tr*, ou, devant les désinences commençant par une consonne, à *-tr̥*. De là:

gr. *πα-τρ-ός*, lat. *pa-tr-is:* cf. skr. *pi-tr-ā́*

et avec r̥: gr. *πα-τρά-σι* = skr. *pi-tŕ̥-šu.*

V. Brugman, *zur Gesch. der stammabstufenden Declinationen,* Studien IX 363 seq. On a de même: *μητράσι*, *ἀνδράσι*, *ἀστράσι* etc.

Le mot en *-ar* est-il le premier membre d'un composé, il faut attendre la forme faible, comme dans l'indien *bhrātr̥-varga.* Peut-être en grec *ἀνδρά-ποδο-ν* est-il, comme le prétend M. Brugman, un dernier échantillon de ce mode de formation.

Au nom.-acc. sing. de certains neutres apparaît un suffixe *-r̥* ou *-r̥-t* qui a donné skr. *yakŕ̥t* = gr. *ἧπαρ* = lat. *jecur* (probablement pour **jequor*). Cependant tous les neutres grecs en *-αρ* ne remontent pas à une forme en r̥: *οὖϑαρ,* par exemple, répond au védique *ū́dhar,* et son *α* n'est point anaptyctique.

§ 2. Nasales sonantes.

Tandis que la liquide sonante s'est maintenue du moins dans l'antique langue de l'Inde, les nasales sonantes ont entièrement disparu, comme telles, du domaine indo-européen[2]. Il y a

1. Le *k* remplacé par *v*, au lieu de *kv;* le *m* remplacé par *v* dans le slave *čr̥vĭ;* la liquide variant entre *l* et *r*, et cela, même en-deçà des limites du grec, ainsi que l'indique la glose: *ῥόμος· σκώληξ ἐν ξύλοις.*

2. Il n'est naturellement pas question ici des nasales sonantes qui se sont formées à nouveau, dans plusieurs langues anciennes et modernes.

plus: la liquide, en cessant d'être sonante, n'a point du même coup cessé d'exister; elle s'est bornée à prendre la fonction de consonne. Autre a été le sort des nasales, soit dans le grec, soit dans les langues ariennes: en donnant naissance à un phonème vocalique, elles ont elles-mêmes succombé, et, pour mettre le comble à la complication, le phonème en question est venu se confondre avec l'*a*.

Cet *a* n'a rien qui le fasse distinguer de prime abord dans le sanskrit ni dans le zend. En grec on peut heureusement le reconnaître plus facilement, parce qu'il se trouve souvent opposé à un *ε* radical (*τείνω* — *τατός*).

Dans les langues congénères la nasale s'est conservée; en revanche, la voyelle qui s'est développée devant elle a pris, dans plusieurs de ces idiomes, la couleur de l'*e*; et il est souvent impossible de savoir si le groupe *en* remplace réellement une nasale sonante.

Le travail où M. Brugman a exposé sa théorie offre des matériaux considérables à qui est désireux d'étudier la question; mais il convient de rassembler ici les principaux faits dont il s'agit en les plaçant dans le cadre qui nous a servi pour les phénomènes relatifs aux liquides. Les deux séries se complètent et s'éclairent ainsi l'une l'autre.

Voici les différents phonèmes qui sont sortis des nasales sonantes:

(Indo-eur.	*n̥* [*ṅ̥*]	*m̥*)	(Indo-eur.	*n̥* [*ṅ̥*]	*m̥*)
Arien [1]	*a*	*a*	Latin	*en*	*em*
Grec	*α*	*α*	Paléosl.	*ę*	*ę*
Goth.	*un*	*um*	Lithuan.	*in*	*im*

Les nasales sonantes ont pu prendre naissance de deux manières: ou par la chute d'un *a*, comme c'est toujours le cas pour les liquides sonantes; ou par l'adjonction à un thème consonantique d'une désinence commençant par une nasale. Nous considérons d'abord le premier cas:

---

1. Il s'entend qu'en zend l'*a* sorti de la nasale sonante participe aux affections secondaires de l'*a*, par exemple à la coloration en *e*.

1. Syllabe radicale.

a. FORMATIONS VERBALES.

Aoriste thématique (cf. page 9). L'indien *randh* «tomber aux mains de» a un aoriste *á-radh-a-t*, lequel sort de **a-r̥ndh-a-t*, à supposer du moins que la racine soit bien *randh*, et non *radh*.

On voit ici dès l'abord le contraste des conceptions, suivant qu'on croit ou non à la nasale sonante. Jusqu'ici on regardait la nasale d'une racine telle que *randh* comme un élément mobile rejeté dans la forme faible. Avec la théorie nouvelle c'est au contraire l'*a* qui a été rejeté, en concordance parfaite avec ce qui a été développé plus haut, et l'*a* que nous voyons, l'*a* de ár*a*dhat, équivaut à une nasale, car il est fait de la substance même de cette nasale évanouie. Si le hasard avait voulu que ce fût un *u* et non un *a* qui se développât dans les langues ariennes sur la nasale sonante, l'aoriste en question serait «*árudhat*».

Le grec est là pour en donner la preuve irréfragable, car chez lui la monotonie de l'*a* cesse et le dualisme se révèle dans les deux teintes *ε* et *α*:

La racine *πενθ* donne l'aoriste: *ἔ-παθ-ο-ν*[1].

L'aoriste thématique redoublé ne fournit aucun exemple grec. En sanskrit on peut citer le védique *ća-krad-a-t* de *krand*[2].

L'aoriste sans voyelle thématique qui coïncide pour la forme avec l'imparfait de la 2me classe verbale[3] n'a pas été mentionné plus haut à propos des liquides, parce qu'il n'offrait aucun cas de *r̥* en Europe. — Le singulier de l'actif conserve l'*a* (*e*). Le reste de l'actif ainsi que tout le moyen l'expulsent; on a donc en sanskrit:

---

1. Ce n'est pas que, dans l'espèce, nous n'ayons quelques doutes sur la véritable qualité de l'alpha d'*ἔπαθον*, et cela à cause du latin *patior*, sur lequel nous reviendrons plus bas. Mais *ἔπαθον* se trouve être le seul aoriste thématique où l'on puisse supposer une nasale sonante, et, si on le récusait, il suffirait de renvoyer aux exemples qui suivent.

2. Toujours en supposant que la nasale est radicale.

3. Les formes qui ont le «vriddhi» comme *áçvait*, *ávāţ* sont entièrement différentes. Il faut y voir, avec M. Whitney, des aoristes sigmatiques.

1° Racines de la forme A (page 8):

	Singulier	Pluriel, duel et moyen
çro:	*á-çrav-[a]m; á-çro-t*	*çru-tám*
var:	*á-var(-s)*	*á-vr̥-ta*

et avec nasale sonante dans la forme faible:

gam:	*á-gan(-t)*	*ga-tám*

2° Racines de la forme B:[1]

	Singulier	Pluriel, duel et moyen
doh:	*á-dhok-(t)*	*á-duh-ran*
varǵ:	*várk(-s)*	*á-vr̥k-ta*

M. Brugman me fait part d'une explication très-ingénieuse des aoristes grecs comme *ἔχευα, ἔσσευα* qui jusqu'alors avaient résisté à toute analyse. Ce sont les formes de l'actif correspondant aux aoristes moyens comme *ἐχύμην, ἐσσύμην*. La flexion primitive était: *ἔχευα* (pour *ἔχευm̥*), **ἔχευς*, **ἔχευ(τ)*; — pluriel **ἔχυμεν* etc.; — moyen *ἐχύμην*. Comme au parfait, l'*α* de la première personne *ἔχευα* s'est propagé par tout l'actif, et l'ancien pluriel à syllabe radicale faible s'est retiré devant des formes forgées sur le modèle du singulier (*ἐχεύαμεν*). Cet **ἔ-χυ-μεν* qui n'existe plus et qui est à *ἔχευα* ce qu'en sanskrit **á-çru-ma* est à *á-çrav-am* a son analogue parfait, avec nasale sonante, dans la forme *ἔ-κτă-μεν* (rac. *κτεν*): seulement, dans ce dernier aoriste, c'est le singulier qui a subi des changements sous l'influence du pluriel: **ἔ-κτεν-α*, **ἔ-κτεν(-τ)* ont été remplacés par *ἔκταν, ἔκτă*. — Dans *κτά-μεναι, κτά-σθαι, κτά-μενος, ἀπ-έ-κτα-το* l'*α* doit être sorti directement de la sonante. — M. Curtius (Verb. I² 192) fait remarquer que l'hypothèse d'une racine *κτα* est inadmissible.

Parfait (cf. page 11). Les racines de la forme A présentent encore en grec des restes du parfait primitif tels que:

μέ-μα-τον; cf. sing. *μέ-μον-α* de *μεν*
γε-γά-την; cf. pf. sg. *γέ-γον-α* de *γεν*;

et au moyen:

τέ-τα-ται de *τεν* *πέ-φα-ται* de *φεν*[2]

---

1. Les racines de cette forme contenant une nasale ne paraissent pas fournir d'exemple.

2. La 3e pl. *πέφανται* est une formation récente faite sur l'analogie des racines en *α*; il faudrait régulièrement *πε-φν-αται*. — *γεγάασι, μεμαυῖα* et les autres formes où le suffixe commence par une voyelle n'ont pu se

Dans les formes indiennes, la voyelle de liaison a permis à la nasale de rester consonne: *ǵa-gm-imá*, *ta-tn-išé*. Le participe *sa-sa-ván* (de *san*) offre la sonante; voy. cependant ce mot au registre.

Dans les racines de la forme B on peut citer avec M. Brugman: skr. *tastámbha*, 3e pl. *tastabhús* (c'est-à-dire *tastm̥bhús*); *ćaććhánda* a un optatif *ćaććhadyā́t*. En grec on a **πεπαθυῖα** en regard de **πέπονθα** (rac. **πενθ**); M. Brugman adoptant en outre une leçon d'Aristarque obtient: **πέπασθε** (= **πέ-παθ-τε**) au lieu de **πέποσθε** Iliad. 3, 99 et pass. — Cf. cependant notre remarque sur **ἔπαθον**, p. 20 i. n.

Le gŏth. *bund-um* (rac. *bend*) est naturellement pour *bn̥dum*, et tous les verbes gothiques de cette classe présentent semblablement la sonante au parf. pluriel et duel.

Présent. Dans la 2e classe verbale (cf. page 13) on peut signaler en grec (**ἔ**)**ραμαι** ramené à **ῥm̥-μαι** dans un récent article de M. Brugman K. Z. XXIII 587; la racine est la même que dans l'indien *rámati* «se plaire, etc.». En sanskrit nous trouvons par exemple: *hán-ti*, 2e plur. *ha-thás*, c'est-à-dire *hn̥-thás*.

La 8me classe verbale fera l'objet d'un prochain travail de M. Brugman, où il montrera que *tanómi*, *vanómi* etc., sont pour *tn̥-nó-mi*, *vn̥-nó-mi*. Aussi le grec montre-il l'alpha significatif dans **τά-νυ-ται** de la racine **τεν**, dans **ἄ-νυ-ται** de la rac. **ἑν**[1]. Cela est dans l'ordre, puisqu'on a, de la rac. *$k_2$ai*: *ći-nómi*, de la rac. *dhars*: *dhr̥š-nómi* et non pas: «*ćc :nomi*, *dharš-nomi*»[2].

La classe des inchoatifs ajoute *-ska* à la racine *privée d'a*: skr. *yú-ććhati* de *yo*, *uććháti* de *vas*. Il est clair par conséquent que *yá-ććhati* de *yam*, *gá-ććhati* de *gam* ont la nasale sonante, et il n'y

produire que par analogie. Il est remarquable que les formes fortes du singulier soient restées à l'abri de toute contamination de ce genre, car **γέγαα**, **μέμαα** n'existent que dans nos dictionnaires ainsi que le montre Curtius Verb. II 169. L'ancienne flexion: **γέγονα**, plur. **γέγαμεν** est donc encore transparente.

1. M. Curtius a montré l'identité de **ἄνυται** (Homère a seulement **ἤνυτο**) avec le skr. *sanuté* (rac. *san*); la sifflante a laissé une trace dans l'esprit rude de l'att. **ἁ-νύ-ω**. Quant à la racine non affaiblie **ἑν**, elle vit dans le composé **αὐθ-έν-της** «auteur d'une action». Cf. Fick Wœrterb. I3 789.

2. Les formes comme **δείκνυμι**, **ζεύγνυμι** sont des innovations du grec.

a pas de raison de croire que le grec *βά-σκω* soit formé différemment, bien qu'il puisse venir de la racine sœur *βᾱ*.

b. FORMATIONS NOMINALES.

Le suffixe -TÁ (cf. page 14) donne les thèmes suivants:

de *tan* (*ten*): skr. *ta-tá* = gr. *τα-τός* = lat. *ten-tus*
de *g₂am* (*g₂em*): skr. *ga-tá* = gr. *βα-τός*[1] = lat. *ven-tus*
de *man* (*men*): skr. *ma-tá* = gr. *μα-τος*[2] = lat. *men-tus*[2]
de *gh₂an* (*gh₂en*): skr. *ha-tá* = gr. *φα-τός*[3]
de *ram* (*rem*): skr. *ra-tá* = gr. *ἐρα-τός* (= lat. *lentus*?)

Ces formes indiennes auxquelles il faut ajouter *yatá* de *yam*, *natá* de *nam*, *kšatá* de *kšan*, et qui se reproduisent dans le zend et l'ancien perse (zd. *gata* «parti», a. p. *ǵata* «tué» etc.) appartiendraient suivant Schleicher Beiträge II 92 seq. à des racines en -*ā*, et l'auteur s'en sert pour démontrer la théorie qu'on connaît; mais comment se ferait-il que ce fussent précisément là les seuls cas d'un *a* sanskrit terminant une racine et que dans tous les exemples où la nasale n'est pas en jeu, on trouve *i* ou *ī* dans les mêmes participes: *sthitá*, *pītá*? On peut dire tout au contraire que cet *a* porte en lui-même la preuve de son origine nasale.

Les thèmes en -TI (cf. page 15) sont tout semblables aux précédents: skr. *tati* = gr. *τάσις*, cf. lat. *-tentio*; *kšati* (de *kšan*) a pour parallèle grec l'homérique *ἀνδρο-κτασίη* (de *κτεν*). Le skr. *gáti*, le gr. *βάσις* et le goth. (*ga-*)*qumþ*(*i*)*s* se réunissent de même dans l'indo-européen *g₂m̥-ti*. Le goth. (*ga-*)*mund*(*i*)*s* répond au véd. *matí* (skr. classique *máti*), au lat. *men*(*ti*)*s*[4].

THÈMES EN -Ú (cf. page 15). L'identité de l'ind. *bahú* et du gr. *παχύς* (*bahulá* = *παχυλός*) s'impose avec non moins de force que

---

1. *βατός* pourrait aussi appartenir à la racine *βᾱ* qui a donné *ἔβην*; les deux formes devaient nécessairement se confondre en grec. En revanche le skr. *gatá* ne saurait dériver de *gā*.

2. Forme conservée dans le mot *αὐτόματος*, suivant l'étymologie la plus probable. — *-mentus* se trouve dans *commentus*.

3. L'identification du skr. *han* et du grec **φεν* sera justifiée plus bas.

4. Les formes latines n'inspirent pas une confiance absolue, en ce sens qu'elles peuvent tout aussi bien s'être formées postérieurement comme le gr. *δέρξις*, *θέλξις*. Pour les formes slaves telles que *-mętĭ* cette possibilité se change presque en certitude.

le rapprochement de *pinguis* avec *παχύς* que l'on doit à M. Curtius. On est obligé d'admettre la réduction de la première aspirée *ph* dans la période antéhistorique où l'italique n'avait pas encore converti les aspirées en spirantes, et ceci n'est point sans doute un cas unique dans son genre. Or *pinguis* pour **penguis* nous prouve que l'*a* de *bahú* et de *παχύς* représente une nasale sonante. Le superlatif skr. *báṃh-iṣṭha* en offrait du reste la preuve immédiate.

Le skr. *raghú*, *laghú* = gr. *ἐλαχύς* contient également la nasale sonante à en juger par les mots parents skr. *ráṃhas* et *rámhi*. Donc le latin *lĕvis* est pour **leihuis*, **leŭuis;* les traitements divers de *pinguis* et de *levis* n'ont d'autre raison que la différence des gutturales (gh_1 et gh_2: *bahú*, *raghú*). La discordance du vocalisme dans *levis* vis-à-vis d'*ἐλαχύς* est supprimée. Le lith. *lèngvas*, le zd. *rcñğya* confirment l'existence de la nasale. Enfin, pour revenir au skr. *raghú*, l'*a* de ce mot ne s'explique que s'il représente une nasale sonante, autrement il devait disparaître comme dans *r̥ǵú* (superl. *ráǵiṣṭha*) et dans les autres adjectifs en *-ú*.

Le lat. *densus* indique que *δασύς* est pour *δn̥σύς*.

L'affaiblissement de la syllabe radicale devant le suff. *-ú* se vérifie encore dans *βαθύ-ς*, de la racine *βενθ* dont la forme pleine apparaît dans *βένθ-ος*. Ici cependant, comme plus haut pour *παθεῖν*, on peut être en doute sur la provenance et par conséquent aussi sur la nature de l'*α*: car à côté de *βενθ* on a la rac. *βᾶθ* sans nasale. Ces sortes de doublets nous occuperont dans un prochain chapitre.

Thèmes de diverses formations:

Skr. *así* = lat. *ensis*. Skr. *vastí* et lat. *vē(n)sīca*.

Le goth. *ūhtvo* (c.-à-d. **unhtvo*) «matin» répond, comme on sait, au védique *aktú* «lumière», auquel on a comparé aussi le grec *ἀκτίς* «rayon».

Le gr. *πάτο-ς* «chemin» doit remonter à **πn̥το-ς*, vu la nasale du skr. *pánthan*, gén. *path-ás* (= *pn̥th-ás*).

Le thème *n̥dhara* (ou peut-être *m̥dhara*) «inferior» donne l'indien *ádhara*, le lat. *inferus*, le goth. *undaro*.

M. Scherer (Z. Gesch. der deutsch. Spr. p. 223 seq.), parlant des thèmes des pronoms personnels, se livre à des conjectures dont M. Leskien a fait ressortir le caractère aventureux (Declination p. 139); sur un point cependant le savant germaniste a touché juste sans aucun doute: c'est lorsqu'il restitue pour le pluriel du pronom de la 1re personne un thème contenant une nasale devant l'*s*: *amsma*, *ansma*. Ce n'est pas que les raisons théoriques de M. Scherer soient convaincantes; mais le germanique *uns*, *unsis* ne s'explique que de cette façon. Au lieu de *amsma* ou *ansma*, il faut naturellement *m̥sma* ou *n̥sma*, d'où sortent avec une égale régularité le goth. *uns*, le skr. *asmád*, le grec (éol.) *ἄμμε* = **ἀσμε*.

Plusieurs cas d'une nature particulière, celui du nom de nombre cent par exemple, trouveront leur place dans un autre chapitre[1].

2. Syllabes suffixales.

La flexion des thèmes en *-an* (*-en*), *-man* (*-men*), *-van* (*-ven*) demande un examen détaillé qui trouvera mieux sa place dans un chapitre subséquent. Il suffit ici de relever ce qui a trait à la nasale sonante: dans la langue-mère, le suffixe perdait son *a* aux cas dits *faibles* et *très-faibles*. Dans ces derniers, la désinence commence par une voyelle et la nasale restait consonne; aux cas «faibles» au contraire elle était obligée de prendre la fonction de voyelle, parce que la désinence commence par une consonne. Là est toute la différence. On a en sanskrit, du thème *ukšán*:

gén. sing. *ukšn-ás*	intr. pl. *ukšá-bhis* (= *ukšn̥-bhis*)
dat. sing. *ukšn-é*	loc. pl. *ukšá-su* (= *ukšn̥-su*)

Le grec fait au gén. sing.: *ποιμένος*, au dat. plur.: *ποιμέσι*,

---

1. Il est possible que la nasale sonante soit représentée en arien par *i*, *u*, dans le mot qui signifie *langue*: skr. *ǵihvā́* et *ǵuhū́*, zd. *hizva*, *hizu*; — l'ancien perse serait *izāva* selon la restitution de M. Oppert, mais ..*āva* seul est encore écrit sur le rocher. Comme la consonne qui commence le mot est un véritable Protée linguistique — elle diffère même dans l'iranien vis-à-vis de l'indien — et qu'en lithuanien elle devient *l*, on conviendra que la glose d'Hésychius: *λαυχάνη· γλῶσσα* trouve son explication la plus naturelle dans la comparaison des mots cités: le thème primitif serait *?-n̥gh₁ū* ou *?-n̥gh₁wā*: de là le lat. *d-ingua*, le goth. *t-uggon-*, et le gr. **λ-αχϝαν-η*, *λαυχάνη*. Le slave *j-ęzy-kŭ* montre aussi la sonante. Seul l'*ë* du lith. *l-ëžuv-i-s* s'écarte de la forme reconstruite. — Pour l'épenthèse de l'*u* dans le mot grec cf. plus haut (p. 17) *λαυκανίη*.

tous deux hystérogènes. Les anciennes formes ont dû être **ποιμν-ός* et **ποιμᾰ-σι*. Il a subsisté quelques débris de cette formation: *κυ-ν-ός* du thème *κυ-ον*, *φρ-ᾰ-σί* (Pindare) du thème *φρ-εν*. V. Brugman Stud. IX 376.

Au nom.-acc. sing. des neutres en *-man*, l'*a* final de skr. *náma*, zd. *nãma*, gr. *ὄνομα*[1] est sorti, aussi bien que l'*ę* du slave *imę* et l'*en* du lat. *nōmen* d'une nasale sonante indo-européenne. Morphologiquement, c'est ce que font conclure toutes les analogies, ainsi celle de l'ind. *dātṛ́* au nom.-acc. neutre; phonétiquement, c'est la seule hypothèse qui rende compte de l'absence de la nasale dans les deux premières langues citées. — Voilà la première fois que nous rencontrons une nasale sonante à la fin du mot, et le cas mérite une attention spéciale. Si simple que la chose paraisse à première vue, elle ne laisse pas que d'embarrasser quelque peu, aussitôt qu'on considère le mot dans son rôle naturel de membre de la phrase. L'indien *dātṛ*, qui vient d'être cité, placé devant un mot commençant par une voyelle, comme *api*, donnerait, d'après les règles du sandhi: *dātrapi*. En d'autres termes, le *dātṛ* du paradigme n'a de réalité que suivi d'une consonne ou finissant la phrase; devant les voyelles il n'y a que *dātr*. Et cependant *ṛ* (ce qui veut dire: *r* doué d'accent syllabique) peut fort bien se maintenir devant les voyelles. C'est ainsi que la phrase anglaise: *the father is* se prononcera couramment: *the fathṛ is*, non pas: *the fathr is*[2]. Il en est de même de *ṇ* dans l'allemand *siebṇ-und-zwanzig* (*sieben-und-zwanzig*).

Un mot indo-européen comme *stāmn* (nom.-acc. de *stāman-* = skr. *sthāman-*[3]) a donc pu faire à la rencontre d'une voyelle,

---

1. Le *τ* des cas obliques (*ὀνόματος*) n'a probablement existé à aucune époque au nomin.-accusatif. — Le goth. *namo* n'est pas mentionné, parce qu'il est de formation nouvelle.

2. Il est vrai que *ṛ*, *ṇ* etc. placés devant une voyelle paraissent se dédoubler en *ṛr*, *ṇn* etc. V. Sievers Lautphysiol. p. 27 au milieu. Et, bien qu'on puisse dire que *i* et *u* sont aussi consonnes durant un instant dans le passage des organes à une autre voyelle, dans *ia* ou *ua* par exemple, il n'en reste pas moins certain que la triple combinaison phonique 1) *i̯a*. 2) *ia* c. à d. *ii̯a*. 3) *ii̯a*, transportée dans la série nasale se réduit à 1) *na* et 2. 3) *ṇna* dans la série de l'*r*: à 1) *ra* et 2. 3) *ṛra*. — *i̯* désigne l'*i* consonne.

3. Le mot choisi plus haut pour exemple (skr. *nāman*) ne convenait

devant *api* par exemple: *stāmn api* — ou bien *stāmn̥ api* (cf. note 2. p. 26). Se décider pour la première alternative serait peut-être admettre implicitement qu'on disait *madhw api* et non *madhu api*, c'est-à-dire faire remonter la règle de sandhi sanskrite relative à *i* et *u* devant les voyelles, du moins dans son principe[1], jusqu'à la période proethnique; et l'usage védique ne parlerait guère en faveur de cette thèse. Nous n'entrerons pas ici dans la discussion de ce point, parce que nous croyons que l'hypothèse: *stāmn̥ api* est en effet la plus probable, mais qu'on veuille bien comparer plus loin ce qui a rapport à l'accusatif singulier des thèmes consonantiques. — On a donc dans la phrase indo-européenne: *stāmn̥ tasya* et *stāmn̥ api*.

A l'époque où la nasale sonante devint incommode à la langue, époque où Hindous et Iraniens parlaient encore un même idiome, l'ancien *stāmn̥ tasya* devint nécessairement *stāma tasya*, skr. *sthāma tasya*. Placé à la fin de la phrase, *stāmn̥* devait également donner *stāma*. Quant à *stāmn̥ api*, son développement normal a dû être, en vertu du dédoublement dont il a été question: *stāma-n-api*. Cette dernière forme a péri: il y a eu unification comme dans une foule de cas analogues pour lesquels il suffit de citer les récents travaux de M. Curtius: *Zu den Auslautsgesetzen des Griechischen*. Stud. X 203 seq. et de M. Sievers dans les *Beiträge de Paul et Braune* V 102.

Dans le grec et le slave la marche de cette sélection a dû être à peu de chose près la même que dans les langues ariennes.

Flexion des neutres en *-man*, dans la langue grecque. — La flexion grecque (ὀνόματος, -μασι etc.) présente partout la nasale sonante grâce à la création d'un thème en -τ difficile à expliquer. Il faut natu-

---

plus ici, parce que la forme primitive de sa syllabe initiale est assez incertaine.

1. Dans son principe seulement, car il faudrait supposer en tous cas un *i̯* indo-européen à la place de la spirante du sanskrit classique, et le *v* de la même langue serait encore bien plus éloigné de la consonne primitive (*u̯*). — Nous ajoutons que dans la restitution des formes indo-européennes nous nous servons des signes *w* et *y* sans essayer de distinguer l'*u* et l'*i* consonnes (*u̯* et *i̯* de Sievers), des spirantes correspondantes (*w* et *j* de Sievers). Dans le cas de *madhw api*, *w* représenterait certainement *u̯*.

rellement mettre cette déclinaison en regard de celle de *ἧπαρ*, *ἥπατος*. *ὀνόματος* répond au skr. *nā́mnas*, *ἥπατος* au skr. *yaknás*; et pour ce qui est de cette dernière classe de thèmes, nous pouvons être certains, quelle que soit l'origine du *τ* grec, que la déclinaison indienne *yakṛ́t*, *yaknás*, qui ne connaît l'*r* qu'au nom.-acc. sing. reflète fidèlement celle de la langue-mère[1].

Mais quant à savoir si l'insertion du *τ* est partie des thèmes en -*μα*, ou des thèmes en -*αρ*, ou si elle s'est développée de pair sur les deux classes de thèmes, sans qu'il y ait eu de contamination entre elles, c'est une question qui peut se trancher de plusieurs façons, sans qu'aucune solution soit bien satisfaisante.

Voici quelques points à considérer dans la discussion des probabilités:

1° Les langues parentes possèdent un suffixe -*mṇ-ta*, élargissement du suff. -*man*; en latin par exemple ce suffixe a donné *augmentum*, *cognomentum*. Ce suffixe manque en grec. — Un suffixe -*ṇ-ta* parallèle à un neutre grec en -*αρ*, -*ατος* existe probablement dans le lat. *Oufens* (masc.), *Oufentina*: cf. *οὖθαρ*, -*ατος*. Car *Oufens* remonte à **Oufento-s*.

2° Le *t* qui se montre au nom.-acc. du skr. *yakṛ́-t* pourrait bien malgré tout avoir joué un rôle dans le phénomène. On aurait un parallèle frappant dans le lat. *s-an-gu*(-*en*) en regard du sanskrit *ás-ṛ-g*, g. *as-n-ás*[2]; là nous voyons clairement l'élément consonantique ajouté au *ṛ* du nom.-acc. se propager sur le thème en -*n*. D'autre part il y a quelque vraisemblance pour que la dentale de *yakṛ́t* (*yakṛ́d*) ne soit autre que celle qui marque le neutre dans les thèmes pronominaux[3]; dans ce cas c'est en réalité un *d*, et il n'y a plus à s'en préoccuper dans la question du *τ* grec.

3° Dans le cas où l'insertion du *τ* serait partie des thèmes en -*αρ*, il est remarquable que le nom.-acc. des mots en -*μα* ait subi lui aussi un métaplasme venant de ces thèmes, car les formes *ἧ-μαρ*, *τέκ-μαρ*, *τέκ-μωρ* n'ont point d'analogue dans les langues congénères. Il est vrai que, selon l'étymologie qu'on adoptera, il faudra peut-être diviser ainsi: *ἦμ-αρ*, *τέκμ-αρ*, *τέ-κμ-ωρ*.

---

1. Partir d'un ancien génitif **ἥπαρτος* serait récuser le témoignage du sanskrit et en même temps admettre inutilement en grec un cas d'altération phonétique, dont les exemples, s'ils existent (v. p. 7), sont en tous cas très-sporadiques. Il est vrai que *yakṛt* s'est aussi, plus tard, décliné en entier; mais le fait important, c'est que *yakan* ne peut point avoir d'autre nominatif que *yakṛt*. — Le lat. *jecinoris* a remplacé l'ancien **jecinis*, grâce à la tendance à l'uniformité qui fit passer l'*or* du nominatif dans les cas obliques. — M. Lindner (p. 39 de son *Altindische Nominalbildung*) voit aussi dans *ἥπατος* le pendant du skr. *yaknás*.

2. Excellent rapprochement de Bopp, en faveur duquel nous sommes heureux de voir intervenir M. Ascoli (*Vorlesungen über vgl. Lautlehre* p. 102). La chute de l'*a* initial a sa raison d'être; v. le registre.

3. Cf. *yúvat* (*yúvad*), neutre védique de *yúvan*.

4° Les thèmes neutres *δουρατ*, *γουνατ*, qui, dans la plus grande partie de la flexion, remplacent *δόρυ*, *γόνυ*, sont peut-être au skr. *dāru-n̥-(-as)*, *ǵānu-n(-as)* ce que *ὀνοματ* est au skr. *nāmn(-as)*. Ceci, sans vouloir préjuger la valeur morphologique de la nasale de *dāru-n̥-*, et surtout sans insister sur le choix de ces deux thèmes en *u* dont la flexion primitive soulève une foule d'autres questions.

5° Même en sanskrit, certaines formes faibles de thèmes terminés en *an* s'adjoignent un *t;* ainsi *yuvati* (= *yuvn̥ti*) à côté de *yūnī*, tous deux dérivés de *yuvan-*. A son tour l'indien *yuvatí* nous remet en mémoire la formation grecque: **προφρn̥τια*, *πρόφρασσα*, féminin de *προφρον-*. Cf. encore *yúvat* pour **yúva* au neutre, forme qui comporte aussi une autre explication (p. 28, note 3), et *varimátā*, *ŕ̥kvatā*, instrumentaux védiques de *varimán*, *ŕ̥kvan*.

6° Les mots paléoslaves comme *žrěbę*, gén. *žrěbęt-e* «poulain», *telę* *telęt-e* «veau» etc. ont un suffixe qui coïncide avec l'*-ατ* du grec dans une forme primitive *-n̥t*. Seulement ces mots sont des diminutifs de formation secondaire, et le grec n'a peut-être qu'un seul exemple de ce genre, l'homérique *προσώπατα* qui semble être dérivé de *πρόσωπο-ν*. On peut conjecturer néanmoins que les formes slaves en question sont bien la dernière réminiscence des thèmes comme *ἧπαρ, -ατος* et *yakŕ̥t, -nás*. D'après ce qui a été dit plus haut, le nom.-acc. en *-ę* ne pourrait qu'être récent; nous trouvons semblablement en latin le nom.-acc.: *ungu-en*, en grec: *ἄλειφα* à côté d'*ἄλειφαρ*.

Voilà quelques-uns des rapprochements qui se présentent à l'esprit dans la question de l'origine du *τ* dans les suffixes *-ατ* et *-ματ*. Nous nous abstenons de tout jugement; mais personne ne doutera, en ce qui concerne l'*α* qu'il ne soit le représentant d'une nasale sonante.

A côté de skr. *nắma* se placent, sous le rapport du traitement de la nasale sonante finale, les noms de nombre suivants:

saptá = lat. *septem*, goth. *sibun*, gr. *ἑπτά*
náva = lat. *novem*, goth. *niun*, gr. *ἐννέα*
dáça = lat. *decem*, goth. *taihun*, gr. *δέκα*

C'est là la forme du nomin.-accusatif, la seule qui donne matière à comparaison. A la question: «quels sont les thèmes de ces «noms de nombre?» la grammaire hindoue répond: *saptan-*, *navan-*, *daçan-*, et à son point de vue elle a raison, car un instr. pl. comme *saptabhis* ne se distingue en rien de la forme correspondante du thème *nāman-*, qui est *nāmabhis*. Cependant, si nous consultons les langues congénères, deux d'entre elles nous montrent la nasale labiale, le latin et le lithuanien (*dészimtis*[1]), et ces deux

1. *septyni*, *devyni* sont de formation secondaire. Leskien, *Declin. im Slavisch-Lit.* p. XXVI.

langues sont les seules qui puissent éclairer la question, vu que le gothique convertit l'*m* final en *n*.

SECONDE PREUVE EN FAVEUR DE LA NASALE LABIALE. Le sanskrit termine ses noms de nombre ordinaux, de deux à dix, par *-tīya*, *-tha* ou *-ma* [1]. En omettant pour un instant l'adjectif ordinal qui correspond à *páńća*, et en mettant ensemble les formes dont le suffixe commence par une dentale, on a une première série composée de:

dvi-tīya, tṛ-tīya, ćatur-thá, ṣaṣ-ṭhá,

et une seconde où se trouvent:

saptamá, aṣṭamá, navamá, daçamá.

Dans les langues européennes la première formation est la plus répandue, et en gothique elle a complétement évincé la seconde. Il est encore visible néanmoins que les deux séries du sanskrit remontent telles quelles, à part les changements phonétiques, à la langue indo-européenne. En effet aucun idiome de la famille ne montre la terminaison *-ma* là où le sanskrit a *-tha* ou *-tīya*, tandis qu'à chaque forme de notre seconde série répond, au moins dans une langue, un adjectif en *-ma*: nous ne citons pas l'iranien, trop voisin du sanskrit pour changer beaucoup la certitude du résultat.

En regard de *saptamá:* gr. *ἕβδομος*, lat. *septimus*, boruss. *septmas*, paléosl. *sedmŭ*, irland. *sechtmad*.
En regard de *aṣṭamá:* lith. *aszmas*, paléosl. *osmŭ*, irland. *ochtmad*.
En regard de *navamá:* lat. *nonus* pour **nomus* venant de **noumos*, v. Curtius Grdz. p. 534.
En regard de *daçamá:* lat. *decimus*.

Donc les noms de nombre sept, huit, neuf et dix, et ceux-là seuls, formaient dans la langue-mère des adjectifs ordinaux en *-ma*. Or il se trouve précisément que ces quatre noms de nombre [2], et ceux-là seuls, se ter-

---

1. Nous ne tenons pas compte de *prathamá* et *turīya*, étrangers à la question.

2. Une des formes du nom de nombre huit se terminait en effet par une nasale. Il est vrai que les composés grecs comme *ὀκτα-κόσιοι*, *ὀκτά-πηχυς* n'en offrent qu'une trace incertaine, et qu'ils s'expliquent suffisamment par l'analogie de *ἑπτα-*, *ἐννεα-*, *δεκα-* (cf. *ἑξα-*). Pour le lat. *octingenti*, une telle action de l'analogie est moins admissible; cette forme d'autre part ne saurait renfermer le distributif *octōni;* on peut donc avec quelque raison conclure à un ancien **octem*. Le sanskrit lève tous les doutes: son nom.-acc. *aṣṭá* est nécessairement l'équivalent d'**octem*, car personne ne s'avisera de le ramener à un primitif *akta* répondant à une forme grecque fictive «*ὄκτε*» semblable à *πέντε*: une pareille supposition serait dénuée de tout fondement. Tout au plus pourrait-on penser à un duel en *ă* dans le genre de *deva* pour *devā*, et c'est en effet dans ce sens que se prononcent les éditeurs du dictionnaire de St-Pétersbourg. Mais

minent par une nasale. Ou bien il y a là un jeu singulier du hasard, ou bien la nasale des cardinaux et celle des ordinaux sont en réalité une seule et même chose; en d'autres termes, pour autant qu'on a le droit de regarder les premiers comme bases des seconds, le suffixe dérivatif des ordinaux est *-a*, non pas *-ma* [1].

La nasale latente de *saptá*, identique à celle qui apparaît dans *saptamá*, est donc un *m*. Même conclusion, en ce qui concerne *aṣṭá*, *náva*, *dáça*.

Nous revenons au nom de nombre cinq. Bopp (Gr. Comp. II p. 225 seq. de la trad. française) fait remarquer l'absence de la nasale finale dans les langues européennes [2], ainsi que l'ε du grec πέντε en regard de l'α de ἑπτά, ἐννέα, δέκα «conservé par la nasale.» — «De tous ces faits, dit-il, «on est tenté de conclure que la nasale finale de *páñćan*, en sanskrit et «en zend, est une addition de date postérieure.» C'est trop encore que de la laisser aux langues ariennes: en effet, le gén. skr. *pañćānám* (zd. *pañćanãm*) serait tout à fait irrégulier s'il dérivait d'un thème en *-an*; il est simplement emprunté aux thèmes en *-a* [3]. Les composés artificiels tels que *priyapañćānas* (Benfey, Vollst. Gr. § 767) n'ont aucune valeur linguistique, et les formes *pañćábhis*, *-bhyas*, *-su* ne prouvent rien ni dans un sens ni dans l'autre [4]. Ainsi rien ne fait supposer l'existence d'une nasale.

---

pourquoi, dans ce cas, cette forme se perpétue-t-elle dans le sanskrit classique? On est donc bien autorisé à admettre une forme à nasale, qui peut-être avait une fonction spéciale dans l'origine. — Pour ce qui est de la forme *aktau*, assurée par le goth. *ahtau*, nous nous bornons à relever dans la formation de son ordinal (gr. *ὀγδοϝ-ο- ou *ὀγδϝ-ο-, lat. *octāv-o-*) le même mode de dérivation au moyen d'un suff. *-a* que dans *aṣṭam-á*, *saptam-á* etc. (v. la suite du texte).

1. Quant à savoir si, en tout dernier ressort, on ne trouverait pas telle ou telle parenté entre le *-ma* du superlatif et le *-m-a* des adjectifs ordinaux, de façon par exemple que déjà dans la période proethnique, la terminaison *ma* de ces derniers aurait produit l'impression du superlatif et aurait été étendue de là à d'autres thèmes pour les élever à cette fonction, ce sont des questions que nous n'avons pas à examiner ici.

2. Le gothique *fimf* ferait «*fimfun*» s'il avait eu la nasale finale.

3. Le point de départ de tous ces génitifs de noms de nombre en *-ānām* paraît être *trayāṇā́m*, lequel dérive de *trayá-*, et non de *tri-*. L'accentuation s'est dirigée sur celle des autres noms de nombre. Le zend *θrayãm* qui permet de supposer **θrayanãm* (cf. *vehrkãm*, *vehrkanãm*), atteste l'ancienneté de ce génitif anormal.

4. Ces mêmes formes dont le témoignage est nul dans la question de savoir si le nom de nombre cinq a ou non une nasale finale, ne pèsent naturellement pas davantage dans la balance, lorsqu'il s'agit de savoir si la nasale de *náva*, *dáça* etc. — dont l'existence n'est pas douteuse — est un *n* ou un *m*.

Les adjectifs ordinaux de ce nombre sont :

gr. *πέμπτος*, lat. *quin(c)tus*, (goth. *fimfta*), lith. *pènktas*, paléosl. *pętŭ*, zd. *pukhδa*, skr. véd. *pañcathá*.

Le nombre cardinal n'ayant pas la nasale finale, ces formations sont conformes à la règle établie plus haut. Si, à côté de *pañcathá*, le sanskrit — mais le sanskrit seul — nous montre déjà dans le Véda la forme *pañcamá*, c'est que, pour nous servir de la formule commode de M. Havet, étant donnés *páñca* et le couple *saptá-saptamá*, ou bien *dáça-daçamá* etc., l'Hindou en tira tout naturellement la *quatrième proportionnelle: pañcamá*[1].

M. Ascoli, dans son explication du suffixe grec *-τατο*, prend pour point de départ les adjectifs ordinaux *ἔνατος* et *δέκατος*. Notre thèse ne nous force point à abandonner la théorie de M. Ascoli; il suffit d'ajouter une phase à l'évolution qu'il a décrite et de dire que *ἔνατος*, *δέκατος* sont eux-mêmes formés sur sol grec à l'image de *τρίτος*, *τέταρτος*, *πέμπτος*, *ἕκτος*[2].

La valeur phonétique primitive de la terminaison *-ama* des formes sanskrites, et de ce qui lui correspond dans les autres langues, est examinée ailleurs.

Il n'était pas inutile pour la suite de cette étude d'accentuer le fait, assez généralement reconnu, que la nasale finale des noms de nombre est un *m*, non pas un *n*. La valeur morphologique de cet *m* n'est du reste pas connue, et en le plaçant provisoirement sous la rubrique *syllabes suffixales* nous n'entendons en aucune manière trancher cette obscure question.

Outre la flexion proprement dite, deux opérations grammaticales peuvent faire subir aux suffixes des variations qui engendreront la nasale — ou la liquide — sonante, savoir la composition et la dérivation. Ce sont elles que nous étudierons maintenant[3].

C'est une loi constante à l'origine, que les suffixes qui expulsent leur *a* devant certaines désinences prennent aussi cette

---

1. On trouve inversément *saptátha*, zd. *haptaδa*, à côté de *saptamá*. En présence de l'accord à peu près unanime des langues congénères, y compris le grec qui a cependant une préférence bien marquée pour le suff. *-το*, on ne prétendra point que c'est là la forme la plus ancienne.

2. Nous n'avons malheureusement pas réussi à nous procurer un autre travail de M. Ascoli qui a plus directement rapport aux noms de nombre, intitulé: *Di un gruppo di desinenze Indo-Europee.*

3. Le nombre des liquides sonantes dûes à la même origine étant très-minime, nous n'avons fait qu'effleurer ce sujet à la page 18.

forme réduite, lorsque le thème auquel ils appartiennent devient le premier membre d'un composé. Brugman K. Z. XXIV 10. Cf. plus haut p. 18.

Le second membre du composé commence-t-il par une consonne, on verra naître la sonante à la fin du premier. Les langues ariennes sont toujours restées fidèles à cette antique formation:

skr. *nāma-dhéya* (= *nāmn̥-dhéya*)

Cette forme en *-a* qui ne se justifie que devant les consonnes s'est ensuite généralisée de la même manière qu'au nomin.-acc. neutre: on a donc en sanskrit *nāmānka* au lieu de **nāmnanka*. — *açmāsyà* de *açman* «rocher» et *āsyà* «bouche» est un exemple védique de cette formation secondaire; c'est aussi le seul qui se trouve dans le dictionnaire du Rig-Véda de Grassmann[1], et l'on a simultanément une quantité de composés dont le premier membre est *vŕ̥šan* et qui offrent les restes du procédé ancien: *vr̥šan* composé avec *áçva* par exemple, donne, non pas *vr̥šāçva*, mais *vr̥šaṇaçvá*, ce qu'il faut traduire: *vr̥šn̥-n-açvá*. D'après l'analogie des thèmes en *-r* (*pitrartha* de *pitar* et *artha*), on attendrait **vr̥šṇaçvá*; et nous retrouvons ici l'alternative formulée plus haut dans *stāmn api*, *stāmn̥ api*. Peut-être que dans la composition il faut comme dans la phrase s'en tenir à la seconde formule, et que *pitrartha* doit en fait d'ancienneté céder le pas à *vr̥šaṇaçva*.

Dans les composés grecs dont le premier membre est un neutre en *-μα*, *ὀνομα-κλυτός* par exemple, on peut avec M. Brugman (Stud. IX 376) reconnaître un dernier vestige de la formation primitive, à laquelle s'est substitué dans tous les autres cas le type *ἀρσεν-ο-γόνος*. Cf. p. 34 *ἅπαξ* et *ἁπλόος*.

Dérivation. Il va sans dire qu'ici comme partout ailleurs la sonante ne représente qu'un cas particulier d'un phénomène général d'affaiblissement; qu'elle n'apparaîtra que si l'élément dérivatif commence par une consonne. Voyons d'abord quelques exemples du cas inverse, où le suffixe secondaire commence par une voyelle. Déjà dans le premier volume du Journal de Kuhn (p. 300), Ebel mettait en parallèle la syncope de l'*a* aux cas faibles du skr. *rấǵan* (gén. *rấǵñas*) et la formation de *λίμν-η*, *ποίμν-η*,

1. Ajouter cependant les composés des noms de nombre, tels que *saptâçva*, *dáçāritra*. Leur cas est un peu différent.

dérivés de *λιμήν*, *ποιμήν*. M. Brugman (Stud. IX 387 seq.) a réuni un certain nombre d'échantillons de ce genre qui se rapportent aux thèmes en *-ar*, et parmi lesquels on remarquera surtout lat. *-sobrīnus* = **-sosr-īnus*, de *soror*. Cf. loc. cit. p. 256, ce qui est dit sur *ὕμν-ο-ς*, considéré comme un dérivé de *ὑμήν*.

L'élément dérivatif commence par une consonne:

Le suffixe *-man* augmenté de *-ta* devient *-mn̥ta*. Un exemple connu est: skr. *çró-mata* = v. haut-all. *hliu-munt*. Le latin montre, régulièrement, *-mento*: *cognomentum*, *tegmentum* etc.

Un suffixe secondaire *-bha* qui s'ajoute de préférence aux thèmes en *-an* sert à former certains noms d'animaux. Sa fonction se borne à *individualiser*, suivant l'expression consacrée par M. Curtius. Ainsi le thème qui est en zend *arshan* «mâle» n'apparaît en sanskrit que sous la forme amplifiée *r̥ša-bhá* (= *r̥šn̥-bhá*) «taureau». De même: *vŕ̥šan*, *vr̥ša-bhá*. A l'un ou à l'autre de ces deux thèmes se rapporte le grec *Εἰραφ-ιώτης*, éol. *Ἐρραφ-εώτης*, surnom de Bacchus[1], v. Curtius Grdz. 344.

Le grec possède comme le sanskrit un assez grand nombre de ces thèmes en *-n̥-bha*, parmi lesquels *ἔλ-αφο-ς* est particulièrement intéressant, le slave *j-elen-ĭ* nous ayant conservé le thème en *-en* dont il est dérivé. M. Curtius ramène *ἐλλός* «faon» à **ἐλ-ν-ό-ς*; ce serait une autre amplification du même thème *el-en*.

Les mots latins *columba*, *palumbes*, appartiennent, semble-t-il, à la même formation; mais on attendrait *-emba*, non *-umba*.

Le skr. *yúvan* «jeune», continué par le suff. *-ça*, donne *yuvaçá*. A qui serait tenté de dire que «la nasale est tombée», il suffirait de rappeler le lat. *juven-cu-s*. Le thème primitif est donc bien *yaun̥-k₁á*. Le goth. *juggs* semble être sorti de **jivuggs*, **jiuggs*; cf. *niun* pour **nivun*.

Skr. *párvata* «montagne» paraît être une amplification de *párvan* «articulation, séparation». On en rapproche le nom de pays *Παρρασία*, v. Vaniček Gr.-Lat. Et. W. 523.

Le thème grec *ἑν-* «un», plus anciennement **σεμ-*, donne *ἅ-παξ* et *ἁ-πλόος* qui sont pour **σm̥παξ*, **σm̥πλοος*. La même

1. L'ε initial n'est probablement qu'une altération éolo-ionienne (cf. *ἔρσην*) de l'α que doit faire attendre le r̥ de la forme sanskrite.

forme *sm̥-* se retrouve dans le lat. *sim-plex* = **sem-plex* et dans l'indien *sa-kr̥t*.

Dans le Véda, les adjectifs en *-vant* tirés de thèmes en *-an*, conservent souvent l'*n* final de ces thèmes devant le *v*: *ómanvant*, *vŕ̥šanvant* etc. Cela ne doit pas empêcher d'y reconnaître la nasale sonante, car devant *y* et *w*, soit en grec soit en sanskrit, c'est *an* et non pas *a* qui en est le représentant régulier[1]. C'est ce que nous aurions pu constater déjà à propos du participe parf. actif, à la page 22 où nous citions *sasavā́n*. Cette forme est seule de son espèce, les autres participes comme *ǵaghanvā́n*, *vavanvā́n*, montrant tous la nasale. *sasavā́n* lui-même répugne au mètre en plusieurs endroits; Grassmann et M. Delbrück proposent *sasanvā́n*[2]. C'est en effet *-anvā́n* qu'on doit attendre comme continuation de *-n̥wā́n*, et *-n̥wā́n* est la seule forme qu'on puisse justifier morphologiquement: cf. *çuçukvā́n*, *ćakr̥vā́n*. Le zend *ǵaγnvāo* est identique à *ǵaghanvā́n*.

La formation des féminins en *-ī* constitue un chapitre spécial de la dérivation. Relevons seulement ceux que donnent les thèmes en *-vant* dont il vient d'être question: *nr̥-vátī*, *re-vátī* etc. Le grec répond par *-ϝεσσα* et non **-ϝασσα* comme on attendrait. Homère emploie certains adjectifs en *-ϝεις* au féminin: *ἐς Πύλον ἠμαθόεντα*, mais il ne s'en suit pourtant point que le fém. *-ϝεσσα* soit tout moderne: cela est d'autant moins probable qu'un primitif *-ϝεντyα* est impossible: il eût donné *-ϝεισα*. Mais l'absence de la nasale s'explique par le **-ϝασσα* supposé, qui a remplacé son *α* par *ε* et qui, à part cela, est resté tel quel, se bornant à imiter le vocalisme du masculin.

Nous arrivons aux nasales sonantes des syllabes désinentielles, et par là au second mode de formation de ces phonèmes (v. page 19), celui où l'*a*, au lieu d'être expulsé comme dans les

1. Cette évolution de la nasale sonante ne doit pas être mise en parallèle avec les phonèmes *ĭr* et *ŭr*, p. ex. dans *titirvā́n*, *pūryáte*, ou du moins seulement avec certaines précautions dont l'exposé demanderait une longue digression. L'existence du *r̥* dans *ćakr̥vā́n*, *ǵāgr̥vā́n*, *papr̥vā́n* etc., suffit à faire toucher au doigt la disparité des deux phénomènes.

2. On pourrait aussi conjecturer *sasūvā́n*; cf. *sūtá*, *sāyáte*.

cas précédents, n'a existé à aucune époque. Il sera indispensable de tenir compte d'un facteur important, l'accentuation du mot, dont nous avons préféré faire abstraction jusqu'ici, et cela principalement pour la raison suivante, c'est que la formation des nasales — et liquides — sonantes de la première espèce, coïncidant presque toujours avec un *éloignement* de la tonique, l'histoire de leurs transformations postérieures est de ce fait même à l'abri de ses influences.

Au contraire, la formation des nasales sonantes de la seconde espèce est évidemment tout à fait indépendante de l'accent; il pourra donc leur arriver de supporter cet accent, et dans ce cas le traitement qu'elles subiront s'en ressentira souvent.

Nous serons aussi bref que possible, ayant peu de chose à ajouter à l'exposé de M. Brugman.

Pour les langues ariennes, la règle est que la nasale sonante portant le ton se développe en *an* et non pas en *a*.

Désinence -nti de la 3e personne du pluriel. Cette désinence, ajoutée à des thèmes verbaux consonantiques, donne lieu à la nasale sonante. La plupart du temps cette sonante est frappée de l'accent, et se développe alors en *an:*

2e classe: *lih-ánti* = *lih-ṇ̥́ti* 7e cl.: *yuñǵ-ánti* = *yuñǵ-ṇ̥́ti*

Dans la 3e classe verbale, la 3e pers. du pluriel de l'actif a la particularité de rejeter l'accent sur la syllabe de redoublement; aussi la nasale de la désinence s'évanouit: *pí-pr-ati* = *pí-pr-ṇ̥ti*. Il en est de même pour certains verbes de la 2e classe qui ont l'accentuation des verbes redoublés, ainsi *çā́s-ati* de *çās* «commander».

En ce qui concerne *dádhati* et *dádati*, il n'est pas douteux que l'*a* des racines *dhā* et *dā* n'ait été élidé devant le suffixe, puisqu'au présent de ces verbes l'*a* n'est conservé devant *aucune* désinence du pluriel ou du duel: *da-dh-más*, *da-d-más* etc. La chose serait plus discutable pour la 3e pers. du pl. *ǵáhati* d'un verbe comme *hā* dont la 1e pers. du pl. fait *ǵa-hī-más*, où par conséquent l'*a* persiste, du moins devant les désinences commençant par une consonne. Néanmoins, même dans un cas pareil, toutes les analogies autorisent à admettre l'élision de l'*a* radical; nous nous bornons ici à rappeler la 3e pers. pl. du parf. *pa-p-ús* de *pā*, *ya-y-ús* de *yā*, etc. L'*a* radical persistant, il n'y aurait jamais eu de nasale sonante et l'*n* se serait conservé dans «*já-ha-nti*», aussi bien qu'il s'est conservé dans *bhára-nti*. — Ceci nous amène à la forme correspondante de la 9e classe: *punánti*. Ici aussi nous diviserons: *pu-n-ánti* = *pu-n-ṇ̥ti*, plutôt que d'attribuer l'*a* au thème; seulement la nasale est restée, grâce à l'accent, absolument comme dans *lihánti*[1].

La désinence *-ntu* de l'impératif passe par les mêmes péripéties que *-nti*.

La désinence -nt de l'imparfait apparaît, après les thèmes consonantiques, sous la forme *-an* pour *-ant*. Cette désinence recevant l'accent — ex. *vr-án* de *var* —, elle n'a rien que de régulier.

La désinence du moyen -ntai devient invariablement *-ate* en sanskrit, lorsqu'elle s'ajoute à un thème consonantique. C'est que, primitivement, la tonique ne frappait jamais la syllabe formée par la nasale, ce dont témoignent encore les formes védiques telles que *rihaté*, *añjaté*. Brugman Stud. IX 294.

Au sujet de l'imparfait *liháta*, l'accentuation indo-européenne *righṇ̥tá* ne peut faire l'objet d'aucun doute, dès l'instant où l'on admet *righṇ̥tái* (*rihaté*). Quant à l'explication de la forme indienne, on peut faire deux hypothèses: ou bien le ton s'est déplacé dans une période relativement récente, comme pour le présent (véd. *rihaté*, class. *liháte*). Ou bien ce déplacement de l'accent remonte à une époque plus reculée (bien que déjà exclusivement arienne) où la nasale sonante existait encore, et c'est ce que suggère le védique *kránta* (Delbrück A. Verb. 74) comparé à *ákrata*. On dirait, à voir ces deux formes, que la désinence *-ata* n'appartient en réalité qu'aux formes pourvues de l'augment[2] et que dans toutes les autres la nasale sonante accentuée a dû devenir *an*, d'où la désinence *-anta*. Plus tard *-ata* aurait gagné du terrain, et *kránta* seul aurait subsisté comme dernier témoin du dualisme perdu. Cette seconde hypothèse serait superflue, si

1. S'il y a un argument à tirer de l'imparfait *apunata*, il est en faveur de notre analyse.

2. Il est certain que l'accentuation de ces formes a été presque partout sans influence sur le vocalisme, et qu'il faut toujours partir de la forme *sans augment*. Mais cela n'est pas vrai nécessairement au-delà de la période proethnique.

kránta était une formation d'analogie, comme on n'en peut guère douter pour les formes que cite Bopp (Kr. Gram. d. Skr. Spr. § 279): *práyuñjanta* etc. Cf. plus haut p. 10.

Participe présent en -nt. Le participe présent d'une racine comme *vaç* «vouloir» (2e classe) fait au nom. pl. *uçántas*, au gén. sg. *uçatás*. Dans les deux formes il y a nasale sonante; seulement cette sonante se traduit, suivant l'accent, par *an* ou par *a*. Au contraire dans le couple *tudántas*, *tudatás*, de *tud* (6e classe), la seconde forme seulement contient une nasale sonante, et encore n'est-elle point produite de la même manière que dans *uçatás*: **tudn̥tás* (*tudatás*) vient du thème *tuda₂nt-* et a perdu un *a*, comme **tn̥-tá* (*tatá*) formé sur *tan*; tandis que **uçn̥tás* (*uçatás*) vient du thème *uçn̥t-* et n'a jamais eu ni perdu d'*a*. — Certaines questions difficiles se rattachant aux différents participes en *-nt* trouveront mention au chapitre VI.

Jusqu'ici l'existence de la nasale sonante dans les désinences verbales en *-nti* etc., n'est assurée en réalité que par l'absence de *n* dans les formes du moyen et autres, dans *rihaté* par exemple. Les langues d'Europe avec leur vocalisme varié apportent des témoignages plus positifs.

Les verbes slaves qui se conjuguent sans voyelle thématique ont *-ętĭ* à la 3e pers. du plur.: *jadętĭ*, *vèdętĭ*, *dadętĭ*; cf. *nesątĭ*. De même les deux aoristes en *-s* font *nèsę*, *nesošę*, tandis que l'aoriste à voyelle thématique fait *nesą*.

Le grec montre, après les thèmes consonantiques, les désinences suivantes: à l'actif, *-αντι* (*-ᾱσι*), *-ᾰτι* (*-ᾰσι*); au moyen, *-αται*, *-ατο*[1]. Les deux dernières formes n'offrent pas de difficulté; il s'agit seulement de savoir pourquoi l'actif a tantôt *-ατι*, tantôt *-αντι*. La désinence *-ατι* n'apparaît qu'au parfait: *ἐϑώκατι*, *πεφήνᾰσι*, mais le même temps montre aussi *-αντι* (*-ᾱσι*): *γεγράφᾱσι* etc. Le présent n'a que *-αντι*. M. Brugman attribue à l'influence de l'accent la conservation de *n* au présent: *ἔᾱσι* = *sánti*. En ce qui concerne le parfait, il voit dans *-ατι* la forme régulière[2]: *-αντι* y a pénétré par l'analogie du présent ou plus probablement par celle de parfaits de racines en *α* comme *ἕστα-ντι*, *τέϑνα-ντι*.

1. Hésychius a cependant une forme *ἐασύανται*.

2. Ici il faut se souvenir que l'auteur regarde à bon droit le parfait grec comme dénué de voyelle thématique; l'*α* n'appartient pas au thème.

— Ce qui est dit sur l'accent ne satisfait pas entièrement, car, ou bien il s'agit de l'accentuation que nous trouvons en grec, et alors *ἕαντι* *ἐθώκατι* se trouvent tous deux dans les mêmes conditions, ou bien il s'agit du ton primitif pour lequel celui du sanskrit peut servir de norme, et ici encore nous trouvons parité de conditions: *sánti, tutudús.* L'hypothèse *tútudati* ou *tutudatí*, comme forme plus ancienne de *tutudús* (p. 320) est sans fondement solide. L'action de l'accent sur le développement de la nasale sonante en grec demeure donc enveloppé de bien des doutes [1].

A la 3e pers. du plur. *ἔλυσαν*, *-αν* est désinence; le thème est *λυσ*, ainsi que le montre M. Brugman (p. 311 seq.). L'optatif *λύσειαν* est obscur. Quant à la forme arcadienne *ἀποτίνοιαν*, rien n'empêche d'y voir la continuation de *-n̥t*, et c'est au contraire la forme ordinaire *τίνοιεν* qu'on ne s'explique pas. Elle peut être venue des optatifs en *ιη*, comme *δοίην*, 3e pl. *δοῖεν*.

Parmi les participes, tous ceux de l'aoriste en *σ* contiennent la nasale sonante: *λύσ-αντ*. Au présent il faut citer le dor. *ἔασσα* (Ahrens II 324) et *γεκαθά* (*ἑκοῦσα*, Hes.) que M. Mor. Schmidt change à bon droit en *γεκᾶσα*. Toute remarque sur une de ces deux formes ferait naître à l'instant une légion de questions si épineuses que nous ferons infiniment mieux de nous taire.

Désinence -ns de l'accusatif pluriel. L'arien montre après les thèmes consonantiques: *-as:* skr. *ap-ás*, ce qui serait régulier, n'était l'accent qui frappe la désinence et qui fait attendre **-ā́n* = **-áns*. M. Brugman a développé au long l'opinion que cette forme de la flexion a subi dans l'arien une perturbation;

1. La question est inextricable. Est-on certain que les formes du présent n'ont pas, elles aussi, cédé à quelque analogie? Au parfait, on n'est pas d'accord sur la désinence primitive de la 3e pers. du pluriel. Puis il faudrait être au clair sur l'élision de l'*a* final des racines, devant les désinences commençant par une sonante: lequel est le plus ancien de *τίθε-ντι* ou de *ǵáhati* = *ǵah-n̥ti*? Plusieurs indices, dans le grec même, parleraient pour la seconde alternative (ainsi *τιθέασι*, arcad. *ἀπυδόας* seraient un vestige de **τιθαντι* — ou **τιθατι*? —, **ἀποδας*; la brève de *γνούς*, *ἔγνον* s'expliquerait d'une manière analogue). Enfin les formes étonnantes de la 3e p. pl. de la rac. *as* «être» ne contribuent pas, loin de là, à éclaircir la question, et pour brocher sur le tout, on peut se demander, comme nous le ferons plus loin, si la 3e pers. du plur. indo-européenne n'était pas une forme à syllabe radicale forte, portant le ton *sur la racine.*

que primitivement l'accusatif pluriel a été un cas fort, comme il l'est souvent en zend et presque toujours dans les langues européennes, et que l'accent reposait en conséquence sur la partie thématique du mot. Nous ne pouvons que nous ranger à son avis. — La substitution de l'*a* à la nasale sonante précède ce bouleversement de l'accusatif pluriel; de là l'absence de nasale.

Le grec a régulièrement *-ας*: *πόδ-ας*, cf. *ἵππους*. Les formes crétoises comme *φοινίκ-ανς* ne sont dûes qu'à l'analogie de *πρει-γευτά-νς* etc. Brugman loc. cit. p. 299. — Le lat. *-ēs* peut descendre en ligne directe de *-ṇs, -ens*; l'ombr. *nerf* = **nerns*. — L'acc. goth. *broþruns* est peut-être, malgré son antiquité apparente, formé secondairement sur *broþrum*, comme le nom. *broþrjus*. Cf. p. 47.

DÉSINENCE -M. (*Accusatif singulier et 1e pers. du sing.*) L'acc. sing. *pâdam* et la 1e pers. de l'imparf. *ásam* (rac. *as*) se décomposent en *pād* + *m*, *ás* + *m*.

D'où vient que nous ne trouvions pas «*pâda, ása*», comme plus haut *nâma, dáça*? La première explication à laquelle on a recours est infailliblement celle-ci: la différence des traitements tient à la différence des nasales: *pâdam* et *ásam* se terminent par un *m*, *nâma* et *dáça* par un *n*. C'est pour prévenir d'avance et définitivement cette solution erronée, que nous nous sommes attaché (p. 29 seq.) à établir que la nasale de *dáça* ne peut être que la nasale labiale; il faut donc chercher une autre réponse au problème. Voici celle de M. Brugman (loc. cit. p. 470): «laissée à elle-«même, la langue semble avoir incliné à rejeter la nasale, et dans *dáça* «elle a donné libre cours à ce penchant, mais l'*m* dans *pâdam* était tenu «en bride par celui de *áçva-m*, et dans *ásam* par celui de *ábhara-m*.» Ceci tendrait à admettre une action possible de l'analogie sur le cours des transformations phonétiques, qu'on regarde d'ordinaire comme étant toujours purement mécaniques; principe qui n'a rien d'inadmissible en lui-même, mais qui demanderait encore à être éprouvé. Si nous consultons les langues congénères, le slave nous montre l'acc. sing. *matere*[1] = skr. *mātáram*, mais *imę* = skr. *nâma*; le gothique a l'acc. sing. *fadar* = skr. *pitáram*, mais *taihun* = skr. *dáça*. Ceci nous avertit, je crois, d'une différence primordiale. Plus haut nous avons admis qu'un mot indo-européen *stâmm̥* (skr. *sthâma*) restait toujours disyllabique, que, suivi d'une voyelle,

---

1. M. Scholvin dans son travail *Die declination in den pannon.-sloven. denkmälern des Kirchensl.* (Archiv f. Slav. Philol. II 523), dit que la syntaxe slave ne permet pas de décider avec sûreté si *matere* est autre chose qu'un génitif, concède cependant qu'il y a toute probabilité pour que cette forme soit réellement sortie de l'ancien accusatif.

il ne devenait point *stamn*[1]. On peut se représenter au contraire que l'acc. *patarm* faisait *patarm‿api*, et admettre même que *patarm* restait disyllabique devant les consonnes: *patarm‿tasya*[2]. Sans doute on ne doit pas vouloir poser de règle parfaitement fixe, et la consonne finale du thème amenait nécessairement des variations; dans les accusatifs comme *bharantm*, une prononciation disyllabique est impossible devant les consonnes. Mais nous possédons encore les indices positifs d'un effort énergique de la langue tendant à ce que l'*m* de l'accusatif ne formât pas une syllabe: ce sont les formes comme skr. *uṣā́m*, zd. *ushãm* = **uṣā́sm*, *pánthām*, zd. *pañtãm* = **pánthanm*[3], et une foule d'autres que M. Brugman a traitées Stud. 307 seq. K. Z. XXIV 25 seq. Certains cas comme Ζῆν = *dyā́m*, βῶν = *gā́m*, semblent remonter plus haut encore. De même, dans le verbe, on a la 1re pers. *ram* = **rarm* (Delbrück, A. Verb. p. 24). Si cette prononciation s'est perpétuée jusqu'après la substitution de l'*a* à la nasale sonante, on conçoit que l'*m* de *patarm* et *ā̆sm*, ait été sauvé et se soit ensuite développé en *-am* par svarabhakti. — Le goth. *fadar* pour **fadarm* a perdu la consonne finale, tandis que **tehm̥* se développait en *taihun*. En ce qui concerne la première personne du verbe, M. Paul a ramené le subjonctif *bairau* à **bairaj-u* = skr. *bhárey-*[*a*]*m*; si cet *-u* ne s'accorde guère avec la disparition totale de la désinence dans *fadar*, il laisse subsister du moins la différence avec les noms de nombre, qui ont *-un*. M. Brugman a indiqué (p. 470) une possibilité suivant laquelle l'acc. *tunþu* appartiendrait à un thème *tunþ*; l'accord avec *bairau* serait alors rétabli; mais pourquoi *fadar* et non «*fadaru*»? Doit-on admettre une assimilation de l'accusatif au nominatif? — Le slave **materem*, *matere* doit s'être développé sur **materm* encore avant l'entrée en vigueur de la loi qui a frappé les consonnes finales. La première personne des aoristes non-thématiques *nĕsŭ*, *nesochŭ* n'est plus une forme pure: elle a suivi l'analogie de l'aoriste thématique. Du côté opposé nous trouvons *imę* pour *imm̥*. — Nous aurions dû faire remarquer plus haut déjà que la règle établie par M. Leskien suivant laquelle un *ą* final contient toujours un ancien *ā long* n'entraîne pas d'impossibilité à ce que *ę* dans les mêmes conditions continue une nasale sonante; car ce dernier phonème a pu avoir une action toute spéciale (cf.

1. Pour les neutres en *-man* qui sont dérivés d'une racine terminée par une consonne, c'est *la seule supposition possible,* attendu que *n* se trouvait alors précédé de deux consonnes (*vaknn̥*, *sadmn̥*) et que dans ces conditions il était presque toujours forcé de faire syllabe même devant une voyelle. — Pour ce qui est des noms de nombre on remarquera que le dissyllabisme de *saptn̥* est prouvé par l'accent concordant du skr. *saptá*, du gr. ἑπτά et du goth. *sibun*, lequel frappe la nasale.

2. Cf. la prononciation de mots allemands comme *harm*, *lärm*.

3. Ces formes, pour le dire en passant, sont naturellement importantes pour la thèse plus générale que la désinence de l'accus. des thèmes consonantiques est *-m* et non *-am*.

goth. *taihun* etc. où il a conservé la nasale contre la règle générale), et l'*e* ne termine le mot que dans ce cas-là. — En grec et en latin les deux finales se sont confondues dans un même traitement.

Mentionnons encore la 1e pers. du parf. skr. *véd-a* gr. *οἶδ-α*. Aux yeux de M. Brugman la désinence primitive est *-m*. Dans ce cas, dit M. Sievers, le germ. *vait* est parti de la 3e personne, car le descendant normal de *vaidm̥* serait «*vaitun*».

En résumé, la somme de faits dont il a été question dans ce chapitre et dont nous devons la découverte à MM. Brugman et Osthoff[1] est extrêmement digne d'attention. Ces faits trouvent leur explication dans l'hypothèse des mêmes savants de liquides et de nasales sonantes proethniques, que nous regardons à l'avenir comme parfaitement assurée. — Résumons les arguments les plus saillants qui parlent en sa faveur:

1. Pour ce qui est des liquides, quiconque ne va pas jusqu'à nier le lien commun que les faits énumérés ont entre eux, devra reconnaître aussi que l'hypothèse d'un *r* voyelle est celle qui en rend compte de la manière la plus simple, celle qui se présente le plus naturellement à l'esprit, puisque ce phonème existe, puisqu'on le trouve à cette place dans une des langues de la famille, le sanskrit. — Dès lors il y a une forte présomption pour que les nasales aient pu fonctionner de la même manière.

2. Certaines variations du vocalisme au sein d'une même racine qui s'observent dans plusieurs langues concordamment, s'expliquent par cette hypothèse.

3. L'identité théorique des deux espèces de nasales sonantes — celles qui doivent se produire par la chute d'un *a* (*τατός*) et celles qu'on doit attendre de l'adjonction à un thème consonantique d'une désinence commençant par une nasale (*ἥαται*) — est vérifiée par les faits phonétiques.

4. Du même coup les dites désinences se trouvent ramenées à une unité: il n'est plus nécessaire d'admettre les doublets: *-anti*, *-nti*; *-ans*, *-ns*, etc.

1. L'hypothèse des liquides sonantes indo-européennes a été faite il y a deux ans par M. Osthoff, *Beiträge de Paul et Braune* III 52, 61. La loi de correspondance plus générale qu'il établissait a été communiquée avec son autorisation dans les Mémoires de la Soc. de Ling. III 282 seq. Malheureusement ce savant n'a donné nulle part de monographie complète du sujet.

5. L'idée qu'on avait, que les nasales ont pu dans certains cas être rejetées dès la période proethnique conduit toujours, si l'on regarde les choses de près, à des conséquences contradictoires. La théorie de la nasale sonante supprime ces difficultés en posant en principe que dans la langue mère aucune nasale n'a été rejetée.

En fait d'objections, on pourrait songer à attaquer la théorie précisément sur ce dernier terrain, et soutenir la possibilité du rejet des nasales en se basant sur le suffixe sanskrit *-vaṃs* qui fait *-uš* aux cas très-faibles; le grec *-υια* = *-ušī* prouve que cette dernière forme est déjà proethnique. Dans l'hypothèse de la nasale sonante la forme la plus faible n'aurait jamais pu donner que *-vas* = *-wn̥s*. Mais il est hautement probable, comme l'a fait voir M. Brugman K. Z. XXIV 69 seq. que la forme première du suffixe est *-was*, qu'il n'a été infecté de la nasale aux cas forts que dans le rameau indien de nos langues, et cela par voie d'analogie[1].

M. Joh. Schmidt, tout en adhérant en général à la théorie de M. Brugman dans la recension qu'il en a faite *Jenaer Literaturz.* 1877 p. 735, préférerait remplacer la nasale sonante par une nasale précédée d'une voyelle irrationnelle: *ās"ntai* = *ἥαται*. Il ajoute: «si l'on voulait en se fondant sur *ukšṇás*, ramener *ukšá-* «*bhis* à *ukšn̥bhís*, il faudrait aussi pour être conséquent, faire sortir «*çvábhis*, *pratyágbhis* de **çunbhís*, **pratīgbhis.*» L'argument est des mieux choisis, mais on ne doit pas perdre de vue le fait suivant, c'est que les groupes *i* + *n*, *u* + *n*, ou bien *i* + *r*, *u* + *r* peuvent toujours se combiner de deux manières différentes, suivant qu'on met l'accent syllabique sur le premier élément ou sur le second — ce qui ne change absolument rien à leur nature. On obtient ainsi: *in* ou *yn̥* (plus exactement *i̯n̥*), *un* ou *wn̥* (*u̯n̥*) etc. Or l'observation montre que la langue se décide pour la première ou pour la seconde alternative, suivant que le groupe est suivi

1. On peut faire valoir entre autres en faveur de cette thèse le mot *anaḍvah,* nomin. *anaḍvān* qui vient de la racine *vah* ou de la racine *vadh:* on n'a jamais connu de nasale à aucune des deux. Puis le mot *púmān* dont l'instr. *puṃsā́* ne s'explique qu'en partant d'un thème *pumas* sans nasale. Il est vrai que ce dernier point n'est tout à fait incontestable que pour qui admet déjà la nasale sonante.

d'une voyelle ou d'une consonne: *çu* + *n* + *as* devient *çunas*, non *çwn̥(n)as*; *çu* + *n* + *bhis* devient *çwn̥bhis* (= *çvabhis*), non *çunbhis*. Les liquides attestent très-clairement cette règle: la racine *war*, privée de son *a*, deviendra *ur* devant le suff. *-u*: *uru*, mais *wr̥* devant le suff. *-ta*: *vr̥ta*[1].

On pourrait encore objecter que *ukšn̥bhis* est une reconstruction inutile puisque dans *dhanibhis* de *dhanín* où il n'est pas question de nasale sonante nous remarquons la même absence de nasale que dans *ukšábhis*. Mais les thèmes en *-in* sont des formations obscures, probablement assez récentes, qui devaient céder facilement à l'analogie des thèmes en *-an*. On peut citer à ce propos la forme *maghósu* de *maghávan* assurée par le mètre R. V. X 94, 14 dans un hymne dont la prosodie est, il est vrai, assez singulière. Des cas très-faibles comme *maghónas* on avait abstrait un thème *maghon-*: de ce thème on tira *maghóšu*, comme de *ukšan ukšásu*.

La chronologie de la nasale sonante est assez claire pour les langues asiatiques où elle devait être remplacée dès la période indo-iranienne par une voyelle voisine de l'*a*, mais qui pouvait en être encore distincte. Pour le cas où la nasale sonante suivie d'une semi-voyelle apparaît en sanskrit sous la forme *an* (p. 35), le zend *ǵaγnvão* = *ǵaghanvân* prouve qu'à l'époque arienne il n'y avait devant la nasale qu'une voyelle irrationnelle[2].

---

1. Les combinaisons de deux sonantes donnent du reste naissance à une quantité de questions qui demanderaient une patiente investigation et qu'on ne doit pas espérer de résoudre d'emblée. C'est pourquoi nous avons omis de mentionner plus haut les formes comme *činvánti*, *δεικνύασι* (cf. *δεικνῦσι*); *činvánt*, cf. *δεικνύς*. La règle qui vient d'être posée semble cependant se vérifier presque partout dans l'arien, et probablement aussi dans l'indo-européen. Certaines exceptions comme *purūn* (et non «*purvas*») = *puru* + *ns*, pourront s'expliquer par des considérations spéciales: l'accent de *purú* repose sur l'*u* final et ne passe point sur les désinences casuelles — le gén. pl. *purūṇám* à côté de *purúṇām* a un caractère récent —; l'*u* est par conséquent forcé de rester voyelle: dès lors la nasale sera consonne, et la forme **purúns* se détermine. Les barytons en *-u* auront ensuite suivi cette analogie.

2. Si le skr. *amá* «domi» pouvait se comparer au zd. *nmāna* «demeure», on aurait un exemple de *a* = *n̥* produit dans la période indienne. Mais le dialecte des Gāthās a *demāna* (Spiegel Gramm. der Ab. Spr. p. 346), et cette forme est peut-être plus ancienne?

Les indices que fournissent les langues classiques, ceux du moins que j'ai aperçus, sont trop peu décisifs pour qu'il vaille la peine de les communiquer. Dans les langues germaniques, M. Sievers (*Beitrage de P. et B.* V 119) montre que la naissance de l'*u* devant les sonantes *r̥*, *l̥*, *m̥*, *n̥*, *ṅ̥*, date de la période de leur unité et ne se continue point après la fin de cette période. Ainsi le goth. *sitls*, c'est-à-dire *sitl̥s*, qui, ainsi que l'a prouvé l'auteur, était encore **setlas* à l'époque de l'unité germanique, n'est point devenu «*situls*».

§ 3. Complément aux paragraphes précédents.

Il faut distinguer des anciennes liquides et nasales sonantes différents phénomènes de svarabhakti plus récents qui ont avec elles une certaine ressemblance.

C'est ainsi qu'en grec le groupe *consonne* + *nasale* + *y* devient *consonne* + *αvy*[1]: *ποιμν* + *yω* donne **ποιμανyω*, *ποιμαίνω*; *τι-τν* + *yω* donne **τιτανyω*, *τιταίνω*; le dernier verbe est formé comme *ἵζω* qui est pour *σι-σδ-yω* (v. Osthoff, *das Verbum etc.* p. 340). Les féminins *τέκταινα* pour **τεκτν-yα*, *Λάκαινα*, *ζύγαινα* etc. s'expliquent de la même manière.

Les liquides sont moins exposées à ce traitement, comme l'indique par exemple *ψάλτρια* en regard de *Λάκαινα*. Le verbe *ἐχθαίρω* dérive peut-être du thème *ἐχθρό*, mais les lexicographes donnent aussi un neutre *ἔχθαρ*. — En revanche l'éolique offre:

---

1. On peut néanmoins considérer l'*αν* ainsi produit comme représentant une nasale sonante, la nasale, comme dans le skr. *ǵaghanvā́n* = **ǵaghn̥wā́n* (p. 35) ayant persisté devant la semi-voyelle. Ainsi *ποιμαίνω* = *ποιμn̥yω*. Dans un mot comme **ποιμνyον*, s'il a existé, la langue a résolu la difficulté dans le sens inverse, c'est-à-dire qu'elle a dédoublé *y* en *iy*: **ποίμνιyον*, grec historiq. *ποίμνιον*. Nous retrouvons les deux mêmes alternatives dans les adverbes védiques en *-uyā* ou *-viyā*: **āçwyā* se résout en *āçuyā́*, tandis que **urwyā* devient *urviyā́*. Dans ces exemples indiens on ne voit pas ce qui a pu déterminer une forme plutôt que l'autre. Dans le grec au contraire, il est certain que la différence des traitements a une cause très-profonde, encore cachée il est vrai; le suffixe de *ποίμνιον* est probablement non *-ya*, mais *-ia* ou *-iya*: il y a entre *ποιμαίνω* et *ποίμνιον* la même distance qu'entre *ἅζομαι* et *ἅγιος* ou qu'entre *οὖσα* et *οὐσία*. La loi établie par M. Sievers *Beitr. de P. et B.* V 129 n'éclaircit pas encore ce point.

Πέρραμος = *Πρίαμος*, *ἀλλότερρος* = *ἀλλότριος*, *μέτερρος* = *μέτριος*, *κόπερρα* = *κόπρια* (Ahrens I 55); ces formes sont bien dans le caractère du dialecte: elles ont été provoquées par le passage de l'*i* à la spirante jod — d'où aussi *φθέρρω*, *κτέννω* — qui changea *Πρίαμος* en **Πρjαμος*. C'est alors que la liquide développa devant elle une voyelle de soutien, qui serait certainement un *α* dans tout autre dialecte, mais à laquelle l'éolien donne la teinte *ε*. Dans des conditions autres, *ἅμ-ᾰ* est, suivant une explication que M. Brugman m'autorise à communiquer, sorti de **σμ-α* qui est l'instrumental de *εἷς* «un» (thème *sam-*); tandis que *μία* pour **σμ-ία* (Curtius Grdz. 395) s'est passé du soutien vocalique.

On peut ramener la prépos. *ἄνευ* à **σνευ* qui serait le locatif de *snu* «dos»; le Véda a un loc. *sắno* qui diffère seulement en ce qu'il vient du thème fort. Pour le sens cf. *νόσφι* (Grdz. 320). On trouve du reste en sanskrit: *sanutár* «loin», *sánutya* «éloigné» qui semblent être parents de *snu; sanutár* est certainement pour **snutár;* cf. *sanúbhis* s. v. *snú* chez Grassmann. Ce savant fait aussi de *sanitúr* un adverbe voisin de *sanutár;* dans ce cas le goth. *sundro* nous donnerait l'équivalent européen. Cf. enfin le latin *sine*.

La 1re pers. du pl. *ἐλύσαμεν* est pour **ἐλυσμεν*. Cette forme est avec *ἔλυσα*, *ἔλυσαν* et le part. *λύσας* la base sur laquelle s'est édifié le reste de l'aoriste en *-σα*.

L'aor. *ἔκτανον* de *κτεν* appartient à la même formation que *ἔ-σχ-ον* (p. 9). Il doit son *α* à l'accumulation des consonnes dans **ἐ-κτν-ον*. L'*α* de *ἔδραμον* a la même origine, à moins, ce qui revient assez au même, que *ρα* ne représente *r̥* et qu'on ne doive assimiler *ἔδραμον* à *ἔτραπον*. — *σκαρέσθαι*, s'il existe (Curtius Verb. II 19), remonte semblablement à **σκρέσθαι*[1].

1. Les aoristes du passif en *-θη* et en *-η* sont curieux, en ce sens que la racine prend chez eux la forme réduite, et cela avec une régularité que la date récente de ces formations ne faisait pas attendre. Exemples: *ἐτάθην*, *ἐτάρφθην*; *ἐκλάπην*, *ἐδράκην*. A l'époque où ces aoristes prirent naissance, non-seulement une racine *δερκ* avait perdu la faculté de devenir *δr̥κ*, mais il n'est même plus question d'existence propre des racines; leur vocalisme est donc emprunté à d'autres thèmes verbaux (par exemple l'aoriste thématique actif, le parfait moyen), et il nous apprend seulement que le domaine des liquides et nasales sonantes était autrefois fort étendu. Néanmoins certaines formes de l'aor. en *-η* restent inexpliquées: ce sont

Le germanique est très-riche en phénomènes de ce genre; c'est, comme on pouvait attendre, l'*u* qui tient ici la place de l'*α* grec. M. Sievers (loc. cit. p. 119) ramène la 1re pers. pl. parf. *bitum* à *bitm̥* né lors de la chute de l'*a* de *(*bi*)*bitmá*. Cf. plus haut p. 11 i. n. — M. Sievers explique semblablement *lauhmuni*, p. 150.

M. Osthoff considère le dat. pl. *broþrum* (l'*u* de ce cas est commun à tous les dialectes germaniques) comme étant pour *broþr̥m*, skr. *bhrā́tr̥bhyas*. Mais il reste toujours la possibilité que la syllabe *um* soit ici de même nature que dans *bitum*. En d'autres termes l'accent syllabique pouvait reposer sur la nasale, aussi bien que sur la liquide. Cf. les datifs du pluriel gothiques *bajoþum*, *menoþum*, où la liquide n'est point en jeu.

Quant aux participes passifs des racines à liquides ou à nasales de la forme A (p. 8), comme *baurans* en regard du skr. *babhrāṇá*, il faut croire que la voyelle de soutien est venue, le besoin d'ampleur aidant, de certains verbes où la collision des consonnes devait la développer mécaniquement, ainsi dans *numans* pour **nmans*, *stulans* pour **stlans*. Ajoutons tout de suite que les formes indiennes comme *ça-çram-āṇá* (= *ça-çr̥m̥m-āṇá*) présentent le même phénomène, et que dans certaines combinaisons il date nécessairement de la langue-mère. En thèse générale, les insertions récentes dont nous parlons se confondent souvent avec certains phonèmes indo-européens dont nous aurons à parler plus tard, et qu'il suffit d'indiquer ici par un exemple: goth. *kaurus* = gr. *βαρύς*, skr. *gurú*.

On sait l'extension qu'a prise dans l'italique le développement des voyelles irrationnelles. Le groupe ainsi produit avec une liquide coïncide plus ou moins avec la continuation de l'ancienne liquide sonante; devant *m* au contraire nous trouvons ici *e*, là *u*: (*e*)*sm*(*i*) devient *sum*, tandis que *pedm̥* devient *pedem*. Un *n* semble préférer la voyelle *e*: *genu* est pour **gnu*, *sinus* pour **snus* (skr. *snú*. Fick W. I³ 226).

---

celles comme *ἐάλη*, *ἐδάρην*, où *αλ*, *αρ* est suivi d'une voyelle. Ces formes, comme nous venons de voir, se présentent et se justifient à l'aoriste actif *après une double consonne*, mais non dans d'autres conditions: il faut donc que *ἐάλην*, *ἐδάρην* soient formés secondairement sur l'analogie de *ἐτάρπην*, *ἐδράκην* etc. qui eux-mêmes s'étaient dirigés sur *ἐταρπόμην*, *ἔδρακον* etc.

En zend, ce genre de phénomènes pénètre la langue entière; c'est en général un *e* qui se développe de la sorte. — Le sanskrit insère un *a* devant les nasales; nous en avons rencontré quelques cas précédemment; la prosodie des hymnes védiques permet, comme on sait, d'en restituer un grand nombre. D'autres fois l'*a* se trouve écrit: *tatane* à côté de *tatné*, *kšamá* à côté de *kšmás*. L'accent de *kšamá* suffirait pour déterminer la valeur de son *a*; si cet *a* avait été de tout temps une voyelle pleine, il porterait le ton: «*kšáma*».

En quittant les liquides et nasales sonantes, phonèmes dûs la plupart du temps à la chute d'un *a*, il est impossible de ne pas mentionner brièvement le cas où l'*a est empêché d'obéir aux lois phonétiques qui demandent son expulsion.* Ce cas ne se présente jamais pour les racines de la forme A et B (p. 8), le coefficient sonantique étant toujours prêt à prendre le rôle de voyelle radicale. Au contraire les RACINES DE LA FORME C ne peuvent, sous peine de devenir imprononçables, se départir de leur *a* que dans certaines conditions presque exceptionnelles.

Devant un suffixe commençant par une *consonne* elles ne le pourront jamais[1]. Les formes indiennes comme *taptá, sattá, tašṭá*, les formes grecques comme ἑκτός, σκεπτός etc., pouvaient-elles perdre leur *a*, leur *ε*? Non, évidemment; et par conséquent elles n'infirment en aucune façon le principe de l'expulsion de l'*a*.

Le suffixe commence-t-il par une *voyelle* et demande-t-il en même temps l'affaiblissement de la racine, cet affaiblissement pourra avoir lieu dans un assez grand nombre de cas. Nous avons rencontré plus haut σχ-εῖν, σπ-εῖν, πτ-έσθαι etc. des racines σεχ, σεπ, πετ etc. En sanskrit on a par exemple *bá-ps-ati* de *bhas*, *á-kš-an* de *ghas* lequel donne aussi par un phénomène analogue la racine secondaire *ǵa-kš*. Le plus souvent l'entourage des consonnes ne permettra pas de se passer de l'*a*. Prenons par exemple le participe parfait moyen sanskrit, lequel rejette l'*a* radical: les racines *bhar* de la forme A et *vart* de la forme B suivront la règle sans difficulté: *ba-bhr-āṇá, va-vṛt-āná*. De même *ghas*, bien qu'étant de la

---

1. On a cependant en sanskrit *gdha, gdhi, sá-gdhi*, zd. *ha-γdhanhu*, venant de *ghas* par expulsion de l'*a* et suppression de la sifflante (comme dans *pumbhís*).

forme C, donnerait s'il se conjuguait au moyen: **ǵa-kš-ānā́*; mais telle autre racine de la forme C, *spaç* par exemple, sera contrainte de garder l'*a*: *pa-spaç-ānā́*. Ce simple fait éclaire tout un paradigme germanique: à *babhrāṇā́* répond le goth. *baurans*, à *vavr̥tānā́* le goth. *vaurþans*; le type *paspaçānā́*, c'est *gibans*. Tous les verbes qui suivent l'*ablaut giba, gab, gebun, gibans*, ont au participe passif un *e* (*i*) pour ainsi dire illégitime et qui bien que très-ancien n'est là que par raccroc.

Il y a dans les différentes langues une multitude de cas de ce genre, que nous n'avons pas l'intention d'énumérer ici. La règle pratique très-simple qui s'en dégage, c'est que, lorsqu'on pose la question: «telle classe de thèmes a-t-elle l'habitude de conserver ou de rejeter l'*a* (*e*) radical?», on doit se garder de prendre pour critère des formes où l'*a* (*e*) *ne pouvait pas* tomber.

C'est ici le lieu de parler brièvement de ce qui se passe dans les racines dont *as* et *wak* peuvent servir d'échantillons. Il est permis à la rigueur de les joindre au type C; mais chacun voit que la nature sonantique de la consonne initiale chez *wak* et son absence totale chez *as* créent ici des conditions toutes particulières.

Chez les racines comme *as*, peu nombreuses du reste, la chute de l'*a*, n'entraîne point de conflit ni d'accumulation de consonnes. Elle est donc possible, et en temps et lieu elle devra normalement se produire. De là la flexion indo-européenne: *ás-mi, ás(-s)i, ás-ti; s-mási, s-tá* etc. Optatif: *s-yā́m*. Impératif: (?)*z-dhí* (zend *zdī*). Voy. Osthoff K. Z. XXIII 579 seq. Plus bas nous rencontrerons skr. *d-ánt*, lat. *d-ens*, participe de *ad* «manger».

La racine *wak* est en sanskrit *vaç* et fait au pluriel du présent *uç-más*; on a semblablement *iš-ṭá* de *yaǵ*, *r̥ǵ-ú* de *raǵ* etc. Quel est ce phénomène? Un affaiblissement de la racine, sans doute; seulement il est essentiel de convenir que ce mot *affaiblissement* ne signifie jamais rien autre chose que *chute de l'a*. C'est laisser trop de latitude que de dire avec M. Brugman (loc. cit. p. 324) «*Vocalwegfall* unter dem Einfluss der Accentuation.» Entre autres exemples on trouve cités à cette place indo-eur. *snusá* «bru» pour *sunusá*, skr. *strī́* «femme» pour **sutrī́*. Lors même que dans ces mots un *u* serait tombé (la chose est indubitable pour le véd. *çmasi* = *uçmási*), il s'agirait ici d'un fait absolument anormal qu'on ne saurait mettre en parallèle et qui est plutôt en contradiction avec la loi de l'expulsion de l'*a*, car un corollaire de cette loi, c'est précisément que les *coefficients de l'a* se maintiennent. Gardons-nous aussi de prononcer le mot *samprasāraṇa*: ce terme, il est vrai, désigne simplement le passage d'une semi-voyelle à l'état de voyelle; mais en réalité il équivaut dans tous les ouvrages de linguistique à: rétrécissement des syllabes *ya*, *wa*, *ra* (*ye*, *we*; *yo*, *wo*) en *i*, *u*, *r̥*. Dans l'esprit de celui qui emploie le mot *samprasāraṇa*, il y a inévitablement l'idée d'une action spéciale de *y*, *w*, *r* sur la voyelle qui suit, et d'une force absorbante dont jouiraient ces phonèmes. Si tel est le sens qu'on attache au mot *samprasāraṇa*, il faut affirmer nettement que les affaiblissements proethniques n'ont rien à faire avec le *samprasāraṇa*. L'*a* tombe, voilà tout. Et ce n'est point par plusieurs phénomènes différents, mais bien par un seul et même phénomène que *pa-pt-ús* est sorti de *pat*, *s-másị* de *as*, *rik-mási* de *raigh*, *uç-mási* de *wak*. — D'ailleurs, lorsque dans des périodes plus récentes nous assistons véritablement à l'absorption d'un *a* par *i* ou *u*, la voyelle qui en résulte est dans la règle une longue.

Plus haut, nous n'avons fait qu'indiquer ce mode de formation des liquides sonantes, ainsi τρέπω donnant ἔτραπον; *mr̥dú*, *pr̥thú* des racines *mrad* et *prath*. La liste serait longue. Il vaut la peine de noter le gr. τρεφ qui, outre ἔτραφον et τέθραμμαι, présente encore la sonante régulière dans l'adjectif ταρφύς.

Chapitre II.

Le phonème A dans les langues européennes.

---

§ 4. La voyelle *a* des langues du nord a une double origine.

La tâche que nous nous étions posée dans le chapitre précédent n'était qu'un travail de déblai: il s'agissait de dégager l'*a*, l'ancien et le véritable *a* — un ou complexe, peu importe ici — de tout l'humus moderne que différents accidents avaient amassé sur lui. Cette opération était tellement indispensable que nous n'avons pas craint de nous y arrêter longtemps, de dépasser même les limites que nous fixait le cadre restreint de ce petit volume.

Il est possible à présent de condenser en quelques mots le raisonnement qui nous conduit à la proposition énoncée en tête du paragraphe.

1. L'*u* (*o*) germanique n'entre plus en considération dans la question de l'*a*. Il sort toujours d'une liquide ou d'une nasale sonante, lorsqu'il n'est pas l'ancien *u* indo-européen.

2. Il n'y a plus dès lors dans le groupe des langues du nord que 2 voyelles à considérer: l'*e*, et ce que nous appellerons l'*a*. Cette dernière voyelle *apparaît en slave sous la forme de o*, mais peu importe: un tel *o* est adéquat à l'*a* du lithuanien et du germanique; la couleur *o* ne fait rien à l'affaire.

3. Dans le groupe du sud on a au contraire 3 voyelles: *e a o*.

4. L'*e* du sud répond à l'*e* du nord; l'*a* et l'*o* du sud réunis répondent à l'*a* du nord.

5. Nous savons que lorsqu'un *α* grec alterne avec *ε* dans une racine contenant une liquide ou une nasale (non initiale), l'*α* est hystérogène et remonte à une sonante.

6. Or les dites racines sont *les seules* où il y ait alternance d'*α* et d'*ε*, ce qui signifie donc que l'*a* gréco-latin et l'*e* gréco-latin n'ont aucun contact l'un avec l'autre.

7. Au contraire l'alternance d'*e* et d'*o* dans le grec, et primitivement aussi dans l'italique, est absolument régulière (*ἔτεκον*: *τέτοκα, τόκος*. *tego: toga*).

8. Comment l'*a* et l'*o* des langues du sud pourraient-ils donc être sortis d'un seul et même *a* primitif? Par quel miracle cet ancien *a* se serait-il coloré en *o*, *et jamais en a*, précisément toutes les fois qu'il se trouvait en compagnie d'un *e*? — Conclusion: le dualisme: *a* et *o* des langues classiques est originaire, et il faut que dans l'*a* unique du nord deux phonèmes soient confondus.

9. Confirmation: lorsqu'une racine contient l'*a* en grec ou en latin, et que cette racine se retrouve dans les langues du nord, on observe en premier lieu qu'elle y montre encore la voyelle *a*, mais de plus, et voilà le fait important, *que cet a n'alterne point avec l'e*, comme c'est le cas lorsque le grec répond par un o. Ainsi le gothique *vagja* = gr. *ὀχέω*, *hlaf* = gr. (*κέ*)*κλοφα* sont

accompagnés de *riga* et de *hlifa*. Mais *agis(a-)* = gr. ἄχος, ou bien *ala* = lat. *alo* ne possèdent aucun parent ayant l'*e*. A leur tour les racines de la dernière espèce auront une particularité inconnue chez celles de la première, la faculté d'allonger leur *a* (*agis: ōg, ala: ōl*), dont nous aurons à tenir compte plus loin.

M. Brugman a désigné par a_1 le prototype de l'*e* européen; son a_2 est le phonème que nous avons appelé *o* jusqu'ici. Quant à ce troisième phonème qui est l'*a* gréco-italique et qui constitue une moitié de l'*a* des langues du nord, nous le désignerons par la lettre *A*, afin de bien marquer qu'il n'est parent ni de l'*e* (a_1) ni de l'*o* (a_2). — En faisant provisoirement abstraction des autres espèces d'*a* possibles, on obtient le tableau suivant:

Langues du nord.	*Etat primordial.*	*Gréco-italique.*
e	a_1	e
a {	a_2	o
	A	a

§ 5. Equivalence de l'*α* grec et de l'*a* italique.

Dans le paragraphe précédent nous avons parlé de l'*α* grec et de l'*a* italique comme étant une seule et même chose, et il est reconnu en effet qu'ils s'équivalent dans la plupart des cas. L'énumération des exemples qui suit, et qui a été faite aussi complète que possible, est en grande partie la reproduction de la première des listes de M. Curtius (Sitzungsberichte etc. p. 31). Il était indispensable de mettre ces matériaux sous les yeux du lecteur quand ce n'eût été que pour bien marquer les limites où cesse en grec le domaine des liquides et nasales sonantes, en rappelant que l'alpha n'est point nécessairement une voyelle anaptyctique d'origine secondaire.

D'autre part le mémoire cité contient deux listes d'exemples avec le résultat desquelles notre théorie paraît être en contradiction. La première de ces listes consigne les cas où un *α* grec se trouve opposé à un *e* latin; la seconde donne les mots où au contraire l'*e* grec répond à l'*a* latin. Or un tel échange d'*e* et d'*a*, qui peut s'accorder plus ou moins avec le scindement d'un *a* unique, est à peu près incompatible avec l'hypothèse des deux phonèmes A et a_1 différents dès l'origine. Mais, aux yeux de celui-là qui accepte la théorie des nasales sonantes, le nombre des cas de la première espèce se réduira déjà considérablement: il supprimera *ἑκατόν* — *centum*, *δασύς* — *densus*, *παχύς* — *pinguis* etc. En y regardant de plus près, en tenant compte de toutes les rectifications motivées par les travaux récents, on arrivera à un résidu absolument insignifiant, résidu dont presque aucune loi d'équivalence phonétique n'est exempte. Nous pouvons nous dispenser de faire cela tout au long. Un ou deux exemples suffiront. *Κρέας* — *caro:* M. Bréal a montré (Mém. Soc. Ling. II 380) que ces deux mots ne sont point parents. *Μέγας* — *magnus:* la racine n'est point la même, comme nous le verrons plus bas. *Κεφαλή* — *caput:* le *φ* du grec continue à rendre ce rapprochement improbable. *Τέσσαρες* — *quattuor:* les plus proches sœurs de la langue latine montrent l'*e:* ombr. *petur*, osq. *petora; quattuor* est sans doute une altération de **quottuor* pour **quettuor* (cf. *colo* = **quelo* etc.). *Βαστάζω* — *gesto* (Fick): leur identité n'est pas convaincante, car on attendrait du moins *(*g*)*vesto; gesto* et *gero* sont bien plutôt parents du gr. *ἀ-γοστός*[1] «paume de la main» dont l'*o* est a_2. En ce qui concerne *ἀχήν* (cf. *ἀχηνία*) qu'on rapproche du lat. *ĕgeo*, il y aurait en tous cas à tenir compte de la glose *ἀεχῆνες· πένητες* (Hes.). — L'exemple le plus saillant qu'on ait cité pour la prétendue équivalence d'*e* et d'*a*, c'est le grec *ἑλίκη* «saule» = lat. *sălix* (vieux haut-all. *salaha*); mais ici encore on pourra répliquer que *ἑλίκη* et un mot arcadien et l'on pourra rappeler *ζέρεθρον* = *βάραθρον* et autres formes du même dialecte[2] (Gelbke, Studien II 13).

Au sein du grec même — il ne s'agit pas ici des différences de dialecte — on a souvent admis un échange d'*e* et d'*a*. Comme nous avons eu occasion de le dire au § 4, ce phénomène est limité à une classe de racines chez lesquelles l'*α*, étant un produit récent des liquides et nasales sonantes, n'est pas en réalité un *a*. Nous ne croyons pas que cet échange se présente nulle part ailleurs.

---

1. Egal lui-même au skr. *hásta*. Le zend *zaçta* montre que la gutturale initiale est palatale, non vélaire. C'est un cas à ajouter à la série: *hánu* — *γένυς*, *ahám* — *ἐγώ*, *mahā́nt* — *μέγας*, *gha* — *γε* (*hṛ́d* — *καρδία*).

2. C'est avec intention que nous nous abstenons de citer *ζέλλω*, qui en apparence serait un parallèle meilleur.

Il nous semble superflu d'ouvrir ici une série d'escarmouches étymologiques dont l'intérêt serait fort médiocre. Déjà le fait qu'il n'est aucun des cas allégués qui ne prête à la discussion suffit à éveiller les doutes. Un simple regard sur la flexion verbale permet de constater que là du moins il n'y a pas trace d'un α remplaçant l'ε en-dehors des racines à liquides et à nasales. Autant le paradigme **τρέπω, ἔτραπον, τέτραμμαι, ἐτράφθην** est commun dans ces deux dernières classes, autant partout ailleurs il serait inouï. Un exemple, il est vrai, en a été conjecturé. M. Curtius est porté à croire juste la dérivation que font Aristarque et Buttmann de l'aor. pass. homérique **ἑάφθη** (**ἐπὶ δ' ἀσπὶς ἑάφθη**, Iliade XIII 543, XIV 419). Le mot semble signifier *suivre dans la chute*, ou selon d'autres *rester attaché*, *adhérer*. Partant du premier sens, Buttmann voyait dans **ἑάφθη** un aoriste de **ἕπομαι**, rejetant l'opinion qui le rattache à **ἅπτω**. Dans tous les cas personne ne voudra sur une base aussi frêle soutenir la possibilité de l'*ablaut* **ε-α** dans la flexion verbale. Avant de s'y avouer réduit, il serait légitime de recourir aux étymologies même les plus hasardées (cf. par exemple goth. *siggan* «tomber», ou bien skr. *saṅǵ* «adhérer»; α serait alors représentant d'une nasale sonante).

Examinons encore trois des cas où l'équivalence d'ε et d'α est le plus spécieuse: **νέ(ϝ)ω** «nager», **νά(ϝ)ω** (éol. **ναύω**) «couler»; cf. skr. *snauti*. Comment une même forme primitive a-t-elle pu donner à la fois **νέϝω** et **νάϝω**? C'est ce qu'on ne saurait concevoir. La difficulté est supprimée si, séparant **νάϝω** de l'ancienne racine *snau*, nous le rapprochons de *snā*: **ναϝ** s'est développé sur *snā* absolument comme **φαϝ** (**φαῦος**) sur *bhā*, **χαϝ** (**χαῦνος, χάος**) sur *ghā*, **σταϝ** (**σταυρός**) sur *stā*, **λαϝ** (**ἀπολαύω**) sur *lā*, **δοϝ** (**δυϝανοίη**) sur *dā*, **γνοϝ** (**νόος**, *gnavus*) sur *gnā*. — **νέ(σ)ομαι** «venir», **ναίω, ἔνασσα, ἐνάσθην** «demeurer»; cf. skr. *násate*. Les sens ne s'accordent pas trop mal, mais rien ne garantit que la véritable racine de **ναίω** soit *nas*; qu'on compare **δαίω, ἐδάσσατο, -δαστος**. D'autre part il faut tenir compte de **ναῦος** «temple», que M. Curtius propose, il est vrai, de ramener à ***νασϝος**. — **ϝάστυ** «cité» appartient à la racine du goth. *visan* qu'on croit retrouver dans le gr. **ἑστία** et avec plus de certitude dans **ἀέσκω, ἄεσα** «passer la nuit, dormir». **ϝάσ-τυ** est à **ἀϝέσ-κω** ce que le thème latin *vad-* est au gr. **ἄϝεθ-λον**; il s'agit ici de phénomènes phoniques tout particuliers. — Les autres cas peuvent tous s'éliminer semblablement. Dans deux mots: δεῖπνον = *δαπινον, et εἶκλον, autre forme de αἶκλον (v. Baunack, Studien X 79), l'α semble s'être assimilé à l'ι qui suivait. Quant à κλείς, γείτων, λεώς, λειτουργός, ῥεῖα etc, à côté de κλᾶΐς, γᾶ, λαός, ῥᾴδιος etc., il n'est pas besoin de dire que leur ε pour η n'est que la traduction ionienne d'un ᾱ.

Après la critique détaillée de ce point par M. Brugman on ne sera plus disposé à attribuer aux formes dialectales φάρω, τράχω, τράφω etc., pas plus qu'à ϝεσπάριος, ἀνφόταρος, πατάρα, une importance quelconque dans la question de l'*a*. M. Havet (Mémoires de la Soc. de Linguist. II 167 seq.) a depuis longtemps expliqué leur α par l'influence de *r*. Il va sans dire qu'ici nous n'avons point affaire à un *r* voyelle donnant naissance à α, mais bien à un *r* consonne transformant ε en α. C'est le phénomène inverse qui se manifeste dans certaines formes ioniennes et éoliques telles que ἔρσην, γέργερος, χλιερός.

Comme on le voit par le tableau de Corssen (II² 26), l'échange de l'*a* et de l'*e* est aussi presque nul dans le latin, pour autant du moins que certaines affections phonétiques spéciales et de date récente ne sont pas en jeu. Le vocalisme concorde également entre les différents dialectes italiques qu'il est donc permis de considérer à cet égard comme un tout. La divergence la plus considérable est dans le latin *in-* (préfixe négatif) et *inter* en regard de *an-*, *anter*, de l'osque et de l'ombrien. Cette divergence s'expliquera plus loin, nous l'espérons.

Les exemples qui suivent sont répartis en trois séries, d'après la place de l'*a* et son entourage dans la racine.

1. *La syllabe radicale ne contient ni nasale ni liquide qui ne serait pas initiale.* En tête de la liste se trouvent les racines communes à un grand nombre de mots. Les lettres C et F renvoient aux ouvrages d'étymologie de M. Curtius et de M. Fick.

ak₁:	ἄκ-ρος, ἀκαχ-μένος	*ac-ies*, *ac-us* etc.
ak₂:	ἄκ-αρος, ἀχ-λύς	*aqu-ilus*. F.
ag:	ἄγ-ω, ἀγ-ός	*ag-o*, *ac-tio*.
ap:	ἅπ-τω	*ap-tus*, *ap-ere*(?).
kwap:	καπ-ύω, καπ-νός	*vap-or*, *vappa*. C.

dap:	δάπ-τω, δαπ-άνη	*dap-es, dam-num*[1].
1 *mak:*	μάκ-αρ, μακ-ρός	*mac-te* (*macer?*).
2 *mak*[2]*:*	μάχ-ομαι, μάχ-αιρα	*mac-tare, mac-ellum.*
mad:	μαδ-άω, μαδ-αρός	*mad-eo, mad-idus.*
lak:	λάκ-ος, λακ-ερός	*lac-er, lac-erare.*
lag:	λάγ-νος, λαγγ-άζω	*lac-sus, langu-eo.* C.
lap:	λάπ-τω, λαφ-ύσσω	*la-m-b-o, lab-rum.*
las:	λιλα(σ)-ίομαι, λάσ-τη	*las-c-ivus.*
sap:	σαπ-ρός, σαφ-ής	*sap-io, sap-or.* C.

ἄβιν· ἐλάτην	*abies.*	βάκτρον	*baculus.*
ἀγρός	*ager.*	βασκαίνω	*fascinare* (?).
ἀκχός	*axilla, āla.*	δάκρυ	*dacruma.*
ἀμνός	*agnus*[3].	κάδος	*cadus.*
ἀξίνη	*ascia.*	κακκάω	*cacare.*
ἄξων	*axis.*	κάπρος	*caper.*
Ἀπι-δανός	*amnis*[4].	ῥάξ	*racemus* (?).
ἀπό	*ab.*	ἰάπτω	*jacio* (?).
ἄττα	*atta.*	λάχνη	*lāna.*
ἄχνη	*agna.*	ψαφαρός	*scabies.*

Dans la diphthongue:

ai.	αἴθω	*aestas, aestus.*	λαιός	*laevus.*
	αἰών	*aevum*[5].	σαῖοι	*saevus*[6] (?).
	αἶσα (αἰκ-ya)	*aequus.*	σκαιός	*scaevus.*
	(δα(ιϜ)ήρ	*lēvir.*)	dor. αἰ	osq. *svai*[7].

1. Sur le rapport de *damnum* et de δαπάνη, v. Bechstein, Studien VIII 384 seq. L'auteur omet de mentionner que même au temps de Suétone (Néron, chap. 31) *damnosus* signifiait *dépensier*. — 2. Il est préférable de ne pas inscrire ici une troisième racine *mak*, dans μάσσω — *mācero*, parce que l'*e* du sl. *męknąti* complique la question. — 3. V. Fick, K. Z. XX 175; le sl. *jagnę* qui a g_2 justifie la forme ancienne *ἀβνός qu'on suppose pour le mot grec. — 4. M. Curtius interprète le nom de fleuve Ἀπιδανός par ἀπι «eau» + δανο «donnant», étymologie qui trouverait peut-être quelque appui dans Ἠρι-δανό-ς (skr. *vári* «eau»); il rapporte à la même racine Μεσσάπιοι, γῆ Ἀπία etc. La question est seulement de savoir si nous avons affaire à *ap* (d'où *amnis*) ou à ak_2 (dans *aqua*); mais dans l'un et l'autre cas le latin montre l'*a*. — 5. L'*a* est long: gr. ἐπηετανός, skr. *áyus*. — 6. V. Savelsberg, K. Z. XVI 61. L'épel σάϊοι rend le rapprochement douteux. — 7. Encore ici on peut supposer l'*a* long; on arriverait peut-être à expliquer de la sorte *ει* pour *ηι*.

au.	*aug:*	αὐγ-ή, αὖκ-σις	*aug-ere, aug-ustus.*
	1 *aus:*	αὔως; ἀέλιος	*aur-ora; Aus-elius.* C.
	2 *aus:*	ἐξ-αυσ-τήρ	*h-aur-io, h-aus-tus*[1] (?).
	gau:	γαῦ-ρος, γη-θέω	*gau-dere, gav-isus.* C.
	kaup:	κάπ-ηλος[2]	*caup-o, cōp-a.* C.
	pau:	παύ-ω	*pau-cus, pau-per.*
	stau:	σταυ-ρός	*in-stau-rare.* C.

1. Fick, *Beiträge de Bezzenberger* II 187. — 2. L'*u* est tombé en grec, comme dans κλόνις et d'autres formes. Osthoff, *Forschungen* I 145. Misteli, K. Z. XIX 399.

αὖρα	*aura* (emprunté ?).	θραύω	*fraus.*
αὖτε	*autem* (?).	καυλός	*caulis.*
ἐνι-αυτός	*autumnus* (?).	σαυχμός	*saucius.*
θαῦνον· θηρίον Hes.	*Faunus* (?).	ταῦρος	*taurus.*

a est suivi de *v*.	ἀπο-λαύ-ω	*Lav-erna, lav-erniones.* C.
	ἀ(ϝ)-ίω	*av-eo, av-idus* (?). C.
	πα(ϝ)-ίω	*pav-io.*
	φαῦ-ος, φα(ϝ)εινός	*fav-illa.* C.

2. *La racine contient une liquide ou une nasale non initiale*[1]. Dans un certain nombre d'exemples (nous en avons placé quelques-uns entre crochets) l'*a* représente certainement autre chose que ᴀ: c'est un *a* anaptyctique, en rapport avec les phénomènes étudiés au chapitre VI.

ank:	ἀγκ-ών, ἀγκ-ύλος	*anc-us.* C.
angh:	ἄγχ-ω	*ang-o, ang-ustus.*
1 *ar:*	ἀραρ-ίσκω, ἄρ-θρον	*ar-tus.*
2 *ar:*	ἀρ-όω	*ar-are, ar-vum.*
ark:	ἀρκ-έω	*arc-eo, arx.*
arg:	ἀργ-ός [ἄργ-υρος]	*arg-uo* [*arg-entum*].
—	ἁρπ-άζω, ἁρπ-αλέος	*rap-io, rap-ax.*
al:	ἄν-αλ-τος	*al-o, al-umnus.* C.
(?) *alg:*	ἄλγ-ος, ἀλγ-έω	*alg-eo* (?).
kan:	καν-άζω, ἠι-καν-ός[2]	*can-o, can-orus.*
[*kard:*	κράδ-η, κραδ-αίνω	*card-o.* C.]
kal:	καλ-έω	*cal-endae, cal are.*

[*bhark:*	φράσσω, φρακ-τός	*farc-io, frac-sare.*]
[*sark$_2$:*	ῥάπ-τω	*sarc-io.* Bugge.]
[*sarp:*	ἅρπ-η	*sarp-o, sarmen.*]
1 *sal:*	ἅλ-λομαι	*sal-io, sal-tus.*
2 *sal:*	σάλ-ος, σαλ-άσσω	*sal-um.* C.
[*skand:*	κάνδ-αρος	*cand-eo, cand-ela.* C.]

ἄλλος	*alius.*	λάξ	*calx.*
[ἄλκη	*alces.*]	κάρταλος	*cartilago*[4].
ἀλκυών	*alcedo.*	κράμβος	*carbo.*
ἀλφός	*albus.*	μάλβαξ }	*malva.*
[ἀμφί	*amb-.*]	μαλάχη }	
[ἄμφω	*ambo.*]	μάμμη	*mamma.*
ἄν	*an.*	dor. νᾶσσα	*anat-*
[ἀν- (priv.)	osq. ombr. *an-.*]	δί-πλαξ	ombr. tu-plak[5].
ἄνεμος	*animus.*	[παλάμη	*palma.*]
ἀντί	*ante.*	πάλη	*palea.* F.
ἀράχνη	*arānea.*	dor. πᾶνίον	*pannus.*
[ἀρμός	*armus.*]	πλάξ	*planca.*
ἄρον	*arundo* (?). F.	πραπίδες	*palpito*[6].
[βαρύς	*gravis.*]	ῥαιβός	*valgus* (?).
βλάπτω	*suf-flāmen* (?)[3].	ἅλς	*sal.*
βάρβαρος	*balbus.*	ῥακτοί	*an-fractus*[7].
βάλανος	*glans.*	σκάλοψ	*talpa.* C.
γάλακτ-	*lact-.*	σκάνδαλον	*scando.* C.
γλαμυρός	*gramia.*	[ἄφλαστον	*fastigium.* F.]
γλαφυρός	*glaber* (?).	ἧλος }	*vallus.* C.
κάλχη	*clacendix.*	Ϝάλλος }	
καμάρα	*camurus.*	χάλαζα	*grando.*
dor. κᾶπος	*campus.*	dor. χάν[8]	*anser.*
καρκίνος	*cancer.*		

1. Les couples σφάλλω — *fallo* et ἀλφάνω — *labor* ne sont pas insérés dans cette liste, parce qu'ils prêtent matière à discussion. — 2. ἠικανός· ὁ ἀλεκτρυών. Hes. — 3. Fick, Beitr. de Bezzenb. I 61. — 4. Studien V 184. — 5. L'*e* du latin *duplex* n'est dû qu'à la loi d'affaiblissement qui frappe les seconds membres des composés. — 6. Nous séparons ainsi *palpito* de *palpo* = ψηλαφάω. — 7. V. page 17. — 8. Ahrens II 144. — *antrum* et *bracchium* sont empruntés au grec.

Au tableau qui précède il faut ajouter 5 racines qui, au fond, semblent ne pas contenir de nasale, bien qu'elles en soient infectées dans plusieurs langues, sans doute par l'influence du suffixe. Ces racines sont du reste dans un tel état qu'on peut quelquefois douter si leur voyelle est *e* ou *a*, et que l'étude de leurs perturbations est à peine possible à l'heure qu'il est. On peut en dire autant de quelques-unes de celles qui viennent d'être mentionnées et qui sont placées entre crochets.

κλάζω, ἔκλἄγον, κέκλαγγα, κεκληγώς, κλαγγή — *clango, clangor.*

Cf. norr. *hlakka*; goth. *hlahjan, hloh*; lith. *klegù*. F. I[3] 541.

τεταγών — *tango, tago, tetigi, tactus.*

M. Fick compare le goth. *stiggvan* ce qui s'accorde mal avec le lat. *tago*. Il est certain qu'on ne doit pas songer au goth. *tekan*; ce dernier a un parent grec dans *δάκτυλος* (rac. *dag*; cf. *digitus*).

πήγνυμι, πέγηγα, ἐπά̊γη, πηκτός, πάγη — *pango, pago, pepigi, pignus, păciscor, pāx.*

Cf. goth. *fāhan, faifāh*, ou bien v. h[t]-all. *fuogī*; skr. *pâça*.

πλήσσω, dor. *πλᾱγά, ἐξεπλά̊γην*; *πλά̊ζω, ἐπλάγχθην* — *plango, planxi, planctus, plāga.* C. Grdz. 278.

κάκαλον «mur d'enceinte» — *cancelli* «treillis, barrières».

M. Fick qui rapproche ces deux mots (II[3] 48) leur compare le skr. *káčate* et *káñčate* «attacher». Mais de là il n'y a qu'un pas au goth. *hāhan, haihāh* «suspendre». L'identification de ce dernier verbe avec le skr. *çáñkate* «être préoccupé, douter etc.» (I[3] 56) a un côté faible dans la signification du mot indien. Cf. Pott, Wzlw. III 139.

Voici enfin différents exemples appartenant aux tableaux 1 et 2, mais qui présentent un *ā* long, dans l'une des deux langues ou dans toutes deux. Cet *ā* long est un nouveau phonème à enregistrer, et comme il est évidemment en rapport avec A, nous pouvons lui donner tout de suite la désignation Ā, tout en nous promettant de l'étudier ailleurs plus à loisir.

dor. *γᾱρύω*	*garrio*[1].	dor. *κλᾱ(ϝ)ίς*[2]	*clāvis.* / *claudo.*
dor. *(ϝ)ᾱχώ*[2] / *(ϝ)ι(ϝ)ᾰχή*	*vāgio.*	dor. *κλᾶρος*[3]	*glārea*[3].
dor. *κᾱλίς*[2]	*cāligo.*	*λᾶας*	bas-lat. *gravarium*[4] (?).

μᾶλον	*mālum.*	ῥάπυς	*rāpa.*
νᾶϋς	*nāvis.*	σκήπων[7]	*scāpus.*
dor. πᾱλός[2]	*pălūd-*[5].	ἁδύς }	*suāvis.*
πηρός, παῦρος }	*pārum.*	εὔᾱδε }	
dor. τὸ πᾶρος }	*parvus.*	(ταῶς	*pāvo*[3].)
πεπαρεῖν	*ap-păreo*[6].	χαμός	*hāmus.*
ῥάδιξ }	*radix.*	ψηλαφάω(η=ᾱ?)	*palpare.*
ῥάδαμνος }		dor. ψᾶφος	*săbulum.*

Ici se place aussi la racine de *magnus*, *mājor*, osq. *mahiis* etc. qui a donné en grec μῆχος, μῆχαρ, dor. μᾱχανά (Ahrens II 143). V. page 64.

1. La racine de *garrio* n'est pas, il est vrai, exactement la même que celle de γαρύω (cf. lith. *garsà*). — 2. Ahrens II 137 seq. — 3. Il est possible que *glārea* soit emprunté; *pāvo* l'est presque certainement. — 4. Pictet, *Origines Indo-européennes* I[1] 132. — 5. D'autre part πλάδος se rapproche de *palus*. — 6. Curtius, *Verbum* II 29. — 7. Dor. σκᾱπάνιον Ahrens II 144.

3. *a termine la racine:*

ghā[1]:	χᾱ-λά, χᾰ-τέω	*fă-mes, fă-tuus.*
	χᾰ-τίζω, χᾰ-τίς	*fă-t-iscor, fă-t-igo.*
pā:	πᾰ-τ-έομαι,	*pā-nis, pā-bulum, pa-sco,*
	ἄ-πα-σ-τος, πᾰ-νία	*pā-s-tor*[2], *pā-vi.*
bhā:	dor. φᾱ-μί, φά-μα;	*fā-ri, fā-ma,*
	φᾰ-τις, 1° p. pl. φᾰ-μέν	*fā-bula, fă-t-eor.*
(?)*lā*[3]:	ὑλά-ω, ὑλα-κ-ή	*lă-trare* (*lā-mentum?*).
stā:	dor. ἵ-στᾱ-μι, ἔ-στᾱ-ν;	*Stā-tor, stāmen,*
	στᾰ-τήρ; 1° p. pl. ἵ-στᾰ-μεν	*stă-tus, stă-bulum.*
(s)*nā:*	νᾱ-ρός, νᾶ-μα,	*nă-tare, nă-trix,*
	νᾶ-σος, Νᾱ-ϊάς	*nāre.*
spā:	dor. σπᾶ-διον; σπά-ω	*spă-tium* (*pa-t-eo?*),
		pa-nd-o, pa-s-sus.

1. La dépendance des mots latins de la rac. *ghā* est assez généralement reconnue; quant à *hisco, hiare* etc., on ne saurait les dériver immédiatement de *ghā; hiare* est le lith. *žióti* (rac. *ghyā*); et la ressemblance de *hisco* avec χάσκω ne doit point faire passer sur cette considération. — 2. Schmitz, *Beiträge zur lat. Sprachk.* p. 40. — 3. En admettant dans ὑλάω un cas de prothèse de l'υ nous restituons au grec une racine qui ne manque presque à aucune des langues congénères. M. Fick il est vrai la trouve dans λῆρος, ληρέω. Le λάων d'Homère est controversé. ἀλυκτεῖ· ὑλακτεῖ. Κρῆτες nous apporte peu de lumière.

Les exemples qui précèdent offrent plusieurs cas d'amplification au moyen d'une dentale, amplification qu'affectionnent les racines en *ā*, qui s'est accomplie du reste de plusieurs manières différentes. Voici une racine qui dans les deux langues n'apparaît que sous la forme amplifiée (cf. Curtius Grdz. 421):

lā: dor. **λά-θ-ω; ἔ-λᾰ-θ-ον** *lă-t-eo.*

La nasale de **λανθάνω** ne prouve nullement une racine *lan*, que le skr. *rándhra* «caverne», vu son isolement, ne confirmerait pas. Hésychius il est vrai donne: **ἀλανές· ἀληθές,** mais une autre glose: **ἀλλανής· ἀσφαλής. Λάκωνες**, interdit d'en tirer aucune conséquence quant à **λανθάνω.**

Le lat. *ma-nd-o* «mâcher» (cf. *pa-nd-o*, **λα-νθ-άνω**), *ma-s-ticare*, *ma-nsu-cius* etc., et le grec **μα-σάομαι** se basent pareillement sur une racine *mā* dont dérive encore le goth. *mat(i)-s* «repas».

Ici se place enfin lat. *pa-t-ior*, *pa-s-sus*, en regard de **πά-σχω, ἔ-πα-θον**; nous avons vu et nous verrons plus bas qu'il est à peu près impossible de décider si l'**α** de ces mots grecs est un **α** ancien ou le représentant d'une nasale sonante.

Il reste à mentionner:

dor. **μάτηρ**	= *māter.*	**χλᾱρός**	= *h(i)lăris*(?).
φράτηρ	= *frāter.*	[dor. **τλᾱτός**	= *lātus.*]
πατήρ	= *pater.*	**πρᾰσιά**	cf. *prātum.*

Döderlein (Handbuch der Lat. Etym.) compare *latex* «ruisseau» à **λάταξ** «bruit du dé qui tombe». M. Roscher a montré (Stud. IV 189 seq.) que les nombreuses formes du mot **βάτραχος** «grenouille» remontent à ***βράτραχος** qu'il rapproche du lat. *blaterare.* Il faudrait citer aussi **λάτρις** en regard de *latro* si ce dernier n'était emprunté au grec (Curtius Grdz. 365).

Les syllabes suffixales fournissent A et Ā en nombre relativement restreint. Ces phonèmes sont, peu s'en faut, limités au suffixe des féminins de la 1re déclinaison: grec **χώρᾱ**, vieux-latin *formā.* Certains cas de cette déclinaison montrent aussi A bref, voy. § 7 fin. Un A bref apparaît ensuite au nom.-acc. plur. des neutres de la 2e déclinaison, où probablement il a été long d'abord: grec **δῶρᾰ**, latin *dōnă* (vieux lat. *falsā*?). V. § 7.

A est de plus désinence des thèmes neutres consonantiques

au nom.-acc. plur. Ex. *γένε-α*, *gener-a*. Mais on sait que l'âge de cette désinence est incertain.

§ 6. Le phonème A dans les langues du nord.

Que faut-il, quand il s'agit d'un mot gréco-latin, pour être sûr que ce mot contient A? Il faut simplement, toutes précautions prises contre les liquides et nasales sonantes, qu'il ait l'*a* en grec et en latin. Mais il suffit en général, si le mot existe dans l'une des deux langues seulement, que dans cette langue il montre l'*a*: l'*a* italique ou grec *non anaptyctique* a, dans quelque forme qu'il se trouve, la qualité A. — Dans les idiomes du nord le problème est plus compliqué: chaque *a* peut, en lui-même, être A ou a_2. Avant de lui attribuer la valeur A, il faut s'être assuré qu'il ne peut représenter a_2. Cette épreuve sera possible bien souvent dans chaque langue sans qu'il soit besoin de recourir aux idiomes congénères, et cela au moyen des données morphologiques qui indiquent dans quelles formations a_1 est remplacé par a_2. La formation est-elle de celles qui n'admettent pas a_2, on sera certain que l'*a* est un A. Le thème du présent, mais seulement chez les verbes primaires, est la plus répandue de ces formations.

Dans le choix des racines données comme exemples de A dans les langues du nord, nous avons suivi autant que possible ce principe. Il faut que sans sortir de ce groupe de langues on puisse conclure que la racine contient A, puis on compare les langues du sud, et il y a confirmation en tant que ces dernières montrent l'*a*. Cf. § 4, 9. Des exemples tels que sl. *orją* en regard du lat. *arare* ou goth. *þahan* en regard de *tacere* ont été laissés de côté: ce n'est pas qu'il y ait lieu de douter que leur *a* ne soit un A, mais ces verbes étant dérivés on ne peut distinguer dans la langue même, si leur *a* ne représente pas a_2; on ne le peut décider qu'en invoquant l'*a* des langues du sud. Or, c'est précisément à mettre en lumière l'identité de l'*a* du sud avec celui des *a* du nord qui ne peut être a_2, qu'est destiné le tableau. — Cependant un tel triage était impossible pour les thèmes nominaux détachés.

La plupart des exemples se trouvent dans les riches collections d'Amelung auxquelles nous ne saurions toutefois renvoyer le lecteur purement et simplement: car, conformément à son système, qui n'admet qu'un seul phonème primitif soit pour l'*a* du nord soit pour l'*a* et l'*o* réunis du sud, l'auteur citera indistinctement goth. *akrs* = gr. *ἀγρός*, goth. *hlaf* = gr. *κέκλοφα*. La présente liste est très-loin d'être complète; c'est plutôt un choix d'exemples.

ᴀk$_1$:	sl. *os-trŭ*; lith. *asz-trùs, aszmen-*	*ac-ies, ἄκ-ρος.*
ᴀg$_1$:	norr. *ak-a, ok*	*ag-o, ἄγ-ω.*
ᴀgh$_2$[1]:	goth. *ag-is, og* (irland. *ag-athar*)	*ἄχ-ος, ἀκαχ-ίζω.*
kᴀp:	goth. *haf-jan, hof*[2]	*cap-io.*
twᴀk[3]:	goth. *þvah-an, þvoh*	*τἄκ-ω, ἐ-τἄκ-ην.*
dhᴀbh[4]:	sl. *dob-rŭ*; goth. *ga-daban, ga-dob*	*făb-er.*
mᴀk$_1$:	goth. *ma(h)-ists*[5]	*μακ-ρός.*
mᴀgh$_2$:	sl. *mog-ą*; goth. *mag-an*[5]	*mag-nus, μᾶχ-ανά.*
wᴀdh:	norr. *vad-a, vöd*	*văd-o, vāsi.* F.
skᴀp:	sl. *kop-ają*[6]; lith. *kap-óju*	*σκάπ-τω, κάπετος.*
skᴀbh:	goth. *skab-an, skof*	*scab-o, scābi.*
ᴀn:	goth. *an-an, on*; sl. *ą-ch-a*	*an-imus, ἄν-εμος.*
ᴀngh$_1$:	goth. *agg-vus*; sl. *ąz-ŭkŭ*; lith. *ànksztas*	*ang-o, ἄγχ-ω.*
ᴀl:	goth. *al-an, ol* (irland. *al*)	*al-o, ἄν-αλ-τος.*

1. Le grec *ἄχομαι, ἄχος, ἤκαχον, ἄχθος*; le goth. *ag-is, un-agands*, parf.-prés. *og* etc. sortent d'une racine *agh* sans nasale qui semble être distincte de *angh*. La première donne en sanskrit *aghá* «méchant» (*aghá-m* «mal, malheur»), *aghalá* (id.), *aghāyáti* «menacer»; la seconde: *aṃhú*, *áṃhas* etc. La première désigne un mal moral, du reste assez indéterminé, la seconde signifie *attacher, resserrer*. La gutturale finale prouve assez qu'il y a lieu de faire la distinction; en effet le zend *āzanh*, le slave *ązŭkŭ* montrent *gh*$_1$ et élèvent par conséquent une barrière entre skr. *aṃhú* et skr. *aghá*. Ce n'est qu'en apparence que le *gv* du goth. *aggvus* contredit au *z* du slave et du zend: nous croyons que le *v* en question vient des cas obliques où il ne fait que continuer l'*u* suffixal. Mais il faut avouer que le zend *ayana* «vinculo» compromet la combinaison. — 2. *hafjan* est un verbe fort; autrement, d'après ce qui vient d'être dit, nous ne devrions pas le citer. — 3. Il semble à peu près impossible de maintenir le rapprochement du goth. *þvahan, þvoh* avec le grec *τέγγω* (malgré *ἄτεγκτος* = *ἄτϝεγκτος*). Le grec *τήκω* au contraire n'offre aucune difficulté de forme; les significations il est vrai s'écartent sensiblement, mais elles peuvent s'unir dans l'idée de *faire ruisseler* qui est précisément celle du skr. *tôçate* auquel on a comparé *þvahan*. Cf. d'ailleurs les sens variés des racines *prau* et *snā*. — 4. Fick K. Z. XIX 261. — 5. Comme l'a fait voir M. Ascoli (K. Z. XVII 274) le goth. *maists* est pour **mahists*, ce qui le place à côté de *μακρός* en le séparant de *mikils*, ainsi que le demandait déjà la diffé-

rence des voyelles. M. Ascoli a montré en même temps que *major*, *magnus*, remontent à *mah*, *magh*; et nous nous permettrions seulement de mettre en doute que ce *magh* ait donné le skr. *mahánt*. Ne pouvant développer la chose au long, nous nous contentons de constater qu'il y a 3 racines. 1° mAk_1: zend *maçyão*, anc. pers. *maϑista*, goth. *ma(h)ists*, *ma(h)iza*, grec *μακρός*, et aussi *μάκαρ* et le latin *macte*. 2° $mAgh_2$: skr. *maghá* «richesse», goth. *magan*, lat. *magnus*, *ma(h)jor*, gr. *μᾶχανά*, sl. *mogą*; — mais point *mahánt*, vu le *z* du zend *mazãoñt*. 3° ma_1g_1 ou ma_1gh_1: gr. *μέγας*, goth. *mikils*, skr. *mahánt*; cf. *maǵmán*. — En ce qui concerne spécialement le gothique, il faut admettre que le parf. sing. *mag* est pour **mog* et qu'il a suivi l'analogie du pluriel *magum*; de même qu'inversément *forum* a remplacé **farum*. Cf. plus loin, chap. V. — 6. Les verbes dérivés de la classe dont fait partie *kopają* n'ont pas l'habitude de changer un *e* radical en *o* (a_2); il était donc permis de le citer ici.

goth. *a(j)iza-*	*a(j)es.*	goth. *aljis*	*alius, ἄλλος.*
goth. *akrs*	*ager, ἀγρός.*	goth. *ana*	*ἀνά.*
lith. *akmű* (? sl.		lith. *ąsà*	*ansa.*
kamy = **okmy*,		goth. *and-*	*ante, ἀντί.*
norr. *hamarr*)	*ἄκμων.*	v. h^t-all. *ano*, lith.	
goth. *ahva*	*aqua.*	*anýta*	*ănus.*
lith. *áklas*	*aquilus, ἄκαρος.*	goth. *arhvazna*	*arcus.*
v. haut-all. *aksa*,		goth. *avo*	*avus.*
sl. *osĭ*, lith. *aszìs*	*axis, ἄξων.*	sl. *brada* (**borda*)	
goth. *af*	*ab, ἀπό.*	lith. *barzdà*,	
sl. *otĭcĭ*, goth. *atta*	*atta, ἄττα.*	v. h^t-all. *part*	*barba.*
goth. *tagr*	*lacrima, δάκρυ.*	goth. *bariz-eins*	
sl. *bobŭ*, boruss.		(sl. *borŭ* F.)	*far*, g. *farris.*
babo	*făba.* F.	v. haut-all. *gans*,	
goth. *gazds*[1]	*hasta.*	sl. *gąsĭ*, lith. *żąsìs*	*anser, χάν.*
sl. *lomŭ*	*lāma* (**lacma*). F.	goth. *fana*,	
goth. *ma(h)il*	*măcula.* F.	sl. *o-pona*	*pannus, πᾶνίον.*
		goth. *salt*, sl. *solĭ*	*sal, ἅλς.*

1. Osthoff K. Z. XXIII 87.

Les exemples suivants vont nous faire voir le $\bar{A}$ long des langues du nord. Ce phonème qui dans le groupe du sud ne diffère de A bref que par la quantité, chez elles en général s'en distingue encore par la teinte. Dans le germanique et le lithuanien c'est un $\bar{o}$ long (v. h^t-all. *uo*), tandis que le slave chez qui A bref devient ŏ donne à $\bar{A}$ long la couleur *a*. On sait que l'*a* slave ne sort d'une voyelle brève que dans un ou deux cas tout à fait exceptionnels. Les formes placées entre crochets enfreignent cette loi de substitution.

fāgus	v. h^t-all. *buocha.*	*πᾶχυς*	norr. *bōgr.*
cālīgo, κᾱλίς	sl. *kalŭ.* F.	*rāpa*	v. h^t-all. *ruoba*, lith. *rópė* [sl. *rěpa*].
μᾱ́κων	sl. *makŭ* [v. h^t-all. *māgo*].	*suāvis, ἁδύς*	germ. *swōtya-*; norr. *soetr*, v. h^t-all. *suozi* (F. III[3] 361).
nāres, nāsus	lith. *nósis*, anglo-s. *nōsu* (cf. sl. *nosŭ*, v. h^t-all. *nasa*).		

A et ā terminent la racine:

ghā:	*χή-μη* (*χᾱ-λά*)	germ. *gō-men-*, lith. *go-murýs* «palatum». F.
tā:	*tā-bes*	sl. *ta-ją* [anglo-s. *þāven*].
bhā:	*fā-ri, φᾱ-μί*	sl. *ba-ją.*
lā:	*lā-trare*	sl. *la-ją*, lith. *ló-ju* [mais en gothique *laia* = **lē(j)a*].
stā:	*stă-tus, ἔ-στᾱ-ν* etc.	sl. *sta-ną*, lith. *stóju*; goth. *sto-min-*, *sta-da-* [v. h^t-all. *stām, stēm*].
(s)tā:	dor. *τᾱ-τάω*[1]	sl. *ta-ją, ta-tĭ, ta-jĭnŭ.*

La racine est augmentée d'une dentale, par exemple dans:

pā-t:	*πα-τ-έομαι, pā-s-tor*	goth. *fo-d-jan*[2], sl. *pa-s-tyrĭ.*
lā-(t):	*λά-ω* «vouloir»	goth. *la-þ-on, la-þa-leiko.* F.
sā-t[3]*:*	*să-t-ur, să-t-is*	goth. *sa-d-a-, so-þ-a-*; lith. *só-t-us* (sl. *sytŭ*).

1. Ahrens II 144. Au slave *tajĭ* «en cachette», *tajĭnŭ* «secret» cf. le thème indien *tāyú* «voleur» d'où aussi *τηΰ-σιος* «vain, sans résultat» (Pott, Wurzelwörterb. I 100). — 2. *fodjan suppose une racine* contenant A, et c'est à ce titre-là seulement que nous le citons; il est bien probable en effet, si nous considérons le mot *fodjan* lui-même, que son *o* répondrait à un *ω*, non pas à un *ᾱ* du grec. Cf. chap. V § 11. — 3. La racine simple se trouve dans le grec *ἄμεν* = **ἤομεν* (Curtius, Verb. II 69).

Parmi les mots plus isolés nous nous bornerons à citer:

(*pater, πατήρ*	goth. *fadar*; cf. § 11.)
māter, μάτηρ	v. h^t-all. *muotar*, sl. *mati*, lith. *motė.*
frāter, φράτηρ	goth. *broþar*, sl. *bratrŭ*, lith. *broterė̃lis.*

Le ā du suffixe des féminins s'observe commodément aux cas

du pluriel dont la désinence commence par une consonne: goth. *gibo-m*, lith. *mergó-ms*, sl. *żena-mŭ*. Placé dans la syllabe finale, il a subi, comme on sait, diverses altérations. Au nominatif singulier, le slave (*żena*) garde encore *a*, chez lui représentant de l'*ā* long, tandis que les lois qui régissent les sons du germanique et du lithuanien commandaient d'abréger la voyelle finale: *giba*, *mergà*, sauf dans le goth. *so*, *gr. ἁ*. Sur le vocat. *żeno* v. p. 93.

ᴀ dans la diphthongue donne lieu à quelques remarques particulières.

Plusieurs savants ont nié qu'il y eût une diphthongue européenne *eu*, en d'autres termes et en se plaçant au point de vue de l'unité originaire de l'*a*, qu'il y ait eu scindement de la diphthongue *au* en *eu* : *au* à la même époque où dans toute autre position l'*a* s'était scindé en *e* : *a*. M. Bezzenberger (*Die a-Reihe der gotischen Sprache* p. 34) prétend, ou plutôt mentionne, car, ajoute-t-il, il est à peine besoin de le dire expressément, que dans le présent gothique *kiusa* pour **keusa* = gr. *γεύω*, l'*e* de la première langue est sans lien historique avec l'*e* de la seconde. La raison de cette violente séparation de deux formes dont la congruité est aussi parfaite que possible? C'est que les idiomes letto-slaves n'ont pas de diphthongue *eu*, et que par conséquent la période européenne n'en pouvait point posséder non plus.

En général nous ne nous sommes posé aucune tâche relativement à l'*e* européen, le fait de son apparition concordante dans les différentes langues étant reconnu par les partisans de tous les systèmes. Nous devons cependant nous occuper de l'*e* pour autant qu'on veut le mettre en rapport avec l'*a* et combattre les arguments qui tendraient à établir qu'à une époque quelconque l'*e* et l'*a* (*ᴀ*) ne faisaient qu'un. Evidemment l'origine récente de la diphthongue *eu*, si elle se confirmait, rentrerait dans cette catégorie. D'autre part nous nous abstenons de poursuivre jusqu'au bout les conséquences où M. Bezzenberger se verrait entraîné par le principe qu'il pose, parce que nous voulons éviter de subordonner à la question de l'*eu* celle de l'unité européenne ou celle du scindement de l'*a*. Disons donc tout de suite que l'absence de l'*eu* dans les langues letto-slaves, sur laquelle l'auteur se fonde, est révoquée en doute par M. Joh. Schmidt qui en signale des traces nombreuses K. Z. XXIII 348 seq. M. Schmidt regarde le paléosl. *ju* et le lith. *iau* comme étant dans certains cas des représentants de l'*eu* (sl. *b(l)judą* = goth. *biuda*, gr. *πεύθομαι*; lith. *riáugmi*, gr. *ἐρεύγω*). Depuis il est vrai, M. Bezzenberger a rompu une nouvelle lance pour la cause qu'il défend. Notre incompétence ne nous permet point de jugement; mais voici ce que nous tenons du moins à dire:

Lors même que la supposition de M. Schmidt ne devrait pas se vérifier, lors même qu'il n'existerait aucun indice d'une diphthongue *eu* dans le domaine letto-slave, il ne s'en suivrait pas qu'elle n'a jamais existé: les langues italiques non plus ne possèdent pas l'*eu*, et n'était le seul *Leucetio*, on pourrait venir dire que jamais dans l'italique l'ancienne diphthongue *au* n'a peu la forme *eu*. Personne ne doute cependant que *douco* ne soit sorti de **deuco*. La même chose semble s'être passée dans le letto-slave, non-seulement dans la diphthongue, mais aussi, comme en latin, dans le groupe *ev*. Ceci se voit avec le plus de clarté dans le paléosl. *člověkŭ:* le lette *zilweks* montre en effet que l'*o* n'est pas primitif[1], et sans aller si loin il suffit de constater la palatale initiale *č* pour savoir que la forme ancienne est **čelvěkŭ* (voy. à ce sujet J. Schmidt Voc. II 38 seq.). D'où vient l'*o* par conséquent? Il ne peut venir que du *v* avec lequel la métathèse de la liquide l'avait mis en contact. — Par un raisonnement d'un autre genre on acquiert la conviction que *slovo* est sorti de **slevo:* en effet les neutres en *-as* n'ont de toute antiquité que a_1, jamais a_2, dans la syllabe radicale: il en est ainsi dans l'arien, le grec, le latin, le germanique. Or le slave lui-même n'enfreint point cette règle ainsi que le montre *nebo* = gr. *νέφος*. Comment donc expliquer *slovo* = *κλέϝος* autrement que par l'influence du *v* sur l'*e*? Il y aurait la même remarque à faire sur le présent *plovą* = gr. *πλέϝω*, car *πλώω* est évidemment de formation postérieure. — Dans une syllabe de désinence nous trouvons semblablement en sanskrit *sūnåvas*, en grec *πήχεες*, en gothique *sunjus*, et dans le slave seul *synove*.

Cette action du *v* qui a duré fort tard, comme le montre *člověkŭ*, commence de se produire dès la période d'unité letto-

1. On trouve aussi l'*e* dans le goth. *fairhvus* «monde» qu'on peut ramener à **hverhvus*, **hvervehvus* et rapprocher de *člověkŭ*.

slave. En regard du grec *νέϝο-ς* apparait en lithuanien *naújas* comme en slave *novŭ*.

Ici quelques mots sur l'*a* lithuanien. En présence de la complète équivalence de cet *a* et de l'*o* slave (tous deux représentent A et a_2), on se demande naturellement auquel des deux phonèmes appartient la priorité. Le mot dont il vient d'être question est-il sous sa forme letto-slave *novos* ou bien *navas?* A voir toutes les fluctuations entre l'*ō* et l'*ā* des différents dialectes de la Baltique, borussien, lithuanien, lette, et à considérer la divergence de teinte entre l'*a* bref et l'*a* long soit en lithuanien soit en slave (lith. *ă* : *ō*; sl. *ŏ* : *ā*), une troisième hypothèse se présente vite à l'esprit, savoir *å̆vå̄s*. Dans la période letto-slave on aurait prononcé non un *a* pur, mais un *å*, bref et long. Sans doute il n'y a pas pour cette hypothèse d'argument bien positif, mais il y en a encore moins, croyons-nous, qu'on puisse invoquer contre elle. Elle appuie les faits d'assimilation dont nous parlions, comme d'autre part elle en est appuyée. La méthode comparative est et sera toujours obligée de recourir parfois à ces sortes d'inductions doubles.

Je cite encore le lith. *javaí*, gr. *ζεά* (skr. *yåva*), *sávo*, gr. *ἑϝός*, puis deux mots où le même phénomène se manifeste, semble-t-il, en sens inverse comme dans le lat. *vomo* pour **vemo*. Ce sont *vákaras* = gr. *ἕσπερος*, sl. *večerŭ*; *vasarà* = gr. *ἔαρ*, lat. *vēr*. Plusieurs de ces exemples et des précédents font partie de la liste où M. J. Schmidt consigne les cas prétendus de concordance incomplète de l'*e* dans les langues européennes: ce seraient, si tout ceci n'est pas illusoire, autant de numéros à retrancher d'un catalogue déjà bien diminué.

Cette transformation letto-slave de *ev* en *åv* diffère du phénomène analogue que présente l'italique principalement en ce qu'elle n'a pas lieu constamment. Il faut bien qu'il y ait une cause pour que *devętĭ* (lith. *devynì*) n'ait pas été traité comme **slevo* devenu *slovo*, mais cette cause demeure cachée. — Dans la diphthongue au contraire l'assimilation de l'*e* est la règle, abstraction faite des cas tels que *bljudą* et *riáugmi* que nous avons vus plus haut. Il y a peut-être une preuve de cette double origine de l'*au* (en dernière analyse elle est triple, l'*a* (*å*) étant lui-même formé de $A + a_2$) dans le génitif lithuanien *sunaús* des thèmes en *-u* en regard du gén. *akė̃s* (et non «*akais*») des thèmes en

-*i*[1]. Toutefois le rapport exact entre *ë* et *ai* étant encore incertain, nous n'insistons pas.

Dans la descendance letto-slave des diphthongues $a_1 i$, $a_2 i$, *A i*, il y a également, nous venons d'y faire allusion, des perturbations assez graves. La signification exacte de l'*i* et de l'*ě* en slave, de l'*ë* (*ei*) et de l'*ai* en lithuanien est encore un problème. Il semble que l'*ë* de la dernière langue, qui représente apparemment $a_1 i$, ne soit ailleurs qu'une dégradation de l'*ai*: on a par exemple en regard du goth. *haims*, du boruss. *kaima*, voire même du lith. *kaimýnas*, un *ë* dans *kẽmas*.

De ce qui précède il ressort que les exemples de *A* lithuanien ou slave dans la diphthongue ne peuvent avoir comme tels qu'une valeur très-relative, presque nulle lorsqu'il s'agit de *A u*.

(?)*ghAis:*	*haer-eo*	lith. *gaisztù*, *gaíszti*. F.
skAidh:	*caed-o*	goth. *skaid-an*, *skaiskaid*.
Aug:	*aug-eo*, *αὖξις*	goth. *auk-a*, *aiauk*; lith. *áug-u*.
(?)*Aŭs:*	*h-aur-io*, *h-aus-tus*	norr. *aus-a*, *jōs*. F.

aevum, *αἰών*	goth. *aivs*. cf. p. 56.	*aurora*	lith. *auszrà*.
caecus	goth. *haihs*.	*caulis*, *καυλός*	lith. *káulas*. C.
δα(ιϝ)ήρ	ags. *tācor*; sl. *děverĭ*, lith. *dëverìs*.	*νᾶῦς*	norr. *nau-st*.
		pau-cus	goth. *fav-ai*.
haedus	goth. *gaits*.	*σαυσαρός*	lith. *saúsas*.
laevus, *λαιός*	sl. *lěvŭ*.	*'Α-χα(ϝ)ιοί*	goth. *gavi*[1].

1. Le thème du mot gothique est *gauja-* (contrée): *'Αχαιοί* signifierait *ὁμόχωροι*. Ici se placent peut-être aussi les *Δωριέες τρι-χάϊκες*, à moins d'y voir un composé de *τρίχα* — à la manière de l'indien *purudhá-pratīka* — avec un thème *ϝικ-* = zend *viç* «clan».

Chapitre III.

Les deux *o* gréco-italiques.

C'est pour des raisons toutes pratiques que nous avons jusqu'ici considéré l'*o* gréco-italique comme un tout homogène. En

1. L'*au* du gothique *sunaus* ne s'explique pas de la sorte, comme le fait voir la forme correspondante des thèmes en -*i* qui, elle aussi, a l'*a*: *anstais*. Jusqu'à présent cet *au* et cet *ai* ne s'expliquent pas du tout.

réalité il en existe au contraire deux espèces bien distinctes que nous allons étudier l'une après l'autre.

§ 7. o_2 gréco-italique. — a_2 indo-européen.

Les phénomènes des langues ariennes sont ici trop intimément liés à ceux qu'on observe en Europe pour pouvoir être traités à part. Nous avons donc inscrit en tête du paragraphe l'a_2 *indo-européen* à côté du gréco-italique o_2.

La véritable définition de a_2 est, ce me semble: la voyelle qui, dans les langues européennes, alterne régulièrement avec *e* au sein d'une même syllabe radicale ou suffixale.

Ainsi, pour parler d'un a_2 proethnique, il faut absolument placer aussi le germe de l'*e* européen dans la période d'unité première. C'est là l'hypothèse de M. Brugman. Ce savant, par une conception qu'Amelung avait entrevue (v. p. 5), renonce à chercher dans l'état du vocalisme que nous représente l'arien la donnée d'où il faut faire découler les phonèmes de l'Occident et transporte au contraire jusque dans la langue mère le principe de l'*e* européen et du phonème qui remplace parfois cet *e* (a_2), laissant du reste le nombre total des *a* provisoirement indéterminé.

Dans tout ce qui suit nous partons de cette hypothèse non prouvée de l'origine proethnique de $a_1 = e$. Quant à a_2, nous voulons le prouver par le moyen des faits réunis dans le paragraphe, lesquels du reste sont généralement connus. — Plus tard nous examinerons jusqu'à quel point ces faits, en assurant a_2, n'assurent pas du même coup l'a_1 indo-européen.

M. Brugman s'est étendu avec le plus de détail sur a_2: Studien IX 367 seq. 379 seq. K. Z. XXIV 2. Ce phonème, dit-il, devient dans l'arménien, le grec, l'italique et le slave[1]: *o*, dans le celtique, le germanique et les langues de la Baltique: *a*, dans

1. Bien que ce ne soit pas là une question de fond, nous aimerions mieux ne pas mettre ainsi le slave en compagnie des langues du sud, car on ne saurait trop insister sur la disparité de l'*o* slave et de l'*o* des langues classiques. Le premier a ni plus ni moins la valeur d'un *a* lithuanien ou gothique. Quand nous voyons au contraire a_2 devenir en gréco-italique *o et non a* (antithèse qui en slave n'existe pas), c'est là un fait notable, que nous avons utilisé § 4, 8.

l'arien en toute syllabe ouverte: *ā*, mais, si la syllabe est fermée[1], *a*.

Comme nous le disions, il y a, indépendamment de ce qui appartient aux liquides sonantes, des *o* gréco-italiques qui remontent à un phonème autre que a_2. Nous appelons o_2 l'espèce qui équivaut à l'ancien a_2: le second *o* recevra la désignation *ǫ*.

Voici les formations où a_2 (gréco-it. o_2) vient régulièrement remplacer a_1 (*e*).

1. Syllabe radicale.

a. FORMATIONS VERBALES.

PARFAIT. Tandis que dans l'origine le moyen ainsi que le pluriel et le duel de l'actif rejettent l'a_1 radical, le *singulier de l'actif* lui substitue a_2[2]. On trouve toutes les formes grecques en question énumérées chez Curtius Verb. II 185 seq. 188 seq. En voici quelques exemples pris dans les trois modèles de racines de la page 8:

γεν: *γέγονα*	δερκ: *δέδορκα*	λεγ: *εἴλοχα*
κτεν: *ἔκτονα*	Fεικ: *ἔοικα*	τεκ: *τέτοκα*
μερ: *ἔμμορε*	ἐλευθ: *εἰλήλουθα*[3]	χεδ: *κέχοδα*

1. Pour la diphthongue, on pourra nommer syllabe ouverte celle où, étant suivi d'une voyelle, le second élément de la diphthongue se change en une semi-voyelle (*ćikāya*); la syllabe fermée est celle qui est suivie d'une consonne (*bibhéda*).

2. Nous avons parlé plus haut de l'extension secondaire de cette forme en grec (p. 12 et p. 22 i. n.). *οἶδα*: *ἴδμεν*, et quelques autres exemples reflètent l'image de l'état primitif qui est encore celui du germanique et du sanskrit.

3. On sait que la diphthongue *ου* n'est plus en grec qu'une antiquité conservée çà et là; les parfaits comme *πέφευγα*, *τέτευχα*, ne doivent donc pas étonner. Mais on trouve encore d'autres parfaits contenant l'*ε*, tels que *κεκλεβώς*, *λέλεγα*. Au moyen, ces formes sont nombreuses, et l'on a même la diphthongue *ει* dans *λέλειπται*, *πέπεισμαι* etc. (à côté des formations régulières *ἔικτο*, *ἴδμαι*, *τέτυγμαι* etc.). Cet *ε* vient certainement en partie du présent, mais il a encore une autre source, les formes *faibles* du parfait chez celles des racines de la forme C qui ne pouvaient rejeter a_1 — certaines d'entre elles le pouvaient, v. page 12 i. n. Ainsi *τεκ* a dû faire d'abord *τέτοκε*, plur. **τετεκαμεν* ou **τετέκμεν*, parce que «*τετκμεν*» était impossible. Ce qui appuie cette explication de l'*ε*, c'est que les formes en question, celles du moins qui appartiennent à l'actif, sont principalement des participes, et que le partic. parf. demande la racine *faible*. Ex.: *ἐν-ήνοχα ἀν-ηνεχυῖαν*, *εἴλοχα συνειλεχώς* etc. Curtius Verb. II 190.

Dans le latin *totondi*, *spopondi*, *momordi* (v^x latin *spepondi*, *memordi*) vit un reste de cette antique formation. On peut supposer que le présent de ces verbes a été d'abord **tendo*, **spendo*, **merdo*. A côté de ces présents on avait les dérivés *tondeo*, *spondeo*, *mordeo*, et en vertu de la règle: qui se ressemble s'assemble, le verbe en *-eo* se mettant en rapport avec le parfait finit par évincer l'ancien présent. — Cf. p. 13.

Dans les langues germaniques le singulier du parfait n'est pas moins bien conservé que le pluriel et le duel. Là, partout la forme faible privée d'*a* (p. 12 et 22), ici partout a_2 sous sa figure germanique *a*: *gab* de *giban*, *bait* de *beitan*, *baug* de *biugan*, *varþ* de *vairþan*, *rann* de *rinnan* etc.

Le parfait irlandais traité par M. Windisch K. Z. XXIII 201 seq. est fort intéressant: ici encore l'*e*, expulsé au pluriel, devient *a* (= a_2) au singulier. L'auteur réunit les exemples de cet *a*, p. 235 seq. où il n'y a qu'à choisir dans la masse. Prés. *condercar* «voir», parf. sing. *ad-chon-darc*; prés. *bligim* «traire», parf. sing. *do ommalgg* etc.

Les langues ariennes répondent par l'*ā* long dans la syllabe ouverte: skr. *ǵagā́ma*, *papā́ta*, *ćikā́ya*. La syllabe fermée comme la diphthongue suivie d'une consonne ont l'*a* bref, selon la règle: *dadárça*, *bibhéda*.

Il est singulier que dans la langue védique la première personne ne montre jamais d'*ā* long, et que même dans le sanskrit classique la longue ne soit que facultative pour cette forme. M. Brugman (Stud. 371) a cherché à expliquer le fait au moyen de son hypothèse sur la désinence *-a* de cette première personne, laquelle représenterait un ancien *-m* (v. p. 42): la syllabe se trouvant ainsi fermée, l'*a* bref de *ǵagăma* etc. n'aurait rien que de régulier. Mais 1° il est permis de douter que cet *a* représente vraiment une nasale; 2° ce point même étant admis, on préjuge dans cette explication la question de savoir quel phénomène est antérieur de l'allongement de a_2 ou de l'évanouissement de la nasale; 3° dans *rā́ǵān-(a)m*, *pā́d-(a)m* et autres formes la désinence *-m* n'a pas empêché l'allongement de a_2. — Il faut avouer qu'on ne saurait tenir pour certaine la présence de a_2 à la première personne: elle est assurée pour la 3e personne, et probable pour la seconde (*ǵagantha*); voilà tout, car en grec et en germanique la première personne pouvait facilement emprunter a_2 à la seconde et à la troisième[1].

A part ce petit groupe du parfait singulier on ne rencontre nulle part dans la flexion verbale a_2 remplaçant l'a_1 radical. Trois aoristes sigmatiques grecs[2]: *δοάσσατο* en regard de l'imparf. *δεάμην*, *-έτοσσε* (Pindare) de la rac. *τεκ*, *ζόασον· σβέσον* Hes. cf. *ζείνυμεν*, peuvent néanmoins renfermer un vestige de quelque autre emploi de a_2. Et il se trouve justement que l'aoriste indien en *-išam* allonge l'*a* radical dans la syllabe ouverte comme si cet *a* était a_2: *ákānišam*, *ávādišam*. Seulement, dans le dialecte védique, l'allongement n'est qu'intermittent: la liste que donne Delbrück *Altind. Verb.* 179 seq. montre qu'à une ou deux exceptions près il n'a lieu que si toutes les syllabes qui suivent sont brèves, parce qu'apparemment une certaine cadence du mot serait sans cela troublée. Il faudrait savoir, avant d'être en droit de conclure à la présence de a_2, si des raisons de ce genre ont pu arrêter l'allongement de ce phonème. Nous croyons en effet qu'il en est ainsi; v. p. 88. Il serait essentiel aussi de connaître exactement l'origine de l'aoriste en *-išam* sur laquelle nous reviendrons au chapitre VI. Dans tous les cas l'aoriste sigmatique ordinaire, comme *ἔδειξα*, montre a_1 et non a_2.

Verbes dérivés. Outre les dénominatifs, qui naturellement prennent la racine telle qu'elle est dans le thème nominal, il existe des verbes dérivés qu'on aimerait appeler déverbatifs et dont il est impossible de ne pas faire, au moins provisoirement, une classe distincte, comme le veut l'accentuation indienne. Nous les placerons donc ici plutôt que d'en faire un appendice aux thèmes nominaux. Ils ont en partie le sens causatif. L'a_1 radical devient chez eux a_2.

Gothique *dragkjan* pour **dragkijan*, cf. *drigkan*; *lagjan*, cf. *ligan*; *kausjan*, cf. *kiusan*.

Grec *ὀχέω* de *ϝεχ*, *φορέω* de *φερ*, *σκοπέω* de *σκεπ*. *φοβέω* de *φεβ* est peut-être un causatif.

---

1. Il est singulier de trouver chez Hésychius une 1e personne *λέλεγα*, suivie à quelques lignes de distance d'une 2e pers. *λέλογας*. Mais il n'y a là sans doute qu'un hasard.

2. Ahrens (I 99) conjecture un aoriste éolique *ὄρράτω*, de *εἴρω* «entrelacer». Ce serait une quatrième forme de cette espèce.

On a en latin *moneo* de *men*, *noceo* de *nec*, *torreo* (dans le sens causatif) de *ters*. *mordeo*, *spondeo*, *tondeo* trouvent dans les langues congénères l'*e* radical requis. Nous reviendrons sur *tongeo* et le goth. *þagkjan*[1]. On connaît les deux exemples gréco-italiques *torqueo* = *τροπέω* (rac. *terk₂*), *sorbeo* = *ῥοφέω* (rac. *serbh*). Curtius Verb. 1² 348. — Le latin conserve l'*o* dans des formes dérivées directement de la racine et qui primitivement devaient avoir une autre voyelle, ainsi dans *sponsus*, *tonsus*. Dans *morsus*, *tostus*, on pourrait à la rigueur admettre que *or* est sorti d'une liquide sonante.

Ce que peut fournir la 1ᵉ conjugaison appartient aux dénominatifs, car les langues congénères ne montrent jamais ᴀ dans la syllabe de dérivation de cette espèce de verbes.

En paléoslave: *po-ložiti* de *leg*, *topiti* de *tep*, *voziti* de *vez* etc.

Nous trouvons dans les langues ariennes la voyelle longue qu'il fallait attendre: skr. *pātáyati* de *pat*, *çrāváyati* de *çro*. Zend *pārayēiti* de *par*. — Les racines fermées ont la brève régulière: *vartáyati*, *roćáyati*.

b. FORMATIONS NOMINALES.

THÈMES EN -ma. Le grec en offre un assez grand nombre. Nous désignons par Hm. ceux qu'on trouve chez Homère, par Hs. ceux qui sont tirés d'Hésychius.

ει	*οἶμο*[1] Hm.	λεχ	*λόχμη* Hm.	ἀλει	*ἀλοιμό*[4]	ῥεγκ	*ῥογμό*[6] (?)
ἐρκ	*ὅρκμο* Hs.	1 σερ	*ὅρμο* Hm.	βρεχ	*βροχμό* Hs.	2 σερ	*ὁρμή* Hm.
Ϝελ	*ὅλμο* Hm.	πετ	*πότμο*[2] Hm.	δεχ	*δοχμή*	στελ	*στολμό*
Ϝερ	*ὅρμο* Hm.	τελ	*τόλμη*- Hm.	κερ	*κορμό* Hm.	φερ	*φορμό*[7]
		τερ	*τόρμο*[3]	σλει	*λοιμό*[5] Hm.	φλεγ	*φλογμό*
				πλεκ	*πλοχμό* Hm.	Ϝεχ	*συν-εοχμό* Hm.

1. En outre *οἴμη*. — 2. S'il était prouvé que le *τ* initial de *τετμεῖν* vient d'une ancienne gutturale, il vaudrait mieux retirer *πότμος* de la rac. *πετ*. Le rapport de *πότμος* à *τετμεῖν* serait quant à la consonne initiale celui de *ποινή* à *τεῖσαι*. — 3. C'est τόρμος dans le sens de *τέρμα*, non *τόρμος* «trou» que nous entendons. — 4. *ἀλοιμός* «enduit» est un mot conservé dans l'Etymol. Mag. Il se rapporte non à *ἀλείφω* mais à *ἀλίνειν*· *ἀλείφειν*, et au lat. *lino* (*lēvi*, *lĭtus*); v. Curtius Verb. 1² 259. — 5. Il existe une racine *sra₁i* «pécher, être criminel, se perdre»: elle a donné le skr.

1. Dans *foveo*, *moveo*, *voveo*, *mulgeo*, *urgeo* et d'autres, il faut tenir compte de l'influence possible des phonèmes avoisinants.

sre-man dans *asremán* que Böhtl.-Roth et Grassmann (s. v. *sreman*) traduisent par *fehlerlos*, peut-être aussi *srímа*, nom de fantômes nocturnes. En latin *lē-tum*, *de-leo* (*de-levi*). En grec *λοι-μός* et *λοιτός· λοιμός* Hes. rejeté par M. Schmidt, quoique garanti par l'ordre alphabétique. Une racine sœur se trouve dans le skr. *srívyati* «manquer, échouer» parent du grec *λύμη*, *λῦμαίνομαι*. Puis il y a la racine amplifiée *sr$a_1$idh*: skr. *srédhati* «etwas falsch machen, fehlgehen» et *sridh* «der Irrende, der Verkehrte» (B. R.); elle donne en grec *ἠλίθιος*, dor. *ἀλίθιος* pour *ἀ-σλίθιος* (*ἠλεός* est autre chose). La branche *sra_1i-t* ne se trouve qu'en Europe: goth. *sleiþs* «nuisible», grec *ἀ-(σ)λιτ-εῖν* «pécher», *ἀλοιτός· ἁμαρτωλός*; peut-être en outre le lat. *stlit-*. On peut admettre du reste que *ἀλιτεῖν* n'a reçu sa dentale que sur sol grec. C'est là l'opinion de M. Curtius (Grdz. 547), et elle a une base très-solide dans la forme *ἀλεί-της*. —. 6. V. le dictionnaire de Passow s. v. *ῥεγμός*. — 7. Il est douteux que le mot vienne de *φέρω*, mais le degré *φερ* existe en tous cas dans *φερνίον*, *φέρμιον* «panier».

Le verbe *κοιμάομαι* indique un ancien thème **κοιμη* ou **κοιμο* de la rac. *κει*. Dans *πλόκ(α)μος* de *πλεκ*, *οὐλ(α)μός* de *Fελ* on a sans doute le même suffixe. — Quelques exceptions comme *τειμή* (inscr.), *θειμός*, *ἀγερμός*, présentent l'*ε* dans la racine: ce sont des formations nouvelles qui ont suivi l'analogie des neutres en *-μα*. Pour *κευθμός* même remarque qu'à propos de *πέφευγα*.

La racine du lat. *forma* sera sans doute *fer* (anc. *dha_1r*), avec *e*; l'*o* est donc *a_2*.

Les thèmes germaniques *flauma-* «flot» (Fick III[3] 194), *strauma-* «fleuve» (F. 349), seraient en grec «*πλουμο*, *ῥουμο*». De la rac. *ber* vient *barma-* «giron» (F. 203), qui en gothique est devenu un thème en *-i*. Le goth. *haims* «village» n'est thème en *-i* qu'au singulier: l'ancien *haima* reparaît dans le plur. (fém.) *haimos*; le degré *a_1* se trouve dans *heiva-* «maison».

Au germ. *haima-* répond en borussien *kaima*, cf. lith. *kaimýnas* et *kẽmas* (p. 69). De *vež* (vehere) le lithuanien forme *važmà* «le métier de charretier» (Schleicher, Lit. Gr. 129), de *lęnk* «courber», avec un *s* inséré, *lànksmas* «courbure».

Les thèmes en *-ma* du Véda se trouvent réunis dans le livre de M. B. Lindner, *Altindische Nominalbildung* p. 90. Nous citons une fois pour toutes ce livre indispensable que nous avons constamment consulté et utilisé pour tout ce qui concerne la formation des mots.

La syllabe radicale de ces thèmes indiens ne se trouve jamais dans la position qui met *a_2* en évidence, puisque le suffixe, commençant par une consonne, en fait une syllabe fermée. On ne peut pas *prouver* a_2 dans *sár-ma*, *é-ma* etc., comme d'autre part on ne pourrait pas prouver que leur *a* est a_1. Une série de thèmes indiens en *-ma* présente donc la forme forte de la racine: une seconde série, il est vrai, rejette l'*a* radical, mais celle-là aussi, comme nous le constaterons, se reproduit dans les langues congénères. La première classe, celle qui nous intéresse ici, accentue comme en grec tantôt la racine tantôt le suffixe. Ex. *hó-ma*, *dhár-ma*, et *nar-má*, *ghar-má*.

Cette formation donnait des noms abstraits masculins (car les féminins comme le gr. *οἴμη* ou le lat. *forma* sont étrangers au sanskrit), mais elle ne paraît pas avoir produit d'adjectifs. Le cas du lat. *formus*, gr. *θερμός*, est isolé, et en sanskrit *gharmá* est substantif. En ce qui concerne *θερμός*, son *ε* est postérieur, car, outre *formus*, le *gh* de *gharmá* indique a_2 (v. chap. IV). Cet *ε*, il est vrai, a dû être introduit avant que le procès du dentalisme fût consommé; autrement le *θ* ne s'expliquerait pas.

Thèmes en -ta. Nous commençons comme toujours par le grec:

ϵἰ	*οἶτο*	νϵς	*νόστο*	ἀϝϵρ	*ἀορτή*
κϵι	*κοῖτο*[1]	φϵρ	*φόρτο*	βρϵμ	*βροντή*
κϵν[2]	*κόντο*	χϵρ[3]	*χόρτο*	μϵρ	*μορτή*

1. Et le fém. *κοίτη*. — 2. *κεν* est la vraie forme de la racine; de là *κέν-τωρ*, *κέν-τρον*, *κεν-τέω*. Peu de probabilité pour le rapprochement avec skr. *kunta*. — 3. Dans *εὐ-χερ-ής*.

πλοῦτος est d'une formation trop peu claire pour figurer dans la liste. L'admission de *ἑορτή* et du sicil. *μοῖτος* dépend aussi de l'étymologie qu'on en fera. *λοιτός* en revanche prendrait place ici de plein droit[1] (v. p. 75).

Le latin a *hortus* = *χόρτος*. M. Fick compare *Morta*, nom d'une Parque, à *μορτή* «part», mais ce nom est-il latin? Nous avons mis *porta* parmi les cas de liquide sonante, p. 15.

Le gothique a *dauþa-* «mort» de *divan* (germ. *dauda-*, Verner

1. On ne sait où placer les noms d'agents en *-τη-ς*, dont la parenté avec les mots en *-τηρ* (Brugman, Stud. IX 404) est bien douteuse, vu l'*α* du dorique. Quelques-uns ont l'*ο*: *ἀγυρτής*(?), *ἀορτής* (mais aussi *ἀορτήρ*), *Ἀργει-φόντης*, fém. *κυνο-φόντις*; *Μοῦσα*, * *Μόντyα* fém. de * *Μόντης*. *φροντίς* est de dérivation secondaire.

K. Z. XXIII 123). D'ordinaire cependant ce ne sont que les thèmes en *-ta* dont la syllabe radicale est affaiblie, non ceux où elle est du degré a_2, qui servent à former des participes. La racine germanique *brcn* «brûler» donne *branþa-* «incendie» (Fick III³ 205); *breu* «brasser» donne *brauda-* neut. «pain» (F. 218). Quant au goth. *gards,* il faut le séparer du gr. *χόρτος*, v. J. Schmidt Voc. II 128. L'*e* des mots *þiuþa-* neut. «bien» et *þiuda* fém. «peuple» est surprenant; ici naturellement l'italique *touto* comme aussi le lith. *tauta* sont sans valeur (pag. 66 seq.).

Schleicher donne un certain nombre de ces thèmes à la page 115 de sa grammaire lithuanienne: *tvártas* «cloture» de *tverti*, *rą́stas* «billot» de *rent* «tailler», *spą́stai* masc. plur. «trébuchet» de *spend* «tendre des piéges»; *nasztà* fém. «fardeau» de *nesz*, *slaptà* fém. «le secret» de *slep* «cacher» etc. — En paléoslave: *vrata* neut. pl. = **vorta* «porte»; c'est le lith. *vàrtai; vérti* nous montre l'*e*. De *pen* vient *pą-to* «entrave».

En sanskrit ces thèmes auraient, j'imagine, l'aspirée *th*; mais je n'en trouve point d'exemple bien transparent. Le zend a *gaēϑa* fém. «le monde» de *gaē* (soit *gi*) «vivre», *dvaēϑa* «crainte» de la racine qui est en grec *δϝει* (Curtius, Stud. VIII 466). Le *ϑ* équivaut à un ancien *th*. Quelques autres formes sont consignées chez Justi p. 371. — Les neutres *ϑraota* et *çraota* sont vraisemblablement les équivalents de skr. *srótas* et *çrótas* passés dans une autre déclinaison[1].

THÈMES EN -na. ἐρεφ *ὄρφνη* θερ *ϑρόνο*[1] πει *ποινή*

1. *ϑρόνος* est la métathèse de **ϑόρνος* assuré par *ϑόρναξ· ὑποπόδιον. Κύπριοι* Hes. Sur la rac. *ϑερ* v. Curtius Grdz. 257.

On ne peut savoir si la racine de *ϑοίνη* est *ϑει*, avec *e*. Il est difficile aussi de rien décider sur *οἶνος*, *ὕπνος* et *ὄκνος*. *τέχνη*, *ἕεδνον*, *φερνή* (éol. *φέρενα*) montrent un *ε* irrégulier. Quant à l'*ε* de *τέκνον*, prenons garde qu'ici l'*e ne pouvait pas* tomber — ce qui n'est pas le cas pour *φερνή* —, que par conséquent rien n'empêche *τεκ* de représenter le degré où la racine expulse l'*e*. Or il existe une seconde série de thèmes en *-na* qui en effet affai-

1. Il est vrai que *çraota* coïncide avec le goth. *hliuþ,* mais l'*e* de cette forme fait soupçonner qu'elle est récente. Quant au lith. *sriautas,* il peut s'identifier à *srótas* aussi bien qu'à *ϑraota.*

blit la racine: c'est à cette classe sûrement qu'appartient *τέκνον* et son équivalent germanique *þegná-* (oxyton, v. Verner l. c. 98). *πόρνη* en fait partie également; son *o* n'est pas a_2.

En regard de *ὦνος*, *ὠνή* (skr. *vasnú*), le lat. *vēnum dare* et le slave *vèno* présentent un *e* fort extraordinaire. Il faut dire que l'étymologie de ce mot n'est point encore éclaircie et qu'il nous apparaît entièrement isolé. On pourrait, il est vrai, le mettre en rapport avec skr. *vásu*.

La racine germanique *veg* donne *vagna-* «char»; *ber* donne *barna-* neut. «enfant» (mais en lith. *bèrnas*); de *leih*(*v*) vient *laihna-* neut. «le prêt» (F. III³ 269), de *leug laugna* fém. «action de cacher» (F. 276). On aurait tort de placer ici *launa-* «salaire»: le grec *λαυ* nous apprend que son *a* est *ᴀ*.

Je trouve en lithuanien *varsnà* fém. *στροφὴ βοῶν* (de *vèrsti?*) et *kálnas* «montagne» de *kel*. On compare à ce dernier le lat. *collis:* peut-être y a-t-il même identité complète, car le passage d'un thème en *-o* comme **colno* dans la déclinaison en *-i* se rencontre dans plusieurs cas. Pour *maínas* «échange» = sl. *mèna* (F. II² 633), la voyelle radicale est incertaine. Slave *strana* «région» pour **storna; čěna* «honneur» identique au gr. *ποινή*, au zd. *kaēna* fém.; l'a_1 radical est évident dans le dor. *ἀποτεισεῖ* et autres formes. On connaît moins bien la racine du zd. *daēna* fém. «loi» que M. J. Schmidt (Verwandtsch. 46) compare au lith. *dainà* (cf. crét. *ἔν-θινος* = *ἔννομος*?). Zd. *vaçna* «désir».

En sanskrit on a entre autres les oxytons *praçná*, (*vasná*), *syoná* adj. «moëlleux» d'où *syoná-m* «couche» (= gr. *εὐνή* pour **οὐνή*?), les paroxytons *várna, svápna, phéna*. A ce dernier répond le lith. *pẽnas* qui semblerait prouver a_1; mais, comme dans *kẽmas*, il y a lieu de se défier de *ë*, d'autânt plus que le gr. *φοινός* «sanglant» (primit. «écumant»?) pourrait bien attester positivement a_2.

Thèmes grecs en -ϲο. (τεκ *τόξο*[1]) κερ *κορσό*[2] λεκ *λοξό*

1. L'*s* appartient peut-être à la racine comme c'est le cas pour *παλίν-ορσο, ἄψ-ορρο*. — 2. *κορσόν· κορμόν* Hes. — Je ne fais que mentionner *νόσος νοῦσος* et *μόρσιμος*. On pourrait ajouter *δόξα* de *δεκ* si l'on assimilait son *α* à celui de *τόλμα*.

Le latin partage avec le grec le thème *lokso* (*luxus*) et possède en outre *noxa*, cf. *necare*.

Thèmes grecs en -ανο, -ανη. On les trouve réunis chez G. Meyer *Nasalstämme* 61 seq. En laissant de côté les adjectifs en *-ανό*, il reste principalement des noms d'instrument proparoxytons, dont quelques-uns montrent l'*e*, tandis que la majorité prend o_2. Ainsi *δρέπανο*, *στέφανο* en regard de *ξόανο*, *ὄργανο*, *ὄχανο*, *πόπανο*, *χόανο*, *χόδανο* etc. A côté de *ὀρκάνη* (Eschyle) on trouve beaucoup plus tard *ἑρκάνη*. Somme toute, il semble que l'*o* soit de règle. Cf. lith. *darg-anà* «temps pluvieux» de *derg*, *rág-ana* «sorcière» de *reg* «voir».

L'*o* du grec paraît à première vue s'accorder à merveille avec l'*ā* long des mots indiens tels que l'adj. *nā́çana* perditor de *náçati* perire ou le neut. *vā́hana* «véhicule» tout pareil à *ὄχανον*. Mais ces mots ont un rapport si étroit avec les verbes de la 10e classe qu'il est difficile de ne pas voir dans leur suffixe une mutilation de *-ayana*[1]. Et cependant la formation existe aussi en zend: *dārana* «protection» = skr. *dhāraṇa*. Nous laisserons la question indécise.

Thèmes grecs en -ευ. Ils prennent constamment o_2 si la racine a *e*. Ainsi γεν *γονεύ*, Ϝεχ *ὀχεύ*, νεμ *νομεύ*, πεμπ *πομπεύ*, τεκ *τοκεύ*, τρεφ *τροφεύ*, χευ *χοεύ*, et cent autres. Mais ces mots sont probablement de dérivation secondaire (Pott K. Z. IX 171); ils auraient pour base les thèmes qui suivent.

Thèmes en -a. On peut diviser de la manière suivante ceux (contenant a_2) que fournit la langue hellénique:

Adjectifs (relativement peu nombreux): δεχ *δοχό*, τεμ *τομό*, ἐλκ *ὁλκό*, σμει *σμοιό*, θευ *θοό*, λειπ *λοιπό* etc.

Noms d'agent: κλεπ *κλοπό*, τρεφ *τροφό*, πεμπ *πομπό*, ἀϜειδ *ἀοιδό* etc.

Noms d'objets et noms abstraits: πεκ *πόκο*, τεκ *τόκο*, ζεφ *ζόφο*, νεμ *νόμο*, πλευ *πλόο*, στειχ *στοῖχο*, ἐρ [*πεντηκόντ*-]ορο etc. — Oxytons: λεπ *λοπό*, νεμ *νομό*, λευγ *λοιγό* etc.

Féminins: δεχ *δοχή*, στελ *στολή*, φερβ *φορβή*, σπενδ *σπονδή*, λειβ *λοιβή*, σπευδ *σπουδή* etc.

Le latin, fort chiche de ses a_2, en met parfois où il n'en faut point. Il a les neutres *pondes-* de *pend* et *foedes-* de *feid*, alors que le règle constante des thèmes en *-as* est de garder a_1 dans la

1. La chose est évidente dans *astamana* et *antaraṇa*, v. B. R.

racine[1]. Probablement ces mots ont été d'abord des neutres en *-a*. L'ablatif *pondo* ne s'explique pas autrement; **foido-* n'a pas laissé de trace, mais le neutre **feidos* est conservé dans *fidus-ta* qui serait donc plus primitif que le *foideratei* du sénatusconsulte des Bacchanales. L'opinion de Corssen qui fait de *fidusta* un superlatif est rejetée par d'autres autorités. — Outre ces deux mots à restituer, nous trouvons *dolus* = **δόλος** — le degré *del* n'existe plus nulle part, mais l'*o* de ce mot fait bien l'effet d'être o_2 —; *modus* de *med* (gr. **μέδ-ιμνος**, goth. *mit-an*); *procus* de *prec* (cf. *procax*); *rogus* de *reg*(?); vieux-lat. *tonum* de (s)*ten* (**Στέν-τωρ** etc.); le fém. *toga* de *teg*. On peut mentionner ici *pōdex* de *pēd* = **perd*. — On s'étonne de l'osq. *feíhoss* en regard du **τοῖχος** grec.

En gothique: *saggva-* (*siggvan*), *vraka-* (*vrikan*), *dragka-* neut. (*drigkan*), *laiba* fém. (*-leiban*), *staiga* fém. (*steigan*), *hnaiva* adj. (*hneivan*), etc.

En lithuanien: *dagà* «temps de la moisson» (goth. *daga-*) de *deg* «brûler»[2]; *váda-s* de *ved; táka-s*, slave *tokŭ* de *tek; bradà* fém., sl. *brodŭ* de *bred*. En slave *plotŭ* de *plet*, *lękŭ* de *lęk*, *trąsŭ* de *tręs* etc.

Les langues ariennes montrent dans la syllabe ouverte la voyelle longue régulière. Noms d'objets et noms abstraits: skr. *tāna* = gr. **τόνο-ς**, *srāva* = gr. **ῥόο-ς**, *pāká* «cuisson» de *pać*; zd. *vāδa* «meurtre» de *vad* (*vadh*). Adjectifs, noms d'agent: skr. *tāpí* «chaud» (aussi *chaleur*) de *tap*, *vyādhá* «chasseur» de *vyadh*.

Evidemment la loi primitive était que l'a_1 radical cédât la place à a_2 dans le thème en *-a*. Toutes les infractions dont se sont rendues coupables les différentes langues ne sont pas parvenues à obscurcir ce trait caractéristique de leur commune structure grammaticale. C'est dans les langues ariennes que l'innovation a pris les plus grandes proportions: elle embrasse tous les mots comme *yåma* de *yam*, *ståva* de *sto* etc. L'analogie des racines terminées par deux consonnes a dû avoir en ceci une très-grande part d'influence: dès l'instant où les sons de a_1 et a_2 se furent confondus, un mot comme *várdha*, primitivement *va₂rdha*, s'associa dans l'esprit de celui qui parlait au présent *várdhati*,

1. *holus* à côté du vieux-lat. *helusa* doit son *o* au voisinage de *l*.

2. A côté de *dagà* et *dágas* se trouve la formation nouvelle *degas* «incendie».

primitivement *va₁rdhati*, et il est tout naturel qu'on ait ensuite formé sur ce modèle *yắma* de *yámati*, ou *hắsa* de *hásati* à côté de *hása*. — En Europe, où la distinction des deux *a* (a_1, a_2) subsistait, nous n'en constatons pas moins un oubli fréquent de la tradition: cependant le grec montre une somme encore si minime de formations de ce genre qu'on n'en peut tirer que la confirmation de leur absence peut-être presque totale à l'origine. Ce sont les neutres *ἔϱγ-ο*[1] et *τέλσ-ο*, les adjectifs *πελ-ό*, *χέϱσ-ο*, *ῥέμβ-ο* et *πέϱκ-ο* (ordinairement *πεϱκ-νό*), plus *ἔλεγο* et *ἔλεγχο*. Dans le cas de *λευκ-ό* la diphthongue *ου* était en jeu; *κέλευθ-ο* montre encore sa forme ancienne dans *ἀ-κόλουθο*. A côté de *Δελφοί* on a *δολφό*. Je crois que c'est là, avec les mots qui suivent, à peu près tout ce que le grec possède de formations de ce genre[2].

Il y a des exemples qui possèdent leur analogue dans un des idiomes congénères et qui méritent certainement toute attention: *ζεά* en regard de l'ind. *yắva*[3]; *ἵμεϱο* pour *ἑ-σμεϱο*[4] comparable au skr. *smărá*; *θεό* qui coïncide avec le goth. *diuza-* neut.[5] Le gr. *στένιον* (aussi *στήνιον*) joint au skr. *stána* fait conclure à un indo-eur. *sta₁na*. V. sur ces mots Joh. Schmidt *Verwantschaftsverh.* 64.

En germanique, ce sont principalement les adjectifs (réunis chez Zimmer, Nominalsuffixe *a* und *ā* 85—115) qui ont admis l'*e*

---

1. Au contraire l'arménien a régulièrement *gorts* (*ἔϱγον*), avec a_2.

2. En voici quelques-unes de moindre importance: *κέπφο*, *κελεφό*, *κέϱκο*, *πέλεθο*, *σέϱφο*; le voc. *ὦ μέλε· ἔλεο* est obscur. *ἔϱο* et *γέλο* sont anormaux déjà d'ailleurs. *πέδο* est de formation secondaire. — *ξένο* pour *ξένϝο* et tous les cas analogues n'entrent naturellement pas en considération. *στένο* semble être de même nature, à cause de la forme *στεῖνο*.

3. L'histoire de ce thème est assez compliquée: *ζεά* n'est qu'une forme plus récente de *ζειά* (= skr. *yávasa*) et ne peut donc se comparer directement à *yáva*. Mais ce mot grec nous apprend néanmoins que l'*a* radical de *yáva* est de l'espèce $a_1 - a_2$, non de l'espèce *A*. La brève de *yắva* décide d'autre part pour a_1, et l'isolement du mot garantit suffisamment son origine proethnique. Nous obtenons donc l'indo-eur. *ya₁wa*. — Basé là-dessus nous avons admis dans l'*a* du lith. *javai* une altération secondaire de l'*e*, p. 68.

4. Cf. *χίλιοι* pour **χεσλιοι*, *ἱμάτιον* pour **ἑσματιον* etc. — La glose *ἡμεϱτόν· ἐπέϱαστον* ébranle l'étymologie ordinaire.

5. Le sens premier serait *anima*. Cf. p. 84 i. n. — Le lith. *dvěsti* et *dvásė* «esprit» pourraient aussi suggérer un primitif **θϝεσο*.

6

dans la racine. Ainsi *reuda-* «rouge» à côté de *rauda-*, *gelba-* «jaune», *hreuba-* «asper», *hvīta-* soit *hveita-* «blanc», apparenté mais non pas identique au skr. *çvetá*, *leuba-* «cher», *þverha-* «transversal», *seuka-* «malade», *skelha-* «oblique» etc.

Dans deux adjectifs qui ont presque le caractère de pronoms et dont l'un du moins n'est sûrement pas sorti d'une racine verbale, l'a_1 date de la langue mère: *n*a_1*wa* (gr. *νέος*, goth. *niujis*, skr. *náva*) dérivé de *nu* (*νυ*) et *s*a_1*na* (gr. *ἕνος*, lat. *senex*, goth. *sinista*, irl. *sen*, lith. *sénas*, skr. *sána*).

Dans la plupart des langues européennes les féminins en -*ā* sont placés sur un pied de parfaite égalité avec les masculins ou les neutres en -*a*: ils servent comme eux à la dérivation courante et varient ainsi les ressources de la langue. Le sanskrit présente un état de choses tout différent. On trouve en combinant les listes de Grassmann et de M. Lindner (p. 150) que les féminins védiques en -*ā* forment vis-à-vis des masculins une petite minorité, que la plupart d'entre eux sont des appellatifs, tels que *káçā* «fouet», *vaçā́* «vache», et que les couples comme *πλόκος πλοκή*, si fréquents en Europe, ne sont représentés ici que par quelques exemples (ainsi *rása rasā́*, *várša* (neut.) *varšā́*). Et c'est à peine si un ou deux de ces féminins paraissent contenir a_2: le plus grand nombre, comme *druhā́*, *vr̥tā́*, appartient à la classe privée d'*a* radical que nous retrouverons ailleurs. En présence de ces faits, nous n'avons pas le droit d'étendre aux féminins proethniques en -*ā* toutes les conclusions auxquelles on sera arrivé pour les thèmes en -*a*, et il devient probable que les féminins européens formés avec a_2 sont une catégorie grammaticale hystérogène.

Pour ce qui est de l'ACCENTUATION des thèmes en -*a*, il y a, d'après tout ce qui précède, un triage à faire dans les matériaux qu'offre le Véda. Il se peut que la règle de M. Lindner (loc. cit. 29) se vérifie *pour les formations nouvelles* dont nous avons parlé. Mais si nous nous bornons à prendre les thèmes (védiques) qui allongent l'*a* radical, où par conséquent nous sommes sûrs de la présence de a_2, voici comment ils se classent. Paroxytons. *a*. noms abstraits etc.: (*pāça*, *bhāga*) *vāga*, *vāra*, *çāka*, *gāna* neut.

b. adjectifs, appellatifs: *gára*[1]. — Oxytons. *a.* (*dārá*) *nādá*, *nāvá*, *vāsá*, *sāvá*, *sādá*. *b.* *grābhá*, *nāyá*, *ghāsá*, *tārá*, *vāká*, *vāhá*, *çrāyá*, *sāhá*, *svāná*, *hvārá*. — Pour être conséquent, nous avons placé entre crochets comme étant sans valeur ici les mots dont la racine contient *A* au témoignage des langues d'Europe; ex.: *bhắga*, gr. *φαγ*.

a_2 ne pouvant se manifester dans les mots venant de racines *fermées* comme *manth* ou *veç*, il en résulte que le départ entre les formations nouvelles et les formations primitives qui seules nous intéressent est impossible chez ces mots. Mais les langues congénères garantissent jusqu'à un certain point l'ancienneté de quelques-uns d'entre eux. Voyons l'accentuation que leur donne le sanskrit. Paroxytons: gr. *δελφός*, germ. *kalba-*, skr. *gárbha*; gr. *λοιγός*, skr. *róga* [gr. *ὀρός*, skr. *sắra*[2]]; germ. *hausa-*[3] «crâne», skr. *kóša* (Fick); germ. *drauga-*, skr. *drógha*; germ. *rauta-*, skr. *róda* (F.); germ. *svaita-*, skr. *svéda* (F.). Oxytons: sl. *mątŭ*, skr. *manthá*; sl. *mrakŭ* = **morkŭ*, skr. *marká* (B. R.) [sl. *chromŭ* (adj.), skr. *srāmá*[4]]; gr. *οἶκο*, skr. *veçá*; gr. *κόγχη*[3], skr. *çaṅkhá*; germ. *þauta-*, skr. *todá* (F.); germ. *maisa-*[3], skr. *mešá* (Bugge); germ. *rauda-* (adj.), skr. *lohá*. Quant à l'accent des mots comparés, on voit qu'il n'est pas toujours d'accord avec celui du sanskrit.

Sont oxytons en grec: les adjectifs, les noms d'agent, une partie des noms abstraits masculins, les noms abstraits féminins.

En germanique, autant que j'ai pu m'en rendre compte, les substantifs (masculins et féminins) sont oxytons: le goth. *snaivs* (*νείφει* donne l'*e*) prouve par la perte du *g* l'accentuation *snai(g)vá-* (Sievers). Dans l'article cité de M. Verner sont mentionnés les

1. Les mots comme *bắdha* de *bādh* dont la racine a déjà l'*ā* long, en outre les mots d'origine obscure comme *gắla* «filet», *çắpa* «bois flottant» ne sont pas cités. *kắma* est un thème en *-ma*.

2. *sara* paraît n'être qu'une variante de *çara* ou *çáras*. Les sens de *sára* (crême, quintessence etc.) et du gr. *ὀρός* (partie aqueuse du lait) se concilient facilement, bien qu'ils soient en apparence opposés. Le lat. *serum* est-il le même thème, ou seulement parent? Curtius Grdz. 350.

3. L'*a* de *hausa-* et de *maisa-*, l'*o* de *κόγχη*, représentent *peut-être* a_2, mais on ne peut le dire avec certitude.

4. Goldschmidt Mém. Soc. Ling. I 413. Ce mot ne peut figurer ici que si la racine est *sram*. Si l'on admet une racine *srā*, la chose est toute autre.

thèmes germaniques *haugá-* (rac. *heuh*, dans le goth. *hiuhma*), *laidá* (fém.) de *leiþ*, *sagá* (fém.) de *seh* (lat. *secare*). Les deux mots suivants sont analogues, mais viennent de racines qui ont *ʌ*: *hobá* (fém.) de *haf*, *fangá* (fém.) de *fanh*. En revanche on a des paroxytons dans *faiha-* (goth. *filufaihs*), *maisa-*, cf. ci-dessus. — Les adjectifs sont souvent paroxytons, ainsi *lausa-* de *leus*[1], *hauha-* «haut» en regard de *hauga-* «éminence», mais nous avons vu que la plupart ont *e* dans la racine, ce qui leur assigne une place à part.

En somme et autant qu'on en peut juger sur ces données fort peu complètes, on conclura: 1° qu'un grand nombre de thèmes en *a* avec a_2 dans la racine, ont eu dans la langue mère le ton *sur le suffixe;* 2° qu'on ne peut dire avec certitude si quelques-uns de ces thèmes, quel que fût d'ailleurs le sens, ont eu au contraire le ton sur la syllabe radicale.

Dans les thèmes en *-a* formant le second membre d'un composé dont le premier sera un substantif régi — nous ne parlons que des cas où l'*action verbale est encore sentie*, non de *tatpurušas* en général —, ou bien une préposition, la présence de a_2 est assurée aussi[2]. Nous pouvons distinguer quant au sens quatre catégories représentées par les exemples suivants: *a. pari-vādá* «le blâme» de *vad*, *b. ut-tāná* «qui s'étend» de *tan*, *c. sūkta-vāká* «récitation d'un sūkta» de *vać*, *d. uda-hārá* «porteur d'eau» de *har*. Le zend montre le même allongement de l'*a*.

Exemples grecs: *a.* σύλ-λογος et συλ-λογή de λεγ; *b.* ἐξ-ημοιβός de ἀμειβ, πρό-χοος de χευ; *c.* —; *d.* ὑ-φορβός de φερβ, πυρ-φόρος de φερ. La classe *c* existe dans quelques féminins comme μισθο-φορά, mais ces mots sont des exceptions.

Exemples lithuaniens: *pá-szaras* «nourriture» de *szer*, *at-*

1. Même accentuation dans le mot grec qui y correspond λοῦσον· κόλουρον, κολοβόν, τεθραυσμένον (parent de ἀλεύομαι = goth. *liusan;* cf. ἀλυσκάζω et chez Hésychius λυσκάζει). Relativement à la *chute nécessaire* de l'*s* grec placé entre deux voyelles, les affirmations péremptoires paraissent encore prématurées en présence de certains cas tels que σαυσαρός (lith. *saúsas*), ἐν-θουσιασμός (cf. sl. *duchŭ*, *duša*). Reste à trouver la règle. — La racine *fraþ* (avec *ʌ*) donne l'ádj. oxyton *frōdá-*.

2. Il est remarquable que les composés indiens de caractère moderne où le premier membre est décliné (*puštimbhará* etc.) ne présentent jamais l'*a* long.

laidà « grâce » de *leid*, *isz-tekas* « écoulement » de *tek*. Paléoslave: *rodo-nosŭ* de *nes*, *sq-logŭ* de *leg* (peut-être bahuvrīhi), *pro-rodŭ* « compagnon » de *red*, *po-tokŭ* « rivière » de *tek*, *pro-rokŭ* « prophète » de *rek*, *rodo-tokŭ* « canal » de *tek*. Dans *dobro-rekŭ* (Osthoff Beitr. de P. et B. III 87) l'*e* s'est infiltré.

En latin le vocalisme du second membre des composés, soumis aux influences de divers agents destructeurs, est absolument méconnaissable. L'osq. *loufri-konoss* est un bahuvrīhi.

A l'origine, on n'en peut douter, ces composés ont été généralement oxytons. Ils le sont dans les textes védiques, et ils le sont en partie en grec. Dans la classe *d* le grec n'a retiré l'accent sur la pénultième que lorsqu'elle était brève [1] (Bopp *Accentuationssystem* 280, 128. Schrœder K. Z. XXIV 122). Voy. l'exception que présente parfois le sanskrit, chez Garbe K. Z. XXIII 481; elle rappelle la distinction du grec *πατρόκτονος* et *πατροκτόνος*.

Thèmes en -i. Voici ceux que forme le grec: τρεχ *τρόχι* «coureur» (Eschyle), στρεφ *στρόφι* «homme retors» (Aristophane), χρεμ *χρόμι*, nom d'un poisson; μεμφ *μόμφι* fém. = *μομφή*. Adjectifs: τρεφ *τρόφι* (Homère), δρεπ *δρόπις· τρυγητός* Hes. Cf. *μολπίς*, *φρόνις*, *φόρμιγξ*.

Cf. goth. *balgi-* «outre» de *belg* «enfler»; skr. *rāçí*, *ghāsí*; *dhrā́ji*, *grā́hi*. Lindner p. 56.

Thèmes en -u. La racine du goth. *hinþan* «prendre» donne *handú-* fém. «la main» (Verner l. c.). L'*a* du germ. *haidú-* = skr. *ketú* est certainement a_2 (et non A), parce que le *é* alternant avec *k* du skr. *cétati*, parent de ces mots, est un signe de a_1 (chap. IV). En comparant *skadu-* «ombre» au skr. *cátati*, on aurait un thème en *-u* tout semblable aux précédents; mais ici nous sommes moins sûrs que la voyelle radicale soit a_1. Nous reviendrons sur ce rapprochement au chapitre IV.

Le lith. *dangùs* «ciel» vient de *deng* «couvrir». Quant aux nombreux adjectifs en *-u-s*, réunis par M. J. Schmidt, *Beiträge de Kuhn et Schleicher* IV 257 seq., et qui prennent régulièrement a_2 —

1. Les exemples où la règle n'est plus du tout observée (ex.: dans *πτολίπορθος*, *παλίντονος*) présentent ordinairement cette singularité que le premier membre a *ι* dans la dernière syllabe.

ex.: *sargùs* de *serg* —, ce n'est pas en réalité au thème en *-u*, restreint à quelques cas du masculin, mais bien au thème en *-ya* qui apparaît partout ailleurs qu'on doit, semble-t-il, attribuer la priorité: il est vrai que le sanskrit a quelques adjectifs comme *durú* de *dar*, mais la règle dominante des anciens adjectifs en *-u* est de rejeter l'*a* radical (p. 15, 23).

On trouve un thème *da₂mu* dans le lat. *domus*, *-ūs*, égal au paléosl. *domŭ*[1]. Ce dernier mot, au dire des slavistes, est bien un véritable thème en *-u* et ne montre point la même indifférence que d'autres à se décliner sur *vlŭkŭ* ou sur *synŭ*. C'est à la même formation qu'appartient le gr. *κόρθυς* fém. si l'on adopte le rapprochement de M. Fick avec le goth. *hairda* lequel attesterait l'*e* radical et la non-suffixalité du *ϑ*; puis *κροκύς*, *-ύδος* fém., de *κρέκω* «tramer».

Deux neutres paroxytons de grande importance: gr. *δόρυ*, irland. *daru-* (Grdz. 238), skr. *dā́ru*; gr. *γόνυ*, skr. *jā́nu*. L'ind. *sā́nu*, d'après cette analogie, doit contenir a_2. *φόρβυ· τὰ οὖλα*. *'Ηλεῖοι* semble venir de *φέρβ* et avoir a_2.

Très-répandue est la famille des thèmes en *-ya*. Toutefois les formations secondaires s'y entremêlent si étroitement avec les mots tirés directement de la racine que nous nous abstenons, de peur d'erreurs trop nombreuses, de soumettre ces thèmes au même examen que les précédents.

2. Syllabes suffixales.

Les langues européennes montrent clairement que la voyelle ajoutée à la racine dans les thèmes verbaux en *-a* est un a_1 qui alterne avec a_2. Il y a concordance de tous les principaux idiomes de la famille quant à la place où apparaît a_2 (1e pers. des trois nombres, 3e pers. pl.).

---

1. L'ind. *dámūnas* «familiaris», un des noms d'Agni, se décompose peut-être en *damu* + *nas* (venir). Il reste à expliquer la brève de *dămu*: on pourrait penser tout d'abord à un déplacement de la quantité et reconstruire **dāmunas*. Mais l'allongement de l'*i* ou de l'*u* devant une nasale est chose si commune, qu'une telle hypothèse serait fort risquée. Il n'est pas inconcevable que, l'*u* une fois allongé, l'a_2 qui précédait ait été forcé par là de rester bref. V. p. 89. Toutefois la forme *damúnas* qui apparaît plus tard rend cette combinaison très-problématique.

Grec	Latin	Gothique	Paléoslave	Sanskrit
(*ἔχω*[1]	*veho*	*viga*	*vezą*	*váhāmi*)
ἔχομεν	*vehimus*[2]	*vigam*	*vezomŭ*[3]	*váhāmas*
—	—	*vigos*	*vezově*[3]	*váhāvas*
ἔχοντι	*vehunt*[4]	*vigand*	*vezątĭ*	*váhanti*
Cf. *ἔχετε*	*vehite*	*vigiþ*	*vezete*	*váhatha*

1. La racine ici importe peu. — 2. Anciennement **vehumus*, **vehomus*. — 3. *vezomŭ* et *vezově* sont les formes de l'aoriste (s'il existe chez ce verbe); l'*e* du présent *vezemŭ*, *vezevě*, est dû à l'analogie des autres personnes. — 4. Vieux latin *tremonti*. — Le zend concorde avec le sanskrit. Le lithuanien présente les 1ères personnes du plur. et du duel *sùkame*, *sùkava*. L'*a* du goth. *vigats* (2e p. du.) ne peut être qu'emprunté à *vigam*, *vigand* etc. On explique de même le v. ht-all. *wegat* en regard du *vigiþ* gothique (2e p. pl.), et le lith. *sùkate*, *sùkata*.

Les formes du moyen reproduisent le même schéma: parmi elles on distingue les 1res personnes du grec: *φέρομαι*, *ἐφερόμην* qui bien que s'écartant des formes indiennes, présentent, selon la règle, un *o* devant *μ* (v. ci-dessous).

La forme primitive exacte de la 1e personne du singulier de l'actif est une énigme que nous n'essayons point de résoudre. Avec la désinence dite secondaire, elle n'offre pas de difficulté: gr. *ἔ-φερον*, sl. *vezŭ* (régulier pour **vezon*), skr. *á-bharam* (*a* bref, vu la syllabe fermée). Du reste le paradigme se répète partout où il y a une conjugaison de l'espèce qu'on appelle thématique. Dans ce paradigme, l'apparition de a_2 est évidemment liée d'une manière ou d'une autre avec la nature de la consonne qui suit. V. Paul dans ses *Beiträge* IV 401. On ne peut, vu la 3e pers. du pluriel, — à moins d'admettre que la désinence de cette personne fût à l'origine *-mti* — chercher dans le son labial la cause de la transformation. Il faudra l'attribuer aux *sonantes*, ou plus généralement peut-être aux *sonores*. C'est le seul cas où la substitution du phonème a_2 au phonème a_1 trouve son explication dans une action mécanique des sons avoisinants.

Dans la diphthongue de l'optatif, c'est a_2 qui apparaît: le grec et le germanique sont les seuls idiomes qui donnent à ce sujet un témoignage positif, mais ce témoignage suffit: gr. *ἔχοις*, *ἔχοι*, *ἔχοιμεν* etc.; goth. *vigais*, *vigai*, *vigaima* etc.

Devant le suffixe du participe en *-mana* ou *-ma* les langues européennes ont a_2: gr. *ἐχό-μενο-ς*[1], sl. *vezo mŭ*, lith. *vėža-ma;* le lat. *vehimini* ne décide rien. D'après le grec on attendait en sanskrit «*váhāmana*»: nous trouvons *váhamāna*. J'ai essayé ailleurs d'expliquer cette forme par un déplacement de la quantité (cf. *parāká* pour *pārakú*, *çvápāda* pour *çvā́pada*. Grassmann s. v.). Mais cette hypothèse, peu solide par elle-même, se heurte aux formes comme *sasṛmāṇá*. Nous nous en tiendrons à ces remarques-ci: 1° Quant au suffixe: il n'est pas identique au *-μενο* du grec. Selon toute probabilité, il remonte à *ma_2na* et se place à côté du boruss. *po-klausīmanas*[2] (Bopp, Gram. Comp. Trad. IV 25); le zend *-mana* et le gr. *-μενο* représentent *-ma_1na*; le zend *-mna* nous donne une troisième forme, affaiblie. Il est difficile du reste de se représenter comment ces trois suffixes ont pu alterner dans l'indo-européen, et il est étrange que de deux idiomes aussi voisins que le zend et le sanskrit, le premier ignore complètement *-ma_2na* quand inversément, l'autre a perdu toute trace de *-ma_1na*[3]. 2° Quant à la voyelle thématique: quoiqu'elle soit brève, elle pourrait être a_2, ainsi que le réclament et le phonème qui suit et le témoignage des langues européennes. Pour cela il faut admettre que dans une syllabe ouverte *suivie d'une longue* les langues ariennes n'ont pas allongé[4] a_2. Les exemples où la chose peut se vérifier sont malheureusement rares et un peu sujets à caution: le premier est le zd. *katăra* dont il est

---

1. Le pamphylien *βολέμενυς* (*βουλόμενος*) appartient à un dialecte où *προτί* est devenu *περτ-*. Les formes nominales *βέλεμνον*, *τέρεμνον* etc. peuvent s'interpréter de différentes manières.

2. Le gr. *-μονη* dans *χαρμονή* etc. n'est qu'une continuation relativement moderne du suff. *-μον*, étrangère aux participes.

3. Les infinitifs indiens en *-mane* viennent de thèmes en *-man*.

4. La longue, dans le cas de *váhamāna*, descend elle-même d'un ancien a_2 (*$vaha_2ma_2na$*): mais il est aisé de comprendre que dans le conflit des deux a_2 tendant l'un et l'autre à devenir voyelle longue, le second, qui ne trouvait point de résistance dans la syllabe brève placée après lui, devait remporter l'avantage. — Cette syllabe brève dont nous parlons est remplacée dans certaines formes par une longue, ainsi au pluriel *váhamānās;* et pour soutenir toute cette théorie, à laquelle du reste nous ne tenons pas particulièrement, on serait naturellement obligé de dire que dans *váhamāna* comme aussi dans *pāká*, *vyādhá* etc. l'allongement n'appartient en propre qu'à ceux des cas de la déclinaison où la terminaison est brève.

question ci-dessous; le second est *damūnas*, v. page 86; enfin on a les aoristes en *-išam*, page 73. Mais la brève du zend *vazyămana* demeure incompréhensible.

Devant le suff. *-nt* du partic. prés. act. la voyelle thématique est a_2, lorsqu'elle n'est pas rejetée, ce qui arrive à certains cas de la flexion. Grec *ἔχοντ-*, goth. *vigand-*, sl. (*vezy*), gén. *vezųšta*, lith. *vežant-*. L'*a* bref du skr. *váhant-* est régulier, la syllabe étant fermée. Quant à l'*e* du lat. *vehent-*, M. Brugman admet qu'il vient des cas faibles à nasale sonante. — Le participe du futur est tout semblable.

Quittant la voyelle thématique verbale, nous recherchons les cas où un a_2 apparaît dans le suffixe des thèmes nominaux. Toutefois nous laisserons de côté provisoirement les suffixes terminés par une consonne.

Le suff. *-ma₂na* est déjà traité; un autre suffixe participial est *-a₂na:* skr. *bibhid-āná*, goth. *bit-an(a)-s*. — Le suffixe secondaire *-tara* subit des variations assez surprenantes. Il prend, en zend, la forme *-tāra* lorsqu'il s'ajoute à des pronoms: *katāra*, *yatāra*, *atāra*, (cf. *fratăra*), tandis que le sanskrit présente partout l'*a* bref: *katará*, *yatará* etc. C'est le même phénomène que pour le suff. *-măna*, avec cette différence qu'ici c'est l'iranien qui montre a_2, et que la forme qui contient a_1 subsiste parallèlement à l'autre. De plus le zend n'est point isolé comme le sanskrit l'était tout à l'heure: à côté de *katāra* se place le sl. *kotoryjĭ* et *vŭtorŭ*, le goth. *hvaþara* et *anþara*[1] (zd. *añtara*). D'autre part l'*ă* du sanskrit est appuyé du gr. *πότερος* et, dans le slave même, de *jeterŭ*. Le lat. *uter*, qui a passé par une forme **utr̥s*, n'entre pas en ligne de compte. L'osq. *pitiurus-pid* (cf. *puterei*) a subi une assimilation secondaire. Curtius Grdz. 718. Nous ne trouvons pas d'autre issue que d'admettre un double suffixe primitif. Peut-être que l'un, *-ta₂ra*, s'ajoutait aux pronoms, tandis que l'autre était réservé aux prépositions, comme cela a lieu en zend, et que plus tard les différentes langues ont en partie confondu les deux emplois. Il faut ajouter que le zend abrége l'*ā* de *katāra* toutes les fois que par l'addition de la particule *ćiṯ*, la syllabe qui suit cet *ā* devient longue: *katăraçćiṯ*, *katăremćiṯ* (Hübschmann *Casus-*

1. Je sais bien que cet *a* gothique peut s'expliquer différemment si l'on compare *fadar* = *πατέρα* et *ufar* = *ὑπέρ*.

lehre 284). Est-ce à dire que l'allongement, dans *katara*, tient à une cause toute autre que la présence de a_2? Comme nous venons de le dire (p. 88), cette conclusion ne paraît pas nécessaire.

Voyelle suffixale des thèmes en -a (*Thèmes en -a proprement dits, thèmes en -ta, -na, -ma, -ra etc.*). M. Brugman indique brièvement que cette voyelle est a_2 (Stud. IX 371), et cette opinion a été adoptée de tous ceux qui ont adopté l'hypothèse de a_2 en général[1]. Ici comme ailleurs a_2 alterne avec a_1. Voici, en prenant comme exemple le thème masculin ind.-eur. *akwa*, les cas de la déclinaison où l'accord des langues européennes atteste clairement la présence de a_2: nom. sg. *akwa₂-s*, acc. sg. *akwa₂-m*[2], acc. pl. *akwa₂-ns*. De même au nom.-acc. neut.: *dāna₂-m*. Le degré a_1 est assuré au vocatif *akwa₁*. Tout le reste est plus ou moins entouré d'ombre. Doit-on, au *génitif singulier*, admettre a_1 ou a_2? Le goth. *vulfi-s* parle pour la première alternative[3], le gr. ἵππο-ιο pour la seconde. Ces deux formes ne peuvent pas l'une et l'autre refléter directement la forme première. L'une d'elles a nécessairement subi une action d'analogie: il ne reste qu'à savoir laquelle. La forme sanskrite est pour plusieurs raisons impropre à décider ici. Mais il y a une forme pronominale slave qui semble prouver a_1: *česo* ou *čĭso*, gén. de *čĭ(-to)*. M. Leskien (Decl. 109) approuve ceux qui y voient une forme en *-sya*, et pourquoi ne serait-elle pas tout d'un temps le zd. *ćahyā* (skr. *kásya*, génitif du thème *ka*) qui lui-même trahit a_1 par sa palatale? Comme il n'y a pas d'ailleurs de raison de croire que le génitif d'un pronom en $-a_2$ différât en rien de la forme correspondante des thèmes

---

1. Dans l'article cité des *Mémoires de la Société de Linguistique*, je croyais avoir des raisons de dire que l'*o* dans ἵππος, *equos*, était *ǫ* — malgré le vocatif en *e* — et non pas o_2. Depuis j'ai reconnu de plus en plus qu'une telle proposition est insoutenable, et je n'en fais mention ici que pour prévenir le reproche de changer d'opinion d'un moment à l'autre en disant que cet article a été écrit il y a près d'un an et dans un moment où je venais à peine de me rendre compte de la double nature de l'*o* gréco-italique.

2. L'*a* bref du skr. *áçvās, áçvām* est régulier, la syllabe étant fermée.

3. Sur l'*a* secondaire du vieux saxon *-as*, v. Leskien *Declination* p. 30. Le boruss. *stesse* parle aussi pour a_1, bien que souvent l'*e* de la Baltique inspire assez peu de confiance (ex.: lith. *kvep* «exhaler», goth. *hvap*, grec, lat. *kvap*).

nominaux en a_2, nous concluons à l'indo-eur. *akwa₁-sya* et nous tenons l'*o* de ἵππο-ιο pour emprunté à d'autres cas. — Le *locatif* a dû avoir a_1: *akwa₁-i*. C'est ce qu'indiquent les locatifs osques comme *tereí*, *akenei*, et les locatifs doriques comme τουτεῖ, τεῖδε; cf. πανδημεί, ἀμαχεί, etc., enfin le vieux locatif lithuanien *namē* (Leskien l. c. 47). M. Brugman qui est pour cette hypothèse *akwa₁i* me fait remarquer que les locatifs grecs en -οι (οἴκοι) ne sont qu'un cas tout ordinaire de contamination, tandis qu'en partant d'un primitif *akwa₂i* on est fort en peine d'expliquer la forme en -ει. — Devant celles des désinences du pluriel qui commencent par *bh* et *s* le thème s'accroît d'un *i*, mais la voyelle est a_2 à en juger par le grec ἵπποι-σι, l'osq. *zicolois* et le germ. *þai-m* (déclinaison pronominale). Le lithuanien a *të-mùs*; mais la véritable valeur d'*ë* est obscure.

Lorsque la désinence commence par une voyelle, celle-ci, dans toutes les langues de la famille, se trouve soudée avec la voyelle finale du thème. D'après les principes généraux de la comparaison linguistique on placera donc le fait de cette contraction dans la période proethnique. Cependant le phénomène a quelque chose de si particulier, il peut si bien se concilier avec les tendances phonétiques les plus diverses, et d'autre part s'accomplir dans un laps de temps restreint, que l'hiatus après tout a pu tout aussi bien subsister jusqu'à la fin de cette période, ce qui ne veut pas dire qu'il se soit perpétué très-tard jusque dans l'époque préhistorique des différentes langues [1]. Cette question est liée à certaines autres traitées au paragr. 11. — Au *nominatif pluriel*, skr. *áçvās*, goth. *vulfos*, osq. *Abellanos*, ombr. *screihtor*, la voyelle de la désinence [2] est a_1. Il faut donc, principalement à cause de l'*o* des formes italiques, que le thème ait a_2: nous obtenons ainsi *akwa₂* + *a₁s*. Prononcée avec hiatus, la forme serait *akwa₂a₁s* (à peu près *ekwoes*); avec contraction *akwā₂s* (*ekwōs*). Nous enregistrons le phonème nouveau [3] $\bar{a}_2$ engendré ici comme

---

1. Nous n'osons pas invoquer en faveur de l'hiatus les formes védiques (restituées) telles que *deváas*, *çáṃsaas*, *devā́naam* etc., ni celles du zend comme *daēvāaṭ* sur la signification desquelles les avis varient beaucoup.

2. Sa valeur est donnée par le grec et le slave: μητέρ-ες, *mater-e*.

3. En admettant la possibilité d'une longue $\bar{a}_2$, différant de la brève a_2, nous tranchons implicitement la question de savoir si dans la langue

par accident mais qui trouvera plus loin son rôle morphologique. De quelque époque du reste que date la contraction, il est essentiel de noter que l'*o* de *vulfos* (= $\bar{a}_2$ long) diffère à l'origine de l'*o* de *broþar* (= ᴀ̄). Au nord de l'Europe en effet les longues de a_2 et ᴀ sont confondues aussi bien que ces voyelles elles-mêmes. Pour l'*ablatif singulier*, la voyelle désinentielle est inconnue: si nous lui attribuons la valeur a_1, le cas est le même que pour le nominatif pluriel. Le génitif letto-slave *vlŭka*, *vìlko*, sort de l'ancien ablatif (Leskien). Cette forme donne lieu à la même remarque que *vulfos:* l'*a* slave (= *o* lithuanien) est chez elle $\bar{a}_2$, non pas ᴀ̄ comme dans *mati* (lith. *motė̃*). — La seule donnée que nous ayons sur la nature de l'*a* dans la désinence du *datif singulier* est incertaine: ce sont les infinitifs grecs en *μεν-αι* = skr. *man-e* qui la fournissent[1]. Si nous la prenons pour bonne, il y a dans l'ō de *ἵππῳ*, *equō*, et dans l'ā du skr. *áçvāya* les éléments a_2 + ᴀ. Nous ne ferons pas l'analyse fort difficile de l'instrumental singulier et pluriel (skr. *áçvais*, lith. *vilkais*), du génitif pluriel ni du nom.-acc. duel. Le *nom.-acc. pl. des neutres* est unique dans son genre: son *ā* long a la valeur ᴀ̄, c'est le gréco-italique qui nous l'apprend[2]. A moins de l'identifier, comme quelques-uns l'ont fait, au nom. sg. du féminin, il faudra supposer une forme première *dāna*$_2$ + ᴀ̄, ou bien si le ᴀ désinentiel est bref *dāna*$_1$ + ᴀ; on ne saurait admettre *dāna*$_2$ + ᴀ, puisqu'au datif singulier a_2 + ᴀ a donné l'ō gréco-italique.

Dans la déclinaison pronominale, nous trouvons a_2 devant le *d* du nom.-acc. sg. neutre: gr. *τό*, lat. *-tud;* goth. *þata*, sl. *to*,

---

mère a_2 a été *bref* comme il l'est partout dans les langues européennes. Les formes dont il est question pourraient du reste, comme on voit, servir à démontrer cette quantité brève.

1. Schleicher doute que *-μεν-αι* puisse être le datif d'un thème consonantique. Comp.[4] 401. — La longueur fréquente chez Homère de l'*ι* du datif grec (Hartel *Hom. Stud.* I[2] 56) n'est pas une raison suffisante pour croire que cette forme représente autre chose que l'ancien locatif. *ΔιϜει-* dans *ΔιϜείθεμις* etc. ne paraît pas être un datif. Les formes italiques et lithuaniennes sont équivoques.

2. Lui seul peut nous l'apprendre; car il est superflu de répéter que les langues du nord confondent $\bar{a}_2$ et ᴀ̄. En slave par exemple l'*a* de *dĕla* (pl. neut.; cf. lat. *dōna*) n'est pas différencié de l'*a* de *vlŭka* (gén. soit abl. sing.; cf. lat. *equo*).

lith. *ta-i* (skr. *tad*). Puis au nom. plur.: gr. *τοί*, vieux lat. *poploe* (déclinaison pronominale à l'origine), goth. *þai* [1] (skr. *té*). — C'est évidemment a_2 que renferme le pronom *sa* (nom. sg.): gr. *ὁ*, goth. *sa*. La forme indienne correspondante *sa* est le seul exemple certain où l'on puisse observer comment le sanskrit traite ce phonème, quand il est placé à la fin du mot. Nous constatons qu'il ne lui fait pas subir l'allongement [2]. Relevons encore le pronom de la première personne gr. *ἐγώ*, lat. *ego*. sl. *azŭ* [3] = **azom* ou **azon* (skr. *ahám*); l'ō long de *ἐγώ* est encore inexpliqué, mais il est certainement de sa nature a_2.

M. Brugman (l. c. 371) a fait voir le parallélisme qui existe entre l'*e* (a_1) du vocatif des thèmes en a_2 et l'*a* bref du vocatif des féminins en *ā*: gr. *νύμφᾰ*, *δέσποτᾰ*, de thèmes *νυμφᾱ-*, *δεσποτᾱ-*; véd. *amba*, voc. de *ambā*; sl. *ženo*, voc. de *žena*. La dernière forme appartient au paradigme courant. Le locatif grec *χαμᾰί*, du thème **χαμᾱ-* = skr. *kšmā* offre exactement le même phénomène et vient se placer à côté du locatif des masculins en *-ει*. On ramènera le loc. osq. *viaí* à *viă* + *i*, le loc. sl. *ženě* à *ženă* + *i*. La forme des langues ariennes doit être hystérogène. Mais peut-être le loc. zd. *zemē* offre-t-il un débris ancien: il est naturel de le rattacher au thème féminin skr. *kšamā* et au gr. *χαμαί*, plutôt que de le dériver d'un masculin qu'il faudrait aller chercher jusqu'en Italie (lat. *humus*). — Il y a peu de chose à tirer du génitif. Nous concluons: où les masculins ont a_2, les féminins ont $\bar{A}$; où ils ont a_1, les féminins ont A. Cette règle est singulière, parce que partout ailleurs le rapport $A : \bar{A}$ diffère absolument du rapport $a_1 : a_2$.

Comme premier membre d'un composé le thème des masculins offre a_2: gr. *ἱππό-δαμος*, goth. *goda-kunds*, sl. *novo-gradŭ*,

---

1. Le sl. *ti* est d'autant plus suprenant que nous trouvons *ě* au loc. *vlŭcě* où nous avons conclu à la diphthongue a_1i. Cf. plus haut p. 69.

2. Le texte du Rig-Véda porte *une fois* la forme *sā* pour *sa* (I 145, 1). Il y a aussi en zend une forme *hā* que M. Justi propose de corriger en *hāu* ou *hō*. Lors même qu'elle serait assurée, la quantité d'un *a* final en zend n'est jamais une base sûre.

3. L'*a* initial de ce mot auquel répond le lith. *àsz* (et non «*ósz*») est tout à fait énigmatique. Cf. lith. *aszva* = *equa*, *apē* en regard de *ἐπί*.

lith. *kaklú-ryszis.* De son côté le thème féminin montre Ā long[1]: skr. *senā-pati*, zd. *upaçtā-bara*, gr. *νικᾱ-φόρος*, lith. *vasaró-laukis* de *vasarà* (Schleicher *Lit. Gr.* 135).

En considérant les *dérivés* des thèmes en a_2 dans les langues ariennes, on s'étonne de voir cette voyelle rester brève devant les consonnes simples[2]; ainsi *ghorátā* de *ghorá.* Il faut dire tout d'abord que dans bien des cas a_2 est remplacé, ici encore, par a_1: *ghorátā* par exemple est le goth. *gauriþa.* Cf. vieux lat. *aecetia.* Dès lors la brève est justifiée. — Mais cette explication, il faut bien le dire, fait défaut pour d'autres formes. Dans *tá-ti* et *ká-ti*, a_2 est attesté par le lat. *tot* et *quot.* En regard du gr. *πότερος*, de l'ombr. *podruhpei*, du goth. *hvaþara-*[3], du sl. *kotoryjĭ*, du lith. *katràs,* nous trouvons en sanskrit *kă-tará.* Les formes *ubhá-ya* en regard du goth. *bajoþs* et *dva-yá,* cf. gr. *δοιοί*, sont moins embarrassantes, parce qu'on peut invoquer le lith. *abeji* et *dveji.* Mais il est inutile, je crois, de recourir à ces petites explications: il est trop visible que l'*a* qui termine le thème, ne s'allongera dans aucun cas. C'est là, on ne saurait le nier, un côté faible de l'hypothèse de a_2: on pourra dire que devant les suffixes *secondaires* règnent parfois les mêmes tendances phonétiques qu'à la fin du mot, on pourra comparer *ka-* dans *ká-ti* au pronom sa_2 devenu *sa.*

---

1. Quant à la formation slave *vodo-nosŭ* de *voda,* elle est imitée du masculin; le grec a de même le type *λογχο-φόρος* de *λόγχη.* Considéré seul, *vodo-* pourrait, étant donné le vocalisme du slave, se ramener à *vadA-*: une telle forme serait fort curieuse, mais le Ā des idiomes congénères nous défend de l'admettre. — M. G. Meyer (Stud. VI 388 seq.) cherche à établir que la formation propre des langues européennes est d'abréger l'*ā* final; mais pour cela il fait sortir *λογχο-* (dans *λογχο-φόρο*) directement du thème féminin, ce que personne, je crois, ne sera plus disposé à admettre. Les trois composés indiens où ce savant retrouve sa voyelle brève *kaça-plaká, ukha-chid, kša-păvant* pourraient s'expliquer au besoin par l'analogie des thèmes en *-a* que nous venons de constater en Europe, mais le premier n'a probablement rien à faire avec *káçā;* les deux autres sont formés sur *ukhá* et *kšam.*

2. La règle sur a_2 devant une syllabe longue trouverait peut-être quelquefois son application ici; ainsi le suff. *-vant,* étant long, pouvait paralyser l'allongement de l'a_2 qui précédait; — dans *áçvāvant* etc. la longue n'est dûe qu'à l'influence spéciale du *v.*

3. Les formes des autres dialectes germaniques remontent, il est vrai, à un primitif *hveþara* qui est surprenant.

Mais nous ne voulons pas nous risquer, pour ces quelques exemples, à soutenir dans toutes ses conséquences une thèse qui mènerait extrêmement loin.

Peut-être est-ce la même raison qui fait que le skr. *samá* garde l'*a* bref, bien qu'il corresponde au gr. ὁμός, au goth. *sama(n-)*: M. Benfey y voit en effet un dérivé (superlatif) du pronom *sa*. Le zend *hāma* ne nous sert de rien, et voici pourquoi. La même langue possède aussi *hama* et d'autre part le slave a la forme *samŭ* à laquelle M. Fick joint l'anglo-s. *ge-sōm* «concors»: *hāma* est donc hypothéqué par ces deux derniers mots, et son *ā* long ne peut plus représenter a_2. Si *o*, dans ὁμός, représentait *o̧*, les difficultés seraient levées, mais je ne sais si cela est bien admissible. Cf. *simá, sumát, smát*.

J'ai réservé jusqu'à présent un cas qui présente certaines analogies avec celui de *samá*: c'est le mot *damá* dans sa relation au gr. δόμος, au lat. *domo-*, à l'irland. *-dam*. Seulement, ici, il n'y a plus même la moindre probabilité à diviser: *da-ma*. Si l'on considère la parenté possible de *samá* avec le thème *sam-* «un», ou la particule *sam*, on trouve les deux séries parallèles: 1° *sam, samá* avec brève irrégulière, ὁμός, *sāmŭ*. 2° *dam* (δῶ?), *damá* avec brève irrégulière, δόμος; δᾶμος. J'ignore si ces deux séries sont unies par un lien intérieur[1].

M. Brugman attribue à a_2 une quantité moyenne entre la brève et la longue et accorde ainsi la brève de toutes les langues européennes avec la longue des langues asiatiques. Mais puisque celles-ci ont elles-mêmes un *a* bref devant les groupes de plus d'une consonne, on peut se passer de ce compromis et admettre que la différence entre a_1 et a_2 n'était que qualitative. Cf. p. 91 i. n.

Nous verrons à propos de la flexion d'autres exemples, et des plus probants, de l'a_2 indo-européen.

1. Inutile de faire remarquer que le verbe grec δέμω, sans correspondant asiatique — et dont Böhtlingk-Roth veulent séparer δόμος dans le cas où on l'identifierait à *damá* — apporte de nouvelles complications. Pris en lui-même, *damá* pourrait, vu son accentuation, être l'équivalent de «*dmá*»: ce serait alors un thème autre que δόμος et qui en grec ferait «δαμος». C'est ainsi, sans aller bien loin, qu'il existe un second mot indien *sama* signifiant *quiconque*, lequel devient en grec ἀμός (goth. *sums*), v. le registre.

§ 8. Second *o* gréco-italique.

Voici les raisons qui nous forcent d'admettre une seconde espèce d'*o* gréco-italique:

1. Il y a des *o* auxquels le sanskrit répond par un *a bref* dans la syllabe ouverte: ainsi l'*o* de *πόσις* — *potis* = skr. *páti* doit être différent de l'*o* de *δόρυ* = skr. *dắru*.

2. Raison morphologique: comme nous l'avons vu au § 7, le phonème a_2 est lié et limité à certains thèmes déterminés. Jamais par exemple aucune forme du présent d'un verbe primaire, c'est-à-dire non dérivé, ne présente un *o* (ou en germanique un *a*) *que la coexistence de l'e prouverait être* a_2. Il est donc invraisemblable que l'*o* d'un présent comme *ὄζω*, en d'autres termes l'*o* qui se maintient dans toutes les formes d'une racine, puisse représenter a_2.

Le vocalisme de l'arménien est ici d'une certaine importance. Les articles de M. Hübschmann *Ueber die stellung des armenischen im kreise der indogerm. sprachen* et *Armeniaca*, K. Z. XXIII 5 seq. 400 seq. offrent des matériaux soigneusement triés, malheureusement moins abondants qu'on ne souhaiterait, ce qui tient à l'état imparfait de l'étymologie arménienne. C'est là la source où nous puisons. L'auteur montre que la distinction d'*a* et d'*e* existe en arménien comme dans les langues d'Europe, que cet idiome en conséquence n'appartient point à la famille arienne: fondé en outre sur les phénomènes relatifs aux gutturales il le place entre le letto-slave et l'iranien. Sans vouloir mettre en question ce dernier résultat, nous croyons devoir faire remarquer que *par son vocalisme* l'arménien ne se borne pas à affirmer une relation générale avec l'Europe, mais qu'il noue des liens plus étroits avec une certaine portion de ce domaine, qui n'est pas comme on l'attendrait le slavo-germanique, mais bien le gréco-italique. L'arménien possède en effet la distinction des phonèmes a_2 et ᴀ.

ᴀ devient *a*: *atsem* = *ἄγω* (Hübschmann 33); *baž* «part», *bažanel* «partager», gr. *φαγεῖν* (22); *kapel*, lat. *capio* (19); *hair* pater; *ail* = *ἄλλος* (33); *andzuk* «étroit», gr. *ἄγχω* (24). — $\bar{ᴀ}$ se trouve dans *mair* mater; *eḷbair* frater; *bazuk*, gr. *πᾶχυς* (emprunté peut-être à l'iranien, 402).

a_2 devient *o* (pour l'*e* v. l. c. 33 seq.): à côté de *hetkh* «trace» (lat. *pedu*), *otn* «pied», cf. gr. *ποδ-* (Brugman Stud. IX 369); *gochel* «crier», cf. gr. *ἔπος*, *ὄψ* (33); *gorts* «œuvre», cf. gr. *ἔοργα* (32); *ozni* *ἐχῖνος* (25) n'a point d'analogue direct dans les langues congénères, mais comme celles-ci ont un *e* dans ce nom du hérisson, l'*o* de *ozni* doit être a_2. En composition: *lus-a-vor* que M. Hübschmann rend par *λευκοφόρος* et qui vient de *berem* «je porte» (405); *age-vor* (400). Enfin dans le suffixe: *mardo-* (dat. *mardoy*) = gr. *βροτό*. Mais il y a un point, et c'est là ce que nous avions plus particulièrement en vue, où l'arménien cesse de refléter l'*o* gréco-italique et où il lui oppose un *a*: *akn* «œil», gr. *ὄσσε*, lat. *oculus* (33); *anwan* «nom», gr. *ὄνομα*, lat. *nōmen* (10), *magil* «serre», gr. *ὄνυξ*, lat. *unguis* (35); *amp*, *amb* «nuage», gr. *ὄμβρος* (19); *vard* «rose», gr. *Ϝρόδον*, lat. *rosa* (35); *tal* «donner», gr.-lat. *dō* (33). L'Arménien comme tel porte le nom de *Hay*; M. Fr. Müller rapproche le skr. *páti*, soit le gréco-ital. *poti-* (Beitr. zur Lautlehre d. arm. Spr. Wiener Sitzungsber. 1863, p. 9). Dans tous ces exemples, l'*o* gréco-italique était suspect d'ailleurs d'avoir une valeur autre que a_2, par exemple dans *poti-* que nous venons de voir (page 96), dans *ὄσσε*, *oculus*, dont la racine conserve constamment l'*o*. Ainsi l'arménien paraît bien apporter une confirmation à l'hypothèse des deux *o*. Il faut dire toutefois qu'au gréco-ital. *od* (*ὄζω*) répond, suivant la conjecture de M. Hübschmann, *hot* «odeur» (405): on attendrait *a* comme dans *akn*.

Ce point étant établi, qu'il existe des *o* gréco-italiques autres que o_2 = indo-eur. a_2, il reste à examiner si le résidu qu'on obtient constitue une unité organique et distincte dès l'origine, ou bien s'il s'est formé accidentellement, si par exemple certains *a* ne se seraient pas changés en *o*, à une époque relativement moderne. On arrive à la conclusion que les deux choses sont vraies. Il est constant que dans plusieurs cas l'*o* n'est que la phase la plus récente d'un *a*. Mais d'autre part l'accord du grec et du latin dans un mot comme *πόσις* — *potis* garantit la haute ancienneté de l'*o* qu'il contient et qui, nous venons de le reconnaître, ne remonte point à a_2.

Nous pourrons en somme distinguer quatre espèces d'*o*, dont l'importance et l'âge ne sont pas les mêmes.

1° $o = a_2$ commun au grec et à l'italique (§ 7).

2° *o* de *πόσις* — *potis* commun au grec et à l'italique. Nous adopterons pour ce phonème la désignation *ǫ*.

3° *o* sorti d'*a* à une époque postérieure (dans le grec et l'italique séparément).

4° Il existe des *o* anaptyctiques développés sur les liquides sonantes et sur d'autres phonèmes analogues, v. chap. VI. Une partie d'entre eux, comme dans *vorare*, gr. *βοϱ*, apparaissent dans les deux langues, d'autres dans l'une des deux seulement. Il est essentiel de ne jamais perdre de vue l'existence de ces voyelles qui expliquent une foule d'anomalies apparentes, mais aussi de ne point les confondre avec les *o* véritables.

Nous pourrions passer immédiatement au catalogue des *ǫ* gréco-italiques, qui du reste tiendrait facilement en deux ou trois lignes. Mais auparavant il convient de s'orienter, de débrouiller, autant que nous le pourrons, l'écheveau des perturbations secondaires où l'*o* s'est trouvé mêlé et de rechercher les rapports possibles de cette voyelle avec *a*.

Obscurcissement de la voyelle *o* en *u*.

Après avoir traité de la substitution de *υ* à o propre au dialecte éolique, Ahrens ajoute (I 84): in plurimis [exemplis, o] integrum manet, ut ubicunque ex *ε* natum est, *δόμος*, *λόγος* (nam *ἄγυϱις* ab *ἀγεϱ*, *ξύανον* a *ξέω*, cf. *ξύω*, diversam rationem habent) etc. La désignation *o ex ε natum* répondrait assez bien à ce que nous appelons o_2, et il serait curieux que l'éolique fît une différence entre o_2 et *ǫ*. Mais en y regardant de plus près, l'espoir de trouver là un précieux critère est déçu: sans parler de *ξύανον* où il est invraisemblable de voir un mot différent de *ξόανον*, l'*o* ($= o_2$) des suffixes subit la transformation p. ex. dans *τύτε*, dans *ἄλλυ* (arcad.), dans *τέκτυνες*, dans l'homérique *ἐπασσύτεϱοι*. Dès qu'on considère que l'*υ* en question suppose un ancien *u*, on reconnaît avec M. Curtius (Grdz. 704) que l'obscurcissement éolique de l'*o* a exactement le même caractère que dans l'italique, dont ce dialecte grec partage d'ailleurs les principales allures phonétiques. Ainsi que l'éolique, le latin maintient le plus souvent o_2, quand cette voyelle se trouve dans la syllabe radicale: *toga*, *domus* etc., et néanmoins on ne pourrait poser de règle absolue[1].

Au contraire l'*υ* panhellène, dans des mots comme *λύκος* ou *πύλη*, est, si nous ne trompons, une apparition d'un ordre différent. Tout d'abord les groupes *υϱ*, *υλ*, ne semblent pas être jamais sortis de groupes plus anciens *οϱ*, *ολ*, à voyelle pleine: ils sont assimilables de tout point aux affaiblissements indiens *ur*, *ul*; nous n'avons donc pas à les envisager ici. Dans les autres cas, l'*υ* (*u*) vient d'une consonne d'organe labial qui a déteint *sur une voyelle irrationnelle* ou bien *sur une liquide ou nasale sonante*. Ainsi dans *ἀνώνυμος*, il n'y a pas eu transformation de l'o d'*ὄνομα* en *u*: le phénomène remonte à une époque où à la place de cet o, n'existait qu'un phonème indéterminé. C'est ce dernier que *μ* put colorer en *ṵ*. De même *γυνή* est pour *γϝṇνή*, non pour *γϝανή*. En comparant *μάσταξ* et *ματύαι· γνάθοι* (cf. *μάθυιαι*) au goth. *munþa-*, au lat. *m ntum*, nous expliquerons le dor. *μύσταξ* par la forme ancienne · *ṃσταξ*. Par une sorte d'épenthèse, les gutturales vélaires font pr fois sentir leurs effets sur la syllabe qui les précède[2]: de là *λι ος* pour **ϝλικος*, **ϝḷκϝος* = skr. *vṛ̥ka*, goth. *vulfs*. Dans *ὄν-υ-ξ* (at. *unguis*), *υ* est également une excrétion de la gutturale.

Il faut convenir cependant que dans quelques cas c'est bien une voyelle pleine qui a été changée de la sorte, mais toujours sous l'influence des consonnes avoisinantes: *κύλιξ*, lat. *calix*, skr. *kaláça*; *νύξ*, lat. *nox*, skr. *nákti*; *κύκλος*, germ. *hvehvla-*, skr. *ćakrá*. Ce dernier exemple est remarquable: le germanique, comme aussi la palatale du sanskrit, nous montre à n'en pas

1. Comme dans le latin *-tūrus* = **-tōrus*, *ω* peut devenir *ū*. Hésychius donne les formes *ῥώθυνες* = *ῥώθωνες* et *θύϱαξ* = *θώϱαξ*, sans en indiquer, il est vrai, la provenance.

2. Nous avons admis une épenthèse semblable dans *λαυκανίη* et *λαυχάνη* (p. 17 et 25), chez qui l'*u* n'était pas comme ici un son parasite. On a peine à se défendre de l'idée que *δάφνη* et sa forme thessalienne *δαύχνα* remontent tous deux à **δαχϝνᾱ* (cf. *δαυχμόν· εὔκαυστον ξύλον δάφνης*), et l'on retrouve des doublets analogues dans *ῥύγχος* et *ῥάμφος*, dans *αὐχήν*, dial. *ἀμφήν*, éol. *αὔφην* (Grdz. 580). — Est-ce que dans *αἰγυπιός*, *αἴγλη*, *αἶκλον*, l'*ι* serait dû à la gutturale *palatale* qui suit? Je tenais la chose pour probable en écrivant la note de la page 7; mais je reconnais que c'était là une conjecture sans fondement.

douter que son *υ* s'est développé sur un *ε* primitif. Ainsi, et pour plusieurs raisons, nous n'avons pas le droit de traiter l'*υ* grec en question comme étant dans tous les cas[1] l'équivalent d'un *o*. Cela du reste n'a pas grande conséquence pratique, vu que *νύξ* (qui est certainement pour **νόξ*) est presque le seul exemple qui entre en considération dans la question du phonème *ϙ*.

En latin la voyelle obscurcie en *u* pourra généralement passer pour *o*. Quelquefois l'altération est allée jusqu'à l'*i* comme dans *cinis* = *κόνις*, *similis* = *ὁμαλός*; dans ce cas il n'y a plus de preuve de l'existence de l'*o*, car *i* peut, en lui-même, représenter aussi un *e*.

Échange des voyelles *a* et *o*.

1. Avant tout il faut écarter la permutation *a* : *ō* qu'on observe particulièrement en grec et qui est un phénomène d'*ablaut* régulier étudié au chapitre V: ainsi *βα-τήϱ* : *βω-μός*.

2. *a changé en o.* Le phénomène, comme on sait, est fréquent dans les dialectes grecs. Il a lieu en lesbien dans le voisinage des liquides et des nasales: *ὄνω*, *δόμοϱτις*, *στϱότος*, *θϱοσέως* etc. (Ahrens I 76). Le dorique a entre autres *γϱόφω*, *κοθαϱός* (Héraclée), *ἀβλοπές* (Crète). Hésychius donne *κόϱζα· καϱδία. Πάφιοι*, *στϱοπά· ἀστϱαπή. Πάφιοι*[2]. Ionien *ἑωυτόν*, *θῶυμα* pour *θαῦμα*. Ces transformations dialectales qui du reste s'attaquent souvent aux *α* anaptyctiques ne nous intéressent qu'indirectement, en nous faisant assister au fait manifeste d'un *α* devenant *o* sur sol grec[3].

---

1. Assez fréquent, mais peu étudié, est l'échange d'*α* et d'*υ*, comme dans *γνάθος* : *γνυθός*, *μάχλος* : *μυκλός* (Stud. III 322); c'est en présence de ce fait qu'on se demande s'il est vrai que l'*υ* ait ni plus ni moins la valeur d'omicron. De ces exemples il faut sans doute retrancher *βυθός* qui peut élever pour le moins autant de prétentions que *κεύθω* à la parenté du skr. *gúhati* (pour le labialisme devant *υ* cf. *πϱέσβυς*); *βυσσοδομεύω* rappelle vivement le skr. *gúhya*. Sur le *z* du zend *gaoz* v. Hübschmann K. Z. XXIII 393. *κέκευται* (Hes.) parle dans le même sens.

2. En outre *στϱοφαί· ἀστϱαπαί*; *στοϱπάν· τὴν ἀστϱαπήν*. Le *ϱα* du mot *ἀστϱαπή* vient probablement de *ṛ* (cf. véd. *sṛká?*); *στεϱοπή* est obscur.

3. Dans une quantité de mots dont la provenance est inconnue l'o doit être mis également sur le compte du dialecte, ainsi *ἀποφεῖν· ἀπατῆσαι*, *κϱόμβος· ὁ καπυϱός*, *βϱόταχος* = *βάτϱαχος*, *πόλυντϱα· ἄλφιτα*, *κόλυβος* = *καλύβη*, *πόϱδαλις* etc.

En dehors des dialectes, c'est particulièrement devant *υ*, *ϝ*, qu'on remarque une oscillation entre[3] *α* et *o*: *κλοιός* «lieu, carcan» parent de *κλᾱ(ϝ)ίς*, *ποῦς* et *πά(ϝ)ις*, *οὖρος* et *αὖρα*, *οὐτάω* et *γατάλη*, *α(ϝ)ίετός* et *ὀ(ϝ)ιωνός* (?). Nous avons peine à croire à la parenté de *οἶστρος* avec *αἴθω* (Ascoli K. Z. XII 435 seq.).

Souvent l'échange d'*α* et d'*o* n'est qu'apparent, pour choisir un exemple où il est impossible d'hésiter, dans *δραμεῖν* : *δρόμος*. La racine est évidemment *δρεμ*: les mots qui ont pu la contenir sous cette forme ont péri, *δραμεῖν* doit son *α* à la liquide sonante, *δρόμος* a pris régulièrement a_2, et il semble à présent que *δρομ* permute avec *δραμ*. Dans le cas de *ῥαπίς* : *ῥόπαλον*, le verbe (*ϝ*)*ρέπω* nous a conservé l'*ε*. On expliquera semblablement *χαμαί* : *χθών*, *παρθένος* : *πτόρθος*, *σκαληνός* : *σκολιός* dont l'*e* radical apparaît dans le lat. *scelus* (cf. skr. *ćhala* «fraude»), et aussi, je pense, *γαμφή* : *γόμφος*[2].

Pour se rendre un compte exact du rapport de *Κρόνος* à *κραίνω*, de *κρουνός* à *κράνα*, **κράννα*, de *σκοιός*, *σκότος* à *σκᾱνά*, de *πτόα*, *πτοία* à *πτᾱ* (*καταπτήτην*), il faudrait être mieux fixé sur leur formation et leur étymologie. Il n'y a pas de raison majeure pour mettre *Νότος*, *νοτίζω* en relation avec *νᾱρός*, *νᾶσος*, de *snā*: le skr. *nīrá* «eau» permet de les rattacher à une autre racine. Nous avons vu p. 77 que *θρόνος* pour **θορνος* appartient à la rac. *θερ*, non à *θρᾱ* (*θρᾶνος*).

Comme voyelles prothétiques l'*α* et l'*o* alternent fréquemment, ainsi dans *ἀσταφίς* : *ὀσταφίς*, *ἀμῖξαι* : *ὀμιχεῖν*, *ἀδαχέω* : *ὀδάξω*. Il ne s'agit point ici d'un changement d'*α* en *o*: seulement dans le premier cas c'est *α*, dans le second c'est *o* qui s'est développé sur la consonne initiale.

Il est plus que probable que l'*α* des désinences du moyen -*σαι*, -*ται*, -*νται* et l'*o* des désinences -*σο*, -*το*, -*ντο*, sont à l'origine une seule et même voyelle. La forme -*τοι* du dialecte de

---

1. On trouvera sous les numéros suivants d'autres exemples de ce fait.

2. Le même échange pourra s'interpréter de différentes manières dans les cas suivants: *ἀολλής* et *ϝάλις*, *κόχλος* et *κάχληξ*, *κόναβος* et *κανάζω*, *κροτώνη* «nœud du bois» parent de *κάρταλος* et du lat. *cartilago* (p. 58), *μόσχος* «jeune pousse» et *μασχάλη* «aisselle, jeune pousse», *πεπορασμένος*· *φανερός* Hes. rapporté par l'éditeur, M. Mor. Schmidt, à *πεπαρεῖν* (v. p. 60), *στρογγύλος* et *στραγγός*.

Tégée nous en est garante jusqu'à un certain point, car l'arcadien ne paraît point avoir de disposition particulière à changer *α* en *o*, à moins qu'on n'en voie la preuve dans *κατύ* pour *κατά*. Les exemples qu'on donne sont *ἐφθορκώς*, *δεκόταν*, *ἑκοτόμβοια* (Schrader Stud. X 275). M. Schrader estime que l'o de *ἐφθορκώς* n'est autre que la voyelle du parfait, qui s'est conservée quelquefois dans la formation en *-κα*. Quant à l'apparition d'un o dans les noms de nombre cités, c'est là également un fait qui peut être indépendant des idiotismes locaux: tous les Grecs hésitent ici entre *α* et o (*δέκα*, *εἴκοσι*, *ἑκατόν*, *διακόσιοι*) bien que les groupes *κα* *κο* contenus dans ces formes remontent indistinctement à l'élément *kṃ*.

Le passage *α* : o étant admis pour les syllabes finales, on pourra regarder le lesb. *ὑπά* comme la forme ancienne de *ὑπό*. Cf. *ὑπαί*.

Le latin présente, dans la diphthongue, *roudus*, autre forme de *raudus* conservée chez Festus, *lucrum* de la rac. *lau*, puis *focus* à côté de *fax*, et quelques autres cas moins sûrs (v. Corssen II² 27). L'ombr. *hostatu*, selon M. Bréal (Mém. Soc. Ling. III 272), est le parent non de *hasta*, mais de *hostis*; seulement cette étymologie dépend de l'interprétation de *nerf*. Dans *sordes* en regard de *suāsum* (Curtius, Stud. V 243 seq.) la cause de l'*o* est dans le *v* disparu[1]; *adolesco* (cf. *alo*), *cohors* (cf. *hara*), *incolumis* (cf. *calamitas*) doivent vraisemblablement le leur à l'affaiblissement régulier en composition. — A la fin du mot l'osque offre dans ses féminins en *-o* pour *-ă*, *-ā*, un exemple bien clair de cette modification.

3. Une question digne en tous cas d'attention est celle-ci: *l'ablaut* $a_1 : a_2$ *ou* e : o (étudié au § 7) *se reproduit-il dans la sphère de* ᴀ? *Doit-on croire par exemple que l'existence du grec* ὄγμος *en regard de* ἄγω *est dûe à un phénomène de même nature que celle de* φλογμός *en regard de* φλέγω?

Le gréco-italique seul peut donner la réponse. En effet ce n'est pas des langues du nord qui ont confondu ᴀ avec a_2 qu'on

1. On ne voit pas bien quelle voyelle est originaire dans le cas de *favissa: fovea* (comparé au gr. *χειή* qui lui-même n'est pas d'une formation transparente) et de *vacuus: vocivus*. *Quattuor* et *canis* (v. p. 53 et 105) montrent que *vo* (*wo*) peut devenir *va*.

pourrait attendre la conservation de ce substitut de ᴀ dont nous parlons, et les langues ariennes nous renseignent encore bien moins. Or dans le gréco-italique même les données sont d'une pauvreté qui contraste avec l'importance qu'il y aurait à être fixé sur ce point. Ici se présentent en première ligne les parfaits *κέκονα* de *καίνω* et *λέλογχα* de *λαγχάνω* avec les substantifs *κονή* et *λόγχη* (Hes.). Ces formes ne décident rien, parce que la racine contient une nasale. C'est ce que fait toucher au doigt un troisième exemple: *βολή* en regard de *βάλλω*. La racine de *βάλλω* est *βελ*: cela est prouvé par *βέλος*, *βέλεμνον*, *βελόνη*, *βελτός*, *ἑκατη-βελέτης*. Ainsi l'*α* de *βάλλω* est dû à une liquide sonante et n'a nullement qualité de voyelle radicale. Or qui nous dit que les racines de *κέκονα*, *λέλογχα*, ne sont pas *κεν* et *λεγχ*? Si d'aventure les deux ou trois formes où survit la racine *βελ* ne nous étaient pas parvenues, le mot *βολή* semblerait venir d'une racine *βαλ*, et cependant nous savons qu'il n'en est rien[1]. C'est le même échange apparent que celui que nous avons rencontré plus haut, seulement celui-ci joue l'*ablaut* avec un certain semblant de vérité. Il se trouve encore dans les couples *σπαργάω*: *σποργαί* (Hes.), *ἀσχαλάω*: *σχολή*, *πταίρω*: *πτόρμος* et *πτόρος* (ces mots du reste sont éoliques), *ἄρχω*: *ὄρχαμος*, *ῥάπτω*: *ῥομφεύς*.

Mais voici des cas plus graves parce que dans la racine dont on les fait venir la présence réelle de ᴀ n'est pas douteuse: *ὄγμος* «sillon, rangée» qu'on rattache à *ἄγω*; *κόπρος* «fumier», mais aussi «boue» qui serait parent de *καπύω* (Grdz. 141); *σοφός* en regard de *σαφής*; *ὄζος Ἄρηος*, *ἄοζος*, qui rappellent *ἄζομαι*; *ὄλβος*, rac. *ἀλφ* (?); *ποθή*, *πόθος* «deuil, regret, désir» liés peut-être à *παθεῖν* (v. p. 61; pour le sens cf. *πένθος*); *νόα· πηγή. Λάκωνες* (Hes.) en regard de *ναύω*; *ὀχθέω* «s'indigner, s'emporter» rapproché parfois de *ἄχθομαι*; *ἄρουρα* si on le ramène à *ἀροϝ-ϝα*.

1. Le *πέποσχα* de Syracuse (Curtius l. c.) ne prouve pas davantage l'*ablaut* en question: 1° parce que cette formation est toute secondaire, 2° parce que l'*o* peut n'être qu'une variante dialectale de l'*α*. — Un présent *καίνω* pour *κn̥yω* venant de *κεν* est une forme claire; quant à *λαγχάνω*, sa première nasale n'est point, comme l'est celle de *λέλογχα*, la nasale radicale de *λεγχ*: de *λεγχ* on forme régulièrement **λn̥χνω* lequel devient d'abord **λαχνω*, *puis par épenthèse* **λαγχνω*, *λαγχάνω*. V. le mot au registre.

Puis le lat. *doceo* placé en regard de *δίδαξαι* (v. p. 107), et le gréco-ital. *onkos* (*ὄγκος*, *uncus*) de la rac. *ank* (*ἀγκών*, *ancus*).

Voilà les pièces du procès, et les seules données en réalité qui nous restent pour élucider cette question capitale: y a-t-il un *ablaut* de *ᴀ* semblable à l'*ablaut* $a_1 : a_2$? — Un examen quelque peu attentif des cas énumérés convaincra, je crois, chacun que ces éléments sont insuffisants pour faire admettre un tel *ablaut*, lequel s'accorderait mal avec les faits exposés au paragr. 11. Il y a principalement trois choses à considérer: 1° la plupart des étymologies en question sont sujettes à caution; 2° l'*o* peut n'être qu'une altération toute mécanique de l'*a*; 3° il n'est pas inconcevable que sur le modèle de l'ancien *ablaut e* : *o*, le grec, postérieurement, ait admis parfois l'*o* lors même que la voyelle radicale était *a*.

4. *o* (= *ǫ*) *changé en a*. C'est là une altération peu commune en grec, même dans les dialectes. On connaît la glose *ἀμέσω· ὠμοπλάται*, singulière variante du thème gréco-italique *omso-*. Pour *παραύα* en regard de *οὖς* v. page 114. Les Crétois disent *ἄναρ* pour *ὄναρ*, Hérodote *ἀρρωδεῖν* pour *ὀρρωδεῖν*. On trouve chez Hésychius: *ἄφελμα· τὸ κάλλυντρον* (= *ὄφελμα*), *καγκύλας· κηκῖδας*. *Αἰολεῖς* = *κογχύλαι· κηκῖδες*. Cf. Ahrens II 119 seq.

Un exemple beaucoup plus important, en tant qu'appartenant à tous les dialectes, serait le mot *αἰπόλος*, si l'on approuve M. G. Meyer qui identifie la syllabe *αἰ* avec le thème *ὀϝι*, lat. *ovi* (Stud. VIII 120 seq.[1]). Cette conjecture qui a des côtés séduisants laisse cependant prise à bien des doutes.

Le même mot *ovis* est accompagné en latin de *avilla*, conservé chez Festus. M. Fröhde croit que cette forme se rattache à *agnus*: mais après les travaux de M. Ascoli, la réduction de *gv* à *v* en latin, à l'intérieur du mot, est à peine admissible. Du reste le *Prodromus C. Gl. Lat.* de M. Löwe a révélé un mot *aububulcus* (ovium pastor) — ou *aubulcus* suivant la correction de M. Bährens, *Jen. Literaturz.* 1877 p. 156 — qui décidément atteste l'*a*. Cela ne corrobore point l'opinion de M. G. Meyer relativement à *αἰπόλος*, car l'*o* latin devant *v* a une tendance marquée vers l'*a*,

1. M. Meyer propose une étymologie semblable pour *αἰγυπιός* (cf. p. 7). Auparavant déjà, Pictet avait expliqué l'un et l'autre mot par *avi* «mouton». *Origines Indo-européennes* I[2] 460 seq.

spéciale à cette langue. En dehors du groupe *ov*, on peut dire que *a* sorti de *o* est en latin chose moins insolite qu'en grec, et cependant extrêmement rare. L'exemple le plus sûr est *ignārus*, *nārrare* (en regard de *nōsco*, *ignōrare*, gr. *γνω*) où l'*o* transformé est une voyelle longue. *Ratumena porta*, suivant M. Curtius, est parent de *rota*. Pour ce qui concerne *Cardea*, rapproché de *cor* (Curtius Grdz. 143), il faut se souvenir que l'*o* de ce dernier mot est anaptyctique. Le cas de l'ombr. **kumaltu** (lat. *molo*) n'est pas très-différent. C'est une question difficile que de savoir si dans *datus*, *catus*, *nates*, en regard de *dōnum*, *cōs*, *νῶτον*, l'*a* est ancien ou sorti secondairement de *o*. Mais ce point-là trouvera au chapitre V une place plus appropriée.

5. Si, dans le grec, il n'y a pas de raison positive de croire que *le phonème* o_2 soit jamais devenu *a* par transformation secondaire[1], il est presque indubitable en revanche que certains *a* italiques remontent à cette origine[2]. L'*a* de *canis* en particulier ne peut représenter que a_2; dire en effet que l'*o* de *κύων* est un *ǫ* n'aurait aucune vraisemblance; ce phonème paraît être étranger aux suffixes. On peut citer ensuite l'osq. *tanginom*, parent du lat. *tongeo*. A ce dernier répond le verbe faible goth. *þagkjan*. Si nous avions en même temps un verbe fort «*þigkan*», tous les doutes seraient levés: l'*a* de *þagkjan* serait nécessairement a_2, l'*o* de *tongeo* serait donc aussi a_2, et il serait prouvé que l'*a* de *tanginom* sort d'un *o qui était* a_2. Ce verbe «*þigkan*» n'existe pas, mais le *un* du verbe parent *þugkjan* permet d'affirmer avec une certitude à peine moindre que la racine est bien *teng*. Peut-être l'*a* de *caveo* est-il également pour $o = a_2$; la question, vu *ἔκομεν*, est difficile. Dans *Parca* même phénomène, si l'on ramène ce mot à la racine de *plecto* et du gr. *πόρκος* (nasse). On compare *palleo* au gr. *πολιός*: or l'*o* de ce dernier mot est o_2, vu *πελιός*. Cf. *pullus*. — Dans ces exemples, l'*a*, nous le répétons, n'est pas la continuation directe de a_2, mais une altération hystérogène de l'*o*.

Jusqu'ici il a été question des voyelles *o* et *a* alternant dans

1. M. Mor. Schmidt met un point de doute à la glose d'Hésychius *ἑασφόρος· ἑωσφόρος*, qui serait sans cela un exemple très-remarquable.

2. On devait s'y attendre, car depuis bien longtemps sans doute le son des deux *o* s'était confondu.

une même langue. Il reste à voir comment elles se correspondent, lorsqu'on compare le grec et l'italique. Pour cela il est bon de se prémunir plus encore qu'ailleurs contre les piéges déjà plusieurs fois mentionnés que tendent certains phénomènes liés aux liquides et, dans une mesure moindre, aux nasales. Nous avons éliminé complétement ce qui tient aux liquides sonantes du § 1 — ainsi *καρδία*: *cor*, skr. *hṛ̥d* —; mais il y a une seconde série d'exemples — ainsi *ὀρθός*: *arduus*, skr. *ūrdhvá*; v. chap. VI — que nous n'avons pas osé passer de même sous silence et que nous nous sommes borné à mettre entre crochets. Ces exemples doivent être comptés pour nuls, et ce qui reste est si peu de chose, que la non-concordance des deux langues sœurs dans la voyelle *o* prend indubitablement le caractère d'un fait anormal. — Pour les recueils d'exemples ci-dessous, la grammaire de M. Leo Meyer offrait les matériaux les plus importants.

6. *Coexistence d'*o *et d'*a *dans une des deux langues ou dans les deux langues à la fois.* Lorsqu'une des deux formes est de beaucoup la plus commune comme dans le cas de *ovis*: *avilla* (p. 104), nous ne mettons pas l'exemple dans cette liste.

ὄβριον κόλ-αβρος	*aper*[1] (?).	λογγάζω λαγγάζω	*longus*. C.
καvάξ[2] κόβᾱλος	*cavilla*.	μονιός μάννος	*monile*.
σάος[3] σόω, σόος	*sanus*.	ὄμπνη ἄφενος	*opes* (?).
[τράπηξ [τρόπις	*trabs*.]	πά(ϝ)ις πο(ϝ)ία	*papăver* *pōmum*, *pover* (inscr.).
[φάλκης [φολκός	*falx*. C.]	κόοι	*cous* cavité dans le joug *cavus*.

1. Curtius Stud. Ia. 260, Grdz. 373. — 2. *κανάξ· πανοῦργος* (Suidas). — 3. La racine, bien que le béot. *Σαυκράτειος* ne décide rien, paraît être *sau*. Le latin montrerait *o* dans *sŏspes*, si la parenté du mot avec notre racine était mieux assurée, mais il a toutes les apparences d'un composé contenant la particule *se-*, cf. *seispes*; par un hasard singulier il existe un mot védique *vìspitá* «danger». — Sur *ank- onk* et autres cas v. p. 114.

7. *α grec et* o *italique.*

a. *La racine ne contient ni liquide ni nasale non initiale.*

(?)δακ, δι-δάσκω, ἐ-δί-δακ-σα, δι-δαχ-ή	*doc, doc-eo, doc-tus*[1].
λακ, ἔ-λακ-ον, λάσκω, λέ-λᾱκ-α	*loqu, loqu-or, locutus.*
(ἀπαφός (ἔποψ) *upupa*[2].) | δᾱρός	*dūrus*[3](?).

1. Il n'y a pas d'autre raison de ramener *διδάσκω, διδάξαι*, à une rac. *δακ* que l'existence du lat. *doceo.* Autrement on les rapporterait sans un instant d'hésitation à la racine qui se trouve dans *δέ-δα(σ)-ε, δα(σ)-ήμων.* Mais rien n'empêche, dira-t-on, de réunir tout de même *δασ* et *doc*, comme ayant tous deux pour base la racine *dā* «savoir». A cela il faut répondre que *δασ* n'est une racine qu'en apparence: c'est *δενσ* qui est la forme pleine, ainsi que l'indiquent l'indien *daṃs* et le gr. *δῆνος* pour **δένσος* (= skr. *dáṃsas*). *δέδα(σ)ε* (aoriste), *δεδα(σϝ)ώς, ἐδά(σ)ην*, ont, régulièrement, la nasale sonante (pages 20 où *δέδαε* a été oublié, 22 et 46); dans *διδασκω*, si on le joint à cette racine, elle n'est pas moins régulière (v. p. 22). Il faut répondre en second lieu que la racine *dā* qu'on a cru trouver dans le zend n'a, suivant M. le prof. Hübschmann, aucun fondement réel. Cette question difficile se complique du latin *disco*, du sanskrit *dīkš* et du zend *daχsh.* — 2. *ἔποψ* sera né par étymologie populaire: *ἔποψ ἐπόπτης τῶν αὑτοῦ κακῶν*, dit Eschyle. Ainsi s'explique son *ε*. D'autre part M. Curtius partant du thème *epop* explique le premier *o* (*u*) de *upupa* par assimilation. C'est pourquoi l'exemple est placé entre crochets. — 3. *δᾱρός* (diuturnus) est pour **δαϝρός* = skr. *dū-rá* «éloigné». La glose *δαόν· πολυχρόνιον* Hes. (*δάον*?) est bien probablement un comparatif neutre sorti de **δάϝyον*, skr. *dávīyas. δήν* et *δοάν* sont autre chose. Si *dūrus* est égal au grec *δᾱρός*, il est pour **dourus*, mais ce dernier rapprochement est boiteux: on peut dire seulement que *durare* (*edurare, perdurare*) signifie parfois *durer* — cf. *δᾱρός* — et qu'il rappelle *dūrá* dans des expressions comme *durant colles* «les collines s'étendent» Tacite Germ. 30.

b. *La racine contient une liquide ou une nasale non initiale.* On ne pourrait, je crois, démontrer pour aucun exemple de cette sorte que la voyelle variable (*a o*) a été de tout temps une voyelle pleine: tous ces mots au contraire paraissent liés aux phénomènes spéciaux auxquels nous faisions allusions ci-dessus. Ce sont principalement *βάλλω*: *volare*; *δάλλω, δᾱλέομαι*: *doleo*; *δαμάζω*: *domare*; *δαρθάνω*: *dormio*; *ταλ*: *tollo*; *φαρόω*: *forare*. Puis *κάλαμος*: *culmus*; *κράνος* «cornouiller» (aussi *κύρνος*) et *cornus*; *ταρβέω*: *torvus* (?); *παρά*: *por-* (p. 111). M. Fick rapproche *γύαλον* de *vola*. *πρᾱνής* et *πρᾱνός* (Hes.) diffèrent peut-être du latin *pronus*, et, dans l'hypothèse contraire, les contractions qui ont pu avoir lieu, si par exemple le thème est le même que dans le skr. *pravaṇá*, auront troublé le véritable rapport des voyelles.

c. *Les phonèmes sont placés à la fin de la racine.* Dans cette position on ne trouve pas d'*o* latin opposé à un *α* grec.

8. *o grec et* a *italique.*

a. *La racine ne contient ni liquide ni nasale non initiale.*

ὄβολος	*agolum.* F. (?).	κόσμος	*castus* (§ 11 fin).
ὀϊστός	*arista.* F. (?).	κύλιξ	*calix.*
ὀλοφύρομαι	*lāmentum* [1] (?).	μοχλός	*mālus.*
ὀξύς	*acci-piter* [2] (?).	τόξον	*taxus* [3] (?).
ὄνος	*asinus* (?).	τρώγλη	*trāgula* (?). J. Schmidt.

1. Cf. p. 60. — 2. Si l'on peut douter de l'identité d'*acci-* avec ὀξυ-, il serait en revanche bien plus incertain de le comparer directement à ὠκυ-, qui est déjà tout attelé avec *ōcior*. *aqui-* dans *aquifolius* ne s'éloigne pas trop d'ὀξύς. — 3. Pictet comparait ces deux mots à cause du grand emploi du bois d'if pour la fabrication des arcs (Origines I[1] 229). Mais τόξον peut se ramener, et avec plus de vraisemblance, soit à la racine τεκ soit à la racine τεξ; son *o* est alors a_2.

Devant *v*:

κο(ϝ)έω	*caveo.* C.	ὄγδοος	*octāvus* (?).
κό(ϝ)οι	*cavus.* C. cf. p. 106.	πτοέω	*paveo* (?).
λούω	*lavo.*	χλόη	*flāvus* (?).
νό(ϝ)ος	*navare.*	ψώïζος	*paedor* de **pav-id.* F.
ἀ-γνο(ϝ)ια	*gnāvus.*		

Dans la diphthongue:

οἶδμα	*aemidus.*	οὔατα	*auris.*
οἰκτρός	*aeger.*	οὐ, οὐδέ	*h-au-d* (?).

b. *La racine contient une liquide ou une nasale non initiale.*

κόλλοψ	*callus.*	ὁλοός	*salvus.* C.
[κολοκάνος	*cracentes.*]	[ὀρθός	*arduus.*]
κόνις	*canicae* [1] (?).	[πορεῖν	*parentes.*]
κροκάλη	*calculus.*	ῥωδιός	*ardea.*
λόγχη	*lancea.*	[χολάς	*haru-spex.*]
		φορί	*far,* g. *farris* (?).

1. *Canicae* furfures de farre a cibo canum vocatae. Paul. Ep. 46. M. Si le mot est parent de κόνις, il l'est aussi de *cinis* (p. 100).

c. *Les phonèmes sont placés à la fin de la racine.* Ici se rangeraient *datus, dare* (cf. *dōnum*) en regard du gr. *δω δο*, *catus* (cf. *cōs*) en regard de *κῶνος*, *nates* en regard de *νῶτον*. Sur ces mots v. plus haut p. 105. Le cas de *strāvi, strūtus*, auxquels le grec oppose *στρω* rentre dans la classe *arduus: ὀρθός* (p. 106).

Voici maintenant la correspondance régulière qui exige l'*o* dans les deux langues. Ce tableau, nous le répétons, n'est pas exclusivement un catalogue des *ǫ* gréco-italiques; il doit servir surtout à s'orienter, à évaluer approximativement l'extension de l'*o* autre que o_2 en gréco-italique; aussi y a-t-il encore beaucoup à trier, en dehors des exemples désignés comme suspects. Par le signe †, nous posons la question de savoir si l'*o* n'est pas o_2.

a. *La racine ne contient ni liquide ni nasale non initiale.*

od:	*ὄζω, ὄδωδ-α*	*ol-eo, od-or.*
ok_2*:*	*ὄπωπ-α, ὄσσε, ὀκ-τ-αλλος*	*oc-ulus.*
(?) *bhodh*[1]*:*	*βόθ-ρος, βόθ-υνος*	*fod-io, fossa.*

ὄκρις	*ocris*, ombr. okar.	*κόκκυξ*	*coxa.*
†*ὀκτώ*	*octo.*	*κόκκυξ*	*cucūlus.*
ὀξίνα	*occa.*	*κυκεών*	*cocetum.*
ὀστέον	*os, osseus.*	*μόκρων*	*mucro*[3].
ὄ(ϝ)ις	*ovis.*	*νύξ*	*nox.*
ὄπι(-θεν)	*ob*[2] (?).	*πόσις, πότνια*	*potis, potiri* etc.
†*ὀπός*	*sūcus.*	*πρό*	*prŏ-.*
		ὀπάων	*socius*[4].

1. V. Curtius, Grdz. 467. — 2. Pour le sens, *ob* va bien avec *ἐπί*, mais comment accorder leur voyelles? Si *ὀπι-* est vraiment une particule et non simplement un rejeton de la rac. *ἑπ* «suivre», on peut a peine douter de son identité avec *ob*. Le *p* est conservé dans *op-ăcus; -ăcus* est parent de *aquilus*, gr. *ἀχλύς* etc. — 3. *μόκρωνα· τὸν ὀξύν· Ἐρυθραῖοι.* Hes. V. Fick II³ 198. — 4. *socius* et *ὀπάων* se placent à côté de l'indien *sákhi* (v. Fick II³ 259). L'*a* bref du mot indien montre que l'*o* n'est pas o_2, que par conséquent il faut séparer ces mots de sek_2 «suivre». On pourra les comparer à *ὄπις* «secours, justice, vengeance des dieux» et à *ἀοσσητήρ*, *ὀσσητήρ* (Hes.) «défenseur». Ceci rappelle le skr. *çak* (*çagdhí, çaktám* etc.) «aider» que Böhtlingk-Roth séparent de *çaknóti* «pouvoir». *Ç* serait pour *s*, comme dans *çákr̥t;* et peut-être le zd. *haχma* «ami» est-il identique au skr. *çagmá* (= **çakmá*) «secourable». Il y aurait identité entre *çácī* «se-

cours divin» et ὅπις. L'italique reflète, semble-t-il, la même racine dans *sancio, sanctus, Sancus, Sanqualis porta, sacer* (cf. *çakrá*).

Il y a encore *bos:* βοῦς et *bovare:* βοάω où la valeur de l'*o* latin est annulée par le *v* qui suit (pour *ovis* le cas est un peu différent); πόσθη qu'on a identifié à *pūbes;* πύματος qu'on a comparé à l'osq. *posmos* ainsi que πυνός· ὁ πρωκτός en regard de *pōne.* En outre il faut mentionner l'opinion qui réunit *fŏveo* à φώγω (Corssen II^2 1004), bien qu'elle suppose la réduction de *gv* à *v*[1].

Dans la diphthongue:

† οἰνή	*oinvorsei.*
κλό(ϝ)νις	*clūnis.*

b. *La racine contient une liquide ou une nasale non initiale.*

[*ol:*	ὄλωλ-α, ὀλ-έσθαι	*ab-ol-eo.*]
[*or:*	ὄρωρ-α, ὄρ-σο	*or-ior, or-tus.*]
[g_2*or:*	ἔ-βρω-ν [βόρ-μος, βορ-ά]	*vor-are, -vor-us, vorri* edaces[1].]
[*mor:*	μορ-τός, βρο-τός	*mor-ior, mor-tuus, mors.*]
[*mol:*	μύλ-λω, μύλ-η	*mol-o, mol-a.* cf. ombr. kumaltu.]
[*stor:*	στόρ-νυμι, στρῶ-μα	*stor-ea, tor-us*[1] (*sterno*).]

† ὀγκάομαι	*uncare* (sl. *jęnčą*).	κόραξ et	*corvus* et
ὄγκος «croc»	*uncus,* v. p. 104, 114.	κορώνη	*cornix.*
ὦμος (* ὄμσος)	*umerus.*	μόλις	*molestus.*
ὀμφαλός	*umbilicus.*		*mōles.*
ὄνομα	*nōmen.*	μόρμος	*formido.*
ὀνοτός	*nota.*	μορμύρω	*murmur.*
ὄνυξ	*unguis.*	μύρμηξ	*formica.*
† ὀρφανός	*orbus* (armén. *orb*).	ὅλος	*sollus.*
βολβός	*bulbus* (emprunté?).	πόλτος	*puls.*
γρομφάς	*scrōfa.*	ξύν	*com-.*
δόναξ	*juncus.*	† πόρκος	*porcus.*
(ϝ)ρόδον	(*v*)*rosa.*	[πόρσω	*porro*[2].]
† κόγχη	*congius.*	σφόγγος	*fungus.*
κόμη	*coma* (emprunté?).	[φύλλον	*folium.*]
κορωνός	*corona.*	[χόριον	*corium.*]

1. Le skr. *dáhati* «brûler» vient d'une rac. dha_1gh_2 (Hübschmann K. Z. XXIII 391) qui donne aussi le lith. *degù* et le goth. *dags* «jour». C'est peut-être à cette racine qu'appartient *foveo.* On devrait alors le ramener

1. *βορά* et *βόρμος* (avoine, Hes.) ont ici peu ou point de valeur, parce que leurs thèmes sont de ceux qui réclament o_2 (p. 74 et 79). En principe il y aurait les mêmes précautions à prendre vis-à-vis des mots latins; mais o_2 n'est pas si fréquent dans l'italique qu'on ne puisse regarder l'*o* de *vorare* comme l'équivalent de l'*o* de *βρῶναι*, *βρῶμα* (sur *vorri* v. Corssen Beitr. z. It. Spr. 237). Nous ferons la même remarque relativement à *storea*, *torus* en regard du *στορ* hellénique. — 2. M. Fick (II³ 145) place *porro* et *πόρσω* sous un primitif *porsōt* (mieux: *porsōd*), et sépare *πρόσσω* (= **προ-τyω*) de *πόρσω*, *πόρρω*. Bien que la distinction que veut établir Passow entre l'usage des deux formes ne paraisse pas se justifier, on peut dire en faveur de cette combinaison: 1° que la métathèse d'un *πρόσω* en *πόρσω* serait d'une espèce assez rare; 2° que dans *πόρρω* pour *πόρσω* il y aurait assimilation d'un *σ* né de *τy*, ce qui n'est pas tout à fait dans l'ordre, bien qu'il s'agisse de *σ* et non de *σσ*, et qu'on puisse citer, même pour le dernier cas, certaines formes dialectales comme le lacon. *κάρρων*; 3° que *porsōd* lui-même s'explique fort bien comme amplification de l'adverbe skr. *purás*, gr. *πάρος*. *πόρσω* (*porro*): *purás πάρος* = *κόρση*: *çíras κάρη*.

N'ont pas été mentionnés: *βούλομαι* — *volo* dont la parenté est douteuse (v. chap. VI), et *προτί* auquel Corssen compare le lat. *por-* dans *por-rigo, por-tendo* etc. La position de la liquide déconseille cette étymologie, malgré le crétois *πορτί*, et rien n'empêche de placer *por-* à côté du goth. *faur*, grec *παρά*.

Mots se rapportant aux tableaux a et b, mais qui contiennent un ō long:

†*ὠκύς*	*ōcior.*	*κρώζω*	*crōcio.*
†*ᾠόν*	*ōvum.*		*crŏcito.*
[*ὠλένη*	*ulna.*]	*μῶρος*	*mōrosus.*
[*βλωμός*	*glōmus*[1]].	*μῶρον*	*mōrum.*
κλώζω	*glōcio.*	*μόρον*	
		†*νῶϊ*	*nōs.*

1. *βλωμός· ψωμός* Hes. Le mot se trouve dans un fragment de Callimaque. *glomus* in sacris crustulum, cymbi figura, ex oleo coctum appellatur. Paul. Diac. 98. M. Si l'on tient compte de *glomerare* et de *globus*, on

---

à **fohveo* ou **fehveo*; cf. *nivem* = **nihvem*. Mais le sens de *foveo* laisse place à quelques doutes, qui seraient levés, il est vrai par *fōmes* «bois sec, matières inflammables» si la parenté de ce mot avec le premier était assurée. Il est singulier toutefois que *defomitatus* signifie *ébranché* (Paul. Diac. 75 M. Cf. germ. *bauma-* «arbre»?). La rac. dha_1gh_2 se retrouve en grec dans *τέφ-ρα* «cendre» et dans le mot *tuf*, *tofus* (souvent formé de matières volcaniques) dont le *τοφιών* des tables d'Héraclée rend l'origine grecque probable. *τάφος* est identique au goth. *dag(a)s*, au skr. *-dāgha*.

sera porté à comparer le skr. *gúlma* « bouquet de bois; troupe de soldats; tumeur ». — Mentionnons aussi la désinence de l'impératif, lat. *legi-tō*, gr. *λεγέ-τω*.

c. *ǫ termine la racine.*

k̇ō:	*κῶ-νος*	*cō-(t)s, cŭ-neus* (cf. *că-tus*).
gnō:	*ἔ-γνω-ν, γι-γνώ-σκω, γνώ-ριμος*	*gnō-sco, gnō-tus, i-gnō-ro* (cf. *gnā-rus, nārrare*).
dō:	*ἔ-δω-κα, δῶ-ρον, ἐ-δό-μην, δο-τός*	*dō-num, dō-(t)s* (cf. *dă-tus, dă-re*).
pō:	éol. *πώ-νω, ἄμ-πω-τις, πο-τός, πό-μα*	*pō-tus, pō-culum, pō-sca.*
(?) *rō:*	*ῥώ-ννυμι, ἔ-ρρω-σα*	*rō-bur.*

Les exemples où l'on peut admettre avec le plus de confiance que l'*o* est un *ǫ* sont:

Dans le gréco-italique: les racines *ǫd* « olere », *ǫk* « être aigu », *ǫk₂* « voir »; *dǭ* « donner », *pǭ* « boire », *gnǭ* « connaître ». Dans ces racines en effet la voyelle *o* règne à toutes les formes. — Parmi les thèmes détachés: *ǫkri* « colline » et *ǫk₂i* « œil » qui appartiennent aux racines mentionnées, puis *ǫwi* « mouton », à cause de l'*a* bref du skr. *åvi; pǫti* « maître », skr. *påti; mǫni* « joyau », skr. *măṇí; sǫk₂i* « compagnon », skr. *såkhi*. D'après cette analogie, on devra ajouter: *ǫsti* « os », *klǫuni* « clunis » (?), *kǫni* « poussière », *nǫkti* « nuit ». Plus incertains sont *omso* « épaule », *okto*, nom de nombre et *g₂ou* « bos ».

Le latin apporte les racines de *fodio, rōdo, onus, opus* etc., les thèmes *hosti, rota* (skr. *råtha*).

Entre autres exemples limités au grec, il faut citer les racines des verbes *ὄθομαι, ὄἴομαι, κλώθω, φώγω, κόπτω, ὠθέω, ζώννυμι, ὄμνυμι, ὀνίνημι*. Nous trouvons *ǫ* finissant la racine dans *βω* « nourrir », *φθω* « dépérir » (*φθόσις, φθόη*). Dans un grand nombre de cas il est difficile de déterminer si l'on n'a pas affaire à une racine terminée par *υ* (*ϝ*) ou *ι* (*y*). Ainsi *ἔκομεν, κέκοκε* semblent bien appartenir à *κοϝ*[1], non à **κω*; *σκοιός*, comparé à *σκό-το*, contient *ǫ* et appartient à un racine *σκω* (cf. aussi

1. Voy. Curtius Stud. VII 392 seq. Ce qui lève les doutes, c'est le parfait *νένοται* que rapporte Hérodien, appartenant à *νοέω* dont le *ϝ* est assuré par une inscription (Grdz. 178).

p. 120 i. n.), mais ramené à *σκει* (cf. *σκίρον*) il contient o_2 et peut alors s'identifier au skr. *chāyā*. Inutile de multiplier ces exemples douteux. — Le mot *κοίης· ἱερεὺς Καβείρων, ὁ καθαίρων φονέα* (*οἱ δὲ κόης*; cf. *κοιᾶται· ἱερᾶται*) peut se comparer au skr. *kăvi*, à moins qu'on ne le tienne pour étranger. Prépositions: *προτί* = skr. *pråti*, *ποτί* = zend *păiti*.

Quel est l'âge et l'origine du phonème ǫ? Nous nous sommes précédemment convaincus que le second *o* gréco-italique (a_2), que *e* (a_1), que *a* (ᴀ), ont leur existence distincte depuis les périodes les plus reculées. Mais quelles données avons-nous sur l'histoire du phonème ǫ? On peut dire qu'il n'en existe absolument aucune. Ce qui permet d'affirmer que l'o_2 du sud a eu son équivalent dans le nord, c'est que l'*a* qui lui correspond en slavo-germanique a des fonctions spéciales et des rapports réguliers avec *e* qui le séparent nettement de ᴀ. Au contraire le rôle grammatical de ǫ ne diffère pas essentiellement de celui de ᴀ, et si, dans de telles conditions, nous trouvons que les langues du nord répondent à ǫ absolument comme elles font à ᴀ, nous sommes naturellement privés de tout moyen de contrôle relativement à l'ancienneté du phonème en question. Si l'on admet que ǫ est ancien, l'*a* des langues du nord contient, non plus deux voyelles seulement (a_2 + ᴀ), mais trois: a_2 + ᴀ + ǫ. Si au contraire on y voit un produit secondaire du gréco-italique, le seul phonème dont il puisse être issu, c'est ᴀ. — J'ai hésité bien longtemps, je l'avoue, entre les deux possibilités; de là vient qu'au commencement de ce mémoire (p. 5) ǫ n'est pas compté au nombre des *a* primitifs. Le fait qui me semblait militer en faveur de la seconde hypothèse c'est que l'arménien, qui distingue de ᴀ le phonème a_2, ne paraît point en distinguer le phonème ǫ (p. 97). Mais nous ne savons pas s'il en a été ainsi de tout temps, et d'autre part la supposition d'un scindement est toujours entourée de grosses difficultés. Ce qui paraît décisif, c'est le fait frappant que presque tous les thèmes nominaux détachés qui contiennent la voyelle ǫ se trouvent être de très-vieux mots, connus dans les langues les plus diverses, et de plus des thèmes en *-i*, voire même des thèmes en *-i* de flexion toute particulière. Cette coïncidence ne peut pas être dûe au hasard; elle nous indique que le phonème ǫ s'était fixé là de vieille date, et dès lors il sera difficile de lui refuser ses lettres de noblesse indo-européenne.

8

Les cas qui pourraient servir de base à l'hypothèse où ϱ serait une simple altération gréco-italique de A, sont *onko* venant de *ank*, déjà mentionné p. 104, *oi-no* «un» à côté de *ai-ko* aequus, la rac. *ok*, d'où le thème *okri*, à côté de *ak*, *socius-ὀπάων* comparé à *sak* dans *sacer*, et le lat. *scobs* de *scabo*. On pourrait attacher une certaine importance au fait que *okri* et *soki* (*socius*), à côté de *ak* et *sak*, se trouvent être deux thèmes en *-i* (v. ci-dessus). Mais cela est trop problématique, et l'étymologie donnée de *soki* n'est qu'une conjecture. Pour *πρόβατον* de *βω* v. le registre.

Beaucoup plus remarquable est le cas de *οὖς* «oreille». L'homérique *παρήϊον* nous apprend que, en dehors de toutes les questions de dialecte qu'on pourrait élever au sujet de l'éol. *παραύα* ou de *ἄανθα· εἶδος ἐνωτίου*, l'o de *οὖς* a comme équivalent, dans certaines formes, un *α*. Ce qui donne à la chose un certain poids, c'est que *οὖς* appartient à cette catégorie de thèmes de flexion singulière qui est le siége le plus habituel du phonème ϱ et dont nous aurons à reparler. On aurait donc un ϱ, assuré comme tel, accompagné de A. Malheureusement le lat. *auris* est embarassant: son *au* peut à la rigueur venir de *ou*, mais il pourrait aussi être la diphthongue primordiale.

Les exemples réunis ci-dessous permettent de constater d'un coup d'œil que les phonèmes par lesquels les langues du nord rendent ϱ sont exactement les mêmes que pour A (p. 63) et pour a_2 (p. 70). Dans les trois cas nous trouvons ce que nous avons désigné, pour abréger, par *a du nord* (p. 51).

Latin et Grec	Lithuanien	Paléoslave	Germanique
oculus, *ὄσσε*:	*akìs*	*oko*	germ. *augen-* = **agven-*
(?) *octo*, *ὀκτώ*:	*asztůnì*	*osmĭ*	goth. *ahtau*
ovis, *ὄϊς*:	*avìs*	*ovica*	vieux h^t-all. *awi*
hostis, —:	—	*gostĭ*	goth. *gasti-*
nox (*νύξ*):	*naktìs*	*noštĭ*	goth. *naht-*
potis, *πόσις*:	*vësz-pati-*	—	goth. *-fadi-*
— *προτί*:	—	*proti*	—
monile, *μόννος*:	—	? *monisto*[1]	germ. *manja-*
rota —:	*rátas*	—	vieux h^t-all. *rad*

1. Miklosich (Vergl. Gramm. II 161) pense que ce mot est d'origine étrangère.

Racines: gr. ὀκ, ὀπ, lith. *(at-)a-n-kù;* gr. φωγ, anglo-saxon *bacan, bôc;* lat. *fod,* sl. *bodą* (le lithuanien a la forme incompréhensible *bedù*).

Dans les mots qui suivent, on peut douter si l'*o* gréco-italique n'est pas o_2, ou même, dans un ou deux cas, une voyelle anaptyctique: ὄζος, goth. *asts;* ὄρρος, v. h^t-all. *ars* (Grdz. 350); ὀπός, v. h^t-all. *saf,* sl. *sokŭ;* ὄρνις, v. h^t-all. *arni-,* sl. *orĭlŭ;* gréco-it. *orphos,* goth. *arbi;* gréco-it. *omsos,* goth. *amsa; collum,* goth. *hals; coxa,* v. h^t-all. *hahsa;* κόραξ, lith. *szárka* «pie»(?); γόμφος, sl. *ząbŭ;* gréco-it. *porkos,* v. h^t-all. *farah,* sl. *prasę* pour **porsę,* lith. *pàrszas;* osq. *posmos,* lat. *post,* lith. *páskui; longus,* goth. *laggs.* L'o de χολή (v. h^t-all. *gallă*) doit être o_2, à cause de l'*e* du lat. *fel.* — Dans la diphthongue: gréco-it. *oinos,* germ. et boruss. *aina-;* gréco-it. *klouni,* norr. *hlaun* (lith. *szlaunìs*).

J'ai fait plus haut la remarque que les idiomes du nord, en opposant au phonème ǫ les mêmes voyelles qu'au phonème *A*, nous frustraient de la preuve positive, que ce dernier phonème est aussi ancien que les autres espèces d'*a*. Il existe cependant deux séries de faits qui changeraient du tout au tout l'état de nos connaissances sur ce point, selon qu'on leur attribuera ou non une connexion avec l'apparition de ǫ dans le gréco-italique.

1. Trois des plus importantes racines qui contiennent ǫ en grec: ὀδ ou ὠδ «olere», ζωσ «ceindre», δω «donner», présentent en lithuanien la voyelle *ů: ůdžiù, jůsmi, důmi.* De plus, le lat. *jocus,* dont l'*o* pourrait fort bien être ǫ, est en lithuanien *jůkas; ůga* répond au lat. *ūva, nůgas* à *nūdus*[1] (= *noguidus?*). Au grec βωϝ, βοϝ, dont l'*o* selon nous est ǫ, répond le lette *gůws.* En revanche *kůlas,* par exemple, est en grec κᾶλον (bois). Le slave ne possède rien qui corresponde à *ů (jas-, da-* = lith. *jůs-, dů-*); bien plus, le borussien même ne connaît point cette voyelle (*datwei* = *důti*), et le passage de *ō* à *ů* est une modification familière aux dialectes lithuaniens. Il faut donc convenir que si réellement le phonème ǫ se cache dans l'*ů* lithuano-lette, c'est par un accident presque invraisemblable.

2. Je n'ai parlé qu'occasionnellement du vocalisme celtique,

---

1. Il faut aussi tenir compte de λυμνός· γυμνός (Hes.). Cette forme semble être sortie de *νυμνός par dissimilation. *νυμνός est pour *νυβνός, *νογϝνός = skr. *nagná.*

et je ne le fais encore ici que par nécessité, mes connaissances sur ce terrain étant très-insuffisantes. Le vocalisme irlandais concorde avec celui du slavo-germanique dans le traitement de A et a_2; les deux phonèmes sont confondus. Exemple de A: *atom-aig* de la rac. *ag* agere; *agathar*, cf. *ἄχεται*; *asil*, cf. *axilla*; *athir*, cf. *pater*; *altram*, *no-t-ail*, cf. *alo*; *aile*, cf. *alius*. Voy. Windisch dans les Grundzüge de Curtius aux numéros correspondants. D'autre part a_2 devient aussi *a*. Nous l'avons constaté plus haut dans les formes du parfait singulier et dans le mot *daur* = *δόǫυ*. En outre, d'après le vocalisme des syllabes radicales, la voyelle suffixale disparue qui correspondait à l'o_2 gréco-italique était *a*. Mais voici que dans *nocht* «nuit», *roth* «roue», *ói*[1] «mouton», *ocht* «huit», *orc* «porc», *ro* = gr. *πǫό* etc., c'est *o* et non plus *a* qui répond à l'*o* des langues du sud. Précisement dans ces mots, la présence de ǫ est assurée ou probable. — Comment se fait-il que dans le vieux gaulois l'a_2 suffixal soit *o*: *tarvos trigaranos*, *νεμηтον* etc.?

Chapitre IV.

§ 9. Indices de la pluralité des *a* dans la langue mère indo-européenne.

Dans le système d'Amelung, l'*o* gréco-italique et l'*a* gréco-italique (notre A) remontent à une même voyelle primordiale; tous deux sont la gradation de l'*e*. S'il était constaté que dans les langues ariennes la voyelle qui correspond à l'*a* gréco-italique ***en syllabe ouverte*** est un *ā* long, comme pour *o*, cette opinion aurait trouvé un point d'appui assez solide. A la vérité, le nombre des exemples qui se prêtent à cette épreuve est extraordinairement faible. Je ne trouve parmi les mots détachés que *ἀπό* — *ab*, skr. *åpa*; *ἄκων*[2], skr. *åçan* (au cas faibles, comme *áçnā*, syllabe fermée); *αἴξ*, skr. *ăǵá*; *ἀθήǫ*, véd. *ătharí* (?). Mais du moins les thèmes verbaux de *åǵa-ti*, europ. *Ag*; *bhåǵa-ti*, europ. *bhAg*; *måda-ti*, gréco-it. *mAd*; *yåǵa-ti*, gr. *ἀγ*; *våta-ti*, europ. *wAt* (irland. *fáith*, lat.

---

1. L'*o* est allongé par le *w* qui suivait.
2. Le *τ* de *ἄκοντ-* est ajouté postérieurement; cf. *λεοντ-*, fém. *λέαινα*.

vâtes) nous donnent une sécurité suffisante. Si l'on recherche au contraire les cas possibles d'un *ā* arien correspondant, en syllabe ouverte, à un *ă* (*A*) gréco-italique, on en trouvera un exemple, en effet assez important: skr. *ágas*, en regard du gr. *ἄγος* qu'on s'accorde à séparer de *ἅγος*, *ἅγιος* etc.[1] Le cas est entièrement isolé, et dans notre propre système il n'est point inexplicable (v. le registre). Faire de ce cas unique la clef de voûte d'une théorie sur l'ensemble du vocalisme serait s'affranchir de toute espèce de méthode[2].

On pourra donc sans crainte établir la règle, que, lorsque les langues européennes ont *A*, en syllabe ouverte comme en syllabe fermée l'arien montre *a bref*. Mais ceci veut dire simplement que l'*a* n'est pas un *a* long: il arrive en effet que dans certaines positions, par exemple à la fin des racines, ce n'est plus du tout un *a*, mais bien *i* ou *ī*, au moins en sanskrit, qui se trouve placé en regard du phonème *A* des langues d'Europe. Voy. ci-dessous.

Comment l'arien se comporte-t-il vis-à-vis de l'*e* européen? Il lui oppose aussi *l'a bref*. Ce fait est si connu qu'il est inutile de l'appuyer d'une liste d'exemples. Le seul point à faire ressortir, celui qu'avait relevé d'abord Amelung, celui sur lequel M. Brugman a assis en grande partie l'hypothèse de a_2, c'est le fait négatif que, lorsqu'on trouve *e* en Europe, jamais l'arien ne présente d'*ā* long.

Si maintenant l'on posait cette question-ci: Y a-t-il dans l'indo-iranien l'indice certain d'une espèce d'*a qui ne peut être ni* a_1 *ni* a_2? nous répondrions: Oui, cet indice existe. L'*i* ou *ī* pour *a* n'apparaît que dans un genre de racines sanskrites tout particulier et ne peut avoir ni la valeur a_1 ni la valeur a_2 (§ 11 fin).

---

1. Pour des raisons exposées plus loin, nous serons amené à la conclusion que, si une racine contient *A*, le présent a normalement *ā* long et que les thèmes comme *ăga-*, *bhăga-* etc. n'ont pu appartenir primitivement qu'à l'aoriste. Mais comme, en même temps, c'est précisément l'aoriste, selon nous, qui laisse apparaître *A* à l'état pur, il ne saurait y avoir d'inconséquence à faire ici de ces thèmes un argument.

2. Le skr. *vyāla* (aussi *vyāḍa*) «serpent» est bien probablement proche parent du gr. *ὑάλη· σκώληξ*, mais il serait illusoire de chercher à établir entre les deux mots l'identité absolue: cf. *ὕλη*, *ἴουλος*.

Mais si, précisant davantage la question, on demandait s'il y a dans l'arien des traces incontestables *du dualisme* $a_1 : A$ *tel qu'il existe en Europe*, la réponse, je crois, ne pourrait être que négative. Le rôle de l'ĭ dans ce problème est assez compliqué, et nous ne pourrons aborder la question de plus près qu'au chapitre V.

Deux autres points méritent particulièrement d'être examinés à ce point de vue:

1° Les *ā* longs tels que celui de *svā́date* = gr. *ἅδεται*. Voy. § 11 fin.

2° Le traitement de k_2, g_2 et gh_2 dans les langues ariennes. Dans l'article cité des Mémoires de la Société de Linguistique, j'ai cherché à établir que la palatalisation des gutturales vélaires est dûe à l'influence d'un a_1 venant après la gutturale. Je confrontais la série indienne *vākā́, vā́ćas, vóća-t* avec la série grecque *γονο-, γενεσ-, γενέ-(σθαι)* et concluais que la diversité des consonnes dans la première avait le rapport le plus intime avec la diversité des voyelles suffixales observable dans la seconde. Je crois encore à l'heure qu'il est que cela est juste. Seulement il était faux, comme j'en ai fait plus haut la remarque (p. 90), de donner à l'o du suffixe, dans *γόνο*, la valeur *o̧* ou A (*o̧* étant considéré comme une variété de A): cet *o*, nous l'avons vu, est a_2. Voilà donc la signification du fait notablement changée. Il prouve bien encore que l'indo-iranien distingue entre a_1 et a_2, mais non plus, comme j'avais pensé, qu'il distingue entre a_1 et A. La thèse, conçue sous cette forme, devant être soutenue, à ce que nous apprenons, par une plume beaucoup plus autorisée que la nôtre, nous laisserons ce sujet intact: aussi bien l'existence de l'a_2 arien est déjà suffisamment assurée par l'allongement régulier constaté au § 7[1].

1. Pour bien préciser ce que nous entendions à la page 90, il faut dire quelques mots sur les formes zendes *ćahyā* et *ćahmāi*. Justi les met sous un *pronom indéfini ća*, tandis que Spiegel rattache *ćahmāi* directement à *ka* (Gramm. 193). En tous cas le fait que, d'une façon ou d'une autre, ces formes appartiennent au pronom *ka* ne peut faire l'objet d'un doute. La palatale du génitif s'explique par l'a_1 que nous avons supposé. Pour le datif, il ne serait pas impossible que l'analogue grec nous fût conservé. Hésychius a une glose *τέμμαι· τείνει*. M. Mor. Schmidt corrige *τείνει* en *τίνει*. Mais qu'est-ce alors que *τέμμαι*? Si nous lisons *τίνι*, nous

Le traitement des gutturales vélaires *au commencement des mots* porte la trace très-claire de la permutation $a_1 : a_2$ dans la syllabe radicale. Mais laisse-t-il apercevoir une différence entre a_1 et ᴀ? C'est là le fait qui serait important pour nous. Il serait difficile de répondre par oui et non. A tout prendre, les phénomènes n'excluent pas cette possibilité, et semblent plutôt parler en sa faveur. Mais rien de net et d'évident; point de résultat qui s'impose et auquel on puisse se fier définitivement. Nous supprimons donc comme inutile le volumineux dossier de ce débat, qui roule la plupart du temps sur des exemples d'ordre tout à fait subalterne, et nous résumons:

Quand l'européen a k_2e, g_2e, gh_2e, l'arien montre presque régulièrement *ća, ǵa, ǵha*. Exemples: gr. τέσσαρες, skr. *ćatvā́ras;* lith. *gèsti*, skr. *ǵásati;* gr. θέρος, skr. *háras*. Ceci rentre dans ce que nous disions précédemment. La règle souffre des exceptions: ainsi *kalayati* en regard de κέλης, *celer* (Curtius Grdz. 146), *gámati* en regard du goth. *qiman*[1]. Au groupe européen k_2ᴀ l'arien répond assez généralement par *ka*. Seulement, bien souvent, on se demande si l'*a* européen qui suit la gutturale est véritablement ᴀ, ou bien un phonème hystérogène. D'autre fois le rapprochement est douteux. Exemples: gr. καλός, skr. *kalya;* lat. *cacumen*, skr. *kakúbh;* lat. *calix*, skr. *kaláça;* lat. *cadaver*, skr. *kalevara*? (Bopp); κάνδαλοι· κοιλώματα, βάθρα, skr. *kandará;* gr. καμάρα, zd. *kamara;* gr. κάμπη, skr. *kampanā́;* gr. καινός, skr. *kanyā̀* (Fick); dans la diphthongue, lat. *caesaries*, skr. *késara;* lat. *caelebs*, skr. *kévala;* gr. Καιάδας, καίατα· ὀρύγματα, skr. *kévaṭa*, etc.[2] Pour *g*

---

avons dans τέμμαι le pendant de *ćahmāi* (cf. crét. τεῖος pour ποῖος). Cependant les deux formes ne sont pas identiques; la forme grecque provient d'un thème *consonantique kasm-* (cf. skr. *kasm-in*), αι étant désinence (v. p. 92); au contraire *ćahmāi* vient de *kasma-*.

1. Peut-être que le *g* du dernier exemple a été restitué postérieurement à la place de *ǵ*, sur le modèle des formes telles que *ǵa-gmús* où la gutturale n'avait point été attaquée. L'état de choses ancien serait donc celui que présente le zend où nous trouvons *ǵamyāṭ* à côté de *ǵa-γmaṭ*.

2. Il est remarquable que les langues classiques évitent, devant *a*, de labialiser la gutturale vélaire, au moins la ténue. Dans (c)*vapor*, le groupe *kw* est primitif, ainsi que l'indique le lithuanien, et dans πᾶς il en est probablement de même; πάομαι est discuté. Il ne semble pas non plus qu'on trouve de *hv* germanique devant ᴀ; toutefois ce dernier fait ne s'ac-

et *gh*, les cas sont rares. — Nous trouvons la palatale dans *ćandrá*, *-ççandra* (groupe primitif sk_2) en regard du lat. *candeo*. A la page 85 nous comparions goth. *skadus* au skr. *ćat* «se cacher». Or l'irlandais *scáth* prouve que la racine est *skAt*, non *sket*[1], et nous aurions ainsi un exemple bien clair de *ća* répondant à *kA*; il est vrai que la gutturale fait partie du groupe primitif *sk*. Un cas semblable, où c'est la sonore qui est en jeu, est le zd. *ǵad* «demander», irland. *gad*, gr. *βάζω* (malgré *βάξω*); ici le sanskrit a *g*: *gádati*.

Bref, il n'y a rien de décisif à tirer de ce genre de phénomènes, et nous devrons, pour établir la primordialité du dualisme $a_1 : A$, recourir à une démonstration *a priori*, basée essentiellement sur la certitude que nous avons de la primordialité de a_2. En linguistique, ce genre de démonstration n'est jamais qu'un pis aller; on aurait tort toutefois de vouloir l'exclure complétement.

1. Pour simplifier, nous écarterons du débat le phonème *ǫ*; son caractère presque exceptionnel, son rôle très-voisin de celui de A, lui assignent une espèce de position neutre et permettent de le négliger sans crainte d'erreur. En outre l'*ē* long des langues d'Europe, phonème que nous rencontrerons plus loin et qui n'est peut-être qu'une variété d'*ā*, pourra rester également en dehors de la discussion. Voy. au sujet d'*ē* le § 11.

2. Nous posons comme un point démontré dans les chapitres précédents et comme la base d'où il faut partir le fait que le vocalisme des *a* de toutes les langues européennes plus l'arménien repose sur les quatre *a* suivants: a_1 ou *e*; a_2 ou *o*; A ou *a*; $\bar{A}$ ou *ā*. En outre il est établi que *o* alterne régulièrement avec *e*, jamais avec *a*; et semblablement que *ā* alterne exclusivement avec *a*. Ce dernier point n'a pu être encore bien mis en lumière, mais au chapitre V nous le constatons d'une manière positive.

3. L'apparition régulière, dans certaines conditions, d'un *ā*

---

cuse pas d'une manière assez saillante pour pouvoir servir à démontrer la différence originaire de A et a_2 au nord de l'Europe.

1. Grassmann décompose le véd. *māṃçćatú* en *mās* ou *māṃs* «lune» et *ćatú* «faisant disparaître». Cette dernière forme répond au goth. *skadus*. — Si l'on place dans la même famille le gr. *σκότος*, on obtient une racine *skǫt* et non plus *skAt*. Comparez *σκοτομήνιος* et *māṃçćatú*.

long arien en regard de l'*o* européen (§ 7), phénomène qui ne se présente jamais lorsque la voyelle est en Europe *e* ou *a*, s'oppose absolument à ce qu'on fasse remonter à un même phonème de la langue mère l'*e* (ou l'*a*) et l'*o* européens.

4. D'autre part il est impossible de faire remonter l'*o* européen au même phonème primordial qui a donné *ā*. En effet, les langues ariennes n'abrégent point *ā* devant les groupes de deux consonnes (*çâsmi* etc.). On ne comprendrait donc pas comment l'*o* européen suivi de deux consonnes est représenté en arien par *a* bref (*ὁϱ-μή* = *sarma*, non «*sārma*», *φέϱοντι* = *bharanti*, non «*bharānti*»).

5. Relativement à *o* et *ā*, trois points sont acquis: *α*) Ce qui est en Europe *o* ne peut pas avoir été dans la langue mère le même phonème que ce qui est en Europe *e* ou *a* (v. ci-dessus, n° 3). *β*) Ce qui est en Europe *o* ne peut pas avoir été dans la langue mère le même phonème que ce qui est en Europe *ā* (v. ci-dessus, n° 4). *γ*) De tout temps il a été reconnu que ce qui est en Europe *ā* ne peut pas avoir été dans la langue mère le même phonème que ce qui est en Europe *e* ou *a*. Ceci établit *que l'o et l'ā européens ont été dans la langue mère distincts l'un de l'autre et distincts de tous autres phonèmes.* — Que savons-nous sur la portion du vocalisme de la langue mère qui répond à la somme *e* + *a* dans les langues d'Occident? Deux choses: cette portion du vocalisme différait de *o* et de *ā*; et en second lieu elle ne contenait pas de voyelle longue. Réduites à une forme schématique, nos données sont donc les suivantes:

Indo-européen		Européen	
o	*x*, bref.	o	e
ā		ā	a

Essayons à présent de donner à *x* la valeur d'un *a* unique. Voici les hypothèses qu'entraîne nécessairement avec elle cette première supposition: 1° Scindement de l'*a* en *e-a*, à son entrée en Europe. La question de la possibilité de cette sorte de scindements est une question à part qui, tranchée négativement, rendrait la présente discussion superflue. Nous ne fondons donc point d'objection sur ce point-là. 2° Merveilleuse répartition des richesses vocaliques obtenues par le scindement. Nul désordre au milieu de cette multiplication des *a*. Il se trouve que *e* est toujours avec *o*, et *a* toujours avec *ā*. Un tel fait est inimaginable. 3° Les trois espèces d'*a* supposées pour la langue mère (*a o ā*) n'étaient pas, évidemment, sans une certaine relation entre elles: mais cette relation ne peut avoir rien de commun avec celle que nous leur trouvons en Europe, puisque dans la langue mère *e* et *a*, par hypothèse, étaient encore un seul phonème. Ainsi les langues européennes ne se seraient pas contentées de créer un *ablaut* qui leur est propre: elles en auraient encore aboli un plus ancien. Et pour organiser le nouvel *ablaut*, il leur fallait disloquer les éléments du précédent, bouleverser les fonctions respectives des différents phonèmes. Nous croyons que cet échafaudage fantastique a la valeur d'une démonstration par absurde. *La quantité inconnue désignée par x ne peut pas avoir été une et homogène.*

Cette possibilité écartée, il n'y a plus qu'une solution plausible au problème: *transporter tel quel dans la langue mère le schéma obtenu pour l'européen*, sauf, bien entendu, ce qui est de la détermination exacte du son que devaient avoir les différents phonèmes.

Quand on considère le procès de réduction des *a* deux fois répété dans le domaine indo-européen: dans le celto-slavo-germanique à un moindre degré, puis sur une plus grande échelle[1] dans les langues ariennes, et cela en tenant compte de la position géographique des peuples, il semble à première vue très-naturel de croire que c'est là un seul grand mouvement qui aurait couru de l'ouest à l'est, atteignant dans les langues orientales sa plus grande intensité. Cette supposition serait erronée: les deux événements, il est aisé de le reconnaître, ne sauraient être liés historiquement. Le vocalisme des *a*, tel que l'offre le slavo-germanique, ne peut en aucune façon former le *substratum* des phénomènes ariens. L'arien distingue a_2 de A et confond A avec a_1. L'Europe septentrionale confond a_2 avec A.

Il est un cas sans doute où l'a_2 arien est confondu lui aussi avec A (et a_1), c'est lorsqu'il se trouve dans la syllabe fermée.

1. Sur une plus grande échelle, en ce sens qu'outre la confusion de a_1 et A, il y a eu aussi plus tard coloration de a_2 en *a*. Voyez la suite.

Mais, à l'époque où, dans d'autres conditions, se produisit l'allongement de a_2, il est à peine douteux que, devant deux consonnes, ce phonème conservât comme ailleurs son individualité. On peut donc dire que l'arien postérieur confond a_1, A et a_2 en syllabe fermée, mais que le plus ancien arien que nous puissions atteindre confond seulement a_1 et A.

La figure suivante représente la division du territoire indo-européen qu'on obtient, en prenant pour base le traitement des trois a brefs dont nous venons de parler. Il est fort possible qu'elle traduise fidèlement le véritable groupement des différentes langues, mais, pour le moment, nous ne voulons pas attacher à cette répartition d'autre valeur que celle qu'elle peut avoir dans la question de l'a. Les Celtes, par exemple, s'ils appartiennent au groupe du nord pour le traitement des voyelles (p. 116), sont unis par d'autres attaches à leurs voisins du sud.

Chapitre V.

Rôle grammatical des différentes espèces d'a.

§ 10. La racine à l'état normal.

Si le sujet de cet opuscule avait pu être circonscrit au thème du présent chapitre, le plan général y aurait gagné sans doute. Mais nous avions à nous assurer de l'existence de plusieurs phonèmes avant de définir leur rôle dans l'organisme grammatical, et dans ces conditions il était bien difficile de ne pas sacrifier quelque chose de l'ordonnance rationnelle des matières. C'est ainsi que le chapitre sur les liquides et nasales sonantes devra tenir lieu plus ou moins d'une étude de la racine à l'état réduit, et que nous nous référerons au paragraphe 7 pour ce qui concerne cet autre état de la racine où a_1 se change en a_2.

Les racines se présentent à nous sous deux formes principales: la forme pleine et la forme affaiblie. A son tour la forme pleine comporte deux états différents, celui où l'*a* radical est a_2 et celui où il est a_1. C'est ce dernier état de la racine qu'il reste à envisager; c'est celui qu'on peut appeler, pour les raisons exposées plus loin, l'état normal de la racine.

Voici d'abord les motifs que nous avions de dire, au commencement de ce travail, qu'une racine contenant *i* ou *u* ne possède sa forme pleine et inaltérée que lorsqu'elle montre la diphthongue. Cette idée a été émise déjà à plusieurs reprises[1]. Ceux de qui elle émanait ont paru dire parfois que c'est après tout affaire de convention de partir de la forme forte ou de la forme faible. On reconnaîtra, je crois, l'inexactitude de cette opinion en pesant les trois faits suivants.

1. Dès qu'on admet l'existence de liquides et de nasales sonantes indo-européennes, on voit aussi le parallélisme de *i*, *u*, avec *r*, *n*, *m*. Mais ceci, dira-t-on, ne prouve rien; je puis admettre avec les grammairiens hindous que *ar* est gouna de *ṛ*, et semblablement *an*, *am*, gouna de *ṇ*, *ṃ*. En effet; aussi ce n'est point là-dessus que nous nous fondons, mais bien sur les racines terminées par une consonne (par opposition à sonante). Pour pouvoir parler d'une racine *bhudh* il faudrait dire aussi qu'il y a une racine *pt*. Car partout où *bhudh* apparaîtra, on verra aussi apparaître *pt*, à condition seulement que la forme se puisse prononcer: *bu-budh-ús*, *pa-pt-ús*; *ἐ-πυθ-όμην*, *ἐ-πτ-όμην*. Sitôt qu'on trouve *bhaudh*, on trouve aussi *pat*: *bódhati*, *πεύθεται*; *pátati*, *πέτεται*. Dira-t-on que *at* est gouna de *t*?

1. Sans poser de règle absolue, M. Leo Meyer dans sa *Grammaire Comparée* (I 341, 343) fait expressément ses réserves sur la véritable forme des racines finissant par *i* et *u*, disant qu'il est plus rationnel de poser pour racine *srav* que *sru*. Dans un article du Journal de Kuhn cité précédemment (XXI 343) il s'exprime dans le même sens. On sait que M. Ascoli admet une double série, l'une ascendante (*i ai*, *u au*), l'autre descendante (*ai i*, *au u*); cela est en relation avec d'autres théories de l'auteur. M. Paul, dans une note de son travail sur les voyelles des syllabes de flexion (Beitr. IV 439), dit, en ayant plus particulièrement en vue les phénomènes du sanskrit: «lorsqu'on trouve parallèlement *i*, *u* (*y*, *v*) et *ē*, *ö* (*āi*, *ay*, *āy*; «*āu*, *av*, *āv*), la voyelle simple peut souvent ou peut-être toujours être «considérée comme un affaiblissement avec autant de raison qu'on en a eu «jusqu'ici de regarder la diphthongue comme un renforcement.»

2. Si, pour la production de la diphthongue, il était besoin d'une opération préalable de renforcement, on concevrait difficilement comment l'a_1 du «gouna» devient a_2[1] absolument comme tous les autres a_1. Au paragraphe 7 nous sommes constamment partis du degré à diphthongue, et nous n'avons pas éprouvé une seule fois qu'en procédant de la sorte on se heurtât à quelque difficulté.

3. L'absence de racines en *in*, *un*; *im*, *um*; *ir*, *ur* (les dernières, quand elles existent, sont toujours d'anciennes racines en *ar* faciles à reconnaître) est un fait si frappant qu'avant de connaître la nasale sonante de M. Brugman il nous semblait déjà qu'il créât entre les rôles de *i*, *u*, et de *n*, *m*, *r*, une remarquable similitude. En effet cela suffirait à établir que la fonction de *a* et la fonction de *i* ou *u* sont totalement différentes. Si *i*, *u*, étaient, au même titre que *a*, voyelles fondamentales de leurs racines, on ne comprendrait pas pourquoi celles-ci ne finissent jamais par des phonèmes qui, à la suite de *a*, sont fort communs. Dans notre conception, cela s'explique simplement par le fait que *a* ne prend qu'un seul coefficient sonantique après lui.

En vertu du même principe, il n'existe point de racine contenant le groupe: *i*, *u* + *nasale* (*ou liquide*) + *consonne*. Quand on parle par exemple d'une racine sanskrite *siñć*, c'est par abus: il est facile de s'assurer, en formant le parfait ou le futur, que la nasale n'est point radicale. Au contraire dans *bandh* la nasale est radicale, et elle persistera au parfait.

Dans l'échange de la diphthongue et de la voyelle, il n'y a donc pas à chercher avec Schleicher de renforcement dynamique ou avec Benfey et Grein de renforcement mécanique; il n'y a qu'un affaiblissement, et c'est lorsque la diphthongue cesse d'exister qu'un phénomène se produit.

Quant à la vriddhi qui, d'après ce qui précède, ne peut plus être mise, même de loin, en parallèle avec le «gouna», nous n'en avons trouvé aucune explication satisfaisante. Il y en a évidemment deux espèces: celle qui sert à la dérivation secondaire, — vriddhi dynamique ou psychologique, si on veut lui donner ce

---

1. Nous ne voulons point dire par là que a_2 soit une gradation.

nom — et celle qu'on trouve dans quelques formes primaires comme *yaú-mi, á-ǵai-šam* où on ne peut lui supposer qu'une cause mécanique (v. plus bas). La vriddhi de la première espèce est indo-iranienne; on en a signalé des traces douteuses dans l'indo-européen. La vriddhi de la seconde espèce parait être née plus tard.

Partout où il y a permutation de *ai*, *au*, avec *i*, *u*, l'*a* de la diphthongue est dans les langues européennes un *e* (a_1) ou son remplaçant *o* (a_2), mais jamais A. Nous verrons au § 11 que les combinaisons A*i*, A*u* sont d'un ordre différent et ne peuvent pas perdre leur A. Ce fait doit être rangé parmi les preuves de la primordialité du vocalisme européen.

Passons maintenant en revue les formations où la racine présente a_1, soit que ce phonème fasse partie d'une diphthongue, soit qu'il se trouve dans toute autre position. La catégorie de racines que nous considérons embrasse toutes celles qui ne renferment point A ou ǫ, à l'exception des racines *terminées* par a_1, et de quelques autres qui leur sont semblables. *La question est toujours comprise entre ces limites-ci: est-ce* a_2, *absence de* a, *ou bien* a_1 *qui apparaît?*

A. FORMATIONS VERBALES.

PRÉSENTS THÉMATIQUES DE LA 1re CLASSE VERBALE. Ils ont invariablement a_1.

Grec: *λέγω; τείω, ῥέ(ϝ)ω, μένω, φέρω; στείχω, φεύγω, σπένδω, ἕρπω* etc. Curtius, Verb. I² 210 seq. 223 seq.

Latin: *lego; tero, tremo; fido* pour **feido*[1], (*dūco* pour **deuco*), *-fendo, serpo* etc.

Gothique: *giba; sniva, nima, baira; steiga, biuda, binda, filha* etc.

Paléoslave: *nesą; ženą, berą; męta, vlĕką* pour **velką* etc. L'*e* s'est fréquemment affaibli en *ĭ*, sous des influences spéciales au slave. Les formes comme *žĭvą* sont les équivalents des formes grecques comme *ῥέϝω*. Sur la diphthongue *eu* en letto-slave, cf. p. 66 seq.

Lithuanien: *degù; vejù, genù; lẽkù, senkù, kertù* etc.

---

1. *mējo* est peut-être pour **meiho*.

L'irlandais montre régulièrement *e*.

Langues ariennes. L'*a*, sauf quelques cas spéciaux, est bref; par conséquent c'est bien a_1 et non a_2 que prend la syllabe radicale. Sanskrit *váhati; ǵáyati, srávati, stánati, bhárati; ćétati, róhati, vándate, sárpati* etc.

Subjonctif du présent non-thématique et du parfait. Pour former le subjonctif, les présents de la 2e et de la 3e classe ajoutent un a_1 thématique à la racine non affaiblie, c'est-à-dire telle qu'elle se trouve au singulier de l'actif. Si le verbe n'est pas redoublé, on obtient de la sorte un thème absolument semblable aux présents de la 1re classe. Sanskrit *hắna-t, ắya-t, yuyắva-t*, de *hán-ti, é-ti, yuyó-ti*. Il nous a été conservé en grec: *εἴω* subjonctif de *εἶμι* (Ahrens II 340). Le pluriel eût été sans doute **εἴομεν* (cf. hom. *ἴομεν*)[1].

Il est extrêmement curieux que le parfait, qui prend a_2 dans les formes non affaiblies, sauf peut-être à la première personne (p. 72), restitue a_1 au subjonctif. Voyez les exemples chez Delbrück, *Altind. Verb.* 194. De *ǵabhár-a, ǵabhắra-t;* de *tatán-a, tatắna-t*, etc. Ici le grec offre un magnifique parallèle dans *εἴδομεν, εἴδε-τε*, subjonctif courant chez Homère du parf. *οἶδ-α*. Une autre forme, *πεποίθομεν*, s'est soumise à l'analogie de l'indicatif.

Présents non-thématiques (*2e et 3e classe verbale*). Nous recherchons si c'est a_1 ou a_2 qui apparaît aux trois personnes de l'indicatif singulier (présent et imparfait). Aux autres personnes, l'*a* radical est expulsé.

La syllabe étant toujours fermée, nous ne pouvons nous renseigner qu'auprès des langues de l'Occident. L'exemple le plus important est celui de a_1s «être». Aux trois personnes en question, les langues européennes ont unanimement *e*. Puis vient la racine a_1i «aller»: grec *εἶμι*, lith. *eimì*. Si *στευ* est le skr. *sto* «laudare», il est probable que *στεῦται* appartient bien à la 2e classe, comme *staúti* (cf. Curtius Verb. I² 154). Naturellement, il faudrait régulièrement **στυται*, la diphthongue est empruntée à l'actif disparu[2].

1. On a voulu voir dans les futurs *βείομαι, πίομαι, ἔδομαι, κείω* etc. d'anciens subjonctifs. Les deux derniers, appartenant à des verbes de la 2e classe, s'y prêtent très-bien.

2. Très-obscur est *σοῦται*, à côté de *σεῦται*. V. Curtius l. c.

Ces exemples montrent a_1, et c'est a_1 que nous retrouvons dans les aoristes comme *ἔχευα*, *ἔσσευα* qui ne sont en dernière analyse que des imparfaits de la 2e classe. V. plus haut p. 21.

La diphthongue *au* du skr. *staúti*, *yaúti*, etc., est tout à fait énigmatique. Rien, en tous cas, n'autoriserait à y voir l'indice de la présence de a_2. Les diphthongues de a_2, suivies d'un consonne, ne se comportent pas autrement que les diphthongues de a_1. Il semble tout au contraire que ce soit de préférence a_1i et a_1u qui subissent en sanskrit des perturbations de ce genre. L'aoriste sigmatique nous en offrira tout à l'heure un nouvel exemple.

Le présent de la 3e classe se dérobe davantage à l'investigation. On a identifié, non sans vraisemblance, le lat. *fert* au skr. *bibhárti*. Le grec n'a plus d'autres présents redoublés que ceux dont le thème finit en *η* ou *ᾱ*. Sans doute on peut se demander si *πίμπλημι* n'est pas la métathèse de *πιμπελμι* (v. p. 13 et le chap. VI). Cependant la certitude que nous avons que la voyelle est a_1 ne dépend pas, heureusement, de cette hypothèse. Même si *πίμπλημι* vient d'une racine *πλη*, cet *η*, comme aussi ceux de *τίθημι*, *ἵημι* etc., prouve que la formation ne prend pas a_2; autrement on aurait «*τίθωμι*, *ἵωμι*». C'est ce que nous reconnaîtrons au § 11.

AORISTE SIGMATIQUE NON-THÉMATIQUE. L'identité de l'aoriste grec en *-σα* avec l'aoriste sigmatique *non-thématique* connu dans le sanskrit et le slave est un fait que M. Brugman a définitivement acquis à la science (v. Stud. IX 313). La racine est au degré a_1, au moyen comme à l'actif. Exemples: *ἔστρεψα*, *ἔπεμψα*, *ἔδεισα*, *ἔπλευσα*, *ἔτευξα* etc. Le slave a également *e*: *pęchŭ*, *nèsŭ* etc.[1]

En sanskrit cet aoriste allonge l'*a* radical dans les formes de l'actif, mais nous avons vu plus haut que cette sorte de phénomènes, en syllabe fermée, ne se peut ramener jusqu'à présent à aucun principe ancien, et qu'il est impossible d'en tenir compte. L'allongement disparaît au moyen. Le vocalisme de ce temps soulève néanmoins différents problèmes que nous toucherons au § 12. — Sur certaines traces de a_2 à l'aoriste v. p. 73.

Le subjonctif *párša-t*, *gêša-t* etc. se reflète en grec dans les

1. Tout autre est le vocalisme de l'aoriste en *-sa* (*á-dikša-t*).

formes homériques comme *παρα-λέξο-μαι*, *ἀμείψε-ται* etc. V. Curtius Verb. II 259 seq. L'*a* radical est a_1 comme à l'indicatif.

Futur en -sya. Par l'addition de *-ya*$_1$ au thème de l'aoriste se forme le thème du futur. Le vocalisme ne subit pas de changement.

Exemples grecs: *στρέψω*, *εἴσομαι*, *πλευσοῦμαι*, *ἐλεύσομαι*. La nécessité de l'*e* se voit bien par la forme *κλευσόμεθα*, futur de *κλύω* rapporté par Hésychius.

Le futur lithuanien ne contredit pas à la règle.

Le futur indien a, lui aussi, la forme pleine de la racine: *vakšyá-ti*, *ģešyá-ti*, *bhotsyá-ti*.

b. Formations nominales.

Thèmes en -as. Neutres grecs: *βέλος*, *βένθος*[1], *βλέπος*, *βρέφος*, *γένος*, *ἔγχος*, *εἶρος*, *ἔλεγχος*, *ἕλκος*, *ἕλος*, *ἔπος*, *ἔρεβος*, *ἕρκος*, *ἔτος*, *θέρος*, *κέρδος*, *λέχος*, *μέλος*, *μένος*, *μέρος*, *νέμος*, *νέφος*, *πέκος*, *πένθος*[1], *πέος*, *ῥέθος*, *σθένος*, *σκέλος*, *στέφος*, *τέγος*, *τέκος*, *τέλος*, *φέγγος*; — *δέ(y)ος*, *εἶδος*, *τεῖχος*; *γλεῦκος*, *ἔρευθος*, *ζεῦγος*, *κεῦθος*, *κλέ(ϝ)ος*, *ῥέ(ϝ)ος*, *σκεῦος*, *τεῦχος*, *ψεῦδος* etc. D'autres encore chez Ludwig *Entstehung der a-Decl.* 10.

Souvent le thème en *-εσ* n'est conservé que dans un composé: *ἀμφι-ρρεπής*, cf. *ῥοπή*; *ἰο-δνεφής*, cf. *δνόφο-ς*; *ἀ-μερφές· αἰσχρόν* Hes. cf. *μορφή*. *Ἀλι-θέρσης*[2] dans Homère n'est point éolique: *θέρσος*, en effet conservé chez les Eoliens, est le thème en *-εσ* régulier de la rac. *θερσ*, et *θάρσος*, *θράσος*, sont formés postérieurement sur *θρασύς*, *θαρσύς* (dans *θαρσύνω*).

Pour les adjectifs (oxytons) en *-εσ*, sur l'ancienneté desquels différentes opinions sont possibles, *ψευδής* atteste le même degré a_1.

L'o du neutre *ὄχος* est dû à ce que *ἔχω* «veho», en grec, a abdiqué en faveur de *ὀχέω*. Du reste Hésychius donne *ἔχεσφιν· ἅρμασιν*. *σκότ-ος* vient d'une racine *skot* et non *sket*. Si Homère a dit *δυσπονής* (au gén. *δυσπονέος*), c'est que *πόνος*, dans sa signification, s'était émancipé de la racine *πεν*.

Exemples latins: *decus*, *genus*, *nemus*, *pectus*, *scelus*, *tempus*,

---

1. *βάθος* et *πάθος* sont des formes postérieures faites sur *βαθύς* (p. 24) et sur *παθεῖν* (p. 20).

2. Ce nom a passé dans la déclinaison des thèmes en *-ā*.

Venus, *vetus* (sur ces deux mots v. Brugman K. Z. XXIV 38, 43). Le neut. *vīrus* (gén. *vīri*) indique un primitif *wa₁is-as*. Sur *foedus*, *pondus*, *holus*, v. p. 80. En composition: *de-gener*.

Le gothique donne *riqiz-a-* = ἔρεβος, *rimis-a-*, *sigis-a-*, *þeihs-a-*, *veihs-a-* (v. Paul Beitr. IV 413 sq.); *ga-digis* viole la règle. Paléoslave *nebo*, *slovo* pour **slevo* (v. p. 67) *tęgo* «courroie», cf. *vŭs-tąga*; lithuanien *debes-ì-s*, *deges-ì-s*[1]; irlandais *nem* «ciel», *tech* τέγος; arménien *erek* ἔρεβος (K. Z. XXIII 22).

Les langues ariennes sont en harmonie avec celles d'Europe, car elles ont: 1° la racine pleine; 2° *a bref* en syllabe ouverte, c'est-à-dire a_1. Skr. *váćas*, *rágas*, *mánas*, *ǵráyas*, *çrávas*; *váréas*, *téǵas*, *róhas*.

Les adjectifs se comportent de même: *yaçás*, *tavás*, *toçás*[2].

Thèmes en -yas. En ajoutant *-yas* (dans certains cas *ias*) à la racine normale, on obtient le comparatif de cette racine fonctionnant comme adjectif. Le thème du superlatif est dérivé du premier au moyen d'un suff. *ta*, dont l'addition a nécessité l'affaiblissement du suffixe précédent, mais non pas celui de la racine. Il convient donc de réunir les deux classes de thèmes.

Sanskrit *sáhyas*, *sáhišṭha*; *kšépīyas*, *kšépišṭha*, cf. *kšiprá*; *ráǵīyas*, *ráǵišṭha*, cf. *r̥ǵú*. Zend *darezista*, cf. *dĕrĕzra*.

Les cas où le grec a conservé cette formation ancienne, indépendante de l'adjectif, sont précieux pour la détermination de la qualité de l'*a*. La rac. φερ donne φέριστος, κερδ κέρδιστος; μινύ-ς a pour comparatif μεί-(y)ων, κρατύς (= *κr̥τύς) κρείσσων[3]. Le vieux comparatif attique de ὀλίγος est ὀλείζων, v. Cauer Stud. VIII 254. Ainsi l'*a* est bien a_1.

Si l'on adopte l'étymologie de M. Benfey, le lat. *pējor* est au skr. *pīyú* ce que μείων est à μινύς. — En gothique il faut remarquer l'*e* de *vairsiza*.

Thèmes en -man. *a*) Les neutres:

Exemples grecs: βλέμμα, θρέμμα, πεῖσμα pour *πένθμα,

---

1. Le masc. *véidas* peut fort bien continuer un ancien neutre en *-es* (εἶδος).

2. Le nom *ušás* affaiblit la racine, mais le suffixe est différent (v. p. 12); *úras* «poitrine» et *çíras* «tête» ne peuvent pas non plus être mis en parallèle direct avec les mots comme *váćas*.

3. Le superlatif, cédant à l'analogie de κρατύς etc. fait κράτιστος.

σέλμα, σπέρμα, τέλμα, φθέγμα; δεῖμα, χεῖμα; ῥεῦμα, ζεῦγμα. Comparez ces deux séries-ci: **κέρμα, πλέγμα, τέρμα, φλέγμα, στέλμα** (Hes.); — **κορμός, πλοχμός, τόρμος, φλογμός, στολμός** (page 74), en outre **ἕρμα** «boucles d'oreilles» à **ὅρμος** «collier», **ἕρμα** «appui pour les vaisseaux» à **ὅρμος** «rade», **ἕρμ' ὀδυνάων** à **ὁρμή**; **φέρμιον**, diminutif de ***φέρμα**, à **φορμός**, **χεῦμα** à **χῦμός** pour ***χῦμός**, ***χουμός** (cf. **ζύμη** pour ***ζουμη**, lacon. **ζωμός**).

L'homérique **οἶμα** de **εἰ** «aller» a dû être formé sur l'analogie de **οἶμος**. L'o de **δόγμα** paraît être un ϱ. On n'est pas au clair sur **δῶμα**; en tous cas rien ne justifierait un primitif ***δόμμα**. **ὄχμα** (= **ἔχμα**), que donne Hésychius, ne peut qu'être moderne.

En latin: *germen*, *segmen*, *tegmen*, *termen* (Varron). L'*u* de *culmen* est dû à la consonne qui suit.

Paléoslave *brěmę* «fardeau» pour **bermę*, *slěmę* «culmen tecti» pour **selmę*, *vrěmę* «temps» pour **vermę*. Miklosich, *Vergl. Gramm.* II 236.

Sanskrit *dhárman*, *vártman*, *éman*, *hóman*, *véçman* etc. (Lindner 91 seq.). Zend *zaēman*, *fraoϑman* etc.; mais aussi *pishman*.

β) Les masculins et les adjectifs:

Grec **κευθμών -ῶνος, λειμών -ῶνος, τελαμών -ῶνος, χειμών -ῶνος; πλεύμων -ονος, τέρμων -ονος**; l'adjectif **τεράμων -ονος**. Dérivés: **στελμονίαι, φλεγμονή, βέλεμν-ο-ν**. Mots en **-μήν**: **ἀϋτμήν, λιμήν, πυθμήν** et **ὑμήν**[1]. Ce dernier, d'après une étymologie reprise récemment, — il a échappé à l'auteur qu'elle avait été faite par Pott *Wurzelwörterb.* I 612 — coïncide avec l'ind. *syúman* (neut.); il y a là un *ū* long qui nous engage à suspendre notre jugement. Mais dans **ἀϋτμήν, λῐμήν** et **πυθμήν** l'affaiblissement de la racine est manifeste[2]. Dans ces trois mots précisément le suffixe n'admet point a_2. Parmi les masculins ce ne sont donc que les thèmes en *-ma₂n* qui offrent la racine au degré 1; cf. § 13.

1. **ποιμήν**, qui paraît contenir ϱ, ne nous intéresse pas ici.

2. La racine d'**ἀϋτ-μήν** se trouve sous sa forme pleine dans **ἄ(ϝ)ετ-μα**. Fondé sur les formes celtiques, M. Fick établit que le **τ** de ces mots n'est point suffixal (Beitr. de Bezzenb. I 66). — Il n'y a pas de motif pour mettre **ὑσμίνη** parmi les thèmes en *-man*. Le mot peut venir d'un ancien fém. **ὑσμί**, à peu près comme **δωτίνη** de **δῶτις**.

— Les infinitifs en *-μεν*, *-μεναι* n'offrent pas les garanties nécessaires relativement au vocalisme de la syllabe radicale.

Le latin a *sermo*, *termo* (Ennius), *têmo* = * *tecmo*.

Le gothique a *hliuma -ins*, *hiuhma -ins*, *milhma -ins*, *skeima -ins*. Anglo-sax. *filmen* = gr. *πέλμα* (Fick III^3 181).

Quelques-uns des mots lithuaniens seront sans doute d'anciens neutres, mais cela est indifférent. Schleicher donne *želmŭ̃* «verdure», *tešmŭ̃* «mamelle», *szèrmens* (plur. tant.) «repas funèbre», de la racine qui se retrouve en latin dans *cēna*, *sili-cernium*.

Sanskrit *varšmán*, *hemán*; *darmán*, *somán* etc.[1] Lindner p. 93. Paroxytons: *ǵéman*, *klóman* «le poumon droit» (v. B. R.). Ce dernier mot est le gr. *πλεύμων*[2]. — Le zend a *raçman*, *maēϑman*, mais aussi *uruϑman*.

Thèmes en -tar. Nous ne considérerons ici que la classe des noms d'agent.

Grec *ἕστωρ*, *κέντωρ*; *Ἕκτωρ*, *Μέντωρ*, *Νέστωρ*, *Στέντωρ*; — *ῥεκτήρ* (Hésiode), *πειστήρ* «câble» (Théocrite) et *πειστήρ* de *πείθω* (Suidas), *νευτήρ· κολυμβητής* (Hes.), *ζευκτήρ*, *τευκτήρ* (id.). Il y a de nombreux dérivés comme *ἀλειπτήριον*, *θρεπτήριος*, *πευστήριος*, *θερτήρια· ἑορτή τις*. Nous constatons dans *ἀορτήρ* un o irrégulier, emprunté sans doute à *ἀορτή*. Cf. p. 76 i. n.

Latin *emptor*, *rector*, *vector*, *textor* etc.

---

1. Un seul exemple védique enfreint la règle: *vidmán* «savoir, habileté». Remarquons bien que le grec de son côté a l'adj. *ἴδμων*. Cet adjectif n'apparait pas avant les Alexandrins. Il peut être plus ancien; pourquoi en tous cas n'a-t-on pas fait «*εἴδμων*»? La chose est très-claire: parce que c'est presque exclusivement *ἰδ* et *οἰδ*, et presque jamais *εἰδ*, qui contiennent l'idée de *savoir* (*εἰδώς* = *ϝεϝιδώς*). Même explication pour le mot *ἵστωρ* qui devrait faire normalement «*εἴστωρ*». On pourrait, sur cette analogie, songer à tirer de la forme *vidmán* une preuve de l'a_2 arien en syllabe fermée. L'arien, en effet, ne devait guère posséder *wa₁id* que dans le subjonctif du parfait. Le Rig-Véda n'a que *ávedam* où l'on puisse supposer a_1 (car *védas* paraît appartenir partout à *vid* «obtenir»); mais *ávedam* n'est pas nécessairement ancien. On conçoit donc qu'à l'époque où l'a_2 de *wa₂ida* subsistait comme tel *wa₁idman* ait pu paraître étrange et impropre à rendre l'idée de *savoir*. Le choix restait entre *wa₂idman* et *widman*; ce dernier prévalut.

2. Par étymologie populaire: *πνεύμων*. Le lat. *pulmo* est emprunté au grec. *πλευρά* paraît être le vieux sax. *hlior* «joue» (primit. «côté»?).

Paléoslave *bljustelji*, *žętelji*.

Sanskrit *vaktár*, *yantár*, *ćetár*, *sotár*, *bhettár*, *ġoṣṭár*; *bhártar*, *hétar* etc. — Zend *ġañtar*, *mañtar*, *çraotar* etc. Quelques exceptions comme *bĕrĕtar* à côté de *frabaretar*. Cf. § 13.

Le suffixe *-tr-a* demande aussi la racine non affaiblie. Elle a en général a_1, comme dans le gr. δέρτρον, κέντρον, φέρτρον, mais on peut citer pour a_2: ῥόπτρον de ῥεπ et le norr. *lattra-* = **lahtra-* «couche», gr. λέκτρον.

Thèmes en -au. La flexion des thèmes qui suivent devait être distincte de celles des autres thèmes finissant par *u*. La plupart sont féminins. Gr. νέκυς masc., zend *naçu* fém. Gr. γένυς, goth. *kinnus*, skr. *hánu*, tous trois féminins. Goth. *hairus* masc., skr. *çáru* fém. Skr. *dhánu* fém., gr. *θένυς masc. (gén. θῖνός pour *θενϝος; cf. θεινῶν· αἰγιαλῶν Hes.). Ici se placent encore skr. *párçu* fém., gr χέλυς (russ. *želvĭ* venant de **žilŭvĭ*. J. Schmidt Voc. II 23), goth. *qiþus*, germ. *lemu-* «branche» (Fick III[3] 267), lat. *penus*. Puis avec une accentuation différente, gr. δελφύς, skr. *paraçú* = gr. πέλεκυς. — Cf. § 12.

Neutres: indo-européen *má₁dhu* et *pá₁k₁u*.

Des trois formes que chaque racine (voy. p. 135) est susceptible de prendre, nous avons vu que celle qui est dépourvue d'*a* ne peut pas prétendre à la priorité. Le litige n'est plus qu'entre les deux formes caractérisées par les deux variétés de l'*a*, a_1 et a_2. Ce qui nous semble décider sans conteste en faveur de a_1, c'est la fréquence de ce phonème, et cela dans les paradigmes les plus importants. Par exemple dans toute la flexion verbale, a_2 ne fait son apparition qu'à deux ou trois personnes du parfait. Quelle raison avons-nous de croire que des gisements entiers de a_1, tels que nous les apercevons dans les différents présents n'aient pu naître que par l'altération du phonème a_2? Au contraire, dans un cas du moins, nous prenons sur le fait le développement de a_2: c'est lorsqu'il sort de l'a_1 thématique devant les consonnes sonores des désinences verbales (p. 87). Si ailleurs sa genèse se dérobe encore à notre regard, on entrevoit cependant la possibilité d'une explication; le phonème n'apparaît en effet qu'à certaines places très-déterminées.

Un phénomène digne de remarque, mais qui, dans cette question, peut s'interpréter de deux façons opposées, c'est l'apparition de a_1, à l'exclusion de a_2, dans les cas où le rejet de l'*a* est prescrit mais en même temps empêché par une cause extérieure (p. 48). Ainsi, au temps où le pluriel de δέδορκα faisait δεδρ̥κ(α)-μεν, le pluriel de τέτοκα, avons-nous conclu p. 71 i. n., faisait τε-τεκ(α)μεν. M. Brugman montre comment le thème *pad*, accusatif *pa₂dm* (πόδα), empêché qu'il est de faire au génitif: *pdás*, s'arrête à la forme *pa₁dás* (*pedis*). Voilà, pourrait-on dire, qui prouve que a_1 est une dégradation de a_2. Mais celui qui part d'un thème *pa₁d* aura une réponse tout aussi plausible: *pa₂d* est une modification extraordinaire qu'il n'y a aucune raison d'attendre dans les formes exposées aux affaiblissements; si l'affaiblissement est paralysé, c'est forcément le thème pur *pa₁d* qui apparaît.

Seconde question. Sans vouloir se prononcer sur la priorité de l'un ou de l'autre phonème, M. Brugman tient que a_2, par rapport à a_1, est un renforcement; que a_1, par rapport à a_2, est un affaiblissement (Stud. 371, 384). Nous-même, à la page 5, appelions a_2 une voyelle renforcée. Ces désignations prennent un corps si on admet que l'échange de a_1 et a_2 est en rapport avec les déplacements du ton; c'est là l'opinion de M. Brugman. Si on pense, et c'est nôtre cas, que l'échange des deux phonèmes est indépendant de l'accent, il vaut mieux s'abstenir d'atıribuer à l'un d'eux une supériorité qui ne se justifie guère.

Si a_2 est une transformation mécanique de a_1, cette transformation en tous cas était consommée à la fin de la période proethnique, et les langues filles n'ont plus le pouvoir de la produire. Il est fort possible par exemple que πλοχμός n'ait été tiré de πλέκω qu'à une époque qu'on peut appeler moderne. Mais il va bien sans dire que l'*o* de πλοχμός n'est pas *sorti de l'ε de πλέκω*. La langue a simplement moulé cette forme sur les substantifs en -μο-ς qu'elle possédait auparavant.

§ 11. Rôle grammatical des phonèmes A et ǫ. Système complet des voyelles primordiales.

Quand on considère les cas suivants de la permutation a_1 a_2: goth. *hlifa hlaf*, gr. κλέπτω κέκλοφα, gr. ἵππος ἵππε, et qu'on leur compare les cas suivants de la permutation A Ā: goth. *saka sōk*, gr. λάσκω λέλᾱκα, gr. νύμφᾱ νύμφᾰ, la tentation est forte, assurément, de poser la proportion $\bar{\text{A}} : \text{A} = a_2 : a_1$. Mais ce serait s'engager dans une voie sans issue et méconnaître le véritable caractère des phénomènes. Nous allons, pour plus de clarté, construire tout de suite le système des voyelles tel que nous le comprenons. Il n'est question provisoirement que des syllabes radicales.

Le phonème a_1 *est la voyelle radicale de toutes les racines. Il peut être seul à former le vocalisme de la racine ou bien être suivi d'une seconde sonante que nous avons appelée* coefficient sonantique (*p.* 8).

Dans de certaines conditions qui ne sont pas connues, a_1 *est remplacé par* a_2*; dans d'autres, mieux connues, il est expulsé.*

a_1 *étant expulsé, la racine demeurera sans voyelle dans le cas où elle ne contient point de coefficient sonantique. Dans le cas contraire, le coefficient sonantique se montre à nu, soit à l'état* autophthongue (*p.* 8), *et fournit une voyelle à la racine.*

Les phonèmes ᴀ *et* ǫ *sont des coefficients sonantiques. Ils ne pourront apparaître à nu que dans l'état* réduit *de la racine. A l'état normal de la racine, il faut qu'ils soient précédés de* a_1, *et c'est des combinaisons* a_1 + ᴀ, a_1 + ǫ, *que naissent les longues* $\bar{\text{A}}$, $\bar{ǫ}$. *La permutation* $a_1 : a_2$ *s'effectue devant* ᴀ *et* ǫ *comme ailleurs.*

Vocalisme des racines dans l'indo-européen.								
Racine pleine	a_1 a_2	a_1i a_2i	a_1u a_2u	a_1n a_2n	a_1m a_2m	a_1r a_2r	a_1ᴀ a_2ᴀ	a_1ǫ a_2ǫ
Racine réduite	—	—i	—u	—n̥	—m̥	—r̥	—ᴀ	—ǫ

Désignations utiles

Pour a_1ᴀ et a_1ǫ après la contraction: $\bar{\text{A}}_1$ et $\bar{ǫ}_1$.
» a_2ᴀ » a_2ǫ » » » : $\bar{\text{A}}_2$ et $\bar{ǫ}_2$.

La théorie résumée dans ce tableau a été appliquée plus haut à toutes les espèces de racines excepté celles qui contiennent ᴀ et ǫ. Ce sont elles que nous allons étudier maintenant.

Pour distinguer l'une d'avec l'autre les deux formes que peut prendre la racine pleine selon que l'*a* radical est a_1 ou a_2, il n'y a pas d'inconvénient à appeler la première *le degré 1* (*état normal*), la seconde *le degré 2.* Nous ne voulons pas dire par là qu'une des deux formes soit le renforcement de l'autre (v. p. 134).

I. Racines finissant par ᾰ̄.

a. RACINE PLEINE AU DEGRÉ 1.

Ce qui parle bien haut pour que ā et ō soient autre chose que des voyelles simples, c'est que partout où d'autres racines sont au degré 1, les racines en *a ont une longue.* Pourquoi, du fait qu'il finit la racine, l'*a* se serait-il allongé? Si au contraire ā est assimilable à une diphthongue, στᾱμων en regard de στᾰτός s'explique exactement de même que l'indien *ǵêman* (ê = $a_1 i$ monophthongué) en regard de *ǵitá*[1]. Toute racine en ᾱ est identique dans son organisme avec les racines comme *kai, nau*[3], et aussi *tan, bhar* (type A, p. 8).

Nous avons à faire la revue des principales formations du degré 1 énumérées au § 10. Il faut pour que la théorie se vérifie que nous trouvions dans ces formations $ā_1$ et $ō_1$. Le nombre des exemples est restreint. Ils n'ont de valeur que *si l'échange entre la racine pleine et la racine faible subsiste*[2].

---

1. Pour le grec, la soudure de l'augment avec un ā ou un ō initial, soudure qui s'est accomplie à une époque préhistorique, est un parallèle très-remarquable aux contractions radicales que nous supposons. Dans ᾱ̓γον, ὤφελον, l'ᾱ vient de a_1 + ā et l'ō de a_1 + ō absolument comme dans στᾱ- et δω-. On sait que M. Curtius (Verb. I² 130 seq.) se sert, pour expliquer la soudure en question, de l'hypothèse de l'unité originaire de l'*a*. Nous ne pouvons donc ni partager ni combattre sa théorie.

2. Pour plus de clarté, quand il est constaté que l'η d'une racine n'est pas l'η panhellène, nous écrivons toutes les formes par ᾱ.

3. Cette conception ne diffère pas essentiellement de celle qui a assez généralement cours depuis Schleicher. Seulement comme *kai* en regard de *ki* est pour nous non une gradation, mais la forme normale, nous devons aussi partir du degré *stā* et non de *sta*. Voici, en dehors de cette différence de principe, ce qui est modifié: 1° Modification liée d'un côté à la pluralité des *a*, constituant de l'autre une hypothèse à part: différents *a* peuvent former le second terme de la combinaison *a* + *a*, mais le premier *a* est toujours a_1. 2° Modification découlant de celle qui précède jointe à la théorie de a_2: il s'effectue, au sein de la combinaison, un *ablaut* ($a_1 : a_2$). Par là même la reconstruction *a* + *a* cesse d'être théorie pure. — La différence de principe mentionnée, combinée toutefois avec la modification 1, s'accuse le plus nettement dans ce point-ci, c'est que l'ā long *se*

Sur les PRÉSENTS DE LA 2e ET DE LA 3e CLASSE, v. p. 146. La racine, dans les formes pleines, est du degré 1.

AORISTE SIGMATIQUE (v. p. 128). Le grec fait *ἔ-στᾱ-σα*, *ἔ-βᾱ-σα*, *ὤνᾱ-σα*. Une forme comme *ἔ-στᾱ-σα*, c'est-à-dire *e-stea-sa* de *stea* (sta_1A) est le parallèle parfait de *ἔ-δει-σα*. Sanskrit *á-hā-sam*, *á-dā-sam*; zd. *çtāo-ṅh-a-ṭ* (subj.).

FUTUR (v. p. 129). Grec *βά-σομαι*, *στά-σω*, *φά-σω*, *φθά-σομαι*, *δώ-σω*; cf. *πλευ-σοῦμαι* etc. Sanskrit *dā-syáti*, *gā-syáti*.

THÈMES NEUTRES EN -man (v. p. 131). Cf. Lobeck *Paralipomena* 425 seq. Grec *βᾶ-μα*, *σᾶ-μα*, *σύ-στᾱ-μα*, *φᾶ-μα*. Les présents *δράω* et *πάομαι* diminuent la valeur de *δρᾶ-μα* et *πᾶ-μα*. Dans *πό-μα*, nous assistons à un empiétement de la forme faible, mais en même temps *πῶ-μα* subsiste.

Latin *grā-men* (moy. h^t-all. *grüe-jen* «virescere»), *stā-men*, *ef-fā-men*, *lā-min-a*.

Sanskrit *dā-man*, *sā-man*, *sthā-man*.

THÈMES MASCULINS EN -man (v. p. 131). Gr. *στά-μων*, [*τλά-μων*]. Goth. *sto-ma -ins*, *blo-ma -ins*. Skr. *dā-mán*.

THÈMES EN -tar (v. p. 132). Skr. *dā-tár*, *pā-tar* «buveur», *pā-tár* «protecteur», *sthā-tar* etc. La langue hellénique n'a pas su maintenir cette formation dans toute sa pureté. La perturbation a été causée par les adjectifs verbaux en *-τό* qui de plus en plus communiquent la forme faible aux noms d'agent. Homère emploie encore parallèlement *δο-τήρ*, *δώ-τωρ* et *δω-τήρ*; *βο-τήρ*, *βώ-τωρ* et *συ-βώ-της* (dans Sophocle *βω-τήρ*). A côté de *βα-τήρ* on peut citer *ἐμπυρι-βή-της*, car il est bien probable que la formation en *-τᾱ* s'est dirigée sur les anciens thèmes en *-tar*. Pour expliquer le mot obscur *ἀφήτωρ* (Iliade IX 404), le scholiaste se sert de *πολυ-φή-τωρ*. On a aussi *ὀνά-τωρ*, mais l'adj. verbal fait lui-même *ὀνᾱτός*. Dans *στα-τήρ* et *πο-τήριον* la forme faible est installée. Hésychius a *μα-τήρ· ἐρευνητής*, *ματηρεύειν· μαστεύειν*, de *μαίομαι*.

Latin *mā-ter-ies* (cf. skr. *mā-trā*) et *mā-turus* auquel on compare le sl. *ma-torŭ* «senex», *pō-tor*, *pō-culum* = skr. *pā-tram* (il faut dire que *pŏ-* n'existe pas). Les formations irrégulières ne manquent pas, ainsi *dă-tor*, *Stă-tor*.

---

place au même rang que l'a bref (quand cet *ä* est a_1), ainsi *μῆκος* = *meakos* n'est plus considéré comme renforcé en comparaison de *τέκος*.

Le sanskrit, dont le témoignage est le premier en importance, ne connait que la forme pleine; le grec a plus généralement la forme réduite, mais aussi la forme pleine; le latin ne décide rien. On peut donc affirmer sans témérité que la formation régulière demande les longues ᴀ, ǫ, c'est-à-dire le double son a_1ᴀ, a_1ǫ, soit l'état normal, comme pour toutes les racines. Cf. du reste le § 13.

b. RACINE PLEINE AU DEGRÉ 2.

Voici où se manifeste la réalité de la reconstruction *aᴀ* comme forme première de *ā*. Dans les formations où l'*e* radical est remplacé par *o* (a_2), le grec laisse apparaitre à la place de l'*ā* long final, un ω[1]. Ces cas, disons-le tout de suite, ne sont pas fort nombreux; mais ils se répètent dans les racines où ᴀ est médial (*ϝᾱγ*: *κυματ-ωγή*), et nous croyons ne pas être trop hardi en mettant l'*au* des parfaits sanskrits comme *dadhaú* en rapport direct avec eux. Pour éviter de séparer les différentes formes du parfait, nous ferons la justification de ce dernier point sous la lettre c.

Racine *βᾱ*: *βᾶ-μα* mais *βω-μός*; cf. *κέρ-μα*, *κορ-μός* (p. 131 et 74).

Racine *ψᾱ* (*ψάω*, *ψη-ρός*): *ψω-μός*. *ψώω* est un verbe forgé.

Le mot *στῶ-μιξ* «solive» permet de rétablir **στω-μο* (*στᾱ*).

Racine *φᾱ*: fut. *φᾱ́-σω* mais *φω-νή*[2]; cf. *τεί-σω*, *ποι-νή* (p. 129 et 77). Néanmoins on a *φᾱ́-μᾱ* et non **φώ-μᾱ*.

La racine *γρᾱ* «ronger» donne *γρώ-νη* «excavation». Ici encore: *σμώ-νη* «tumeur», si le mot vient de *σμάω*; cf. *σμῶδιξ*.

Devant le suff. *-ra*, *χᾱ* fait *χω*: *χώ-ρα*. Comme exemple servant à établir que cette formation prend a_2, je n'ai point d'autre mot à citer que *σφοδ-ρό-ς* en regard de *σφεδ-ανός*. De même *ψάω* fait *ψώ-ρα*[3].

Si *ā*, *ω*, ne sont pas des combinaisons de l'*e*, ces faits nous apparaissent comme une énigme. L'*ablaut* qui s'effectue au moyen

1. Cf. le dat. *ἵππῳ* = *ἵππο-αι* (p. 92).

2. Le dor. *πολύφᾱνος* est très-douteux. Ahrens II 182.

3. Voici des cas plus problématiques. A côté de *σπατίλη* et de *οἰ-σπάτη*; *οἰ-σπωτή*. L'homérique *μεταμώνιος* vient peut-être de *μαίομαι*, mais le prés. *μῶται*, lui-même très-obscur, compromet la valeur de l'ω. A l'ω de *ὠτειλή* et de *βωτάζειν· βάλλειν* est opposé un *α* dans *γατάλαι*, mais *οὐτάω* embrouille tout.

de l'*o* est par son essence même lié à l'existence d'un *e*[1]. Sans a_1, point de a_2. D'où un *a* aurait-il reçu le pouvoir de permuter avec le son *ō*? Il me semble que tout s'éclaircit au contraire si, *ā* étant pour *ea* et comparable à la diphthongue *ei*, on ramène *ō* à *oa* en l'assimilant à *oi*.

Il faut supposer de même l'existence d'une ancienne combinaison $o_2 \varrho$; seulement elle n'est plus observable pour nous. Par exemple dans δῶ-ρον, si nous jugeons d'après χώ-ρα de χᾰ, la syllabe *dō* se décompose en $do_2\varrho$, tandis que le *dō* de δί-δω-μι représente *de̥*. — Ces différentes combinaisons sont incorporées au schéma donné plus haut. V. aussi page 145.

Ce n'est que le plus grand hasard qui nous permet de surprendre encore les vestiges si significatifs de la permutation *ā* : *ō*. La langue des Hellènes est à cet égard presque l'unique lumière qui nous guide. Et même pour elle, ces précieux monuments appartiennent au passé. L'échange vivant entre les deux voyelles a évidemment cessé depuis longtemps.

Le latin n'a point d'exemple assuré de l'*ablaut* $\bar{A}_1 : \bar{A}_2$. Il n'y a pas lieu de s'en étonner: c'est tout juste si cette langue a gardé quelques débris du grand échange $a_1 : a_2$. Mais on peut dire sans crainte de se tromper que $\bar{A}_2$ en Italie serait distinct de $\bar{A}_1$ aussi bien qu'en Grèce.

En germanique au contraire la différence n'est plus possible: $\bar{A}_1$, comme nous savons, devient *ō*; $\bar{A}_2$ de même. L'anglo-saxon *gröve*, parf. *greóv*, serait, restitué sous une forme plus ancienne, *grō-ja*, *ge-grō*. Des deux *ō* de ce verbe, le premier répond à l'*ā* du lat. *grā-men* ($\bar{A}_1$), l'autre est de même nature que l'ω de βω-μός ($\bar{A}_2$). Tout ce qui est vrai de l'*ō* germanique l'est aussi de l'*a* slave et de l'*o* lithuanien. Ces phonèmes — qu'on peut réunir sous le nom d'*ā* du nord, par opposition à l'*ē* de la même région — contiennent encore $\bar{\varrho}_1$ et $\bar{\varrho}_2$, lesquels, étant confondus même en grec, ne sont donc distingués nulle part l'un de l'autre. Exemple: sl. *da-ją*, *da-rŭ*, cf. gr. δί-δω-μι, δῶ-ρον ($\bar{\varrho}_1$ et $\bar{\varrho}_2$, v. ci-dessus).

Avant de passer au degré affaibli des racines en *a* nous ouvrons une parenthèse, afin d'envisager sans plus tarder la question des racines qui en Europe finissent par *e*. Ces racines,

---

1. Sur les cas comme ἄγω ὄγμος v. page 102.

en grec, font alterner la brève et la longue exactement comme les racines en *a* et en *o* (*ο*). Laissant de côté préalablement le problème de l'origine et de la composition de l'*e* long, nous citons quelques exemples des formations du degré 1. Singulier actif du présent de la 3e classe (v. p. 147): **τί-θη-μι**, **ἵ-η-μι**, **δί-δη-μι**. Pour le singulier de l'aoriste actif, la formation en **-κα** de **ἔθηκα**, **ἧκα**, nous enlève des exemples; il y a **ἔ-σβη-ν** si la racine est **σβη**. Aoriste en **-σα**: **ἔ-δη-σα**, **ἔ-νη-σα**(?). Futur: **θή-σω**, **ἥ-σω**, **δή-σω**. Mots en **-μα**: **ἀνά-θη-μα**, **ἧ-μα**, **διά-δη-μα**, **νῆ-μα**, **σχῆ-μα** (rac. **σχ-η**). Mots en **-μων**: **θη-μών**, **ἥ-μων**. Les mots en **-τήρ**, nous l'avons vu, ont suivi l'analogie des adjectifs verbaux en **-τό**.

Dans les formations du degré 2, on trouve **ω**.

Le véritable parfait de **ἵημι** est **ἕ-ω-κα**; **ἀφ-έωκα** est rapporté par Hérodien et par d'autres grammairiens. Il y a eu addition de **-κα** sans modification de la syllabe radicale, v. p. 149. Les tables d'Héraclée ont **ἀνέώσθαι**[1]. Le verbe **πί-πτ-ω** forme son parfait sur une racine apparentée **πτη** dont nous nous n'avons pas à rechercher ici la formation; **πτη** donne régulièrement **πέ-πτω-κα**[2]. Le participe **πε-πτη-(ϝ)ώς** n'a pas et ne doit pas avoir **ω**. Le prés. **διώκω** permet de conclure presque à coup sûr à un ancien parfait ***δε-διω-κα** de διη (**δίε-μαι**) duquel il est né lui-même à peu près comme **ἀνώγω** de **ἄνωγα**. Le parf. **δεδίωχα** (Curtius Verb. II 191) est refait sur **διώκω**.

La racine **θη** fait **θη-μών** mais **θω-μός**; cf. **τέρμων**, **τόρμος**. **ἄω-τον** vient probablement de **ἄη-μι**; cf. **νόστος** de **νεσ** (p. 76).

L'accord des langues européennes pour l'*ē* long est un fait connu[3]. Dans les idiomes germaniques, à l'exception du gothique,

---

1. Au moyen l'*ω* n'est pas primitif. Il n'existait d'abord qu'au singulier de l'actif. Mais la valeur de cette forme comme témoin de l'*ω* n'en est pas amoindrie.

2. Sur le **πτω** ainsi obtenu se développent des formes fautives, grammaticalement parlant, comme **πτῶμα** et **πτῶσις**.

3. Durant l'impression de ce mémoire, M. Fick a publié dans les *Beiträge de Bezzenberger* (II 204 seq.) d'importantes collections d'exemples relatives à l'*ē* européen. Il est un point sur lequel peu de linguistes sans doute seront disposés à suivre l'auteur: c'est lorsqu'il place l'*ē* du prétérit pluriel germanique *gēbum* (pour *gegbum*) sur le même pied relativement à *e* que l'*ō* de *fōr* relativement à *a*. — Le savant qui le premier attira l'at-

ce phonème prend la forme de *a*, mais la priorité de l'*e* a été reconnue de plus en plus depuis Jacobi (Beitr. zur deutschen Gramm.). A la fin des racines, *e* se montre principalement dans *gh₁e* «aller», *dhe* «allaiter», *ne* «coudre», *me* «mesurer», *wē* ἄηται, *se* «jeter, semer». Exemples du degré normal: gr. *κί χη-μι*, v. h^t-all. *ga-m* (cf. skr. *ǵíhīte*, lat. *fio* pour **fiho*); gr. ἧ-μα, lat. *se-men*, v. h^t-all. *sā-mo*, sl. *sě-mę*, lith. *sē-men-s*.

A l'*ablaut* grec η : ω (ἵημι : ἕωκα) répond exactement l'*ablaut* du nord *e* : *ā* (germ. lith. *o*). C'est celui qu'on observe dans les prétérits gothiques *sai-so*, *rai-ro*, *lai-lo*, venant de racines *se*, *re*, *lē*. Le germ. *dō-ma-*, employé comme suffixe, ne diffère pas du gr. θω-μό; *e* apparaît dans *dē-di-* «action». En lithuanien on a *pa-dō-na-s* «sujet», lequel vient très-probablement de la même racine *dhe*.

Le latin ici ne reste pas absolument muet: de la racine *ne-dh* (νή-θ-ω), amplification de *ne*, il forme *nodus*.

L'ē long, dans notre théorie, ne doit pas être un phonème simple. Il faut qu'il se décompose en deux éléments. Lesquels? Le premier ne peut être que a_1 (*e*). Le second, le coefficient sonantique, doit apparaître à nu dans la forme réduite (p. 135). La forme réduite de θη, c'est θε. En conséquence on dira que *ē* est fait de *e* + *e*. L'ō de θωμός alors représenterait o_2 + *e*.

Cette combinaison o_2e, nous la connaissons depuis longtemps. C'est celle qui se trouvait dans le nom. pl. goth. *vulfos*, osq. *Abellanōs*, et à laquelle nous avons donné le nom de a_2 (p. 91).

Cependant — et ici nous abordons la partie la plus difficile et la plus obscure peut-être de notre sujet — on s'aperçoit en y regardant de plus près que le témoignage du grec est sujet à caution et que l'origine de l'*e* long est un problème extraordinairement complexe.

1° Une combinaison a_1a_1 parallèle aux combinaisons a_1A, a_1i, a_1n etc. fait l'effet d'un de contre-sens. S'il y a une raison pour que a_1, avec son substitut a_2, possède des attributions qu'aucune autre sonante ne possède, pour que toutes n'apparaissent que comme les satellites de ce phonème, comment admettre que ce même a_1 puisse à son tour se transformer en coefficient?

---

tention sur l'ē long européen est, si nous ne nous trompons, M. J. Schmidt *Vocalismus* I 14.

2° Le grec paraît être le seul idiome où les formes faibles des racines en *ē* présentent *e*. Les principaux cas sont: *θε-τός*, *τίθε-μεν*; *ἑ-τός*, *ἵε-μεν*; *δε-τός*; *δίε-μαι*; *μέ-τρον*; *ἐ-ρρέ-θην*, *ἄ-σχε-τος*, *ἄ-πλε-τος*. En Italie que trouve-t-on? La racine européenne *sē* fait au participe *să-tus*. A côté de *rē-ri* on a *ră-tus*, à côté de *fē-lix* et *fē-tus*, *af-fă-tim* suivant l'étymologie de M. Fick. De la racine *dhē* «faire» vient *fă-c-io*[1] (Curtius), de la rac. *wē* (dans *ve-lum*, *e-ve-lare*) *va-nnus*.

Les langues du nord ont renoncé le plus souvent aux formes faibles des racines en *ā* et en *ē*. Il y a donc peu de renseignements à espérer de ce côté-là, mais ce qui reste confirme le témoignage du latin. M. Fick rapporte en effet à *blē* «souffler» (anglo-s. *blävan*) le germ. *blă-da-* «feuille» et à *mē* «metere» (anglo-s. *mävan*) *mă-þa-* «ver». Suivant quelques-uns le goth. *gatvo* «rue» appartient à *gē* «aller». En lithuanien *mē* donne *ma-tŭti* «mesurer». Peut-être est-il permis aussi de nommer sl. *doją* = goth. *da[dd]ja* de *dhē* «allaiter». Quant au goth. *vinds*, lat. *ventus*, c'est une forme qui peut s'interpréter de plusieurs manières et qui n'établit nullement que *wē* fasse au degré réduit *we*.

Dans le grec même on peut citer à la rigueur *κτάομαι* et *χράομαι* de κτη et χρη (Ahrens II 131), *τι-θα-σός* de θη (Grdz. 253), *ματίον* qui aurait signifié *petite mesure* (v. le Thesaurus d'Etienne) et qui dans ce cas ne peut venir que de *mē* «mesurer», *σπά-νις* en regard du lat. *pē-nuria*.

On pourrait invoquer, pour établir que les formes faibles ont eu *e* dès l'origine, les racines secondaires, ou passant pour telles, comme *med* de *mē*. Mais il s'agirait alors de démontrer dans chaque cas que la racine est bien réellement secondaire. Si elle remonte à la langue mère, nous considérons le type *me-d* et le type *mē* (= *me* + *a*) comme deux rejetons également anciens du tronc **me-*. La racine germanique *stel* «dérober» est censée sortir de *stā* (p. 65). Or cette dernière racine n'apparaît nulle part sous la forme *stē*. On voit par là quel fond l'on peut faire sur ces racines secondaires, pour déterminer le vocalisme de nos racines en *ē*.

Il ressort de ce qui précède que la voyelle des formes ré-

---

1. *Con-di-tus* de la même racine peut se ramener à **con-da-tus*.

duites de nos racines diffère en tous cas de ce qu'on appelle l'*e* européen. D'autre part nous ne voudrions pas identifier l'*a* de *satus* directement au phonème *A*. Ce n'en est, croyons-nous, qu'une modification (v. p. 178 seq.).

3° On observe entre l'*ē* et l'*ā* longs des langues d'Europe des variations surprenantes, inconnues pour les voyelles brèves correspondantes.

ā en grec et en germanique: *ē* en latin et en letto-slave.
Gr. *ἔ-φθᾱ-ν, φθά-σομαι*; v. hᵗ-all. *spuon:* lat. *spes*, sl. *spě-ją*

ā en gréco-italique et en letto-slave: *ē* en germanique.
Lat. *stā-men;* gr. *ἵ-στᾱ-μι*; sl. *sta-ti:* v. hᵗ-all. *stē-m, stā-m* (mais aussi *sto-ma, -ins*, en gothique).
Lat. *tā-b-es*; sl. *ta-ją:* anglo-saxon *þā-van* (= * *þē-jan*).
A *l'intérieur* du mot: gr. *μᾱ́κων*, sl. *makŭ:* v. hᵗ-all. *māgo.*

ē en grec et en letto-slave: *ā* en germanique, etc.
Gr. *τί-θη-μι*, sl. *děti:* v. hᵗ-all. *tuo-m* (mais aussi *tā-t*).
Gr. *μῆ-τις:* goth. *mo-da-*.
Lat. *cēra;* gr. *κηρός:* lith. *kóris* (F. I³ 523).

Il faut mentionner encore le v. hᵗ-all. *int-chnāan* en regard du gréco-it. *gnō* et du sl. *zna-* (connaître).

Entre le grec et le latin la même instabilité de l'*ā* long s'observe dans plusieurs cas:

Gr. *θρᾶ-νος*, lat. *frē-tus, frē-num*. Gr. *βᾱ-μεν*, lat. *bē-t-ere.* Dans l'intérieur de la racine: gr. *ἡμί*, lat. *ājo;* gr. *ἧμαι*, lat. *ānus* (Grdz. 381). A l'*η* panhellène des noms de nombre *πεντήκοντα, ἑξήκοντα* (Schrader Stud. X 292), est opposé en latin un *a: quinquāginta, sexāginta.*

Les cas que nous venons de voir amènent à cette conclusion, qu'il est quasi impossible de tirer une limite fixe entre l'*ā* et l'*ē* européens. Dès une époque reculée la répartition des deux voyelles était accomplie très-certainement pour un nombre de cas déterminé, et ce sont ces cas qu'on a en vue quand on parle de l'*ē*, de l'*ā* européen. Mais, je le répète, *rien n'indique entre* ē *et* ā *une différence foncière et primordiale.* — Qu'on se rappelle maintenant les faits relatifs à la forme réduite des racines en *ē*, le participe latin *sa-tus* de *sē* etc., qu'on pèse aussi les considérations théoriques développées en commençant, et l'on ne sera pas éloigné peut-être d'admettre la supposition suivante: *les éléments de l'ē seraient les mêmes que ceux de l'ā, leur formule commune étant* $a_1 + A$.

Nous ne sommes pas en état de donner les règles suivant lesquelles la soudure des deux phonèmes a engendré tantôt *e* tantôt *a*. Nous faisons seulement remarquer qu'une telle hypothèse ne lèse point le principe de phonétique en vertu duquel le même son, placé dans les mêmes conditions, ne peut donner dans un même dialecte deux produits différents. Il s'agit en effet de voyelles consécutives ($a_1 + A$) qui ont subi une contraction. Qui voudrait nier que bien des facteurs dont nous ne savons rien, telle nuance d'accent dont la plus imperceptible suffisait pour modifier le phénomène[1], ont pu être en jeu dans cette contraction?

Il découle de l'hypothèse que l'*ω* de *βωμός* et l'*ω* de *θωμός* sont identiques.

Quant à L'ÉPOQUE DE LA CONTRACTION, c'est une question que nous avons déjà rencontrée à propos du nom. pl. *vulfos* et autres cas de ce genre p. 91. Toutes les fois qu'on observe une variation entre l'*e* et l'*a* comme pour le sl. *spě-* en regard du germ. *spō-*, ce sera pour nous l'indice que la contraction est relativement récente[2]. Mais l'histoire du phénomène se décompose très-

1. La prononciation des diphthongues lithuaniennes *ai* et *au* diffère du tout au tout, d'après la description qu'en fait Schleicher, selon que le premier élément est accentué ou non. Et cependant *ái* et *ai*, *áu* et *au*, sont entièrement identiques par l'étymologie.

2. L'échange assez fréquent de l'*ā* et de l'*ē* dans la même langue s'explique si l'on admet que les deux produits divergents de la contraction *ea* continuèrent de vivre l'un à côté de l'autre. Ainsi le v. h[t]-all. *tā-t* à côté de *tuo-m*, le grec *κί-χη-μι* et *κι-χά-νω*, *πῆ-μα* et *πᾶ-θ* (p. 152), *ῥή-τωρ* et *εἰρά-να*; le lat. *mē-t-ior* et *mā-teries*. — Un phénomène plus inattendu est celui de la variation *ē-ā* dans le même mot entre dialectes très-voisins. Il va sans dire que ce fait-là ne saurait avoir de rapport direct avec l'existence du groupe originaire *ea*. Ainsi les mots *ἦβα*, *ἡμι-*, *ἥσυχος*, *ἥμερος*, prennent *ᾱ* dans certains dialectes éoliques et doriques, *η* dans d'autres. V. Schrader Stud. X 313 seq. La racine *βᾱ* donne en plein dialecte d'Héraclée *βου-βῆτις*. En Italie on a l'incompréhensible divergence de l'optatif ombr. *porta-ia* avec *s-iē-m* (= gr. *εἴην*). Le paléoslave a *rěpa* en regard du lith. *ropé* lequel concorde avec le lat. *rāpa* etc. M. Fick compare à ce cas celui du sl. *rěka* «fleuve» opposé au lith. *roké* «pluie fine»

probablement en une série d'époques successives dont la perspective nous échappe. Rien n'empêcherait d'admettre par exemple que la rac. *wē* «souffler» ou le mot *bhrāter* «frère» aient opéré la contraction avant la fin de la période proethnique.

Pour ce qui concerne l'ε des formes grecques comme θε-τός, il sera plus facile de nous faire une opinion à son sujet, lorsque nous en viendrons à l'*ĭ* indien comme représentant d'un *a* bref. Il suffit pour ce qui suit de remarquer que cet *ĭ* est la voyelle qu'il faut attendre en sanskrit dans toute forme réduite d'une racine en *ā*. Abordons maintenant, en y faisant rentrer les formes des racines en *ē*, l'étude du degré réduit.

C. ÉTAT RÉDUIT.

Dans les deux premières formations verbales que nous aurons à considérer il y a alternance de la racine réduite et de la

---

(II^{3} 640). Ici l'hypothèse d'une métaphonie produite par l'*i* suffixal qui se trouve dans l'*é* lithuanien aurait un certain degré de vraisemblance. — Enfin un troisième genre de phénomènes, c'est la coloration germanique et éléenne de l'*ē* en *ā* qui est un souvenir de l'ancien groupe *ea*, en ce sens qu'elle indique que l'*ē* européen était en réalité un *ä̅* fort peu différent de l'*ā*. En latin même on a vu dans l'*ae* de *saeclum*, *Saeturnus* (cf. *Sāturnus*) l'essai orthographique d'exprimer un *ē* très-ouvert.

1. Il sera bon peut-être de résumer dans un tableau les différentes espèces d'*a* brefs et d'*a longs* (c.-à-d. *doubles*) que nous avons reconnues. Voici les *a* du gréco-italique et du germanique groupés d'abord uniquement d'après les caractères extérieurs:

Gréco-italique		
e	a	o
ē	ā	ō

Germanique	
e	a
ē	ō

En marquant la relation des différents *a* entre eux on obtient:

Etat primordial		
	a	ǫ
e	ea ($\bar{A}_1$)	eǫ ($\bar{Q}_1$)
o_2	o_2a ($\bar{A}_2$)	o_2ǫ ($\bar{Q}_2$)

Gréco-italique		
	a	o
e	ē ā	ō
o	ō (ē ā ō)	

Germanique	
	a
e	ē ō
a	ō (ē ō)

Cf. le tableau de la page 135.

racine pleine. La forme pleine (qui n'apparaît qu'au singulier de l'actif) est au degré 1 pour le présent (2ᵉ et 3ᵉ classe), au degré 2 pour le parfait.

Présent de la 2ᵉ classe. Comparez

skr. *ás-mi*	*εἶ-μι*	φᾱ-μί	= phea-mi
ás-(s)i	*εἶ-ς*	φᾴ-ς	= phea-si
ás-ti	*εἶ-σι*	φᾱ-τί	= phea-ti
s-más	*ἴ-μες*	φᾰ-μές	= pha-mes

On le voit, la racine *phea* ou *pha₁A* ne se comporte pas autrement que la racine *a_1i*, la racine *a_1s* ou n'importe quelle autre racine. *ἐπί-στα-μαι*, verbe déponent, présente l'*α* bref régulier. Curtius Verb. I² 148.

Le sanskrit a presque complétement perdu la forme faible; voy. plus bas.

Pour l'aoriste non-thématique, qui est un imparfait de la 2ᵉ classe, M. J. Schmidt (K. Z. XXIII 282) nous semble avoir prouvé surabondamment ceci: toutes les formes grecques qui n'appartiennent pas au singulier de l'actif et qui ont une longue, ainsi *ἔ-στᾱ-μεν*, sont des formes secondaires faites sur le modèle de ce singulier, à moins qu'il ne s'agisse d'un genre de racines spécial, les racines *à métathèse* comme *πλη*. L'*α* bref est conservé entre autres dans *βᾰ́-την* de *ἔ-βᾱ-ν*, *φθᾰ́-μενος* de *ἔ-φθᾱ-ν*, dans *ἔ-δο-μεν*, *ἔ-θε-μεν*, *εἷ-μεν*[1]. En même temps M. Schmidt affirme le parallélisme si important *de l'ā long du singulier avec la «gradation»* telle qu'elle se trouve dans *εἶμι* en regard de *ἴμεν*. Dans l'aoriste même, nous connaissons maintenant des formes grecques à gradation; ce sont celles qu'a découvertes M. Brugman (v. *Beiträge de Bezzenberger* II 245 seq. et ci-dessus p. 21), ainsi *ἔ-χευ-α* en regard de *ἔ-χυ-το*.

Schleicher, dans son *Compendium*, reconnaît la quantité variable de l'*a*. M. Curtius, tout en l'admettant pour le présent et l'imparfait, est d'avis que l'aoriste ne connaissait originairement que la voyelle longue. Mais pouvons-nous mettre en doute l'identité formelle de l'aoriste avec l'imparfait? Pour ce qui est de l'*ā* long persistant des formes ariennes, l'aor. *á-pātām* n'est,

---

1. Il semblerait, si *ἔστατο* chez Hésychius n'est pas corrompu de *ἕσταντο*, que *ἔστᾱν* ait eu un moyen *ἐστάμην*.

bien entendu, un argument à faire valoir contre la primordialité de *βᾰ-την qu'à la condition de regarder aussi le présent φᾱμί φᾰμέν comme une innovation par rapport à* pǎmi pāmás. Il existe du reste en sanskrit des restes de la forme faible restreints, il est vrai, au moyen: de *dhā a-ḍhī-mahi* et peut-être *dhī-mahi* (Delbrück p. 30), de *sā* (*sā-t, sā-hi*) *sī-mahi*, de *mā*, au présent, *mī-mahe* (v. Böhtl.-Roth). Puis les formes incorporées dans le paradigme de l'aoriste en *s* comme *ásthita* et *ádhita* que cite M. Curtius[1].

Présent de la 3e classe. La flexion grecque de *ἵ-στᾱ-μι, ἵ-σᾱ-μι* (cf. *σᾰ-μα*), *δί-δω-μι, τί-θη-μι, ἵ-η-μι*, est toute pareille à celle de *φᾱ-μί*. Le lat. *dă-mus, dă-te* etc. reflète la forme faible. La 2e pers. *dās* paraît avoir suivi la 1e conjugaison. L'équivalent de *δίδως* serait **dōs*.

Ici le paradigme indien n'a point perdu les formes réduites: *ǵá-hā-mi, ǵá-hā-si, ǵá-hā-ti*; pluriel *ǵa-hī-más* etc.; duel *ǵa-hī-vás*. Au moyen on a, de l'autre racine *hā* (s'en aller), *ǵi-hī-še, ǵi-hī-te, ǵi-hī-mahe* etc. Ainsi se fléchissent encore *mā* «mesurer» et dans le Véda les racines *çā* «aiguiser», *çā* «donner», *rā* (*rirīhi*) id. La rac. *gā* «aller» conserve partout la forme pleine, uniformité qui, d'après tout ce que nous pouvons observer, doit être hystérogène. C'est ainsi que dans le dialecte védique *hā* «abandonner» a perdu lui-même la forme faible. — Sur *dadmás* et *dadhmás*, v. p. 179.

Parfait. L'*au* du sanskrit *dadhaú* (3e pers. sing.) nous semble fournir un nouvel indice de la variété primitive des *a* ariens. Si l'on met en regard *dadhaú* et *ἕω*[*-κε*], *áçvau* et *ἵππω* (*dvaú* et *δύω*, *nau* et *νώ*), *aštaú* et *ὀκτώ*, on se persuadera qu'il y a une espèce d'*ā* qui en sanskrit se change en *au* à la fin du mot, et que cette espèce d'*ā* résulte d'une combinaison où se trouvait a_2. Les formes védiques qui sont écrites par *ā* comme *paprá, áçvā*, indiquent simplement une prononciation moins marquée dans le sens de l'*au* (peut-être *ā°*). Partout ailleurs qu'à la fin du mot la voyelle en question est devenue *ā*: *dvā́daça* en regard de *dvaú*, *dadhā́tha* en regard de *dadhaú*. Dans *ukšā́, hótā, sákhā* (v. § 12) la

1. Pour écarter les doutes qui pourraient encore surgir relativement à l'extension de la forme forte telle qu'on la doit supposer ici pour le sanskrit, il faut mentionner qu'à l'optatif en *-yā*, le pluriel et le duel de l'actif (*dvišyā́ma, dvišyā́va* etc.) sont manifestement créés postérieurement sur le modèle du singulier. V. § 12.

non apparition d'*au* peut s'expliquer 1° par le fait que *n*, *r*, *i*, ont persisté, très-probablement, à la suite de l'*ā* jusqu'à une époque relativement peu reculée — on a même prétendu trouver dans le Véda des traces de l'*n* et de l'*r* —, 2° par la considération que l'*ā* de ces formes est un a_2 *allongé* et non une *combinaison de* a_2. — Pour les premières personnes du subjonctif telles que *áy-ā* (= gr. *εἴ-ω*, v. p. 127), la seconde des deux raisons précitées serait peut-être valable. Du reste ces formes ne sont connues que dans un nombre restreint d'exemples védiques et il se pourrait que l'*ā* y fût de même nature que dans *paprā́*, *áçvā*.

Déterminer les formes primitives est du reste une tâche malaisée. L'hypothèse que la désinence de la 1° personne du parfait actif est *-m* (v. p. 72, 42) repose sur une invraisemblance: il faut admettre, nous l'avons vu, que deux personnes distinguées l'une de l'autre par leur forme, le germ. **vaitun* et *vait*, se sont réunies par analogie dans une seule. Si incompréhensible que soit ce phénomène, la nasale est indispensable pour expliquer les formes *vaivo, saiso*, dont nous nous occupons. Sans elle le gothique ferait **vaiva*, **saisa*, et ce sont en effet ces formes qu'il faut rétablir pour la 3° personne. L'identité de la 1° et de la 3° pers. consacrée dans les autres prétérits amena une réaction qui cette fois fit triompher la première. En sanskrit **dadhā́m* a cédé au contraire à *dadhaú*: *dadhaú* lui-même remonte à *dhadhá*$_{2A}$-a_1. — Les Grecs ont dû dire d'abord **ἔων* et **ἔω*. Nous soupçonnons dans *πέφη· ἐφάνη* (Hes.), de la rac. *φᾱ* qui se retrouve dans *πεφήσεται*, *ἀμφᾰδόν*, un dernier reste de ces formes antiques[1]. Il est visible que le sing. **βέβην* (**βέβηθα*) **βέβη*, **ἔων* (**ἔωθα*) **ἔω*, doit sa perte à la trop grande ressemblance de sa flexion avec celles des aoristes et des imparfaits, et c'est là aussi ce qui a produit le premier germe des innombrables formations en *-κα*. Jusqu'au temps d'Homère (Curtius Verb. II 203, 210) on peut dire que les formes en *-κα* n'ont pas d'autre emploi que d'éluder la flexion **βέβην* **βέβηθα* **βέβη*: elles n'apparaissent que si la racine est vocalique, et, dans le verbe fini, presque uniquement

1. Les exemples de parfaits glosés dans Hésychius par des aoristes ne sont point rares, ainsi que l'a fait voir M. Curtius Stud. IX 465. — Il faut considérer avant tout que le grec ne connaît de l'aoriste non-thématique redoublé que quelques formes d'impératif (*κέκλυτε* etc.).

au singulier. A aucune époque le moyen ne les admet. — Dans les 3es personnes comme *βέβᾱ-κε*, *ἕω-κε* on obtient en retranchant l'appendice *-κε* le type pur du grec très-ancien. — Pour les conjectures qu'on peut faire sur la substitution d'*η* et d'*ᾱ* à *ω* dans *τέθηκα*, *βέβᾱκα* etc. nous pouvons renvoyer à la page 154.

Le moyen grec *ἕ-στᾰ-ται*, *δέ-δο-ται*, *πέ-πο-ται* etc. conserve la forme faible pure. A l'actif (pluriel, duel, participe) on a un certain nombre de formes comme *ἕ-στᾰ-μεν* etc., *βε-βᾰ́-μεν* (inf.), *τέ-τλᾰ-μεν*. Curtius Verb. II 169 seq. Comparez *δεί-δι-μεν δεί-δοι-κα* et *ἕ-στᾰ-μεν ἕ-στη-κα* (pour **ἕ-στω-κα*).

Les formes faibles du sanskrit présentent un état de choses singulier. L'*i* qui précède les désinences et qui apparaît aussi devant le *v* du suffixe participial (*tasthimá, dadhišé, yayiván*) est constamment un *i* bref. On a par exemple *papimá, papiván* en regard de *pī-tá*, *pī-ti*, *pipī-šati*[1]. L'*i* serait-il la même voyelle de liaison que dans *pa-pt-imá* etc., et l'*a* radical a-t-il été élidé devant elle? Tant qu'on ne connaîtra pas la cause d'où dépend la quantité de l'*i* final de nos racines, il sera difficile de trancher cette question.

Présent en -ska (v. p. 22). Grec *βό-σκω*, *φᾰ́-σκω*.

Thèmes nominaux en -ta (cf. p. 14, 23). Formes indiennes offrant un *i* bref: *čhi-tá* «fendu» (aussi *čhātá*), *di-tá* «attaché» de *dā* dans *dā́man* etc., *di-tá* «coupé» de *dā dā́ti* (on trouve aussi *diná*, *dāta* et en composition *-tta*), *mi-tá* «mesuré» de *mā mā́ti*, *çi-tá* (aussi *çāta*) «aiguisé» de *çā çiçāti* (f. fble *çiçī-*), *sthi-tá* de *sthā* «se tenir debout». Le part. *si-tá* «attaché» vient de *se* (d'où entre autres *sišet*) plutôt que de *sā* (dans *sāhi*). — Formes offrant un *ī* long: *gī-tá* «chanté» de *gā gā́yati*, *dhī-tá* de *dhā dhā́yati* (inf. *dhā́tave*), *pī-tá* «bu» de *pā pā́ti*, *sphī-tá* de *sphā sphā́yate* «croître». La formation en *-tvā́* étant parallèle aux thèmes en *-tá*, nous mentionnons *hī-tvā́* (aussi *hi-tvā́*) de *hā ǵáhāti* «abandonner» dont le participe fait *hī-ná*; cf. *ǵahita* et *uǵǵhita*. — L'*a* s'est introduit dans quelques exemples comme *rā-tá* de *rā rā́ti*, malgré *rirīhi* et autres formes contenant l'*i*. Sur *dhmātá*, *trātá* etc., v. le chap. VI.

Formes grecques: *στᾰ-τός*, *φᾰ-τός*, *εὔ-βο-τος*, *δο-τός*, *πο-τός*, *σύν-δε-τος*, *συν-ε-τός*, *θε-τός*. J. Schmidt loc. cit. 280.

---

1. On a, il est vrai, l'optatif du parfait védique *papīyāt*, mais, outre que cette forme n'est pas concluante pour la flexion du thème de l'indicatif, l'*ī* peut y résulter d'un allongement produit par *y*. Cf. *ǵahīyāt*.

Formes latines: *că-tus* = skr. *çitá*, *stă-tus*, *dă-tus*, *ră-tus*, *să-tus*. Cf. *fătcor* de **fă-to-*, *nătare* de **na-to*.

En gothique *sta-da-* «lieu».

Thèmes nominaux en **-ti** (cf. p. 15, 23). Sanskrit *sthí-ti*, *pī-tí* «action de boire», *pī-ti* «protection» dans *nṛ́-pīti*, *sphī-tí* à côté de *sphā-tí*, etc. — Grec **στᾰ́-σις**, **φᾰ́-τις**, **χᾰ́-τις** (Hes.) d'où **χᾰτίζω**, **βό-σις**, **δό-σις**, **πό-σις**, mais aussi **δῶ-τις** (inscr.) et **ἄμ-πω-τις**, **δέ-σις**, **ἄφ-εσις**, **θέ-σις**. — Latin *stă-tio*, *ră-tio*, *af-fă-tim* (p. 142).

Thèmes nominaux en **-ra** (cf. p. 157). Sanskrit *sthi-rá* (compar. *sthéyas*) de *sthā*, *sphi-rá* de *sphā*, *nī-rá* «eau», v. p. 101.

L'*i* est comme on voit *le seul représentant indien de l'a bref finissant une racine*, sauf, à ce qu'il semble, devant les semi-voyelles *y* et *v*, où l'*a* peut persister comme dans *dáyate* qu'on compare à **δαίομαι**, dans *gá-v-ām* = **βο-ϝ-ῶν** (v. § 12). L'*a* de *dádamāna* n'est pas le continuateur d'un *a* indo-européen: il indique simplement que la forme a passé dans la flexion thématique. Sur l'*a* de *madhu-pá-s* v. p. 177. — Le zend a tellement favorisé les formes fortes des racines en *ā* (ex.: *dāta*, *-çtāiti*, en regard du skr. *hitá*, *sthíti*) que c'est à peine si l'on peut encore constater que l'*i* dont nous parlons est indo-iranien. On a cependant *vī-mita*, *zaçtō-miti* de *mā* «mesurer» et *pitar* «père»[1]. L'*i* existe aussi dans l'anc. perse *pitā*. Il est à croire que les formes comme *fraorenata* et *pairibarenañuha* que M. Justi place dans la 9ᵉ classe verbale sont en réalité thématiques. Leur *a* ne correspond donc pas à l'*ī* sanskrit.

II. Racines contenant un ā médial.

Les phonèmes ᴀ et ǫ, suivis d'une consonne, ne se comportent pas autrement que lorsqu'ils terminent la racine. Le rapport de λᾱθ à στᾱ est à cet égard celui de πευθ à πλευ ou de δερκ à φερ.

C'était donc une inconséquence de notre part que de dire, au chap. IV: *les racines dhᴀbh, kᴀp*, tout en disant: *la racine stᴀ*;

1. *Patar* est, paraît-il, une fausse leçon. V. Hübschmann dans le dict. de Fick II² 799.

c'est *dhᴀbh*, *kᴀp* (= *dha*$_1$*ᴀbh*, *ka*$_1$*ᴀp*) qui sont les vraies racines. Mais cette notation, avant d'être motivée, n'aurait pu que nuire à la clarté.

C'est en grec que le vocalisme des racines contenant un ᴀ médial s'est conservé le plus fidèlement. Celles de ces racines qui finissent par une sonante, ainsi *θᾰλ*, *δᾱν*, ne seront pas comprises dans l'étude qui suit. Elles trouveront une mention à la fin du paragraphe. — Tout d'abord nous devrons déterminer la forme exacte des principales racines à considérer. Il est fréquent que des phénomènes secondaires la rendent à peu près méconnaissable.

Nous posons en principe que dans tout présent du type *μανθάνω* on a le droit de tenir la nasale de la syllabe radicale pour un élément étranger à la racine, introduit probablement par épenthèse. Bien que la chose ne soit point contestée, il est bon de faire remarquer que les présents comme *λιμπάνω*, *πυνθάνομαι*, dans lesquels la nasale, d'après ce qui est dit p. 125, *ne peut pas* être radicale, rendent à cet égard le doute impossible.

I. 1. Rac. σϝᾱδ. La nasale n'apparaît que dans *ἁνδάνω* pour **ἅδνω*. Il n'est donc pas question d'une racine *σϝανδ*. 2. Rac. λᾱθ, prés. *λανθάνω*. Même remarque. Cf. p. 61. 3. Rac. λᾱφ. Le prés. *λαμβάνω* se ramène à **λαφνω*[1]. La thèse de M. J. Schmidt (Voc. I 118) est: 1° que la nasale de *λαμβάνω* est radicale; 2° que *λήψομαι*, *ληπτός*, sont sortis des formes nasalisées que possède le dialecte ionien: *λάμψομαι*, *λαμπτός* etc. On pourrait demander, pour ce qui est du second point, pourquoi la même transformation ne s'est pas accomplie dans *λάμψω* (de *λάμπω*), dans *κάμψω*, *γναμπτός*, *κλάγξω*, *πλαγκτός* etc. Mais ce serait peut-être trancher, à propos d'un cas particulier, une question extrêmement vaste. Nous devons donc nous contenter ici d'avancer que toutes les formes du verbe en question peuvent se rapporter à λᾱφ, que plusieurs en revanche ne peuvent pas être sorties de λαμφ. De l'avis de M. Curtius, les formes ioniennes tirent leur nasale du présent par voie d'analogie. 4. Racine θᾱφ. De quelque façon qu'on doive expliquer *θάμβος* (= **θαφνος*?), l'aor. *ἔτᾰφον* et le parf. *τέθᾱπα* indiquent que la nasale n'est pas radicale. Le rapprochement du skr. *stambh* est douteux, vu les phénomènes d'aspiration des mots grecs.

II. *Racines qu'il faut écarter.* 1. A la page 103 nous avons ramené *λαγχάνω* à une racine λεγχ. On s'explique facilement la formation de *εἴληχα* à côté de l'ancien *λέλογχα* par le parallélisme de *λαγχάνω*, *ἔλαχον* (= *λn̥χνω*, *ἐλn̥χον*) avec *λαμβάνω*, *ἔλαβον* (= *λᴀβνω*, *ἐλᴀβον*). 2. *χανδάνω* pour *χαδνω* (= *χn̥δνω*) vient de χενδ, comme le prouve le fut. *χείσομαι*.

---

1. Devant *n*, *ph* devient *f*, *v*, *b*; puis *ἔλαβον* prend *b* par analogie. Cf. *θιγγάνω*, *ἔθιγον* en regard de *τεῖχος*.

Le parfait n'est pas si bien conservé que pour λεγχ: il s'est dirigé sur le présent et fait κέχανδα au lieu de *κέχονδα. — Les formes grecques se rattachant à δάκνω conduiraient à une racine δακ; mais les formes indiennes sont nasalisées. Or nous ne pouvons pas admettre de racine *dAnk* (v. p. 182). Il faut donc supposer que la racine est da_1nk. Alors δάκνω, ἔδακον, sont pour δήκνω, ἔδηκον, et toutes les autres formes grecques, comme δήξομαι, δῆγμα, sont engendrées par voie d'analogie. Mais par là même on est autorisé à s'en servir, en les faisant dériver d'une racine fictive δακ. L'*a* du v. ht-all. *zanga*, d'après ce qui précède, est un a_2, non un *A*.

III. Il y a des couples de racines dont l'une a *n* ou *m*, l'autre *A* pour coefficient sonantique, ex.: g_2a_1m et g_2a_1A «venir». Les seules qui nous intéressent ici sont celles du type B (p. 8). 1. Le grec possède à la fois μενθ, prouvé par μενθήρη, et μαθ, prouvé par ἐπι-μᾱθής. Les formes faibles comme μαθεῖν, μανθάνω (*μαθνω) peuvent, vu le vocalisme grec, se rapporter aux deux racines. 2. βενθ (βένθος) et βαθ (βῆσσα); βαθύς peut appartenir à βενθ aussi bien qu'à βᾱθ (v. p. 24). 3. πενθ et πᾱθ (cf. p. 61). Quoique les formes πήσομαι = πείσομαι et πήσας = παθών ne reposent que sur de fausses leçons, l'existence de πᾱθ est probable pour deux raisons; 1° πεν-θ suivant l'opinion très-vraisemblable de M. Curtius, est une amplification de πεν. Or, à côté de πεν, nous avons πη ou πᾱ dans πῆ-μα[1]. 2° Si les α de πάσχω, παθεῖν etc. peuvent s'expliquer par une rac. πεν-θ, en revanche l'*a* du lat. *pa-t-ior* suppose nécessairement une base *pā* et non *pen*[2].

IV. Parmi les racines mal déterminées dont nous parlions à la p. 59, celle de πήγνυμι n'est peut-être pas un cas désespéré. Il n'est pas trop hardi de s'affranchir de la nasale du parfait gothique **fefanh* (*faifāh*) et de la rapporter comme celle du lat. *panxi* (cf. *pepigi*) à la formation du présent que présente le grec πήγνυμι. Ainsi nous posons la racine *pAg* (ou *pAk*). En outre, pour ce qui regarde le grec, nous disons qu'il n'y a pas eu infection de la racine par la nasale du suffixe, que πῆξαι par exemple n'est pas pour «παγξαι». Ceci revient à contester que πήγνυμι soit pour

---

1. Pour le fait de l'amplification cf. μεν-θ et μᾱ-θ qui viennent de *men* et *mā* (μῆτις), βενθ et βᾱθ qui viennent de g_2em et $g_2\bar{a}$ etc. Curtius Grdz. 65 seq. Dans plusieurs cas l'addition du déterminatif date de la langue mère; ainsi βεν-θ, βᾱ-θ, βᾱ-φ (βάπτω), ont des corrélatifs dans le skr. *gam-bh*, *gā-dh*, *gā-h*. D'autres fois elle n'a eu lieu évidemment que fort tard comme dans le gr. δαρ-θ «dormir» ou dans πεν-θ. Ces derniers cas, considérés au point de vue de l'histoire de la langue, ne laissent pas que d'être embarrassants. On ne voit guère par où l'addition du nouvel élément a pu commencer.

2. Nous nous en tenons à l'ancienne étymologie de παθεῖν. Dans tous les cas celle de Grassmann et de M. J. Schmidt ne nous semble admissible qu'à la condition d'identifier *bādh* non à πενθ, mais à πᾱθ.

*παγνυμι, *παγγνυμι, comme le veut M. J. Schmidt (Voc. I 145). Voici les raisons à faire valoir: 1° Bien que la règle doive faire en effet attendre *πᾰγνυμι, les cas comme δείκνυμι, ζεύγνυμι, montrent de la manière la plus évidente qu'il y a eu devant -νν, introduction secondaire de la forme forte. M. Schmidt, il est vrai, tient que ει, ευ, sont eux-mêmes pour ιν, υν, mais sur ce point l'adhésion de la plupart des linguistes lui a toujours fait défaut. 2° D'après la même théorie, ῥήγνυμι serait pour *ῥᾰγνυμι (cf. ἐῤῥάγην). Donc les Doriens devraient dire ῥάγνυμι, mais ils disent, *au présent* (Ahrens II 132), ῥήγνυμι. Cela établit l'introduction pure et simple de la forme forte.

La loi qui préside à l'apparition de l'*a* long ne se vérifiera pas pour toutes les racines. Certains verbes, comme θάπτω ou λάπτω, ont complétement renoncé à l'*a* long. Nous reviendrons sur ces cas anormaux (v. p. 157 seq.).

Nous passons à l'examen des principales formations verbales. Sauf une légère inégalité au parfait actif, le verbe λάθω conserve le paradigme dans sa régularité idéale. Comparez

φεύγω	ἔφυγον	πέφευγα	πεφυγμένος	φεύξομαι	φυκτός
λάθω[1]	ἔλᾰθον	λέλᾱθα	λελᾰσμένος	λάσομαι	-λᾰστος
(*leathō*	*elathon*	*leleatha*	*lelasmenos*	*lea(th)somai*	*lastos*)

Présent de la 1e classe (cf. p. 126). Outre λάθω, on a θάγω, κάδω, τάκω, ἅδομαι, puis σήπω et τμήγω dont l'η, vu ἐσάπην et τμάγεν, représente ᾱ, et sans doute aussi δήω. Avec ϙ: κλώθω, τρώγω, φώγω; de plus ῥώ(σ)ομαι, χώ(σ)ομαι (p. 173). Curtius Verb. I² 228 seq. Sur le prés. δήκω v. ibid.

Aoriste thématique (cf. p. 9, 20). En regard des présents λάθω, ἅδομαι, *τμάγω (τμήγω) on a: ἔ-λᾰθο-ν, ε-ὕᾰδο-ν, δι-έ-τμᾰγο-ν. Il est permis de restituer à πτᾰκών un présent *πτάκω. La longue de πτήσσω est incompatible en principe avec la formation en -yω. L'origine récente de ce présent est donc aussi transparente que pour φώζω à côté de φώγω. La longue des présents fait défaut pour ἔ-λᾰβο-ν, ἔ-λᾰκο-ν, simplement parce que ces présents ne suivent point la 1e classe; au parfait l'ᾱ long

1. La rac. λᾱθ est sortie de *lā* (p. 61) comme πλη-θ de πλη, mais le paradigme qui lui a été imposé était ancien. — Il va sans dire que *leathō* est une transcription schématique, destinée seulement à mettre en évidence la composition de l'ᾱ long; à l'époque où les éléments de cet ᾱ étaient encore distincts, l'aspirée eût été probablement *dh*.

reparaitra. De ζωc vient ζούσθω pour ζοσέ-σθω (Grdz. 611). Sur les aoristes isolés tels que *ἔφαγον* v. p. 161.

L'AORISTE THÉMATIQUE REDOUBLÉ (cf. p. 10, 20) a le même vocalisme radical que l'aoriste simple: *λέ-λᾰθο-ν*, *λε-λᾰβέ-σθαι*, *λε-λᾰ̊κο-ντο*, *πε-πᾰγο-ίην* (Curtius Verb. II 29). Au contraire *ἐ-μέ-μηκο-ν* est un plus-que-parfait (ibid. 23).

Même affaiblissement à L'AORISTE DU PASSIF EN -η (cf. p. 46 i. n.): de cāπ *ἐ-σᾰ̊πη-ν*, de τāκ *ἐ-τᾰ̊κη-ν*, de τμᾱ̆γ *τμᾰ̊γε-ν*. De Fᾰ̈γ, Homère emploie à la fois *ᾰ̈γη* et *ἐ-ᾰ́γη*.

A L'AORISTE NON-THÉMATIQUE (cf. p. 21, 146) *ᾰ̈σ-μενος* est à cFāδ ce que *χύ-μενος* est à χευ.

PARFAIT. Aux principaux présents à voyelle longue cités ci-dessus correspondent les parfaits *λέ-λᾱθ-α*, *κέ-κᾱδ-α*, *τέ-τᾱκ-α*, *ἕ-ᾱδ-α* (lié par le sens à *ἁνδάνω*), *σέ-σηπ-α*, soit **σέ-σᾱπ-α*. — Répondant à des présents de diverses formations qui contiennent une voyelle longue: *με-μηκ-ώς* (*μηκάομαι*), *ἔ-πτηχ-α* (*πτήσσω*), *ἔ-ᾱγ-α* (*ἄγνυμι*), *πέ-πηγ-α* (*πήγνυμι*) etc. — Répondant à des présents de diverses formations qui contiennent une voyelle brève: *λέ-ληκ-α* (*λάσκω*), *εἴ-ληφ-α* (*λαμβάνω*), *κέκηφε* Hes. (*καπύω*) et d'autres, comme *πέφηνα*, qui se trouvent appartenir au genre de racines dont nous faisons abstraction provisoirement (v. p. 151). Le parf. *τέ-θηπ-α* n'a point de présent proprement dit.

Soit à l'aoriste, soit ailleurs, les racines de tous les parfaits précités présentent quelque part un *α* bref. La longue au parfait singulier est normale, puisque cette formation veut la racine pleine. Mais nous avons $\bar{A}_1$, et la règle demande $\bar{A}_2$: on devrait trouver «*λέλωθα*» etc. de même que pour les racines finissant par $\bar{A}$ on attendrait «*βέβωκα*, *ἕστωκα*» etc. (p. 149). C'est là un des cas assez fréquents où le phonème $\bar{A}_2$ manque à l'appel et où il est difficile de décider comment au juste il a dû disparaître. Est-ce que, avant la contraction, *εα* s'est substitué à *οα*? Nous voyons de même la diphthongue *ου*, sur le point de périr, se faire remplacer par *ευ*. Y a-t-il eu au contraire une réaction du présent sur le parfait postérieure à la contraction? On pourrait recourir à une troisième conjecture: la présence de a_2 à la première personne n'étant garantie par aucun fait décisif (p. 72), la flexion primitive a peut-être été: 1e p. *λέλᾱθα*, 3e p. **λέλωθε*; plus tard l'*ᾱ* se serait généralisé. Quoi qu'il en soit, nous possédons encore des vestiges de l'ω du parfait qui ne semblent point douteux: ce sont les formes doriques **τεθωγμένοι· μεμεθυσμένοι, τέθωκται· τεθύμωται** (Hes.) de **θάγω.**[1] L'ω s'est communiqué à l'aoriste dans **θῶξαι** et **θωχθείς** (Ahrens II 182). Du reste, même dans **τέθωκται** et **τεθωγμένοι**, il ne peut être qu'emprunté au singulier de l'actif qui, par hasard, ne nous est pas conservé. De plus, à côté de **ϝάναξ**, on a le parf. **ἄνωγα.** Cette forme sans doute pourrait être plus probante si l'on en connaissait mieux la racine.

Au pluriel, au duel, au participe, et dans tout le moyen l'ᾱ long ne peut pas être ancien. La flexion primitive était: **τέθᾱγα** ou **τέθωγα, τέθωγας, τέθωγε, *τέθᾰγμεν, *τεθᾰγώς**; moy. ***τέθᾰγμαι.** Les témoins de la forme faible sont les participes féminins homériques **λελᾰκυῖα, μεμᾰκυῖαι**; on peut citer aussi **τεθᾰλυῖα, σεσᾰρυῖα** et **ἀρᾰρυῖα** (Curtius Verb. II 193). Le masculin a toujours **η**, peut-être en raison des exigences du vers. En tous cas cette différence n'est pas originaire. — A côté de **κέκηφε**, on a **κεκᾰφηώς**, et le moyen de **λέληθε** est dans Homère **λέλᾰσται**, part. **λελᾰσμένος.**

Aoriste sigmatique et futur (cf. p. 128 seq.). Les formes sont régulières: **λᾰ́σομαι** de **λᾱ́θω**; **τᾱ́ξω** de **τᾱ́κω**; **ἥσατο** (Hom.) de **ἅδομαι**; **πᾱ́ξω, ἔπᾱξα** de **πᾱ́γνυμι**; **ἔπτᾱξα** de **πτᾱ́σσω**; — **δᾱ́ξομαι, ἐδηξάμην** (dans Hippocrate d'après Veitch) de **δάκνω**; **λᾱ́ψομαι** de **λαμβάνω.**

Parmi les formations nominales, nous considérons d'abord celles où se montre $\bar{A}_2$. Cf. p. 181.

Thèmes en -o et en -η. De ϝᾱγ «briser», **κυματ-ωγή.** Malheureusement on pourrait supposer une contraction de **κυματο(ϝ)αγή**; mais la même racine donne encore **ἰωγή** (Grdz. 531). La racine qui est dans le lat. *capio* forme **κώπη. Λώβη** en regard de *lābes* (les deux mots ne peuvent guère être identiques). De μᾱκ, dans **μᾱκοάω** (et non **μακκοάω**, v. Pauli K. Z. XVIII 14, 24), vient **μῶκος**; de πτᾱκ, **πτωχός.** De **θαάσσω, θῶκος.** Sous le rapport du vocalisme radical, le gr. **ὠμός** est au lat. *ămarus* ce que **-λοιχός** par exemple est à **λιχανός.** A **ψήχω** appartient **ψῶχος· γῆ ψαμμώδης**; l'α se trouve dans **ψᾱκτήρ** etc.[2] Si l'on

---

1. Pour la signification v. Ahrens II 343.

2. Il est vrai qu'il y a aussi un verbe **ψώχω** dont le rapport avec **ψήχω** n'est pas bien clair.

rattache **ὠκύς** à la rac. *ἀκ*, il a A_2. L'ω de **ἀγωγός** et **ἀκωκή** aurait une plus grande valeur sans la réduplication.

Thèmes sans suffixe. De même que φλεγ donne **φλόξ**, de même πτᾱκ donne **πτώξ**. De θᾱπ ou θᾱφ «admirer» vient **θώψ** «le flatteur» comme cela ressort de **θήπων· ἐξαπατῶν, κολακεύων. θαυμάζων** et d'autre part de cette définition de **θώψ**: **ὁ μετὰ θαυμασμοῦ ἐγκωμιαστής** (Hes.). Le verbe **θώπτω** ne peut être qu'un dérivé de **θώψ** comme **πτώσσω** l'est de **πτώξ**.

Thèmes de diverses formations. A côté de **ἀχλύς**: **ὠχρός**; cf. **χώρα** (p. 138). A côté de **λάγνος**: **λωγάς· πόρνη**; cf. **ὀλκάς, νομάς, σποράς, τοκάς** etc. M. Bugge (Stud. IV 337) rapporte **νώγαλον** «friandise» à un verbe qui a dû être en germanique **snaka, *snōk*. On a réuni **κνώδαλον** (et **κνώδων**) à **κναδάλλεται· κνήθεται**; toutefois **κνώψ, κνωπεύς**, en sont bien voisins. **Πρωτεύς** vient peut-être de la rac. *prāt* qui est dans le goth. *fraþjan*.

Les exemples de ᾱ pour ω ne manquent pas: θᾱγ donne **θηγός**, θᾱπ **θηπόν· θαυμαστόν**; τᾱγ **τᾱγός** (cf. **ἐτάγην**); ϝᾱγ forme, en même temps que **κυματ-ωγή, ναυ-ᾱγός** et **ἠγόν· κατεαγός**.

De même, φερ donnant **φορέω**, λᾱκ devrait donner «λωκέω». La forme réelle est **(ἐπι)ληκέω**: elle est régulière pour la quantité de la voyelle, irrégulière pour sa qualité. Même remarque pour **ἀγέομαι, θᾱλέω** etc.

Les FORMATIONS DU DEGRÉ 1 auront dans nos racines A_1.

Thèmes en *-man* (cf. p. 130): **ἐπι-λάσμων; λῆμμα, δῆγμα, πῆγμα** (Eschyle).

Thèmes en *-as* (cf. p. 129): **ἆδος, κᾶδος, μᾶκος, ἀ-λᾱθής, εὐ-(ϝ)ᾱχής** (cf. **ἰάχή**). Les suivants, plus isolés, ne sont pas accompagnés de formes ayant l'α bref: **μᾶχος, ἆπος** (fatigue, dans Euripide); **ἀ-ζηχής, ἀ-σκηθής, κῆτος, τῆθος**. Exemple contenant ϱ: **νωθής** en regard de **νόθος**.

La meilleure preuve de la postériorité de formations comme **θάλος, μάθος** (Eschyle), ce sont les composés **νεοθηλής, ἐπιμηθής**, où subsiste la longue. C'est ainsi encore que l'homérique **εὐπηγής** est remplacé plus tard par **εὐπᾰγής**. Peut-être la brève de **ἄγος** = skr. *ágas* (p. 117) comporte-t-elle une explication analogue malgré l'isolement de ce mot.

Thèmes en *-yas* (cf. p. 130). On a le superl. **μάκιστος** qui est à **μακρός**, ce que le skr. *kšépišṭha* est à *kšiprá*. Quant à l'ᾱ long qui se manifeste dans l'accentuation des comparatifs neutres *μᾶσσον*, *θᾶσσον*, *μᾶλλον*, il est prudent de ne rien décider à son égard, d'autant plus que le dialecte homérique n'admet pas l'*η* dans ces formes. M. Ascoli, d'accord en cela avec d'autres savants, les explique par la même infection qu'on observe dans *μείζων* (Kritische Studien p. 129). M. Harder (*De alpha vocali apud Hom. producta*, p. 104) cite des témoignages pour l'accentuation *μάσσον* et *μάλλον*.

Les thèmes qui rejettent a_1 auront ᴀ autophthongue:

Thèmes en *-ra*. Certains d'entre eux comme *σφοδρός*, *ὠχρός* (p. 156) prennent a_2. Une seconde série affaiblit la racine, par exemple *λιβρός*, *πικρός*, *στιφρός*, de λειβ, πεικ, στειφ; *λυγρός*, *ψυδρός*, de λευγ, ψευδ; *ἐλαφρός* de *λεγχ; sanskrit *kṣiprá*, *čhidrá* de *kšep*, *čhed*; *çukrá*, *çubhrá* de *çoč*, *çobh*; *gṛdhrá*, *sṛprá* de *gardh*, *sarp*; germanique *digra-* «épais» de *deig*; indo-européen *rudhrá* «rouge» de ra_1udh. De même, σᾱπ, soit $sa_1ᴀp$, fait *σᾰπρός*; μᾱκ fait *μᾰκρός*; λᾱθ donne *λᾰθρα*. On peut placer ici *τᾰκερός* de τᾱκ et *πᾰγερός* de πᾱγ, si l'*ε* y est anaptyctique; *ἄκρος* de ᾱκ est régulier aussi, sauf l'accentuation.

Thème en *-u* (cf. p. 15, 23): *ταχύς*.

Thèmes en *-ta* (cf. p. 14, 23, 149). La forme faible est devenue très-rare, mais *ἄ-λαστος* de λᾱθ et le verbe *πακτόω* à côté de *πᾱκτός* en sont de sûrs témoins. Il n'y a pas à s'étonner des formes comme *τᾱκτός*, *λᾱπτός*, *πᾱκτός*, plus que de celles comme *φευκτός* qui, elles aussi, remplacent peu à peu le type *φυκτός*.

Revenant aux formations verbales, nous examinons le vocalisme des racines dont le présent se fait en *-yω* ou en *-τω*.

En sanskrit la 4e classe verbale affaiblit la racine. En grec les formes comme *νίζω*, *στίζω*, *κλύζω*, *βάλλω* de *βελ*, *καίνω* de *κεν* (p. 103) et beaucoup d'autres attestent la même règle.[1] Rien de plus normal par conséquent que l'*ᾰ* bref de *ἅζομαι*, *βάζω*, *σάττω*, *σφάζω*, *χάζω* etc. Les formes comme *πτήσσω*, *φώζω* (cf.

1. Il est naturel que cette formation, une fois qu'elle eut pris l'immense extension qu'on sait, ne se soit pas maintenue dans toute sa rigueur. Evidemment un grand nombre de verbes de la 1re classe ont, sans rien changer à leur vocalisme, passé dans la quatrième. Ainsi *τείρω*, cf. lat. *tero*, *δείρω* à côté de *δέρω* (quelques manuscrits d'Aristophane portent *δαίρω* qui serait régulier), *φθείρω* (dor. *φθαίρω*) etc.

φώγω) sont aussi peu primitives que **τείρω** (v. p. 157 i. n.). **πήττω** paraît ne s'être formé qu'en pleine époque historique (Curtius Verb. I² 166).

Les présents en -**τω** sont analogues: **ἅπτω, βάπτω, δάπτω, θάπτω, λάπτω, σκάπτω** etc. montrent l'*α* bref. Seul **σκήπτω** enfreint la règle, car pour **θώπτω** (p. 156) et **σκώπτω**, on peut sans crainte y voir des dénominatifs; cf. **παίζω, παῖγμα, παίγνιον** venant de **παίς**.

Dans les temps autres que le présent, les verbes en -**γω** et en -**τω** restent en général sans gradation (nous adoptons pour un instant cette désignation des formes pleines de la racine). C'est la solidarité qui existe entre les différentes formes du verbe à cet égard que fait ressortir M. Uhle dans son travail sur le parfait grec (*Sprachwissenschaftl. Abhandlungen hervorgegg. aus G. Curtius' Gramm. Ges.* p. 61 seq.). Mais, au lieu d'attribuer à certaines racines et de refuser à d'autres une *faculté inhérente de gradation,* ainsi que le fait l'auteur, il faut dire au contraire que lorsque la gradation fait défaut, c'est qu'elle s'est perdue. Qu'est-ce qui a occasionné sa perte? C'est précisément, si nous ne nous trompons, *l'existence d'un présent sans gradation,* comme ceux en -**γω** et en -**τω**.

Ainsi l'analogie de **σφάζω, βάπτω, θάπτω, λάπτω, σκάπτω** etc. a peu à peu étouffé les formes fortes comme ***λᾱπ** ou ***σκᾱπ**. Les parfaits font **λέλᾰφα, ἔσκᾰφα,** les futurs **λᾰ́ψω, σκᾰ́ψω** etc. Les verbes contenant *ι* et *υ*, comme **στίζω, πτίσσω, νίπτω, κύπτω, τύπτω,** se comportent de même, c'est-à-dire qu'ils n'admettent nulle part la diphthongue[1]. Ces anomalies ne font donc pas péricliter la théorie du phonème *A*. D'ailleurs il y a des exceptions: **κάπτω** (Hes.): **κέκηφα; τάσσω (τέτᾰχα): τᾱγός; ἅπτω: ἠπάομαι** (Curtius); **καχλάζω: κέχλᾱδα.**

Les présents à nasale comme **λαμβάνω, ἁνδάνω, δάκνω,** n'exercent pas la même influence destructive sur le vocalisme de leurs racines. Cela tient au parallélisme presque constant de ces formations avec les présents à «gradation» (**λιμπάνω, λείπω; λανθάνω, λήθω**), grâce auquel il s'établit une sorte d'équivalence

---

1. Il est vrai qu'au parfait l'*ι* et l'*υ* subissent ordinairement un allongement (**κέκῡφα**), mais cela est tout différent de la diphthonguaison, et l'*ᾱ* long ne se peut jamais mettre en parallèle qu'avec la diphthonguaison.

entre les deux formes. Pareillement le prés. λάσκω laisse subsister le parf. λέληκα.

Nous passons à l'examen des principales formations verbales dans les langues européennes autres que le grec.

Parfait. Le germanique nous présente ō: goth. *sok*, *hof*. L'ō doit être du degré 2 et correspondre à l'ω régulier de τε-θωγ-, non à l'ᾱ hystérogène de τέ-τᾱκ-ε. Par la même unification que nous avons vue en grec, l'ō du singulier s'est répandu sur le pluriel et le duel, et l'on a *sokum*, *soku*, au lieu de **sakum*, **saku*. De même l'optatif devrait faire **sakjau*. Le participe passif, dont le vocalisme est en général celui du parfait pluriel, fait encore *sakans*. Il y a une proportion rigoureuse entre *sok: sakans* et *bait: bitans*. Un autre reste de la forme faible, c'est *magum* dont nous avons parlé à la page 64.

Le latin a *scābi*, *ōdi*, *fōdi*; l'irlandais *ro-gád* (prés. *guidiu*).

Présent de la 1e classe (v. p. 153). Latin *lābor* (cf. *lăbare*), *rādo*, *vādo* (cf. *vădum*), *rōdo*[1].

Goth. *blota* et *hvopa*. Ici ō est du degré 1. — Le parf. *hvaihvop* (**baiblot* ne nous a pas été conservé) a gardé la réduplication, afin de se distinguer du présent. Si le germanique faisait encore la différence entre $\bar{A}_2$ et $\bar{A}_1$, cela n'eût pas été nécessaire.

Paléoslave *padą*, *pasą*. — Lithuanien *móku*, *szóku*, et aussi sans doute plusieurs verbes qui suivent à présent d'autres formations, comme *kósiu* «tousser» (cf. skr. *kā́sate*), *osziù*, *kósziu*, *dróžiu*, *glóbiu*, *vókiu*; *bóstu*, *stokstù*. Schleicher Lit. Gr. 235 seq.

Présent en -ya. Goth. *fraþja*, *hafja*, *hlahja*, *skaþja* etc.; lat. *capio*, *facio*, *gradior*, *jacio*, *lacio*, *quatio*, *patior*, *rapio*, *sapio*, *fodio*. Ces formes sont régulières (v. p. 157).

Il faut mentionner en lithuanien *vagiù* «dérober» et *smagiù* «lancer», dont les infinitifs sont *vógti*, *smógti*.

Présents du type ἄγω. Plus haut nous avons omis à dessein de parler de cette classe de présents grecs, parce qu'il convient que les traiter conjointement avec ceux des langues congénères.

En germanique c'est la formation la plus commune: goth.

1. *Trāho* paraît bien n'être qu'un composé de *veho*.

draga, hlaþa, skaba, þvaha etc. — Le latin la préfère aux présents à voyelle longue comme *vādo*, mais l'emploie moins volontiers que la forme en *-io*. Il a *ago, cado, scabo, loquor;* puis des exemples où la consonne finale est une sonante, *alo, cano;* enfin les présents rares *tago, pago; olo, scato* (Neue Formenl. II² 423). Les deux derniers, bien qu'ils appartiennent à la langue archaïque, sont probablement secondaires[1]. — Le grec n'a que *ἄγω, γλάφω, γράφω, μάχομαι, ὄθομαι*, et les formes très-rares *ἄχομαι, βλάβομαι*[2]. — On trouve dans les verbes lithuaniens énumérées dans la grammaire de Schleicher: *badù, kasù, lakù*[3], *plakù*. Enfin le paléoslave, si nous ne nous trompons, a seulement *bodą* et *mogą*.

Nous n'hésitons pas à dire que ces présents ont subi un affaiblissement dans leur racine.

Il n'y a aucun motif pour s'effrayer de cette conséquence forcée des observations précédentes. Il est indubitable que *κλύω, λίτομαι*, et d'autres présents grecs sont des formes faibles. D'ailleurs si, plutôt que d'admettre cet affaiblissement, on renonçait au parallélisme de *λήθω* avec *πέτομαι, λείπω*, on arriverait, contre toute vraisemblance, à faire ou de *λήθω* ou de *μάχομαι un type à part ne rentrant dans aucune catégorie connue.*

A cela s'ajoutent les considérations suivantes.

L'indo-européen a eu évidemment deux espèces de thèmes verbaux en *-a*: les premiers possédant la racine pleine et paroxytons, les seconds réduisant la racine et oxytons. Rien ne permet de supposer que l'un des deux caractères pût exister dans un même thème sans l'autre.

En sanskrit et en zend, les oxytons de la langue mère donnent des aoristes et des présents (6ᵉ classe). En grec il n'y a point de présents oxytons, et un thème ne peut être oxyton qu'à la condition d'être aoriste. Nous devons donc nous attendre, sans décider d'ailleurs si la 6ᵉ classe est primitive ou non, à ce que les thèmes faibles, lors même qu'ils ne seraient pas attachés à un second thème servant de présent, aient une certaine tendance à se fléchir à l'aoriste. Et les thèmes du type *λιπε-*, où nous pouvons con-

---

1. On ne connaît pas le présent de *rabere;* celui de *apere* paraît avoir été *apio*.

2. Il est douteux que *γράω* et *λάω* soient pour *γρασ-ω* et *λασ-ω*.

3. Dans son glossaire Schleicher donne *lakiù*.

trôler l'affaiblissement de la racine, vérifient entièrement cette prévision. A côté des présents **γλύφειν, κλύειν, λίπεσθαι, στίχειν**[1], **τύκειν** (Hes.), ils donnent les aoristes **δικεῖν, ἐλ(υ)θεῖν, μυκεῖν, στυγεῖν, βραχεῖν** (= **br̥ĥeti**).

De ce qui précède il ressort que les différents présents grecs pour être vus sous leur vrai jour, doivent être jugés conjointement aux *aoristes isolés* de même forme radicale, lorsque ces aoristes existent.

Or pour le type **μαχε** ils existent. A côté des présents **ἄγειν, ἄχεσθαι, βλάβεσθαι, γλάφειν, γράφειν, μάχεσθαι, ὄθεσθαι**, on a les *aoristes isolés* **μακεῖν, ταφεῖν** (être étonné), **φαγεῖν, φλαδεῖν** (se déchirer). Et si cette propension à se fléchir à l'aoriste était chez le type **λιπε** un signe de l'affaiblissement radical, n'avons-nous pas le droit de tirer la même conclusion pour le type **μαχε**?[2]

---

1. **στίχουσι** donné par Hésychius a été restitué dans le texte de Sophocle, Antigone v. 1129. — Le nombre des présents de cette espèce est difficile à déterminer, certains d'entre eux étant très-rares, comme **λίβει, λίβων** pour **λείβει**, d'autres, comme **γλίχομαι**, que plusieurs ramènent à ***γλισκομαι**, étant de structure peu claire, d'autres encore comme **λύω** devant être écartés à cause de l'ū long du sanskrit.

2. Pour saisir dans son principe le fait employé ici comme argument, il faut en réalité une analyse un peu plus minutieuse.

Tout d'abord, il semble qu'on doive faire une contre-épreuve, voir si les thèmes contenant **ε** ne se trouvent pas dans le même cas que ceux contenant *α*. Cette contre-épreuve est impossible *a priori*, vu qu'un thème contenant **ε** est fort, et qu'un aoriste fort ne peut qu'être hystérogène. L'aoriste régulier des racines contenant **ε** a toujours la forme **πτ-ε**.

En revanche le soupçon d'une origine récente ne saurait atteindre les aoristes tels que **φαγεῖν**, vu leur ressemblance avec le type **λαθεῖν** de **λήθω**. Le fait se résume donc à ceci: au temps où l'aoriste était pur de formes fortes, où il ne contenait que des formes faibles ou des formes dont on ne sait rien, les différentes espèces de thèmes dont il s'agit se répartissaient de la manière suivante entre l'aoriste et le présent:

Présent	**πέτε**	**λίπε**	**μάχε**
Aoriste	—	**δικέ**	**φαγέ**

Pour que les thèmes du type μαχε- pussent comme ceux du type λιπε- et à l'encontre de ceux du type πετε- se fléchir comme oxytons (soit à l'aoriste), ils devaient être des thèmes faibles.

Du reste nous ne demanderions pas mieux que de donner pour un instant droit de cité aux aoristes isolés contenant **ε**, et de faire le simulacre de la contre-épreuve. On n'en trouverait qu'un seul: **ἑλεῖν** (**εὑρεῖν** = **ϝε-**

Tout parle donc pour que *μάχομαι* soit un présent exactement semblable à *λίτομαι*. Depuis quelle époque ces thèmes faibles se trouvent-ils au présent? C'est là en définitive une question secondaire. Si l'on admet dans la langue mère une 6e classe des présents, *λίτομαι*, *μάχομαι*, pourraient être fort anciens et n'avoir fait qu'abandonner leur accentuation première. Nous croyons cependant, comme nous y faisions allusion plus haut, que dans la première phase du grec, tous les anciens oxytons, *quel qu'ait été l'état de choses primitif*, ont dû passer d'abord par l'aoriste, que par conséquent les présents du type *λίτομαι* sont en tous cas de seconde génération. Les cas comme celui de *ἐλ(υ)θεῖν* qui a mieux aimé rester dépourvu de présent que de changer d'accentuation recommandent cette manière de voir. Mais en même temps il est probable que dès une époque plus ancienne que la langue grecque certains thèmes du type *μαχε-* (*age-* par exemple), cessant d'être oxytons, s'étaient ralliés aux présents comme *bhére-*.

Passons aux verbes latins. Pour deux d'entre eux, *tago* et *pago*, M. Curtius a victorieusement établi qu'ils ne sont rien autre chose que d'anciens aoristes. Voy. notamment Stud. V page 434. Il est vrai que ce sont les seuls exemples qui soient accompagnés d'une seconde formation (*tango*, *pango*). Mais sur ce précédent nous pouvons avec quelque sécurité juger *cado, scato, cano, loquor*; ce dernier du reste est en grec *λακεῖν*, non «*λάκειν*». Il reste seulement *ago*, *scabo* et *alo* qui, ayant leur pendant dans les idiomes congénères, paraissent appartenir au présent depuis plus longtemps.

En abordant le germanique, la question de savoir si l'indo-européen a eu des *présents* de la 6e formation prend plus d'importance que pour le grec et le latin. Si l'on répond affirmativement, il n'est besoin de longs commentaires: *saka* est un présent de la 6e classe, et la seule chose à faire admettre c'est que le ton, cédant à l'attraction des autres présents, s'est porté de bonne heure sur la racine (*hláþa, skáþa* etc.). Dans tous les cas le germanique a reçu des périodes antécédentes quelques présents de

---

νϱ-εῖν), en revanche le présent est peuplé littéralement de ces formes. Mais cette confrontation, qui a l'air très-concluante, n'aurait à notre point de vue qu'une valeur relative.

cette espèce, ainsi que le font conclure goth. *skaba* = lat. *scabo*, *graba* = gr. *γράφω*, norr. *aka* = gréco-it. *agō*. Mais il n'en est pas moins vraisemblable que la majorité soit issue de l'aoriste. C'est même la seule hypothèse possible pour goth. *þvaha*, cf. *τάκω* (p. 63); norr. *vaða*, cf. lat. *vādo;* anglo-s. *bace*, cf. *φώγω*. Les formes comme *þvaha* nous reportent donc à une époque où l'aoriste germanique existait encore, et il n'est pas difficile de comprendre pourquoi, tandis que le thème *beuge-* (*biuga*) se conservait à l'exclusion de *buge-*, l'inverse avait lieu pour *þvahe-*. Depuis la confusion des phonèmes $\bar{A}_1$ et $\bar{A}_2$, l'ō du prés. **þvōha* (*τάκω*) ne différait plus de l'ō du parf. *þvōh* (ou *þveþvōh*). Au contraire le thème *þvahe-* offrait un excellent *ablaut*, qui devait s'établir d'autant plus facilement que les verbes en *-ya* comme *hafja hōf* en donnaient déjà l'exemple.

Je ne pense pas que les formes, peu nombreuses du reste, du letto-slave fassent quelque difficulté sérieuse.

Tout cela pourra paraître suggéré par les besoins du système. Quelle nécessité y a-t-il après tout de soutenir que *saka*, *ἄγω*, doivent appartenir à une autre formation que *φέρω*? C'est cette nécessité, urgente à nos yeux, que nous voudrions accentuer d'une manière bien précise. Le présent n'est qu'un cas particulier. Qu'on considère l'ensemble des formations, et l'on verra apparaître un trait caractéristique des racines contenant $_A$, trait inconnu à la grande classe des racines dont la voyelle est *e*, *la faculté d'allonger la voyelle*[1]. On peut avoir sur *saka* et *ἄγω* telle opinion qu'il plaira. Seulement quand leurs racines font *sōk* et *ἀγέομαι* dans le même temps que *bher* fait *băr* et *φορέω*, il y a là un phénomène tellement extraordinaire qu'il s'agit avant tout et à tout prix de s'en rendre compte. Or l'hypothèse proposée pour *saka* n'est que l'explication indirecte de *sōk*. La tentative peut n'être pas réussie; en tous cas elle est motivée.

Notre hypothèse sur cette faculté d'allonger la voyelle est connue par ce qui précède. Il sera permis de renvoyer le lecteur qui voudra apprécier jusqu'à quel point la propriété de l'allonge-

1. Sans doute il y aussi des *ē* longs, mais dans un nombre de racines extrêmement limité et qu'il serait injustifiable de vouloir confondre avec le type *bher*. Nous abordons ces racines à la p. 166.

ment est inhérente aux racines contenant ᴀ ou ǫ au travail déjà cité de M. Fick qui traite de l'*ā* long européen (Beitr. de Bezzenb. II 193 seq.). Du reste nous ne nous sentons point en état de dire dans chaque cas pourquoi l'on trouve une brève ou une longue, comme nous avons cru en effet pouvoir le faire pour les formations relativement très-transparentes qui ont été analysées plus haut. Les remarques qu'il nous reste à faire ne porteront donc point sur le détail.

Les matériaux relatifs à la permutation *ā* : *a* et *ō* : *o* dans le latin se trouvent réunis chez Corssen Ausspr. I² 391 seq. En voici quelques exemples: *com-pāges* : *pago*; *ācer* : *acies*; *ind-āgare* : *ago*; *sāgio* : *sagax*; *con-tāgio* : *tagax*; *lābor* : *labare*. L'*o* de *prae-co* venant de *cano* serait-il un exemple de $\bar{A}_2$?

En grec on peut ajouter à la liste de M. Fick et aux exemples donnés plus haut: ἄχος : ἰᾰχή; ὠθέω : εἰν-οσί-φυλλος; κωφός : κόπτω; ῥώθων : ῥόθος; φώγω : φοξός (Curtius).

Pour les idiomes du nord l'échange *ā* : *a* est devenu une sorte *d'ablaut quantitatif* qui a succédé à *l'ablaut qualitatif* $\bar{A}_1$: $\bar{A}_2$. L'*ablaut* qualitatif était détruit par la confusion phonique des deux $\bar{A}$ (p. 139) comme aussi par la perte partielle des formations contenant $\bar{A}_1$, dont la plus importante est le présent de la 1ᵉ classe. En germanique particulièrement l'élimination de ce dernier au profit des formes comme *saka* a fait naître entre la série *a* : *ō* et la série *e* : *a* (a_2) un parallélisme absolument hystérogène. La langue sent la même relation entre *sok*, *sokjan*; *groba*, et les présents correspondants *saka*; *graba*, qu'entre *vrāk*, *vrakjan*, *vraka* et *vrikan*. Mais le vrai rapport serait rendu assez exactement par la fiction suivante: se représenter les racines comme *beug* ayant perdu le degré de l'*e* et ne possédant plus que les formes *bug* et *baug*[1]. — Comme le présent n'était pas le seul thème du degré 1, on s'attendrait cependant à trouver la voyelle longue ailleurs que dans les formations qui demandent a_2, par exemple dans les neutres en *-as* et les comparatifs en *-yas*. Il n'en est rien: *hatis*,

---

1. A la page 122 nous nous sommes montré incrédule vis-à-vis des transformations d'*ablaut* d'une certaine espèce et avec raison, croyons-nous. Mais ici de quoi s'agit-il? Simplement de la suppression d'un des trois termes de *l'ablaut*, suppression provoquée principalement par la perte du présent.

skaþis, *batiza*, montrent l'*a* bref. Ces formes paraissent s'être dirigées sur le nouveau présent. Nous n'avons pu découvrir qu'un seul exemple qui, sur ce point, répondît à la théorie: c'est le féminin goth. *sokni-*. Les thèmes en *-ni* demandent en effet le degré 1, ainsi que le prouve *siuni-* de la rac. *sehv* (cf. skr. *há-ni*, *ǵyā-ni*, en regard de *hī-ná*, *ǵī-ná*). Donc «*sakni-*» eût été irrégulier au même chef que *hatis*. Le norr. *dægr* pour **dōgis* serait un second cas de ce genre si l'*e* du lith. *degù* ne rendait tout fort incertain. Cf. la note.

La permutation en question est fort commune en letto-slave. Lithuanien *pra-n-tù* : *prótas*, *żadù* : *żódis* etc. — En slave on a les verbes comme *po-magają*, *badają*, en regard de *mogą*, *bodą* etc. De même qu'en germanique, l'*ā*, dans les cas où l'*ă* bref est conservé parallèlement, devient pour la langue une espèce de gradation.

Ici nous devons faire mention d'une innovation très-étendue qui donne au vocalisme letto-slave une physionomie à part. Tandis qu'en germanique la confusion de A avec a_2 n'a amené presque aucun trouble dans le système des voyelles, le letto-slave au contraire a mélangé deux séries vocaliques, et nous voyons l'*a* (ou *ă*, p. 68) issu de a_2 permuter avec *ā* (*å*) comme s'il était A. De là l'échelle slave *e* : *o* : *a* dans les nombreux exemples comme *teką*, *točiti*, *takati*, l'échelle lithuanienne *e* : *a* : *o*, comme dans *żelù*, *żálias*, *żolė*[1]. V. Schleicher Lit. Gr. 35 seq. — Il faut avouer que d'autres allongements de ce genre restent inexpliqués, je veux dire particulièrement l'*ē* des fréquentatifs slaves comme *plėtają* de *pletą*. Il serait à souhaiter aussi qu'on sût à quoi s'en tenir sur l'*ē* long germanique des formes comme *nēmja-* (rac. *nem*). Amelung, remarquant que l'*ē* est suivi le plus souvent d'une syl-

---

1. Le germanique n'est pas sans offrir un ou deux exemples analogues. Ainsi le goth. *dags* (dont la racine est *deg* si l'on peut se fier au lith. *degù*) est accompagné de *fidur-dogs*, *ahtau-dogs*. Sans *dægr* (cf. ci-dessus), on pourrait songer à voir dans *-dogs* le même allongement singulier que présente le second terme des composés indiens *çatá-çārada*, *pṛthu-ǵāghanā*, *dvi-ǵā́ni*, et qui, en grec, se reflète peut-être dans les composés comme *εὐ-ήνωρ*, *φιλ-ήρετμος*, où l'allongement n'était pas commandé par une succession de syllabes brèves. — L'allongement du lat. *sēdare* (v. p. 168) et du gr. *τρωπάω* (v. ce mot au registre) n'a rien de commun, croyons-nous, avec les phénomènes slaves dont nous parlons.

labe contenant *i* ou *y*, supposait une épenthèse et ramenait *nēmja-* à **namja-*, **naimja-*.

Il reste à considérer les racines qui ont un ē médial, type absolument parallèle à λᾱθ, λειπ, δερκ. On a la proportion: ϝρηγ : θη = λᾱθ : στᾱ.

Pour ne point éparpiller cette famille de racines, nous citerons aussi les exemples comme *krēm* où l'ē est suivi d'une sonante, quoique ce caractère constitue un cas particulier traité à la fin du paragraphe.

Le degré 2 apparaîtra naturellement sous la même forme que pour les racines finissant par ē: il aura ō dans le gréco-italique[1], ā (germ. lith. ō) dans les langues du nord. V. p. 140 seq.

Il sera intéressant d'observer le vocalisme du degré réduit, parce qu'il pourra apporter de nouvelles données dans la question de la composition de l'ē qui nous a occupés plus haut p. 141 seq.

Première série: le degré réduit présente *a*.

1. Rac. *kēd*. Au lat. *cēdo* on a souvent joint, et à bon droit, ce nous semble, les formes homériques *κεκαδών*, *κεκαδήσει*. On a la proportion: *κεκαδών* : *cēdo* = *satus* : *sēmen*.

2. Rac. *rēg* «teindre». Gr. *ῥῆγος*; les quatre synonymes *ῥηγεύς*, *ῥεγεύς*, *ῥογεύς*, *ῥαγεύς*, sont irréguliers: il faudrait «*ῥωγεύς*». Néanmoins l'*α* contenu dans *ῥαγεύς*, ainsi que dans *χρυσοραγές* (Curt. Grdz. 185), est pour nous très-remarquable. Ici en effet *ρα* ne saurait représenter la liquide sonante: *ρ* étant initial, elle n'aurait pu donner que *αρ*. Donc, à moins que cette racine n'ait suivi l'analogie de quelque autre, l'*α* de *ῥαγ* doit être assimilé à l'*a* de *satus*. Dans *ῥέζω* toutefois la forme faible a *ε*.

3. Rac. *rēm*. Gr. *ἔρημος*, lith. *romùs*. Formes faibles: gr. *ἠρέμα*, lith. *rìmti*, mais aussi gr. *ἀραμέν· μένειν*, *ἡσυχάζειν* (infinitif dorique en *-εν*). — Cette racine n'est pas identique avec *rem* d'où *ἔραμαι* (p. 22).

4. Rac. ληγ (l'*η* est panhellène, Schrader Stud. X 316). M. Curtius indique que *λαγάσσαι· ἀφεῖναι* pourrait donner la forme à voyelle brève. Verb. I² 229.

---

1. M. Brugman Stud. IX 386 dit quelques mots sur *ῥήγνυμι* : *ἔρρωγα*. Il considère l'*ω* de *ἔρρωγα* comme une imitation postérieure du vocalisme de *κέκλοφα*.

5. Rac. *lēd.* Au goth. *lēta, lailot*[1], on joint *lats* et le lat. *lassus.* Le lithuanien a *léidmi* (= **lĕdmi*).

6. Rac. *bhrēg.* Gr. *ῥήγνυμι*, *ῥήξω* etc. Degré 2: *ῥωχμός*, *ἀπο-ρρώξ*, *ἔρρωγα*[2]. Le parfait moyen *ἔρρηγμαι* et le partic. *ἐρρηγεῖας* des tables d'Héraclée sont réguliers en ce sens qu'ils n'ont pas *ω*, mais on attendrait *-ρᾰγ-* plutôt que *-ρηγ-*. C'est ce que présente l'aor. pass. *ἐρράγην*, où le groupe *ρα* représente *ρ* + *α*, non pas *r̥*. *ϝραγ* : *ϝρηγ* = *să* : *sē*. En latin le degré réduit s'est propagé: *fractus*, *frango* pour **frag-no*. Le goth. *brikan* est un verbe de l'espèce ordinaire. Sur le rapport de *-ru-* dans *brukans* au *-ra-* gréco-italique v. p. 180. Le slave a *brĕgŭ* «rive».

7. Rac. *sēk.* Paléosl. *sěką* «caedere», lith. *sýkis* «une fois, un coup», lat. *sīca* pour **sēca.* Degré 2: v. h[t]-all. *suoha* «herse». Degré réduit: lat. *saxum* = germ. *sahsa-* «pointe, couteau etc.» (Fick III[3] 314); mais aussi *secare*[3].

Deuxième série: le degré réduit n'est pas connu.

1. Gr. *ἀρήγω*, *ἀρηγών*. Degré 2: *ἀρωγός*, *ἀρωγή*.

2. Rac. *dhrēn.* Gr. *θρῆνο-ς*, *ἀν-θρήνη* (= **ἀνθο-θρήνη*), *τεν-θρήνη*; *θρώναξ· κηφήν. Λάκωνες* (pour la formation cf. *ὄρπηξ* de ἑρπ, *πόρπαξ* de *perk₂*, *κρώμαξ* de κρημ, *σκώληξ* de σκᾰλ, lat. *procax* de *prec*, *pōdex* de *perd*).

3. Rac. *rēp.* Lat. *rēpo*, lith. *rėplóti.*

Troisième série: le degré réduit présente *e.*

1. Rac. *ēd.* Lith. *ĕdu*, *ĕsti*; sl. *ěmĭ* ou *jamĭ* = **j-ěmĭ* (Leskien,

---

1. Nous ne saurions adopter la théorie qui ramène l'*ē* des verbes gothiques de cette classe à *a* + *nasale*, théorie que défend en particulier M. J. Schmidt Voc. I 44 seq. M. J. Schmidt accorde lui-même que pour *leta* et *greta* les arguments manquent et que dans *blesa* rien ne peut faire supposer une nasale. En outre l'auteur part du point de vue que l'*ā* germanique est antérieur à l'*ē*. Dès qu'on cesse de considérer *ē* comme une modification de l'*ā*, *a* + *nasale* ne doit faire attendre que *ā* comme dans *hāhan*. L'*ō* du parfait, dans la même hypothèse, s'explique encore bien moins: cf. *haihāh*. Enfin celui qui soutient que *redan* est pour **randan* ne doit pas oublier que par là il s'engage à approuver toute la théorie des *ā* longs sanskrits sortis de *an*, vu qu'à *reda* correspond *rădhati*.

2. Dans *ῥωγαλέος* l'*ω* est irrégulier, si l'on compare *λευγαλέος*, *εἰδάλιμος*, *πευκάλιμος*; mais Hésychius a *ὀρειγαλέον*, v. Curtius Grdz. 551.

3. A la p. 84, le germ. *saga* est rangé parmi les formations qui ont *a₂*. Cela est admissible si on prend soin de déclarer *saga* hystérogène. Mais peut-être l'*a* de ce mot répond-il à l'*a* de *saxum*.

Handb. d. altb. Spr. § 26), 3e p. *ēstĭ* ou *jastĭ; medv-ēdĭ*. Lat. *ēsurio, ēsus*(?). En grec, la longue de *ἐδήδοκα*, *ἐδηδώς*, *κάτηδα· καταβεβρωμένα*, *ἐδηδών· φαγέδαινα*, ne prouve pas grand chose; mais celle de *ὠμ-ηστής*, et *ἄν-ηστις* paraît garantir l'*η* radical. On trouve le degré 2 dans *ἐδωδή*; malheureusement cet *ω* est équivoque comme l'*η* de *ἐδήδοκα*. Ce ne serait pas le cas pour l'*ω* de *ὠδίς*, si, en se fondant sur l'éol. *ἐδύνη* = *ὀδύνη*, on voulait le rattacher à notre racine. Peut-être n'est-il point indifférent de trouver en gothique *uz-ēta* (crèche). — Le degré réduit a engendré le gr. *ἔδμεναι*, *ἔδω*, *ἐσθίω*, le lat. *edo, edax*, le goth. *ita*.

2. Rac. *krēm*. Elle donne en grec *κρημνός*, *κρήμνημι*, et, au degré 2, *κρῶμαξ* (aussi *κλῶμαξ*). Le goth. *hramjan* pour lequel on attendrait **hromjan* s'est dirigé sur les racines à *e* bref. Le gr. *κρέμαμαι* donne la forme faible.

3. Rac. *tēm*. Lat. *tēmētum, tēmulentus*. Miklosich (Lexicon palaeosl.) compare à ces mots le sl. *timica* «boue» dont le premier *i* représente donc un *ē* long. La forme faible se trouve dans *tenebrae* et le sl. *tĭma*. La comparaison des mots sanskrits (p. 172) montre que le rac. *tēm* ou *stēm* réunissait en elle les idées d'*humidité*, d'*obscurité*, de *silence*, d'*immobilité*. Au figuré elle rend aussi celle de *tristesse*.

4. Rac. *dhēn*. Lat. *fēnus*; gr. *εὐ-θηνία* à côté d'*εὐ-θενία* (skr. *dhána*).

5. Rac. *sēd*. Lat. *sēdes* (ancien neutre en *-as*), *sēdulus, sēdare*. Lith. *sėdżu, sėdėti*. Je ne sais comment on explique le présent slave *sędą*; l'infinitif fait *sěsti*. Au degré 2 *sēd* donne *sóstas* «siége» et non «*sastas*». Semblablement on a en slave *saditi* «planter» et non «*soditi*». Le grec et le germanique ont toujours l'*e* bref. Il ne peut appartenir primitivement qu'à la forme faible. Goth. *sitan*, gr. *ἕζομαι*, *ἕδρα*, *ἕδος* (cf. *sēdes*). Sur l'*ι* de *ἱδρύω* qui est important cf. p. 180.

6. Rac. *stēg*. Lat. *tēgula*. Lith. *stėgiu* et *stógas*, non «*stagas*». Il faut que *στέγω*, *tego*, *τέγος* etc., soient sortis secondairement, bien qu'à une époque très-reculée, de la forme faible. De même *tŏga* est nécessairement hystérogène.

7. Rac. *swēdh*. Gr. *ἦθος*, parf. *εἴωθα*[1]. En latin, peut-être

1. On a reconstruit «*εἴϝοθα*» en supposant une action progressive du digamma sur l'*o* (Brugman Stud. IV 170). Le seul bon exemple qu'on pût

suēsco et probablement *sōdes* (pour **svedes*) qu'on a rattaché à ἤθεἰος (*ἠθεσ-ιο). La forme faible se trouve dans le goth. *sidus*, le lat. *sŏdalis* (**svedalis*), le gr. εὐέθωκα. ἔθων, ἔθεται (Hes.) doivent être sortis de l'aoriste, et ἔθος est fait sur ἔθω.

Le parfait grec μέμηλε indique une racine *mĕl* dont la forme faible a donné μέλω etc. Si le μεμᾱλότας de Pindare est authentique, l'ᾱ de cette forme se place à côté des cas comme ἦβα ἄβα dont nous avons parlé p. 144 i. n.

On constate parfois une variation de la qualité de l'*a* telle qu'elle apparaissait dans le v. h^t^-all. *stēm*, *tuom*, en regard du gr. ἵστᾱμι, τίθημι (p. 143). Gr. ῥώομαι «danser» comparable au norr. *rās* «danse etc.», gr. κέχλᾱδα (et καχλάζω) en regard du goth. *grēta* (v. Fritzsche *Sprachw. Abh.* 51). On pourra citer aussi le lat. *rōbur* si, tout en adoptant le rapprochement de Kuhn avec skr. *rā́dhas*, on maintient celui de *rā́dhati* avec goth. *rēda*, *rairoþ*. Cette même racine donne, au degré 2, le sl. *radŭ* «soin», au degré faible le gr. ἐπί-ρροθος. En regard du gréco-it. *plāg* le gothique a *flēka*. Toutefois M. Bezzenberger prétend que le présent *flēka* n'est conservé nulle part et que rien n'empêche de rétablir *flōka* (A-Reihe, p. 56 i. n.).

La troisième série ainsi que plusieurs exemples de la première nous montrent l'*e* répandu dans la forme faible même dans d'autres idiomes que le grec. C'est là, comme on se le rapelle, un fait qui paraît ne jamais se présenter à la fin des racines (p. 142), et un fait qui, peu important en apparence, jette en réalité

---

citer pour une modification de ce genre, c'étaient les participes comme τεθνηῶτα. Cet exemple tombe, si l'on admet que l'ω est emprunté au nominatif τεθνηώς, ce qui est à présent l'opinion de M. Brugman lui-même (K. Z. XXIV 80). A ce propos nous ne pouvons nous empêcher de manifester quelque scepticisme à l'égard des innombrables allongements tant régressifs que progressifs qu'on attribue au digamma. Peut-être ne trouverait-on pas un cas sur dix qui soutînt l'examen. Ici la voyelle est longue dès l'origine, par exemple dans κλᾱῖς, νηός, ἦος, ἔκηα, θηέομαι, φάεα etc.; là il s'agit de l'allongement des composés comme dans μετήορος; ailleurs c'est une diphthongue qui se résout comme dans ἠώς pour **ausōs*, **auōs*, **auwōs*, **āwōs* (cf. dor. ἐξωβάδια, πλήων venant de *ἐξουάδια, πλείων). Et comment explique-t-on que les mots comme γλυκύς, sauf ἐΰς ἠΰς, ne fassent que γλυκέος quand τοκεύς fait τοκῆος? — Nous reconnaissons bien que certaines formes, p. ex. ἤειρε de εἴρω, ne comportent jusqu'à présent que l'explication par le digamma.

quelque trouble dans la reconstruction du vocalisme des *ā*. Il laisse planer un certain doute sur l'unité de composition des différents *ā* longs européens, et nous sommes obligés d'entrer dans la terre inconnue des langues ariennes sans que l'européen où nous puisons nos lumières ait entièrement confirmé l'hypothèse dont nous avons besoin. N'étaient les racines comme *sēd sed*, tout *ā* long sanskrit répondant à un *ā* long européen serait une preuve directe du phonème *ᴀ*. Nous reviendrons sur ce point à la p. 175.

Langues ariennes.

I. Existence, à l'intérieur de certaines racines, de la dégradation *ā a* constatée plus haut dans les langues d'Europe.

Pendant longtemps toutes les racines ariennes ou peu s'en faut paraissaient posséder l'échelle *ā a*. Grâce aux travaux de M. Brugman la complète disparité de l'*ā* de *tāna* (= gr. τόνος) avec l'*ā* européen est désormais mise en évidence. Comment peut-on s'assurer que l'*ā* des exemples relatifs à notre question est bien un *ā* long et non pas a_2? Dans certains cas, il faut le reconnaître, les critères font défaut purement et simplement. Qui décidera par exemple de la valeur de l'*ā* de *çā́li* ou de *rāhú*? D'autre fois, et particulièrement dans les trois cas suivants, on peut prouver que la longue est originaire.

1. L'*ā* se trouve devant un groupe de deux consonnes comme dans *çā́smi* qui ferait «*çā̊smi*», si l'*a* était a_2.

2. L'*ā* se trouve dans une formation où le témoignage des langues européennes joint à celui d'une grande majorité d'*a* brefs ariens interdit d'admettre a_2. Ex.: *kā́çate* au présent de la 1e classe; *rā́dhas*, thème en *-as* (p. 126 et 129).

3. Il y a identité avec une forme européenne où apparaît l'*ā* long. Ex.: skr. *nā́sā* = lat. *nāsus*.

En jugeant d'après ces indices on se trouve du reste d'accord avec les grammairiens hindous qui posent les racines *çās*, *kāç*, *rādh*, et non *ças*, *kaç*, *radh*.

a) Le degré réduit présente[1] *a*.

1. Nous ne comptons pas les formes redoublées comme *ćākaçīti* de *kāç*, *asīṣadhat* de *sādh*, *badbadhānā́* de *bādh*. Les *a* brefs de cette espèce sont dûs à la recherche du rhythme plutôt qu'à autre chose.

ămá (= gr. *ὠμός*): *ămla*.

āçú: *ắçri*; cf. gr. *ὠκύς*, *ὄκρις*.

krắmati «marcher»: *krắmati* est apparemment l'ancien aoriste. Du reste *krắmaṇa* etc. montre que la forme faible s'est généralisée.

gắhate «se plonger»: *găhvará* «profond».

nắsā «nez» parallèlement à *năs*, *năsta* (id.).

pắǵas ne signifiant pas seulement *lumière*, mais aussi *force*, *impétuosité* (B. R.), il est probable que le mot est identique, malgré tout, avec le gr. **πάγος* dans *εὐ-πηγής*: *păǵrá* qu'on traduit par *dru*, *compacte*, offre la forme faible de la racine.

mắdyati «s'enivrer»; *mắdati*, comme plus haut *krámati*, s'annonce comme un ancien aoriste. L'*ā* de *mắdyati* ne s'accorde guère avec le présent en *-ya* et paraît être emprunté à une forme perdue **mādati*.

vắçati «mugir»: *văçắ* «vache». Dans *vāvaçre*, *vāvaçānā́* l'*a* bref est sans valeur, cf. la note de la p. 170.

svắdate «goûter», *svắdman*, *svāttá* pour **svatta*: *svắdati* représente l'ancien aoriste.

hrắdate «résonner»: *hrădá* «lac» (cf. gr. *καχλάζω* qui se dit du bruit des vagues).

β) Le degré réduit présente *ĭ*.

plā-ç-í nom d'un viscère: *plĭ-h-án* «foie». Pour *k* et *gh* alternant de la sorte à la fin d'une racine cf. *mak* et *magh* p. 64.

çās «gouverner». Le vocalisme de cette racine est presque intact. Nous allons confronter *çās* avec *dveš* comme plus haut *λāϑ* avec *φευγ*:

çắsti	*çĭšmás*	*çĭšát*	*çaçắsa*	*çĭšṭá*	*çāstár*	*ā-çís*
dvéšṭi	*dvĭšmás*	*dvĭšáti*	*didvéša*	*dvĭšṭá*	*dvešṭár*	*pati-dvíš*

Cependant l'analogie a déjà commencé son œuvre: le pluriel du parfait fait *çaçāsus* au lieu de **çaçĭšus* et le passif *çāsyáte* pour **çĭšyáte*. Böhtlingk-Roth citent le participe épique *çāsta*, et on a dans le Rig-Véda des formes comme *çāste*, *çāsmahe*.

sādh «réussir». Les formes *sídhyati*, *siddhá*, *sidhmá*, *sidhrá*, *nih-šídh*, ont dû être primitivement à *sắdhati*, *sắdhišṭha* etc. ce que *çĭš* est à *çās*. Par analogie on créa *sédhati*, *sišédha*, ce qui amena une scission entre les deux moitiés de la racine.

γ) Le degré réduit présente à la fois *a* et *ĭ*.

támyati «être affligé» (cf. *mā́dyati* p. 171), *tāmrá* «de couleur sombre»: *timirá* «obscur», *tĭ́myati* «être humide, silencieux, immobile». La forme *stimyati* fait supposer que la racine est en réalité *stām*. On trouve l'*ă* par exemple dans *tămisrā*.

vā́sas «vêtement» : *vā́ste* «se vêtir» — non pas «*uṣṭe*» comme on aurait si la racine était *vas* —, mais aussi *ā́-viš-ṭ-ita* «revêtu» R. V. X 51, 1; *veša* et *vešṭayati* dans le sanskrit classique paraissent être nés comme *sḗdhati* de quelque phénomène d'analogie.

çāktá «maître», *çā́kman* «force» ἅπαξ εἰρημένον védique: *çăknóti* «pouvoir», mais en même temps *çikvá*, *çíkvan*, *çíkvas* «habile».

sā́dana synonyme de *sádana* «demeure»[1], *sādád-yoni* (véd.): *sīdáti* (aussi *sī́dati*) «s'asseoir» n'est pas pour «*sizdati*» comme nous le disions par erreur à la p. 11, et cela 1° parce qu'il faudrait dans ce cas «*sīḍati*», 2° par la raison péremptoire que le zend a *hiδaiti* et non «*hĭzhdaiti*». Les autres formes, fortes et faibles, n'ont ni *sād* ni *sīd*, mais *săd*.

II. La répartition des racines qui ont la dégradation *ā a* est-elle la même dans les langues ariennes qu'en Europe?

Comme tout *ᴀ* et tout *ọ* européen suppose, d'après ce que nous avons vu, un *ᴀ̄* et un *ọ̄*, la quantité de ces phonèmes est indifférente pour la recherche qui suit.

Parmi les exemples ariens nous ne croyons pas devoir omettre les racines telles que *āp* qui ont supprimé la dégradation en généralisant la forme forte.

1. L'européen présente *ā* (au degré réduit, *a*).

Skr. *āp*, *āpnóti*, *āptá* : lat. *apiscor*, *aptus*. — Skr. *āmá* à côté de *amla:* gr. ὠμός, lat. *amarus*. — Skr. *āçú* à côté de *áçri* : gr. ὠκύς, ὄκρις. — Skr. *kā́sate* «tousser»: lith. *kósu*, v. h[t]-all. *huosto*. — Skr. *gā́hate* (cf. p. 171): gr. βῆσσα. — Skr. *pā́jas*: gr. εὐ-πηγής, p. 171. — Skr. *nā́sā* à côté de *nás* : lat. *nāsus*, lith. *nósis*, sl. *nosŭ*. — Skr. *mā́dyati* : lat. *madeo*, gr. μαδάω. — Zend *yāçti* : gr. ζωσ, ζοσ (p. 154), sl. *jas*, lith. *jůs*. — Skr. *vā́çati* : lat. *vacca*. — Skr.

---

1. Il va sans dire que *sādana* dans le sens *d'action de poser* (*sādayati*) ne peut pas être cité.

çāsti : lat. *castus*, *castigare*[1], *Casmenae*; gr. *κόσμος*; goth. *hazjan*. — Skr. *svā́date* : gr. *σϝᾱδ*. — Skr. *hā́sate* «jouter à la course» (B. R.) : gr. *χώομαι* (?).

2. L'européen présente *ē*.

Skr. *krā́mati* : gr. κρημ (p. 168). — Skr. *tā́myati*, *tāmrá* : europ. *tēm* (p. 168). — Skr. *dā́sati* «poursuivre» : gr. *δήω*. — Skr. *rā́dhati* «faire réussir», *rā́dhas* «richesse» : goth. *redan* «délibérer», peut-être aussi lat. *rōbur* (cf. p. 169). — Skr. *rāǵ rā́ǵati* «briller»: grec ῥηγ «teindre» (p. 166). — Zend *rām* dans *rāmōiδwem* «vous reposeriez» europ. *rēm* (p. 166). — Skr. *vā́sas* (p. 172) : l'absence assez singulière du degré ϝοσ dans les formes grecques fait soupçonner que la racine est ϝησ. — Skr. *sā́dana* etc. (p. 172) : europ. *sēd* (p. 168). — Skr. *hrā́date* : europ. *ghrēd*, *ghrād* (p. 169).

A cette liste il faut ajouter skr. *bāhú* = gr. *πᾶχυς*, skr. *sāmí* = europ. *sēmi*, skr. *rā́ǵ* = lat. *rēx*, goth. *reiks*, irland. *rí*. Isolés et dépourvus de formes faibles, ces mots sont difficiles à classer.

La valeur des coïncidences énumérées est rehaussée par ce fait que la dégradation indienne *ā a*, ou plus généralement l'*ā* long, ne se présente jamais, que nous sachions, quand l'européen offre un type comme *pet*[2].

La réciproque, comme on va le voir, serait moins vraie. Nous rappelons que toute racine européenne montrant quelque part *ᴀ* doit être considérée comme possédant la dégradation *ā a*.

ā́ǵati cf. gr. *ἄγω*, *ἀγέομαι*; *gā́dati* cf. gr. *βάζω*, irland. *guidiu ro-gád*; *bhā́ǵati* cf. gr. *φαγεῖν*; *yā́ǵati* cf. gr. *ἅζομαι*; *rā́dati* cf. lat. *rādo*; *lā́bhati* cf. gr. λᾰφ *λαβεῖν*; *vā́tati* cf. lat. *vātes*; *sthagati* cf.

---

1. Fröhde K. Z. XXIII 310. Ajoutons *pro-ceres* pour **pro-cases* = skr. *pra-çā́sas* «les ordres», de même qu'en Crète *κόσμοι* signifie *les magistrats*.

2. Le rapprochement du goth. *niþan* avec le skr. *nāthitá* «inops» n'est rien moins que satisfaisant. Quant à *bhrā́ǵati* en regard du gr. *φλέγω*, le lat. *flagrare* avertit par son *a* que la racine est *bhlēg* et que l'*ε* de *φλέγω* est de même nature que dans *ἕζομαι* de *sēd*. Pour le lat. *decus* en regard du skr. *dā́çati*, l'*o* des mots grecs *δόγμα*, *δέδοκται* (cf. p. 131) nous rend le même service. La racine est *deḳ*: *δέδοκται* est à **dēcus* (converti en *decus*) ce que *ἐπί-ρροθος* est au goth. *reda* (p. 169). — On trouve dans le Rig-Véda un mot *bhā́rman* de la racine qui est en Europe *bher*. L'allongement aura été provoqué par le groupe consonantique qui suit comme il faut l'admettre, je pense, pour *hā́rdi* «cœur», *pā́rṣṇi* cf. *πτέρνα*, *māṃsá* = goth. *mimza-*.

europ. *stēg* (p. 168). Rien, ni dans la formation des temps ni dans celle des mots, ne trahit une différence quelconque entre ces verbes et les exemples comme *pátati* = lat. *peto*.

Ce fait, s'il n'est pas précisément des plus favorables à l'hypothèse du phonème *ᴀ*, est cependant bien loin de la menacer sérieusement. Reprenons le présent *svā̊date* cité précédemment. Ce présent est accompagné d'une seconde forme, *svā̊dati*. Si l'on compare le grec *ἅδομαι*, aoriste *ε-ϝᾰδο-ν*, on conviendra qu'il y a neuf probabilités sur dix pour que *svádati* représente sinon l'ancien aoriste, du moins un présent originairement oxyton *swadá-ti*. L'accent, en sanskrit, a été attiré sur la racine par l'*a* qui s'y trouvait, phénomène que nous constaterons encore plus d'une fois. *Aucun présent indien en a* n'a le ton sur le suffixe *quand il y a un* a *dans la racine*. V. Delbrück *Altind. Verb.* 138 et 145 seq. S'appuyer ici sur l'accentuation serait donc récuser d'avance tous les autres arguments et supprimer la discussion.[1]

Qu'on se figure le présent *svā̊date* tombé en désuétude, *svádati* survivant seul, et l'on aura à peu près l'état de choses qu'offrent actuellement *áǵati*, *gádati* etc. Les formes comme *svā̊dman* n'auraient pas tardé en effet à suivre le présent dans sa ruine.

Cette explication est la même que celle que nous avons tentée (p. 160 seq.) pour les présents comme goth. *saka*, gr. *μάχομαι*. Seulement l'arien n'étant plus comme les langues européennes retenu et guidé par la différence des sons *e* et *a* poussé plus loin qu'elles l'assimilation de nos verbes à ceux du type *pa₁t*. Au parfait par exemple la 1e pers. *babhā̊ǵa* (à côté de *babháǵa*) et la 2e *babháktha* (à côté de *bheǵitha*) ne sauraient se ramener à *bhāg*. Ces formes ont subi le métaplasme. La 3e pers. *babhā̊ǵa* peut passer pour originaire et se comparer directement au grec *τέθωγε*, au goth. *sok*.

Les coïncidences que nous avons vues entre les *ā* longs ariens et européens permettent-elles de tirer quelque conséquence touchant les *a* proethniques? Si les malencontreuses racines européennes comme *sēd sed* ne venaient à la traverse, nous

1. Les présents où nous restituons *ᴀ* ne sont pas les seuls où l'accent doit avoir subi ce déplacement: *dáçati* de la rac. *daṃç* est forcément pour **daçáti*, **dṇçáti* (cf. *δακεῖν*).

aurions dans les cas comme *svā́date* = *ἥδομαι* comparés à *pátati* = *peto* la preuve pure et simple que la dégradation indo-européenne *ā a* est liée au phonème *A*, et que ce phonème a de tout temps différé de a_1. Dans l'état réel des choses, nous devons renoncer à cet argument.

Cependant c'est ici le lieu de faire remarquer que la coïncidence a lieu en grand pour toute la classe des racines finissant par *ă*. *La nécessité de l'ā long aux formes non affaiblies* de ces racines (dont nous avons parlé p. 136 seq.) *est la même pour l'arien que pour l'européen.* Il n'y a point de racine en *ă*. Ce fait, si on le compare à tout ce que nous savons de l'organisme des racines, démontre que l'*ā* indo-européen est une combinaison de a_1 avec un second phonème. Il ne contient cependant pas la preuve que ce second phonème fût telle et telle voyelle (*A*, *ǫ*).

III. Le vocalisme des formes faibles, dans les exemples de la dégradation *ā a*, et les données qu'il fournit sur les *a* indo-européens.

M. Brugman a consacré quelques lignes auxquelles nous faisions allusion à la p. 5, à la question des *a* proethniques autres que a_1 et a_2. Il cite comme exemple d'un de ces *a* la voyelle radicale de *pitár* — *πατήρ* — *pater* et de *sthitá* — *στατός* — *status*. Car autrement, dit-il, ces formes comparées à *padás* — **πεδός* — *pedis* seraient absolument incompréhensibles. Il va sans dire, d'après tout ce qui précède, que nous nous joignons sans réserves, pour le fond de la question, à cette opinion du savant linguiste. Seulement nous ne comprenons pas bien le rôle que joue dans son raisonnement l'*i* indien de *pitár*, *sthitá*. Il n'a pu entrer dans la pensée de l'auteur de dire que parce que l'*i* indien de *pitár*, *sthitá*, diffère de l'*a* indien de *padás* ces phonèmes ont dû différer de tout temps. Ce qui est sous-entendu, c'est donc que l'*i* en question répond toujours à un *a* européen. On aurait attendu alors une explication, si courte et de quelque nature qu'elle fût, relativement aux cas comme *θετός* — *hitá*[1].

La véritable signification de l'*ĭ* arien dont il s'agit ne se révèle, croyons-nous, que dans les formes énumérées plus haut (p. 171 sq.) où l'*ĭ* se trouve *à l'intérieur de la racine.* On peut joindre

1. M. Brugman la donne peut-être indirectement en émettant la présomption que les phonèmes a_1 et a_2 ne terminent jamais la racine.

aux exemples donnés *çikate* «tomber par gouttes», dont la forme forte est dans le grec *κηκίω*, et *khidáti* «presser», *khidrá, khidvas,* qui, ainsi que l'a reconnu Grassmann, sont parents du gr. *κάδω*. L'*e* de *khédā* «marteau» et de *ćikhéda* n'est point originaire, puisqu'on a en même temps *ćakhắda*, parfait védique donné par Pāṇini.

Tous ces exemples de l'ĭ ont ceci de commun et de caractéristique qu'ils correspondent à un *ā* long des formes fortes. Les racines sans *dégradation*, comme *tap tắpati* ou *pać pắćati*, placées dans les mêmes conditions d'accent, ne convertiront jamais leur *a* en *i*[1]. Si elles ne peuvent l'expulser, elles le garderont toujours tel quel: *taptá, pakti* etc.

Si l'on considère de plus que tout ĭ placé à la fin d'une racine est accompagné d'un *ā* dans la forme forte, qu'il en est de même, en dehors de la racine, dans les formes de la 9ᵉ classe verbale comme *pṛṇīmás* en regard de *pṛṇắti*, on arrivera à cette notion, que L'ĭ ARIEN POUR *a* SUPPOSE UN *ā* LONG DANS LES FORMES NON AFFAIBLIES AUSSI NÉCESSAIREMENT QUE LE VÉRITABLE *i* SUPPOSE *ai* OU QUE *ṛ* SUPPOSE *ar*.

Or la réduction de l'*ā* long, pour désigner ainsi le phénomène en faisant abstraction de toute reconstruction théorique, ce fait qui est la condition même de l'ĭ arien, ce fait appartient à l'histoire de la langue mère, non à l'histoire de la période indo-iranienne; la comparaison des langues d'Occident l'a suffisamment établi. Il est clair par conséquent que le germe de l'ĭ est indo-européen. *Le vocalisme arien accuse une différence de qualité entre les* a *proethniques sortis de* ā, *ou du moins certains d'entre eux, et les* a *proethniques non sortis de* ā.

Cette définition *a sorti d'un ā long* convient admirablement aux phonèmes ᴀ et ǫ des langues européennes. L'ĭ arien serait-il donc purement et simplement le représentant de ces phonèmes? Nullement. Cette thèse serait insoutenable. Dans la majorité des cas ᴀ et ǫ sont rendus par *a*, comme nous l'avons vu au chapitre IV et tout à l'heure encore où il était question des formes

1. Ni les aoristes comme *ăǵiǵat* ni les désidératifs tels que *pits* de *pat* ne sauraient infirmer cette règle. La valeur de l'*i* des aoristes est nulle puisqu'il apparait même à la place d'un *u* (*aubǵiǵat*), et les désidératifs doivent peut-être le leur à un ancien redoublement.

bhágati, *rádati* etc. opposées à *φαγεῖν*, *rōdo* etc. Entre les cas même où le sanskrit conserve la dégradation, il en est bon nombre, nous l'avons constaté, dont la voyelle est *a* aux formes faibles, p. ex. *svā̆date*, *svádati*. Ce n'est pas qu'on ne doive présumer que le même phonème d'où, avec le concours de certains facteurs, résulte un ĭ n'ait pu prendre, sous d'autres influences, une route divergente. Nous ne doutons même pas que dans les formes où ce phonème a été placé dès l'origine sous la tonique il n'ait produit *a* au lieu de ĭ. Voici les exemples qui paraissent le prouver. A côté des cas obliques comme *niçás* «noctis» il existe une forme védique *nák* (= **náks*, cf. *drakšyáti* de *darç* etc.) qui, ainsi que le fait remarquer M. Brugman (Stud. IX 395), est le propre nominatif de *niçás*. Le phonème destiné à devenir *i* dans la syllabe non accentuée a donné *a* sous l'accent[1]. — Tout porte à croire que la seconde partie de *ćatásras* est identique avec *tisrás*, zd. *tisarō*[2]. Le prototype de l'*i* de *tisrás* s'est donc épanoui en *a* sous l'accent. — Peut-être enfin que l'*a* de *madhu-pá* (le type *soma-pā́* est le plus commun, il est vrai, dans la langue védique) n'est dû ni à l'analogie de la déclinaison thématique ni à un suffixe *-a*, mais qu'il est tout simplement l'équivalent accentué de l'ī de *pī-tá*. La formation non védique *ǵala-pī*, faisant à l'instrumental *ǵala-py-ā*, est en tous cas hystérogène.

L'influence de l'accent qu'on remarque dans les cas précités ne doit cependant point faire espérer de résoudre le problème en disant que l'*a* radical de *svádati* résulte de l'innovation qui a amené la tonique sur la racine (p. 174) et qu'autrement on aurait «*svidáti*»[3] comme on a *khidáti*, *çisát*. On ne comprend en effet ce

---

1. M. Brugman cite *nák niçás* pour corroborer son opinion relative à la déclinaison de *r̥ć*, *pr̥ć* etc. où il pense qu'il y a eu autrefois des formes fortes. Mais tant qu'on n'en aura pas l'indice positif nous nous autoriserons au contraire des nominatifs *r̥k*, *pr̥k* etc. pour dire que *nák* est *forme faible* à l'égal de *niç-ás*. La forme non affaiblie de ce thème ne pourrait être que *nāç-*.

2. Les nominatifs anciens étaient **tisáras* (zd. *tisarō*) et **ćatásaras* (forme que Grassmann croit pouvoir rétablir dans un passage du Rig-Véda), mais cela ne change rien à l'accentuation. — Pour l'identité de la fin de **ćatásaras* avec *tisáras* on peut remarquer que le premier élément de **ćatásaras* se retrouve à son tour dans la 2e moitié de *páńća*.

3. Cette forme est doublement fictive, car le son qui a donné ĭ se

retrait de l'accent qu'en admettant que la racine possédait déjà un *a* bien caractérisé. Mais voulût-on même recourir à une hypothèse de ce genre, il resterait à rendre compte d'une infinité de formes accentuées sur le suffixe. En expliquant *bhágati*, *mádati*, *ágati*, on n'aurait point encore expliqué *bhaktá*, *madirá*, *agá*, ni d'autres formes plus isolées montrant également ᴀ dans les langues d'Europe, comme *pagrá*, *bhadrá* (cf. goth. *batists*, *botjan* etc.), *çaphá* (cf. norr. *hōfr*), *maghá* (v. p. 64), *çăçadmahe* = *κεκάσμεθα* etc.

On est donc amené à conclure à la diversité sinon tout à fait originaire du moins proethnique du phonème ᴀ et de la voyelle qui a donné l'ĭ indo-iranien. Nous croyons que cette voyelle était une *espèce d'e muet*, *provenant de l'altération des phonèmes* ᴀ *et* ǫ. L'altération, à en juger par le sanskrit (p. 150), avait été générale à la fin des racines, partielle dans les racines finissant par une consonne. Ceci peut tenir à la manière dont les syllabes étaient séparées dans la prononciation.

Que cette voyelle indéterminée soit une dégénérescence des voyelles ᴀ et ǫ — nous ajoutons par hypothèse: *seulement* de ces voyelles — et non pas, comme on pourrait croire, un phonème distinct de tout autre dès l'origine, c'est ce qui ressort des considérations suivantes.

1° S'il y a une raison quelconque d'admettre à l'intérieur des racines un phonème ᴀ parallèle à *i*, *u*, *r*, etc., il serait invraisemblable et absolument arbitraire de prétendre que le même phonème n'ait jamais pu terminer la racine. Or le sanskrit montre que la voyelle dégradée existait dans toutes les formes faibles des racines en *ā*. Il devient donc évident que dans certains cas, si ce n'est dans tous, elle est la transformation secondaire d'un ᴀ (ou d'un ǫ).

2° Dire que la voyelle faible proethnique d'où dérive l'*i* de *sthitá*, *çiṣṭá*, n'a point été d'abord une voyelle pleine serait renoncer à expliquer l'*ā* de *sthấman*, *çấsti*, dont elle forme la seconde partie.

Cette voyelle, disons-nous, devait être très-faible. On aurait peine à comprendre autrement comment dans plusieurs

---

fond avec les sonantes qui précèdent en une voyelle longue (v. chap. VI). Nous devrions donc écrire, pour être exact, «*sŭdáti*».

langues différentes elle tend à être supprimée. On a en sanskrit les formes comme *da-d-más*, *da-dh-más*, *á-tta*, *vásu-tti*, *ava-tta* (de *dā* partager). Le paléosl. *damŭ*, *da-s-te* etc. s'explique de même (pour le redoublement v. § 13 fin). Le pluriel et le duel du prétérit gothique faible *-de-d-um* etc., où la rac. *dhe* est fléchie, croyons-nous, à l'imparfait, rendent le même témoignage. En latin *pestis* est suivant Corssen pour **per-d-tis*. Nous rappelons aussi l'ombr. teḍtu. Tout indique encore que l'*i* de *sthitá*, *pitár*, est identique avec l'*i* de *duhitár* et d'autres formes du même genre (cf. le chap. VI). Or en slave et en germanique *dŭšti*, *dauhtar*, montrent que la voyelle en question a disparu, absolument comme dans *da-s-te*, *de-d-um*. — Enfin la prononciation indéterminée de cette voyelle se manifeste encore par le fait qu'elle s'absorbe dans les sonantes qui la précèdent. Nous aurons l'occasion de revenir sur cette particularité. Le participe de *çrā* par exemple, donne, au lieu de «*çritá*» (cf. *sthitá* de *sthā*), *çīrtá* = **çr̥̄tá*.

Nous désignerons la voyelle indéterminée par un ^{A} placé audessus de la ligne.

En Europe cette voyelle incolore, quand elle n'a pas disparu, s'est confondue le plus souvent avec les phonèmes *A* et *o̧* dont elle était sortie. Nous sommes obligé de prendre plusieurs de nos exemples dans les cas mentionnés ci-dessus où une voyelle apparaît à la suite de la racine comme dans *duhitár*. La valeur de cette voyelle ne diffère point de celle qui est dans *sthitá*.

La continuation latine est en général: *a* dans la première syllabe des mots, *e* ou *i* dans la seconde. Exemples: *castus* (= skr. *çiṣṭá*), *pater*, *status*, *satus*, *catus*, *datus*[1]; — *genitor*, *genetrix*, *janitrices*, *umbilicus*. Le mot *lien* = skr. *plīhán* offre *i* dans la 1e syllabe. En revanche *anăt-* «canard» montre *a* dans la seconde.

En germanique on trouve *a* (parfois *u*) dans la 1e syllabe, et suppression de la voyelle dans la 2e syllabe. Exemples: *fadar*, *dauhtar*. Le v. ht-all. *anud* «canard» retient la voyelle dans la 2e syllabe et lui donne la couleur *u*.

---

1. Il nous semble, d'après tout ce qui précède, qu'il faut expliquer *datus*, *catus* en regard de *dōs*, *cōs* (comme *satus* en regard de *sēmen*) au moyen de la voyelle indéterminée. Le mot *nates* comporte la même supposition, si l'on juge l'*o* de *νώτον* de la même manière que l'*o* de *δοτός* (v. plus bas).

Le letto-slave offre un *e* dans le paléosl. *slezena* = skr. *plĭhán*, et le même *e* se retrouve dans la désinence du génitif: *matere*, gr. μητρός. Voy. ci-dessous ce qui est relatif à *pátyus*. Dans la seconde syllabe nous trouvons la voyelle supprimée: sl. *dŭšti*, lith. *duktė̃*; sl. *ąty*, lith. *antìs*, cf. lat. *anat-*; lith. *arklas* «charrue» comparé à ἄροτρον, *irklas* «rame», cf. skr. *arítra*.

En grec les formes comme ἐρε-τμόν, κέρα-μος, ἄρο-τρον, ἀρι-θμός indiquent que la voyelle muette peut prendre quatre couleurs différentes, sans qu'on voie du reste ce qui détermine l'une d'elles plutôt que l'autre.

Il devient donc possible d'identifier l'ε de ἑτός avec l'*a* du lat. *satus*. Dans ἑτός de ἡ, δοτός de δω et στατός de στᾱ nous admettrions que le souvenir des formes fortes imposa dans chaque cas la direction que devait prendre la voyelle indéterminée. Ainsi l'α et l'o de la fin des racines ne seraient point comme ailleurs les représentants directs de *A* et *ǫ*. Ils seraient issus du son ^{A}, affaiblissement proethnique de ces phonèmes. Libre de toute influence la voyelle ^{A} semble avoir incliné vers l'α. C'est ce qu'indiquent πατήρ, θυγάτηρ, ὀμφαλός = *nābhīlá*, σπλάγχν-ο-ν cf. *plĭhán*, κίρναμεν en regard de *pr̥n̥īmás*, puis quelques formes isolées comme πρόβατον, πρόβασις, βασιλεύς parallèlement à βόσκω, βοτήρ de βω. L'ι se trouve dans πί-νω, πιπί-σκω.

Plusieurs exemples, à l'intérieur des racines, rappellent les doublets de formes faibles indiennes comme *çik* et *çak* de *çāk*, *viš* et *vas* de *vās*. En grec on a de κωπ (κωφός) κάπων et κόπτω. L'α de κάπων paraît représenter la voyelle faible; l'o de κόπτω est *ǫ*. En gothique on a de *slāk* (parf. *sloh*) le partic. *slauhans* et le présent *slaha*.

On peut citer encore comme exemples de la voyelle faible médiale grec ἔτραγον de τρωγ, goth. *brukans* où le groupe *ru* répond au *ra* de *fractus* et de ῥαγῆναι (rac. *bhrēg*). V. p. 167. L'ι représente la même voyelle dans ἱδρύω (cf. skr. *sīd*), dans κῖκυς «force» que M. Fick rapproche du skr. *çăk*, *çik*.

Dans deux exemples seulement l'*i* indien semble être rendu directement par l'o grec: δοχμός qui correspond à *ǵihmá* et κόσμος en regard du skr. *çiš*. Est-il permis de comparer *kitavá* «joueur» et κότταβος? Cf. ion. ὄτταβος. Il serait possible aussi que la voyelle de νυκτ-, *noct-* répondît exactement à celle de *niç-*.

Dans quelques cas le sanskrit offre un *u* à la place de l'*i*; *gudá* «intestin», cf. γόδα· ἔντερα. Μακεδόνες; *udára* «ventre», cf. ὄδερος· γαστήρ; *su-túka* «rapide» de *tak* (cf. ταχύς); *úru-ṇa*, cf. οὐρα-νός. Le cas le plus important est celui de la désinence du génitif. Nous croyons que *pátyus* est identique avec πόσιος; voy. page 196.

Avant de finir, nous ne voulons pas omettre de mentionner différentes formes *indo-européennes* qui sont en désaccord avec la théorie proposée. Peut-être sont-ce des fruits de l'analogie proethnique. Indo-eur. *swādú* en regard de *pṛthú* etc. (p. 15, 23). Indo-eur. *āstai* (skr. *ā́ste*, gr. ἧσται) au lieu de *ᴀstai*. Indo-eur. *ᴀk₁man* «rocher» à la place de *Ākman*, *ᴀyas* «æs» et non *Āyas* (p. 156). Il est fort singulier aussi de trouver de la rac. *sād* skr. *sā́das* = gr. ἕδος, de la rac. *tām* skr. *tā́mas* = lat. **temus* dans *temere*, de la rac. *dāk₁* lat. *decus* = skr. **dáças* dans *daçasyáti*, toutes formations qu'il nous est impossible de regarder comme légitimes. Voici un cas bien frappant: en regard du v. h^t-all. *uoba* on a, très-régulièrement, en sanskrit *ā́pas* «acte religieux», en zend *hv-āpaṅh* (Fick I³ 16), mais en même temps skr. *ápas*, lat. *opus*, inexplicables l'un et l'autre.

Pour que le phonème ᴀ remplit un rôle morphologique parfaitement identique avec celui de *i* ou *u*, il faudrait, en vertu du même principe qui ne permet point de racines finissant par *in*, *ir* etc. (p. 125), qu'aucune racine ne montrât ᴀ *suivi d'une sonante*. Mais ici semble cesser le parallélisme de ᴀ avec les autres coefficients sonantiques, parallélisme qui du reste, considéré au point de vue physiologique, est assez énigmatique.

Voici quelques-unes des racines où nous devons admettre, provisoirement du moins, le groupe ᴀ + *sonante*. Rac. *Ār* (soit *a₁ᴀr*) «labourer», Āʀ ἀραρίσκω, *Āl* «nourrir» (goth. *ala ol*), *Ān* «souffler» (goth. *ana on*), *lĀu* «gagner» (ἀπο-λαύω, ληΐς, sl. *lovŭ*). Le grec offre entre autres: θᾱλ θά̊λλω, τέθᾱλα, θᾱλέω; — ξᾱν ξα̌ίνω, ἐπί-ξηνον; — πᾱρ πα̌ῦρος, πᾶρος, πηρός et avec Ā₂ (ταλαί-)πωρος, cf. p. 60; — cᾱρ σα̌ίρω, σέσᾱρα, σεσα̌ρυῖα et σωρός; — cκᾱλ σκά̊λλω, σκώληξ; — γᾱυ γα̌(ϝ)ίω, γα̌ῦρος, γέγη(υ)θα; — δᾱυ δα(ϝ)ίω, δέδη(ϝ)α, δεδα̌υῖα (dans Nonnus d'après Veitch);

καυ *κα(ϝ)ίω*, *ἔκη(ϝ)α*[1]; — κλᾱυ *κλᾱΐς* et avec ᴀ$_2$ *κλωβός* (Grdz. 572); — φαυ (rac. secondaire) *πιφαύσκω*, *φά(ϝ)εα*; — χρᾱυ *χραύω*, *ζα-χρηής*. A la p. 57 sont réunis plusieurs exemples gréco-italiques de ce genre. Une partie de ces racines sont indubitablement hystérogènes. Ainsi *μαίνομαι* vient vraisemblablement de μεν comme *καίνω* de κεν (p. 103); plus tard l'*α* donna lieu à une méprise, et l'on forma *μέμηνα*, *μῆνις*, *μάντις*. L'*o* du lat. *dolco* indique également que l'*α* de *δάλλει· κακουργεῖ* n'est point originaire (cf. p. 107), et cependant l'on a *δᾱλέομαι*.

A cette famille de racines se joignent les exemples comme *krēm*, *mēl* (p. 166 seq.).

C'est une conséquence directe de la théorie et une conséquence pleinement confirmée par l'observation que l'a (ᴀ) des diphthongues *ᴀi* et *ᴀu* ne puisse être expulsé. On pourrait objecter le lat. *miser* à côté de *maereo*, mais *maereo* est apparemment pour *moereo* de même que *paenitet* (Corssen I² 327) est pour *poenitet*.

Les racines qu'on abstrait de formes comme le lat. *sarpo* ou *taedet* sont incompatibles avec notre théorie. La voyelle des racines étant toujours *e*, jamais *a*, il faudrait poser pour racines *searp teaid*, soit *särp täid*. Or on ne trouve pas d'*ä* long dans les groupes radicaux de cette espèce.

Mais quelles garanties a-t-on de l'ancienneté de ces radicaux? Les racines telles que *derk* ou *weid* peuvent le plus souvent se suivre facilement jusque dans la période indo-européenne. Dès qu'il s'agit des types *sarp* et *taid*, c'est à peine si l'on recueille une ou deux coïncidences entre le grec et le latin, entre le slave et le germanique. Des 22 verbes gothiques qui suivent l'*ablaut falþa faifalþ*, ou *haita haihait*, et dont la partie radicale finit par une consonne, 6 se retrouvent dans une des langues congénères, mais sur ce nombre *salta* = lat. *sallo* est notoirement hystérogène; *fāha* si on le compare à *pango* ne doit sa nasale qu'au suffixe; *hāha* de même; il est comparé à la p. 59 avec le lat. *cancelli* et le skr. *kańćate*, mais *κάκαλον* et le skr. *kāćana* «attache» ne connaissent

1. Déjà à la p. 169 nous avons eu l'occasion de contester que l'*η* de *ἔκηα* vînt du digamma: *ἔ-κηϝ-α* est à *keau* ce que *ἔ-σσευ-α* est à *seu*. La flexion idéale serait *ἔκηα*, **ἔκᾰυμεν*, **ἔκᾰυτο*, cf. *ἔσσευα*, **ἐσσυμεν*, *ἔσσυτο* (p. 21, 146).

point de nasale; *auka* enfin rentre dans un cas particulier dont il sera question ci-dessous. En réalité il n'existe donc que deux cas, *valda* = sl. *vladą*, *skaida* = lat. *caedo*. On remarque bien que la coïncidence, dans ces deux cas, ne dépasse pas les idiomes les plus rapprochés[1]. Ces fausses racines pouvaient prendre naissance de manières très-diverses: 1° Par l'addition de déterminatifs à la forme faible des racines comme *al* et *gāu*. Ainsi le goth. *alþa* est une continuation de *ala*, le lat. *gaudeo* est du consentement de tous une greffe tardive de *gau*. 2° Par infection nasale venant du suffixe du présent. 3° Par propagation de la forme faible dans les racines contenant *r*, *l*, *n*, *m*. Ainsi naît le grec θαρσ (p. 129), ainsi le gréco-it. *phark* (*farcio* — φράσσω, cf. *frequens*), car même en latin *ar* est dans plusieurs cas un affaiblissement, v. le chap. VI. 4° Par la combinaison des procès 1 et 3; ex.: *spar-g-o* de *sper* (σπείρω). 5° Par la propagation de formes contenant a_2. S'il est vrai par exemple que le goth. *blanda* soit parent de *blinda-* «aveugle», il faut qu'une confusion ait été occasionnée, à l'époque où la réduplication subsistait partout, par le parf. *bebland* du présent perdu **blinda*. Cette forme s'associant à *fefalþ* etc., était capable de produire *blanda*.

Les remarques qui précèdent ne s'appliquent pas aux racines où l'*a* est initial comme *aidh*, *aug*, *angh*, *arg*, dont on ne saurait contester la haute antiquité. Mais ces racines n'en sont pas moins dûes à des modifications secondaires. Comme nous essayons de l'établir au chap. VI, elles sont issues de racines contenant l'*e*. Par exemple le thème *aus-os* «aurore» et toute la racine *aus* procèdent de la racine *wes*, *angh* procède de *negh* etc.

---

1. Nous ne trouvons que 3 exemples qui puissent à la rigueur prétendre à un âge plus respectable: 1° Lat. *laedo*, cf. skr. *srédhati*. Comme toutes les formes parentes montrent *e* (v. p. 75), ce rapprochement ne peut être maintenu qu'à condition d'admettre une perturbation du vocalisme dans la forme latine. 2° Gr. σαυσαρός, cf. skr. *çúṣyati*. Nous n'attaquons pas ce parallèle; nous ne nous chargeons pas non plus d'expliquer l'*α* du grec, mais il faut tenir compte de l'*e* du v. h^t^-all. *siurra* «gale», v. Fick III³ 327. L'*a* du lith. *saúsas* (cf. p. 69) peut se ramener à volonté à *e*, a_2 ou *A*. 3° Lat. *candeo*, gr. κάνδαρος, cf. skr. *cándrá*. Ce dernier cas est un peu plus redoutable que les deux premiers. Cependant le groupe *an* peut, ici encore, provenir d'un affaiblissement tel que ceux dont nous parlerons au chap. VI.

On ne trouve pas de *racines terminées vocaliquement et dont le vocalisme consisterait uniquement dans* a_1, comme serait «*sta₁*» ou «*pa₁*». A la rigueur les présents sanskrits comme *ti-ṣṭha-ti*, *pi-ba-ti*, pourraient passer pour contenir de telles racines. Il faudrait attribuer à ces formes une antiquité énorme, car ce serait y voir la base, insaisissable partout ailleurs, de racines comme sta_1-*A*, pa_1-*ọ* (gr. *στᾱ*, *πω*; skr. *sthā-tár*, *pā-tár*). Mais il est bien plus admissible de dire tout simplement que ces formes sont dûes à l'analogie des verbes thématiques, et que *ἵ-στᾱ-τι* est plus vieux que *ti-ṣṭha-ti*.

Appelons Z tout phonème autre que a_1 et a_2. On pourra poser cette loi[1]: chaque racine contient le groupe $a_1 + Z$.

Seconde loi: sauf des cas isolés, si a_1 est suivi de deux éléments, le premier est toujours une *sonante*, le second toujours une *consonne*.

Exception. Les sonantes *A* et *ọ* peuvent être suivies d'une seconde sonante.

Pour donner des formules aux différents types de racines que permettent ces deux lois, appelons S les *sonantes* i, u, n, m, r (l), A, ọ, et désignons par C les *consonnes* par opposition à *sonantes*. Comme ce qui vient après a_1 forme la partie la plus caractéristique de la racine, il est permis de négliger les différentes combinaisons auxquelles les phonèmes qui précèdent a_1 donneraient lieu. Ainsi a_1i, ka_1i, ska_1i, rentreront pour nous dans le même type, et il suffira d'indiquer par x Z placé entre crochets qu'il peut y avoir différents éléments avant a_1. Ces formules ne comprennent que le premier grand embranchement de racines, mais conservent leur raison d'être dans le second, dont nous parlerons au § 14.

1er type: [x Z +] a_1 + Z.
2e type: [x Z +] a_1 + S + C.

Type résultant de l'exception à la seconde loi:

[x Z +] a_1 + A (ọ) + S.

---

1. Il faut avertir le lecteur que nous restituons a_1 par hypothèse à certaines racines telles que *pū* «pourrir» qui ne le montrent plus nulle part et que nous considérons de plus près au chap. VI.

§ 12. Aperçu synoptique des variations du vocalisme amenées par la flexion.

REMARQUES PRÉLIMINAIRES.

1. *Forme des suffixes.*

Nous ne considérons que les suffixes primaires.

La loi fondamentale des racines était de renfermer le groupe a_1 + Z. Une loi analogue, mais plus large, régit les syllabes suffixales: *tout suffixe contient* a_1.

Exception. Le suffixe du participe présent actif *-nt* ne possède pas a_1. Les formes dont l'analyse est douteuse cachent peut-être d'autres exceptions, dont on ne peut tenir compte.

Les suffixes se divisent en deux grandes classes, selon que a_1 est suivi ou non d'un phonème.

Dans le premier cas la formule coïncide avec celles des syllabes radicales. Les principaux suffixes de cette classe sont $-a_1n$, $-ma_1n$, $-wa_1n$, $-a_1m$, $-a_1r$, $-ta_1r$, $-a_1s$, $-ya_1s$, $-wa_1s$, $-a_1i$, $-ta_1i$, $-na_1i$, $-a_1u$, $-ta_1u$, $-na_1u$, $-ya_1A$ etc. Un thème tel que sa_1r-ma_1n ou ma_1A-ta_1r est une combinaison de deux cellules parfaitement sembables l'une à l'autre. — Toutefois le parallélisme de ces suffixes avec les racines n'est pas absolu. Il est restreint par une loi qui exclut des suffixes presque tout autre phonème que *t*, *s*, et les sonantes.

La deuxième classe de suffixes est celle qui finit par a_1 (lequel alterne comme ailleurs avec a_2). Ce sont entre autres les suffixes $-a_1$, $-ta_1$, $-na_1$, $-ma_1$, $-ya_1$, $-wa_1$, $-ra_1$.

2. *Qu'est-ce qu'on peut appeler les variations vocaliques amenées par la flexion?*

Les deux seules modifications que puisse subir la racine, l'expulsion de a_1 et son changement en a_2, sont aussi *les deux seules modifications* dont les suffixes soient susceptibles.

Les variations proethniques du vocalisme, si l'on en fait le total, se composent donc: 1° des cas d'expulsion et de transformation de l'a_1 radical; 2° des cas d'expulsion et de transformation de l'a_1 suffixal.

Mais pour saisir les phénomènes dans leur lien intérieur, la classification des syllabes en syllabes radicales et syllabes suffixales ne convient pas. Il y faut substituer la division en *syllabes ou cellules présuffixales* et *prédésinentielles.*

Les syllabes présuffixales sont celles qui précèdent immédiatement un suffixe. Il s'entend de soi-même que, dans le mot primaire, ce ne peuvent jamais être que des racines.

Les syllabes prédésinentielles comprennent: 1° les racines sans suffixe; 2° les suffixes.

Si le terme de *syllabe* n'était ici plus ou moins consacré par l'usage, nous lui préférerions beaucoup celui de *cellule* ou d'*unité morphologique*, car un grand nombre de racines et de suffixes — p. ex. *sta*$_1$*A*-, *pa*$_1$*rA*- (§ 14), -*ya*$_1$*A*, peut-être aussi *ka*$_1$*i*-, -*na*$_1$*u* etc. — sont disyllabiques. Définissons donc bien ce que nous entendons par «syllabe» ou cellule: *groupe de phonèmes ayant, à l'état non affaibli, le même* a$_1$ *pour centre naturel.*

Nous nous proposons d'étudier les variations vocaliques du mot primaire (expulsions et transformations de l'*a*) qui sont en rapport avec la flexion. Ce sujet ne touche, sauf une exception douteuse (p. 221), à aucune des modifications que subissent les syllabes présuffixales; il embrasse en revanche *la presque totalité de celles qui s'accomplissent dans les syllabes prédésinentielles.*

Nous ne disons pas *la totalité*, parce que dans certains thèmes-racines tels que skr. *mṛ́dh* ou (*açva*-)*yúǵ* on constate un affaiblissement persistant à tous les cas de la déclinaison. Apparemment cet affaiblissement ne dépend pas de la flexion.

Le principe du changement de l'*a*$_1$ en *a*$_2$ étant presque aussi mal connu pour les syllabes prédésinentielles que pour d'autres on ne saurait affirmer que ce changement dépend de la flexion avec une sécurité aussi grande que pour le second genre de modifications, l'expulsion de l'*a*. Néanmoins l'alternance qu'on observe entre les deux *a*, alternance qui se dirige sur celle des désinences nous a déterminé à ranger l'apparition de l'*a*$_2$ prédésinentiel parmi les phénomènes de flexion.

Flexion verbale.

1. EXPULSION DE L'*a*.

De la conformation des racines et des suffixes (v. ci-dessus) il résulte, soit pour les noms soit pour les verbes, deux types principaux de thèmes. Dans le premier type *a*$_1$ finit le thème, dans le second *a*$_1$ est suivi d'un ou de deux phonèmes.

Thèmes verbaux du premier type: *rá₁ika₁*- (λείπε-), *riká₁*- (λιπέ-), *ra₁iksya₁*- (λειψε), *spakya₁*- (paçya-), *gm̥ská₁*- (βασκε-).

Thèmes verbaux du second type:

a. Racine simple ou redoublée. Ex.: *á₁s*- (ἐσ-), *á₁i*- (εἰ-), *bhá₁A*- (φᾱ-), *rá₁igh*- (leh-), *ká₁As*- (çās-), *bhá₁bhá₁r*- (bibhár-).

b. Racine + suffixe. Nous pensons que les caractéristiques *-na₁u* et *-na₁A* des classes 5 et 9 ne sont pas plus des suffixes proprement dits que *-na₁-g* dans *yunágmi* (v. chap. VI). Mais cela est indifférent pour la flexion, et nous pouvons réunir ici toutes ces formes: *str̥ná₁u*-[1] (*str̥nó-*), *pr̥ná₁A*- (*pr̥ṇā́-*), *yuná₁g*- (*yunáǵ-*), *righyá₁A*- (*lihyā́-*, optatif).

Les expulsions d'*a*, dans les syllabes prédésinentielles, se ramènent à deux principes très-différents: la *qualité du phonème initial des désinences* et l'*accentuation*. Selon que l'un ou l'autre des deux principes règne, il naît deux modes de flexion auxquels on nous permettra d'appliquer les termes de **flexion faible** et de **flexion forte** indo-européenne. Dans la flexion forte, la seule qu'admette le verbe, l'expulsion de l'*a* se dirige d'après l'accent.

Tout le monde reconnaît aujourd'hui, après la belle découverte de M. Verner, que l'accentuation indienne peut passer, et cela particulièrement dans les formes verbales, pour l'image presque absolument fidèle de l'accentuation proethnique. La contradiction où était l'accent verbal grec avec celui du sanskrit et du germanique se résout par la théorie de M. Wackernagel qui en fait, comme on sait, un cas particulier de l'*enclisis*. Conformément à ce que fait attendre cette théorie, les infinitifs et les participes grecs échappent à la loi du verbe fini et s'accordent dans leur accentuation avec les formes sanskrites.

Que l'accent à son tour soit la principale force en jeu dans

---

1. Il est beaucoup plus admissible de ramener l'ῡ du gr. δείκνῡμι à la diphthongue *ευ* que de supposer que l'*o* du skr. *str̥ṇómi* sorte de *ū*. L'*ū* des formes iraniennes n'a rien à faire avec l'ῡ grec; c'est un allongement de l'*u* des formes faibles. Peut-être la suppression de la diphthongue suffixale, en grec, fut-elle occasionnée par l'introduction secondaire de la diphthongue radicale, les formes comme *ζευγνευμι, *δεικνευμι, étant d'une prononciation difficile. Si le verbe κινέω, à côté de κίνυται, est pour *κινέϝω, nous aurions là un dernier reste de l'*e*.

les dégradations de la flexion, c'est un fait proclamé d'abord par M. Benfey, mis en lumière dans ces derniers temps par les travaux de M. Osthoff et de M. Brugman et sur lequel la plupart des linguistes tombent d'accord dès à présent.

Nous allons essayer de réduire à des principes aussi simples que possible: 1° les résultats des déplacements d'accent, 2° les déplacements d'accent eux-mêmes.

Il n'y a d'autres thèmes verbaux paroxytons que les formes comme *rá$_1$ika$_1$-*[1], où l'accent est indifférent, ainsi que cela ressort de la loi I (v. ci-dessous). On peut donc poser la règle comme si tous les thèmes étaient oxytons.

Ces règles sont celles de la flexion forte en général sans distinction du nom et du verbe.

I. L'*a*$_1$ QUI FINIT UN THÈME ET QUI PORTE LE TON NE PEUT S'EN DÉPARTIR EN AUCUN CAS.

II. SI LA LOI I N'Y MET OBSTACLE, TOUTE DÉSINENCE SUSCEPTIBLE D'ACCENT (C'EST-A-DIRE FORMANT UNE SYLLABE) S'EMPARE DU TON DE LA CELLULE PRÉDÉSINENTIELLE.

III. AUSSITÔT PRIVÉ D'ACCENT, L'*a*$_1$ DE LA CELLULE PRÉDÉSINENTIELLE SE PERD.

L'énoncé de la loi II renferme implicitement l'hypothèse à laquelle nous recourons pour expliquer la variation de l'accent: c'est de poser les désinences dites secondaires comme étant en réalité les plus primitives. La forme indo-européenne de ces désinences n'est pas encore déterminée pour chaque personne avec la même sûreté; mais du moins il n'y a pas de doute possible touchant celles du singulier de l'actif, et c'est là le point principal pour ce que nous avons en vue.

Actif:	-m	-s	-t;	-ma$_1$	-ta$_1$	-nt;	-wa	-tam -taam.
Moyen[2]:	-mA?	-sA	-tA;	-ma$_1$dha	-dhwa$_1$	-ntA;	-wadha	— — .

La combinaison de ces désinences avec les thèmes *rá$_1$ik-*, *p̥ná$_1$A-*, *riká$_1$-* — ces exemples suffiront — donnera d'après ce qui est stipulé plus haut:

---

1. Sur le skr. *piparti* etc. v. p. 191.
2. Sur le grec -σο, -το etc. v. p. 101 seq.

Actif	Moyen	Actif	Moyen	Actif	Moyen
rá$_1$ik-m [1]	rik-mᴀ́	pr̥ná$_1$ᴀ-m	pr̥n^{A}-mᴀ́	riká$_1$-m	riká$_1$-mᴀ
rá$_1$ik-s	rik-sᴀ́	pr̥ná$_1$ᴀ-s	pr̥n^{A}-sᴀ́	riká$_1$-s	riká$_1$-sᴀ
rá$_1$ik-t	rik-tᴀ́	pr̥ná$_1$ᴀ-t	pr̥n^{A}-tᴀ́	riká$_1$-t	riká$_1$-tᴀ
rik-má$_1$	rik-má$_1$dha [2]	pr̥n^{A}-má$_1$ [3]	pr̥n^{A}-má$_1$dha	riká$_1$-ma$_1$	riká$_1$-ma$_1$dha
rik-tá$_1$	rik-dhwá$_1$	pr̥n^{A}-tá$_1$	pr̥n^{A}-dhwá$_1$	riká$_1$-ta$_1$	riká$_1$-dhwa
rik-ń̥t	rik-n̥tᴀ́	pr̥n ń̥t	pr̥n-n̥tᴀ́	riká$_1$-nt	riká$_1$-ntᴀ
rik-wá	rik-wádha [2]	pr̥n^{A}-wá	pr̥n^{A}-wadha	riká$_1$-wa	riká$_1$-wadha
rik-tám	—	pr̥n^{A}-tám	—	riká$_1$-tam	—
rik-táam	—	pr̥n^{A}-táam	—	riká$_1$-taam	—

A l'impératif, la 2e et la 3e pers. sing. moy. (skr. *dvikšvá*, *pr̥n̥īšvá; dvišṭā́m*, *pr̥n̥ītā́m* etc.) répondent à la règle. La 3e pers. de l'actif, forme forte (skr. *dvḗšṭu*, *pr̥ṇā́tu*), paraît être en contradiction avec le principe des «désinences qui font une syllabe». Mais ici nous touchons à la question des désinences «primaires».

La plupart des formes «primaires» peuvent se tirer des formes «secondaires» au moyen de l'élément *i* que suppose M. Fr. Müller: *-m-i -mᴀ-i*(?), *-s-i -sᴀ-i*, *-t-i -tᴀ-i*, *-nt-i -ntᴀ-i*, *-mas-i -madha-i*, *-was-i -wadha-i* (peut-être l'*s* de *-mas-i* et *-was-i* vient-il de l'ancien *dh* transformé en *-s* à la fin du mot, conservé au moyen par l'*a* qui suivait?). M. Bergaigne fait remarquer (Mém. Soc. Ling. III 105) que deux couples de désinences sanskrites du moyen, *-dhvam -dhve* et *-ram -re* présentent un rapport différent et il suppose que la nasale de *-dhvam* et *-ram* a été ajoutée après coup. Comme le grec *-σθε* indique de son côté une forme *-dhwa$_1$*, cette hypothèse est extrêmement vraisemblable. La série s'augmente donc encore de 2 cas. Nous ne pouvons savoir si le *-tu* de *dvḗšṭu*, *pr̥ṇā́tu*, n'a point été formé par l'addition d'un *-u*, comme *-ti* par l'addition d'un *-i*.

Maintenant pourquoi, l'*i* ou l'*u* une fois ajoutés dans *ráikm-i* et les formes du même genre, le ton n'a-t-il pas passé selon la règle sur la désinence? A cela on peut trouver deux réponses principales. A l'époque où l'*i* (*u*) fut ajouté, l'attraction que la désinence exerçait sur l'accent, pouvait avoir cessé. En second

1. Comme nous l'avons dit p. 40 seq. nous supposons que *raikm* devant la voyelle initiale d'un mot venant après lui dans la phrase aurait été monosyllabe; qu'en général l'*m* de la 1e personne ne faisait syllabe que dans les cas de nécessité absolue.

2. Ou *rikma$_1$dhá*, *rikwadhá*?

3. Par altération secondaire *-nᴀ-* est devenu *-n^{A}-*, v. p. 178 seq.

lieu, il est très-digne de remarque que la voyelle désinentielle soit dans les quatres formes en question (*dvéšmi*, *dvékši*, *dvéšṭi*, *dvéšṭu*) un *i* ou un *u*, qui n'est suivi d'aucun autre phonème. Certains indices font croire que l'*i* et l'*u*, dans ces conditions, avaient une prononciation très-faible qui les rendait incapables de porter l'accent[1]. C'est ce qui se vérifie dans la flexion nominale pour le locatif *ukšáṇi*, *dātári* etc., peut-être aussi pour les nominatifs neutres comme *páçu* (gén. *paçvás*), v. p. 222. On nous fera remarquer qu'une autre forme de l'impératif, la 2e personne *dviḍḍhí*, *pṛṇīhí* etc., s'oppose à une hypothèse de ce genre. A cela on peut répondre premièrement que le thème fort fait de fréquentes apparitions dans ces impératifs. On a en sanskrit *çādhi*, *çaçādhi*, *bodhí* (de *bodh*), *ǵahāhi* que cite M. Benfey *Or. u. Occ.* I 303, *gṛbhṇāhi*, *prīṇahi* (Ludwig Wiener Sitzungsber. LV 149); en grec *βῆθι*, *τλῆθι*, *σύμ-πωθι*, *δίδωθι*, *ἵληθι* (Curt. Verb. II 35). En second lieu, quand on considère le caractère presque

1. Si l'on admet cette explication, l'hypothèse de la priorité des désinences secondaires n'est plus absolument nécessaire. Au reste certains faits ne seraient pas loin de nous faire croire que les sonantes *i*, *u*, *r̥*, *n̥*, suivies ou non d'un phonème, étaient incapables de prendre l'accent, et que la désinence pour attirer le ton devait contenir un *a* (a_1, a_2, *A*). C'est la 3e personne du pluriel qui est en question. En sanskrit le présent de la rac. *çās* fait suivant Pāṇini *çā́smi*, *çā́ssi*, *çā́sti*, *çišvás*, *çišmás*, *çā́sati* (cf. *mā́rǵanti*). Les présents redoublés, sans montrer, il est vrai, la racine pleine, évitent cependant d'accentuer *-n̥ti* et retirent le ton sur la réduplication: *píparmi*, *pipr̥más*, *píprati*. Enfin devant la désinence *-us* ou *-ur*, bien qu'elle n'ait rien de commun avec la première (J. Darmesteter Mém. Soc. Ling. III 95 seq.), on trouve réellement la racine pleine, *vivyaćus*, *arivyaćus* en regard de *viviktás*, *viveçus*, *áǵuhavus*, *açiçrayus* etc. V. Delbrück *Altind. Verb.* 65.

Tout cela semble témoigner d'une époque où la 3e personne du pluriel *à l'actif* était une forme forte. Et cependant d'autres indices y contredisent. Ne retrouvons-nous pas dans les langues les plus diverses le pendant du skr. *s-ánti* «ils sont» où l'a_1 radical est perdu? Oui, mais ici se présente une nouvelle complication. Ni le gr. *ἐντί* ni le lat. *sunt* ni le sl. *sątĭ* ni le goth. *sind* ne s'accordent avec un primitif *sn̥ti* à nasale sonante, et l'on se demande si l'affaiblissement radical incontestable pour cette forme ne tiendrait pas précisément à la nature particulière de sa désinence. Nous ne voulons pas nous perdre dans ce problème très-compliqué déjà effleuré p. 39 i. n. Il nous semble qu'en somme la première théorie, basée sur les désinences secondaires, satisfait davantage que celle-ci.

facultatif de la désinence *-dhi*, on se demande si elle n'est pas dans l'origine une particule libre agglutinée plus tard au thème.

Il reste à considérer différents paradigmes offrant une anomalie apparente ou réelle.

1. Les formes fortes de la 3ᵉ classe avaient, croyons-nous, deux accents dans la langue mère, l'un frappant la racine et l'autre le redoublement (v. § 13 fin). Le saut de l'accent dans skr. *pipr̥más* en regard de *píparti* n'est donc qu'apparent.

2. Les aoristes sigmatiques comme *ágaišam* ont un vocalisme assez troublé. Les racines finissant par une consonne s'affaiblissent au moyen[1]; ex. *ávikšmahi*, en regard de *áččšmahi*. Cela nous donne le droit de supposer que ce temps a possédé primitivement dans toute son extension l'alternance de formes fortes et de formes faibles que la structure du thème doit y faire attendre. Le pluriel et le duel de l'actif ainsi que le moyen pour certaines racines, ont donc subi un métaplasme. L'accentuation n'est pas moins corrompue que le vocalisme (Benfey Vollst. Gramm. p. 389). En grec les formes fortes ont prévalu comme en sanskrit (p. 123).

3. La 2ᵉ et la 3ᵉ pers. sing. du parfait semblent se prêter assez mal à notre théorie, puisque *-ta* (skr. *-tha*) et *-a* pouvaient prendre l'accent. Mais aussi l'*a* radical n'est point a_1, il est a_2. C'est là, je crois, une circonstance importante, bien qu'il soit difficile d'en déterminer au juste la portée. Le fait est que les règles qu'on peut établir pour les déplacements de l'accent et la chute de l'*a* sont souvent éludées quand cet *a* apparaît sous la forme de a_2. Cf. § 13 fin.

4. Optatif en *-yá*$_{1A}$. Fléchi comme *pr̥ná*$_{1A}$*-* ce temps devait faire au pluriel (**riky*$_{A}$*-má*) *riky*^{A}*-má*, au moyen (**riky*$_{A}$*-t*$_{\acute{A}}$), *riky*^{A}*-t*$_{\acute{A}}$. Mais le groupe *y*^{A} ne peut subsister. Il se change en *ī* dès la période proethnique tout de même que *r*^{A} se change en *r̥̄* (v. p. 179 et le chap. VI). Toutes les formes qui n'apartiennent pas au singulier de l'actif avaient donc *ī* dans la langue mère. Pour le moyen M. Benfey a établi ce fait dans son écrit *Ueber dic Entstehung etc. des indog. Optat.*[2] (Mémoires de l'Acad. de Gœttingue

1. Bopp *Kr. Gramm. der Sanskr.-Spr.* § 349. Delbrück *Altind. Verb.* p. 178 seq.

2. Bopp considère que l'accentuation de *διδοῖτο*, *διδοῖσθε*, doit faire admettre que la contraction s'est accomplie dans le grec même. Mais qui

XVI 135 seq.). Au pluriel et au duel de l'actif le même *ī* apparaît dans toutes les langues européennes: lat. *s-ī-mus* (sing. *s-iē-m*), gr. *ε-ῖ-μεν* (sing. *ε-ίη-ν*), sl. *jad-i-mŭ* (sing. *jaždĭ* = **jadjĭ*), goth. *ber-ei-ma* (le singul. *bereiþ* s'est dirigé sur le pluriel). Nous renvoyons au travail déjà cité de M. Paul *Beitr.* IV 381 seq., sans pouvoir toutefois nous associer à la conception de l'auteur qui voit dans l'*ī* «une contraction de *-yā*». En sanskrit nous trouvons au pluriel et au duel de l'actif *lihyā́ma, lihyā́va* etc. Ces formes sont dûes à l'extension analogique du singulier. Qu'on considère: 1° que les langues d'Europe sont unanimes dans l'*ī*; 2° que la théorie générale de la flexion veut *ī*, non *yā*; 3° que les cas comme *pā́mi pāmás* en regard du gr. *φᾶμί φᾶμέν* établissent un précédent pour la propagation de l'*ā* long (p. 147); 4° qu'en sanskrit même le moyen offre l'*ī* et que toute divergence entre le moyen et le pluriel-duel de l'actif a un caractère anormal; 5° enfin que le zend montre l'*ī* dans quelques formes actives: Justi donne *daiđītem* (3e p. du.), puis *çāhīṭ, fra-zahīṭ, daidīṭ*, formes du singulier qui ont reçu l'*ī* par analogie[1].

Le précatif védique (Delbr. l. c. 196) suit exactement dans sa flexion l'exemple de l'optatif. Actif: *bhū-yās-am, kri-yās-ma*; moyen: *muć-īš-ṭa* etc.

---

sait si cette accentuation existait ailleurs que dans l'écriture où la théorie grammaticale ne pouvait manquer de l'amener. C'est ainsi que *τιθεῖσι* n'est propérispomène que grâce aux fausses conclusions tirées de *τιθέασι*, v. Brugman Stud. IX 296. — On sait que M. Benfey pose *iā* comme caractéristique. Les arguments objectifs pour l'*ī* long se bornent à ceci: 1° On trouve une fois dans le Mahābhārata *bhuñǵīyām*; 2° Rig-Véda X 148, 2, le mètre, dit l'auteur, demande *sahīās* (dā́sīr viçaḥ sū́rieṇa sahīās). Il serait plaisant que nous nous mêlions d'attaquer M. Benfey sur des points de métrique védique. Nous avouons seulement, comme impression toute personnelle, être peu satisfait d'une pareille chute de trišṭubh et l'être bien davantage de sū́ri]eṇa sahyās (– ∪ – –), quand même on devrait faire deux syllabes de l'*ā* de *dāsīr*, parce que du moins la 8me syllabe du pada se trouve ainsi être une longue, selon l'habitude. Quant à *duhīyat*, M. Benfey y voit une forme thématique. Nous sommes donc en droit d'y supposer le thème *faible duhī-*. — Parmi les optatifs que donne Delbrück (l. c. 196) on trouve *ǵakšīyāt*. Outre que dans le texte cette forme est placée tout près de *papīyāt*, l'*ī* peut s'expliquer comme voyelle de liaison (allongée par l'effet de *y*).

1. En sanskrit l'optatif de la 3e classe accentue au moyen la syllabe de réduplication. Rien n'indique que cette particularité soit primitive.

5. **Optatif de la conjugaison thématique.** La caractéristique, ainsi que l'admet M. Benfey, est un *-ī* long[1] que nous croyons sorti de *-ya₁A* à peu près comme dans les formes faibles dont il vient d'être question. Mais il est fort difficile de dire d'après quel principe la réduction de *-ya₁A* en *-ī* = **y^A* a pu se faire ici, la tonique précédant la caractéristique. La flexion est unique en son genre. On attendrait que le thème skr. *tudé* (= **tudá-ī*) fît au pluriel «*tudīmá*», puisque l'*a* est *suivi d'un phonème.* Mais on remarque que cet *a* est a_2 (p. 87), ce qui, nous l'avons vu, change beaucoup la question. L'*a* se maintient donc, et il en résulte ce phénomène inconnu d'ailleurs d'une flexion sans dégradation se faisant sur un thème qui ne finit point par a_1. — Par une coïncidence curieuse mais fortuite sans doute l'alternance des anciennes diphthongues slaves *ě* et *i* dans l'impér. *nesi*, *nesi*, *nesěmŭ, nesěte, nesěvě, nesěta* semble se refléter dans le zend *barōis, barōiṭ, baraēma, baraētem* (moy. *baraēsa*, *baraēta;* au pluriel *ōi* reparaît). Nous avons cherché en vain ce qui pourrait justifier une différence originaire entre la diphthongue du singulier et celle du pluriel ou du moyen[2].

Subjonctif des verbes thématiques. Nous ne sommes pas arrivé à nous faire une opinion sur la forme primitive d'un subjonctif comme le gr. *φέρω φέρῃς* etc. L'*ā* du lat. *ferāt* serait composé de $a_1 + a_1$, $e + e$? Ne serait-ce pas plutôt *feram feres* le vrai subjonctif? Et a-t-on le droit de séparer *moneat*, *audiat*, de l'optatif ombrien *portaia*?

2. APPARITION DU PHONÈME a_2.

La flexion verbale ne connaît la transformation de l'a_1 en a_2 que dans deux cas:

---

1. On sait que l'*οι* de la 3e pers. sing. de l'optatif grec (*παιδεύοι*) ne compte jamais pour brève, et en conséquence l'accent reste sur la pénultième. Il y a peut-être là, comme on l'a supposé, un indice de l'*ī* long.

2. On pourrait supposer que primitivement le ton passait sur les désinences et qu'en même temps l'a_2 du singulier était remplacé par a_1: 3e sg. *tudá₂īt*, plur. *tuda₁īmá.* Ceci permettrait à la vérité d'établir entre *nesi* et *nesěmŭ* la même proportion qu'entre *vlŭci* (*λύκοι*) et *vlŭcě* (**λυκοι*, v. p. 91). Mais, outre qu'en général l'*ōi* et l'*aē* du zend paraissent varier sans règle fixe, on ne voit pas en vertu de quelle loi l'*a*, au lieu de tomber au pluriel, se serait contenté de devenir a_1.

1° Dans la conjugaison thématique, où le phénomène paraît pouvoir s'expliquer par la nature de la consonne qui suit l'*a*. Voy. p. 87.

2° Au singulier du parfait, où l'*a* transformé est un *a* radical. La 1e personne conservait peut-être a_1. Voy. p. 71 seq.

Flexion nominale.

1. EXPULSION DE L'*a*.

A. L'expulsion se produit en vertu des lois de la flexion forte.

THÈMES OXYTONS.

Les thèmes finissant par a_1 se comportent comme dans la flexion verbale. L'accent ne passe point sur les désinences, et l'*a* persiste par conséquent à toutes les formes[1].

La première remarque à faire relativement aux thèmes où l'a_1 est suivi d'un ou de deux phonèmes, c'est qu'*ils n'appartiennent à la flexion forte qu'au singulier.* Le pluriel et le duel devront donc être traités sous la lettre B.

On sait que l'ancienneté de l'accentuation sanskrite est prouvée ici par son accord avec celle des monosyllabes grecs.

Les cas faibles, c'est-à-dire accentués sur la désinence et dépourvus d'*a* dans la syllabe prédésinentielle, sont: l'instrumental, le datif, le génitif. Les désinences sont *-ā*, *-Ai* (p. 92), *-As*.

Les cas forts ou pourvus d'*a* sont: le nominatif, l'accusatif, le locatif, le vocatif. Les désinences sont *-s*, *-m*, *-i*, et *zéro*.

On le voit, le principe posé plus haut se vérifie. Ce qui fait qu'il y a des cas forts, c'est uniquement l'incapacité de certaines désinences à recevoir le ton[2]. Au vocatif d'ailleurs l'accent fuit vers le commencement du mot.

---

1. L'accentuation du pronom skr. *a* dans les formes comme *asyá* (à côté de *ásya*) sera née secondairement, quand le besoin de distinguer certaines nuances se sera fait sentir (voy. le dictionnaire de Grassmann, col. 207). Celle qu'accuse le goth. *þize*, *þizos*, paraît être simplement proclitique: le sanskrit a *tásya*, *téṣām*, *tásyās*.

2. Nous devons nous contenter de citer la théorie différente et très-complète que M. Bergaigne a présentée sur ce sujet Mém. Soc. Ling. II 371 seq. Comme cette théorie est liée intimement à la question de l'origine des désinences et de la flexion en général, la discussion qu'elle demanderait ne manquerait pas de nous entraîner fort loin.

Nous venons de ranger le locatif parmi les cas forts. Effectivement on sait qu'en sanskrit la forme forte y est permise, sinon obligatoire comme dans *pitári*, *dātári*[1]. Deux exemples particulièrement intéressants sont *dyávi* (cf. *divé* etc.) et *kšámi* en regard de l'instr. *kšamá*. Sur l'aversion qu'a le ton pour l'*i* final v. p. 190.

Les phénomènes spéciaux du nominatif, qui parfois se formait sans *s*, demandent à n'être pas séparés de la question de l'a_2. Il nous faut donc renvoyer le lecteur à la page 213.

Dans l'application de la théorie qui vient d'être formulée, nous nous bornerons, le sujet étant immense, à relever les points saillants de la déclinaison de chaque espèce de thèmes. Nous adoptons complétement les principaux résultats de l'étude de M. Brugman sur les thèmes à liquide (Stud. IX 363 seq.). Ce travail avait été précédé de la théorie de M. Osthoff sur la déclinaison des thèmes à nasale (Beitr. de P. et B. III 1 seq.), qui s'en approchait beaucoup pour le fond de la conception, mais sans proclamer encore l'expulsion totale de l'*a* aux cas faibles et sans opérer avec le phonème a_2. M. Osthoff admettait une échelle d'*a* de forces différentes. — Nous mettrons encore à profit l'article de M. Brugman sur les suffixes *-as*, *-yas*, *-was* (K. Z. XXIV 1 seq.). Les restes de la dégradation des suffixes en letto-slave sont recueillis par M. Leskien *Archiv für slav. Philol.* III 108 seq.

Comme type de la forme faible nous choisirons le datif.

Thèmes en *-wás*. L'accent, en sanskrit, s'est retiré aux cas faibles sur le suffixe: *vidúše*, *ǵagr̥bhúše* pour **vidušé*, *ǵagr̥bhušé*. La forme proethnique *-us-* des cas faibles, telle que l'admet M. Brugman K. Z. XXIV 97, est assurée indirectement par le grec *-υια*, et *ἰδυῖοι* (ibid. 81), par le goth. *berusjos* et le sl. *-ŭs-je-*.

Thèmes à liquide. L'expulsion proethnique de l'*a* aux cas faibles a été mise en pleine lumière par M. Brugman. Le phénomène le plus singulier est celui du génitif indien en *-ur*. Nous essayons de l'expliquer de la manière suivante.

---

1. Les thèmes qui ne finissent pas par une sonante font exception; le locatif y a été mêlé aux cas faibles: *tudatí*, *vidúši* etc. — De quelque manière qu'on doive expliquer les locatifs védiques sans *i* comme *mūrdhán*, ils ne peuvent infirmer en rien la théorie.

La désinence du génitif est -^{A}*s* et non -*as*. Accentuée, comme dans *padás*, elle a dû en sanskrit se développer en -*ús* (p. 177). Non accentuée, on la voit donner -*us* dans *pátyus*, *sákhyus*, *ǵányus* (ici par conséquent il faut poser -*us*, non -*ur*). Peu à peu cependant la forme -*as* parvient à éliminer sa rivale.

L'hypothèse de cette désinence -^{A}*s* est confirmée: 1° par le vocalisme du grec -ος et du slave -*e*; 2° par les génitifs comme *yuktés*, *mṛdós*, dont il sera question plus bas. Enfin elle éclaircit, jusqu'à un certain point, le génitif sanskrit *mātúr*.

Le prototype de *mātúr* est *mātr-*^{A}*s*. Le groupe *r*^{A} doit donner *r̥̄*, puis *ūr* (§ 14). La qualité de la voyelle est donc expliquée, mais non sa quantité. En zend on a les génitifs *nars*, *çāçtars*, qui viennent de **nr̥s*, **çāçtr̥s*, l'*r*-voyelle s'étant développé en *ar* devant *s̆* comme dans *arshan* et autres cas. Dans *ukšṇás* le son ^{A} ne s'est point fondu avec la nasale qui précède, ce qui s'explique fort bien, croyons-nous, par des raisons physiologiques. Nous reviendrons sur ce point au chap. VI.

D'ordinaire la contraction de *r*^{A} en *r̥̄* est proethnique. Dans le cas qui nous occupe, le gr. πατρός[1], le goth. *fadrs*, paraissent indiquer qu'elle n'est qu'indo-iranienne. Les conditions, aussi, sont assez particulières, l'accent reposant sur le phonème ^{A}, ce qui ailleurs n'est pas le cas.

Le paradigme indien des thèmes en -*an* est parfaitement régulier. Les langues européennes n'en ont conservé que des débris. On a en latin *caro carnis*, en grec κύων κυνός[2], ainsi que ἀρνός. M. Osthoff (l. c. 76 seq.) pose comme thème de ce dernier mot *varan-* (*waran-*). Il nous semble que le skr. *úraṇa* ne s'accorde bien qu'avec *wr-án*. Ceci donne la flexion grecque très-ancienne: *Ϝϱ-ήν, gén. *Ϝr̥-ν-ός. Le nominatif subsiste dans πολύ-ϱϱην; le génitif est devenu régulièrement *Ϝαϱνός, ἀϱνός[3].

1. Est-ce que νύκτωϱ serait pour *νυκτοϱς, νυκτr̥̄ς? Cf. ἡμέϱας τε καὶ νύκτωϱ = ἡμέϱας τε καὶ νυκτός.

2. L'accent, dans κύων, a été reculé; cf. skr. *çvā́*.

3. Hésychius donne: ϱάνα· ἄϱνα. Ῥωμαῖοι δὲ βάτϱαχον. M. Mor. Schmidt écrit ϱᾶνα, ce qui est nécessaire pour la seconde partie de la glose, mais peu probable pour la première. On ne pourrait attendre que ϱῆνα. Nous pensons que les gloses ϱάνα et ϱᾶνα se sont confondues et que ϱᾰν- et ἄϱν- remontent tous deux à Ϝr̥ν, comme δϱατός et δαϱτός à δr̥τός.

L'arménien *gar'n* dont parle M. Osthoff peut se ramener à la forme faible *wr̥-n-*.

La déclinaison *φρήν φρενός*, *ποιμήν ποιμένος*, vient de la généralisation de l'accusatif et aussi du locatif, car *φρένι*, *ποιμένι*, ont été de tout temps des formes fortes.

L'explication du goth. *auhsin* résulte du fait auquel nous venons de faire allusion: *auhsin* est identique avec le skr. *ukšáṇi*. Au génitif on attendrait **auhsns*. Il paraît évident que *auhsins* est une imitation du datif *auhsin*.

J'ai déjà cité l'article de M. Leskien, où il est montré entre autres que le sl. *d̆ine* «diei» vient d'un thème *diwan-* ou *dian-*.

Pour les formes indiennes comme *brahmáṇe*, il sera difficile de décider si l'*a* s'est maintenu dès l'origine pour empêcher le conflit des consonnes ou si *brahmáṇe* représente un primitif **brahmn̥né*. La position de l'accent conseille peut-être la première solution.

Le thème en *m ghi-ám* se décline comme les précédents. V. Brugman Stud IX 307 seq. Le zend a au nominatif *zy-āo*, au gén. *zi-m-ō*.

Le suffixe participal *-nt*, lui-même dépourvu d'*a*, peut emprunter celui du thème quand ce dernier finit par *a*. Tout se passe alors comme si le suffixe était *-ant*. L'accent qui restait immobile tant que l'a_1 (a_2) qui le supportait finissait le thème passe aux désinences aussitôt que cet a_1 est revêtu du groupe *-nt* (lois I et II, p. 188). La flexion est donc en sanskrit *tudán*, *tudaté* (= *tudn̥té*) etc. V. Brugman Stud. IX 329 seq.

Le grec *λαβών λαβόντος* a généralisé la forme forte. En latin au contraire *-ent* continue la forme faible à nasale sonante, que M. Sievers a reconnue en germanique dans *hulundi*, *þusundi* et autres féminins.

Une petite minorité seulement parmi les thèmes qui finissent par *i* et *u* appartient à la flexion forte. L'exemple le plus important est *di-á₁u-*[1] «ciel».

1. M. L. Havet (Mém. Soc. Ling. II 177) a montré que ce thème vient d'une racine *di* (*dai*) et point de *diw* (*dyau*).

nom.	*di-á₁u-s*	Cf. (*mā-tá₁r*)	(*uks-á₁n*)
voc.	*di-a₁u*	*mā-ta₁r*	*uks-a₁n*
acc.	*di-á₁u-m*	*mā-tá₁r-m*	*uks-á₁n-m*
loc.	*di-á₁w-i*	*mā-tá₁r-i*	*uks-á₁n-i*
dat.	*di-w-Ai*	*mā-tr-Ai*	*uks-n-Ai*

Nominatif: plutôt que de voir dans le skr. *dyaus* l'allongement du nominatif il faut je crois, à cause du gr. Ζεύς, assimiler l'*au* de cette forme à celui de *yaùmi* etc. (p. 128). — Vocatif: gr. Ζεῦ. — Accusatif: *diá₁um* est la forme la plus ancienne, mais la coïncidence du gr. Ζῆν avec skr. *dyā́m* paraît établir que dès une époque très-reculée la diphthongue avait cessé d'exister. Cf. p. 41. L'*ā* de la forme Δᾶν que rapporte un grammairien est assurément singulier, mais la forme éolo-dorique ordinaire montre η, v. Schrader Stud. X 319. — Locatif: véd. *dyávi*.

Nous allons étudier quelques autres mots du type *di-au*. Pour ne point les disperser à plusieurs endroits nous citerons les paroxytons comme les oxytons; nous aurons aussi à faire la distinction de a_1 et a_2 aux formes fortes.

Parmi les thèmes en *-i*, nous reconnaissons pour avoir appartenu à la déclinaison de *di-au*: *Au-á₁i* «oiseau» qui dans le Véda fait *vés* au nominatif. Le reste de la flexion est dégénéré et même au nominatif, *ví-s* commence à prendre pied.

En latin on a encore les mots comme *vatēs*, acc. *vatēm*.

C'est un échantillon analogue qui se cache dans le skr. *kaví*, car en zend ce mot fait à l'acc. *kavaēm*. Seulement nous trouvons pour nominatif zd. *kava* = **kavā*. Etant donné *pitā́(r)* de *pitár-*, le nom. **kavā(i)* de *kavai-* n'a rien de surprenant. Mais il faut provisoirement nous résigner à ignorer pourquoi les thèmes en *-u* n'ont jamais de nominatif sans *s* et pourquoi les thèmes en *i* eux-mêmes ont la double formation *ves* et **kavā*. Cf. p. 213.

Flexion de *gāu* «bœuf». Quelle est la forme exacte de ce thème? C'est, croyons-nous, *ga-a₁u* et non *ga₁u*: 1° parce que dans l'hypothèse *ga₁u* on devrait trouver aux cas faibles *gu-*; 2° parce que le v. h^t-all. *chuo* suppose un *ā* long[1]. Les composés indiens comme *su-gú* ne sont dûs certainement qu'à un changement de déclinaison. La langue, partant de formes comme le gén. *sugós* ou le dat. *sugáve* et se laissant guider par les adjectifs en *-ú* (*pṛthú* etc.), devait aboutir à *sugús*. Du reste *ga-a₁u* se

---

1. On pourrait dire qu'il y a ici le même allongement du nominatif que pour *fōt-* (p. 213). Mais Ζεύς (v. ci-dessus) montre qu'un thème comme *ga₁u* n'eût point allongé le nominatif. — J'ai été rendu attentif à la forme *chuo* par M. le Dr Kögel qui du reste l'expliquait différemment.

décline régulièrement soit en sanskrit soit en zend. Cf. skr. *gaus* (*ga-a₁u-s*) et *dy-au-s*, *gá-v-ç* et *di-v-ç*. Aux cas faibles, le ton s'est fixé sur l'*a* de *ga-v-*. Cet *a* n'y avait évidemment aucun droit, mais en sanskrit l'attraction qu'exercent sur l'accent les *a* radicaux de toute provenance paraît avoir été presque irrésistible. Le locatif *gavi* au lieu de **gāvi* est comme *divi* à côté de *dyavi*. Le gr. βο-Ϝ-, βου = skr. *ga-v-*, *go-* indique que l'*a* radical est un *o̥*. La forme forte s'est perdue: βοῦς a remplacé *βω(υ)ς. Homère a bien encore l'acc. βῶν[1] = arien *gām* (zd. *gãm*), que nous ramènerons sans hésiter à *go̥-á₁u-m*, mais en elle-même cette forme pourrait être sortie de *gaŭm* comme Ζῆν sort de *dyăum*. Le latin ne nous apprend rien de particulier.

Thèmes en *u* qui prennent a_2. Le zend a les formes suivantes: acc. *naçāum* (cadavre) = **naçāvam* (n. pl. *naçāvō*); acc. *pĕrĕçāum* (côté), *garemāum* (chaleur). La flexion est complète pour l'ancien perse *dahyāu-s*, acc. *dahyāu-m* (nom. et acc. pl. *dahyāv-a*, gen. pl. *dahyunām*, loc. *dahyusuvā*). Le même mot en zend donne l'acc. *daṅhaom* — on attendrait *daṅhāum* — (et le nom. pl. *daṅhāvō*). On a en outre le nom. sg. *bāzāus* (bras) dont l'*ā* s'explique, comme pour le perse *dahyāus*, par l'influence de l'accusatif[2] (**bāzāum*) lequel ne nous est point parvenu. Il règne du reste, comme le montre *dahyăom* en regard de *dahyāvō*, une certaine confusion entre les thèmes qui prennent a_2 et ceux qui ne le prennent pas. Justement en regard de **bāzāum* le Véda nous offre *bāhåvā*, duel du même thème[3]. Cette flexion est d'autant moins suspecte d'origine récente qu'elle apparaît de préférence au sein d'une petite famille de thèmes en *u* avec laquelle nous avons fait connaissance p. 133: ce sont des féminins[4], qui ont a_1 dans la racine. Il est possible, comme l'a conjecturé M. G. Meyer (Stammbildung p. 74), que les noms grecs en -ευ-ς aient quelque rapport avec cette déclinaison, seulement rapprocher l'*ā* arien de l'η de τοκῆος est, croyons-nous, inadmissible. Il ne faut pas oublier d'ailleurs l'absence de l'ευ dans νέκυς, πῆχυς, où on serait le plus en droit de l'attendre. — M. Meyer rappelle les nominatifs gothiques comme *sunaus*. On pourrait penser en effet que c'est là un dernier souvenir de la double flexion primitive des thèmes en *u*.

1. Le dor. βῶς, βῶν, n'est que la transformation de βοῦς, βοῦν.
2. A moins d'admettre un allongement du nominatif coexistant avec l'*s*.
3. Il est inutile de forger un mot *bāhava* tout exprès pour expliquer cette forme.
4. Au masculin *pĕrĕçāum* est opposé en sanskrit le féminin *párçu*.

Thèmes en *i* qui prennent a_2. Le plus important est le thème skr. *sákhe-*, acc. *sákhay-am* (zd. *hu-shaχâim*), voc. *sákhe*, dat. *sákhy-e* (nom. pl. *sákhâyas*). L'*â* long du nominatif *sákhâ* est tout autre que l'*ā* (= a_2) de *sákhāyam:* il suffit de rappeler **kavâ* en regard de **kavăyam* (*kavaēm*). C'est ici peut-être que se place le nom. pl. *çtaomāyō* (Spiegel Gramm. 133).

Depuis le travail de M. Ahrens sur les féminins grecs en ω K. Z. III 81 seq. il est constant que le thème de ces mots finit par ι. Nous soupçonnons que ce sont là les correspondants du type skr. *sákhe*. Si l'on a le droit de mettre en parallèle

dātā	*dātāram*	*dātar*	*dātrā*
et δώτωρ	δώτορα	δῶτορ	[δώτορος pour *δωτρος]

on a aussi celui de comparer

sakhā	*sakhāyam*	*sakhe*	*sakhyā*
et Λητώ	Λητῶ (*Λητόα)	Λητοῖ	[*Λητόος pour *Λητιος]

A l'accusatif nous avons écrit Λητῶ: c'est l'accentuation que prescrit Dionysius Thrax (Ahrens l. c. 93). Du reste il n'y aurait aucun témoignage en faveur du circonflexe que cela ne devrait pas arrêter, étant donnés les procédés des grammairiens, de voir dans ω la contraction de οα[1], cf. Brugman Stud. IV 163. Sans doute il y a les accusatifs ioniens comme Ἰοῦν, et l'on sait que M. Curtius en a inféré que le thème finissait par -οϝι. Mais les observations que fait à ce sujet M. Windisch Stud. II 229 montrent bien que cette explication n'a pas satisfait tout le monde. De *Ἰοϝιν à Ἰοῦν le chemin n'est guère facile. De toute manière cette forme en -ουν est énigmatique et a l'air d'un emprunt fait à d'autres déclinaisons, peut-être à celle de βοῦς. L'hypothèse des thèmes en -οϝι ne permet pas du reste, ainsi que le reconnaît M. Curtius[2], d'expliquer l'ω du nom. Λητώ. — On pourrait s'étonner

1. Parmi les nombreuses formes que cite M. Ahrens, il ne se trouve aucun accusatif qui ait l'ι souscrit ou adscrit, preuve que l'ω n'y est point primitif comme au nominatif, et qu'il est bien sorti de -ο(y)α. La terminaison -oyα à son tour ne saurait être très-ancienne. La forme pure serait -οιν. On a cru en effet avoir conservé des accusatifs comme Λατοῖν, mais, M. Ahrens montre qu'ils proviennent d'une fausse leçon. Ils avaient donc péri dès avant l'époque historique. On peut comparer plus ou moins *Λητoyα pour *Λητοῖν à ἡδέϝα pour ἡδύν.

2. Le savant professeur conjecture seulement que l'analogie des formes

que les thèmes grecs en *-a_2i* soient employés si exclusivement à former des féminins. Toutefois il y a des traces du masculin dans les noms propres *Πατρώ, Μητρώ, Ἡρώ* (Curt. Erl. 54).

Il est probable que bon nombre de mots analogues sont à tout jamais cachés pour nous parce qu'ils ont revêtu la flexion courante des thèmes finissant par *i* et *u*. En voyant par exemple que dans le Rig-Véda *ávi* «mouton» fait au gén. *ávyas* et jamais *ávcs*, absolument comme on a en grec *οἰός* (pour **ὄϝιος*) et non «*ὀεως*», il est naturel de croire que la flexion première a été: nom. *awa_1i-s* ou *aw$\bar{a}_1$i*, dat. *awy-ʌi*, acc. *awa_1i-m* etc. Peut-être que le gén. goth. *balgis* des masculins en *i*, au lieu d'être ainsi que le dat. *balga* emprunté aux thèmes en *-a*, offre un vestige de la flexion dont nous parlons: *balgis* serait pour **balgiᴬs*.

L'immobilité de l'accent dans le paradigme sanskrit *apás apáse*, *ušás ušáse*, n'a pas grande importance. Il est possible, il est même fort probable que le ton y subissait primitivement les mêmes déplacements que partout ailleurs. C'est la persistance anormale de l'*a* suffixal qui est remarquable. Jusqu'ici les syllabes prédésinentielles ne nous offraient rien de semblable.

M. Brugman (K. Z. XXIV 14 seq.) donne pour ce fait de très-bonnes raisons: le désir d'éviter des formes trop disparates dans la même déclinaison, puis l'influence analogique des cas faibles du pluriel où l'a_1 ne pouvait tomber (ainsi *apa_1s-bhis*).

Cependant à quoi se réduit après tout la classe des oxytons en *-as*? Au nom de l'aurore, skr. *ušás*, aux mots indiens *bhiy-ás* «peur», *pú-mas* pour **pumás* (p. 219), et aux mots comme *tavás*, *yaǵás*, *ψευδής*. Or ces derniers, M. Brugman l'a établi, ne sont que des neutres revêtus de la déclinaison du masculin. Il serait possible même qu'ils fussent nés séparément dans les différentes langues qui les possèdent, la flexion s'étant dirigée sur celle des composés (paroxytons) comme *su-mánas*. La forme pleine de leur syllabe radicale est très-suspecte pour des oxytons. Quant à *bhiy-ás* et *pu-más*, ils font régulièrement *bhī-š-á* (instr. véd.), *pu-ṃs-é*. Le seul exemple dont on ait à commenter la déclinaison, c'est donc l'indo-eur. *ᴬusás*, et l'on peut croire en effet

comme *δαίμων* aurait, dans de certaines limites, agi sur les mots en *-ῳ*. V. Erläuterungen[2] 55 i. n.

que les formes faibles comme *Aussái* parurent trop inintelligibles[1]. L'*a* fut donc retenu: *Ausasái*, skr. *ušáse*. Pour l'a_1 de *ušáse* en regard de l'a_2 de *ušā́sam* v. p. 215.

Les thèmes-racines, simples ou formant le second terme d'un composé, se présentent sous deux formes tout à fait différentes.

Dans le premier cas la racine est privée de son a_1 par une cause inconnue, mais évidemment indépendante de la flexion. Ces thèmes, auxquels nous faisions allusion à la page 186, ne rentrent donc point dans le sujet de ce paragraphe. Ayant perdu leur *a* avant la flexion, ils sont désormais à l'abri de toute modification[2]. Quand ils finissent par *i*, *u*, *r̥*, *n̥*, *m̥*, ils s'adjoignent un *t* dont les longues *ī*, *ū*, *r̥̄*, *n̥̄*, *m̥̄* (chap. VI) se passent. Exemples: skr. *dvíš*, *mŕ̥dh*, *níç* (p. 177), *açva-yúǵ*, *mí-t*, *hrú-t*, *su-kŕ̥-t*, *aranya-ga-t* (= *-gm̥-t*); *bhī́*, *bhū́*, *gī́r* (= *gr̥̄*), *-ǵā́* (= *ǵn̥̄*); zend *druǵ*; gr. ἀλκ-ί, "Α-(ϝ)ιδ-, σύ-ζυγ-, ἀντ-ηρίδ-, ἔπ-ηλυς, -υθος (métaplasme pour -υθος); lat. *ju-dic-*, etc.[3]

Dans le second groupe de thèmes-racines l'affaiblissement résulte *de la flexion* et n'embrasse donc que les cas faibles. Les noms dont il s'agit font pendant aux verbes de la 2e classe. Toutes les racines n'affectionnent pas ce genre de déclinaison. A peine si celles qui finissent par *r* fournissent un ou deux exemples indiens comme *abhi-švár*.

Le vocalisme des différentes formes fortes ne peut-être traité ici où il ne s'agit que de l'expulsion de l'*a*; voy. p. 217 seq.

Parmi les composés sanskrits on remarque ceux de *han:*

1. Le Rig-Véda a un génitif sing. (et accusatif pl.) *ušás*. On le tire, avec raison probablement, d'un thème *uš*. Y supposer la continuation de la forme faible *us-s-* serait invraisemblable à cause du double *s* qui serait représenté par *š*.

2. Les déplacements d'accent restent naturellement les mêmes, du moins dans le mot simple. En composition, où ils sont censés avoir lieu également (Benf. Gramm. p. 319), l'usage védique contredit à la règle. Toutefois *vi-mr̥dh-ás* R. V. X 152, 2, témoigne bien que la règle n'a pas tort.

3. Tout renforcement nasal et toute perte de nasale étant choses étrangères à l'indo-européen, il est évident que la flexion du skr. *yúǵ* qui fait *yúnǵ* aux cas forts ne peut pas être ancienne. Du reste, dans le Rig-Véda, la forme *yunǵ-* est extrêmement rare.

accus. *vr̥tra-hán̥-am*, dat. *vr̥tra-ghn-é*. De *vah* se forme *anaḍváh*, accus. *anaḍ-vā́h-am*, dat. *anaḍ-úh-e*.

On entrevoit encore la déclinaison grecque primitive de *Βελλερο-φῶν* (dont l'accentuation est incompréhensible): le nom *Περσέ-φαττα*, où *-φαττα* répond au *-ghnī* sanskrit, indique que le génitif eût fait **Βελλερο-φατος* (cf. p. 27 seq.).

En zend le thème *vać* «voix» fait à l'acc. *vāćim*, *vāćem* (= gr. *Ϝόπα*), au dat. *văćē*, à l'instr. *văća* etc. Cette flexion ne peut pas être primitive. Aucune loi à nous connue n'autoriserait dans les cas faibles d'autre forme que **uć-* (à moins que l'*ā* de *vāćem* ne fût un véritable *ā* long indo-européen, ce qu'il n'est pas). La forme *văć-* est dûe évidemment à des influences d'analogie. En sanskrit *vāć-* a envahi, comme on sait, toute la déclinaison.

Posant pour thème *r̥bhu-kšé-*, nous ramenons le nom. skr. *r̥bhu-kšā́-s* à **r̥bhu-kšāi-s* (cf. *rās* = **rāis*). L'allongement de l'*a* est comme pour *dyaús*. L'instr. pl. *r̥bhu-kší-bhis* s'explique de lui-même. Quant à l'accus. *r̥bhu-kšán̥-am* (au lieu de **r̥bhu-kšáy-am*), il est dû à quelque phénomène d'analogie. Cf. *divá-kšā-s* lequel fait à l'accus. *divá-kšas-am*. On a dans le Rig-Véda, mais seulement au pluriel, *uru-ǵráy-as*, *pári-ǵray-as*, de *ǵre*. Le nom. sing. eût été, je pense, *-ǵrā́s*. Citons encore *dhī-ǵáv-as* R. V. IX 86, 1.

Quand la racine finit par *ā*, le ^{A} des cas faibles s'élide devant la désinence: *soma-pā́*, acc. *soma-pā́-m* (*-pá*$_1$$_A$*-m*), dat. *soma-p-é* (*-p*^{A}*-é*). C'est ainsi qu'on a, dans le verbe, *ǵá-h-ati* = **ǵá-h-n̥ti* venant de *ǵah*^{A} + *n̥ti*. V. p. 36 et le § 14.

Sur la signification qu'on attribuera à l'échange de a_1 et a_2 dans les mots comme *pad* où l'*a* ne peut tomber, v. p. 215.

THÈMES PAROXYTONS.

Les thèmes paroxytons du sanskrit gardent, comme on sait, l'accent sur la syllabe radicale à tous les cas de la flexion[1].

Admettrons-nous ce que M. Osthoff (l. c. 46 i. n.) indique comme un résultat probable des recherches ultérieures, que l'indo-européen n'ait point connu cette loi de l'accentuation indienne et que le comparatif *wásyas* par exemple ait fait au datif *wa-*

1. Il y a de rares exceptions qui ne sont qu'apparentes. Ainsi *púmān* (dat. *pun̥sé*) aura été d'abord oxyton, ainsi que le suppose le vocalisme de la racine. On peut en dire autant de *svàr* (*súar*) qui donne un dat. védique *sūré*. Sur *sā́nu*, gén. *snós*, v. p. 221 seq.

syasʌ́i[1]? Tout au contraire, nous disons que la loi des paroxytons a toujours existé:

1° Il ressort de tout ce qui précède que l'accent, aux cas «forts», ne tend pas moins à gagner la désinence qu'au datif ou aux autres cas «faibles». Que signifieraient donc des déplacements d'accent tels que *wásyäs wasyasʌ́i*?

2° Une pareille mobilité d'accent est difficilement conciliable avec la fixité du vocalisme radical, qui est très-grande pour les paroxytons.

3° Il y a un contraste frappant entre les «cas faibles» des oxytons en *-was* et ceux des paroxytons en *-yas*. Toutes les conditions étant égales d'ailleurs, nous trouvons, là *vidúše* (= **vidušé*), ici *vásyase*. La non expulsion se vérifie aussi dans les infinitifs en *-man-e*, *-μεν-αι*, de thèmes paroxytons.

Donc dans les paroxytons normaux *tous les cas seront forts*.

Autre chose est de savoir si la dégradation du suffixe n'avait pas dès l'époque proethnique pénétré d'une manière ou d'une autre dans certains groupes de paroxytons.

Ce qui le fait supposer tout d'abord, c'est que la majorité des paradigmes du sanskrit, ne distingue point à cet égard entre oxytons et paroxytons: *bhrā́tre, rā́jñe, bhárate*, montrent le même affaiblissement que *mātré, ukšṇé, tudaté*.

On ne saurait attendre des langues européennes de données décisives pour cette question. Voici cependant un cas remarquable et qui confirmerait le témoignage du sanskrit: le *t* du germ. *svester* «sœur» n'a pu prendre naissance que sur une forme faible *svesr-* d'où il a gagné ensuite les cas forts (Brugman Stud. IX 394); preuve que la dégradation, dans ce mot, est bien ancienne. Or c'est un paroxyton: skr. *svásar*.

D'autre part le féminin *bhárantī* (cf. *tudatī́*) des participes indiens paroxytons semble indiquer positivement que la flexion grecque *φέρων φέροντος* est plus primitive que le skr. *bháran bhāratas*. C'est l'avis de M. Brugman l. c. 329[2].

---

1. C'est ce qui paraît être l'opinion de M. Brugman (Stud. IX 388).

2. La langue védique semble faire quelque différence entre les thèmes en *-man* selon qu'ils sont oxytons ou paroxytons. De ces derniers on a par exemple *jémanā, bhū́manā, bhū́manas, yā́manas*. Au contraire *premán, prathimán, mahimán*, donnent les instrumentaux *preṇā́, prathinā́, mahinā́*,

La portée de la question diminue du reste considérablement, si l'on songe qu'au pluriel et au duel, où règne la flexion faible, oxytons et paroxytons étaient soumis à une même loi.

B. L'expulsion se produit en vertu des lois de la flexion faible.

M. Paul a consacré une partie du travail précédemment cité à une étude sur la déclinaison primitive des thèmes en *i* et en *u*, ou plus exactement sur l'espèce la plus commune de cette déclinaison. L'auteur montre que la dégradation du suffixe, à tous les nombres, dépend du phonème initial de la désinence: selon que ce phonème est une voyelle ou une consonne, l'*a* suffixal apparaît ou disparaît[1]. Au vocatif, où la désinence est nulle, l'arien, le letto-slave, le germanique et le celtique prouvent que l'*a* existait (Beitr. IV 436).

C'est là ce que nous avons appelé plus haut la *flexion faible* (p. 187). Le principe de l'expulsion se résume pour elle dans cette loi unique: L'ADJONCTION D'UNE DÉSINENCE COMMENÇANT PAR UNE CONSONNE ENTRAÎNE LA PERTE DE L'a_1 PRÉDÉSINENTIEL.

— Thèmes finissant par *i* et *u*. —

Dans les cas où le suffixe a sa forme pleine, le ton, en sanskrit et en grec, se trouve sur l'*a*. Il y a tout lieu de croire que c'est là l'accentuation primitive. Celle des cas faibles du pluriel sera traitée plus bas, p. 209.

Nous pouvons parler tout de suite de la qualité de l'*a*. Les thèmes en *i* et en *u* de déclinaison faible semblent n'admettre que l'a_1. Le grec présente *ε*, le sanskrit un *a* bref. L'*o* du sl. *synove*, l'*a* du lith. *sunaus* sont des modifications secondaires de l'*e* (p. 67).

---

où le rejet de l'*m* atteste la grande pression que subissait le suffixe. Mais *bhúmanas*, *yámanas*, peuvent être une imitation de *kármaṇas*, *vártmanas*, et d'autre part le paroxyton *áçman* fait en zend *ashnō* au génitif (Spiegel Gramm. 156). — Les thèmes faibles *yūn-* et *maghon-* de *yúvan* et *maghávan* ne prouvent pas grande chose en faveur de la dégradation des paroxytons; nous avons trop peu de garanties relativement à l'ancienneté de leur accentuation. La même remarque s'applique aux mots comme *sákhai- sákhi-*. Cf. *sakhíbhyas*, Benfey Vollst. Gramm. p. 320.

1. On s'étonne que dans le même travail l'auteur s'efforce de tirer un parallèle entre les thèmes dont nous parlons et les thèmes à liquide et à nasale, parallèle que l'énoncé même de sa règle rend à notre sens chimérique.

En gothique l'*a* de *anstais, anstai; sunaus, sunau*, est encore inexpliqué, il ne paraît point se retrouver dans les autres dialectes germaniques — au contraire le v. h^t-all. a encore *suniu* — et de plus le plur. *sunjus* offre l'*e*.

Les thèmes yuktá$_1$i et mr̥dá$_1$u donneront conformément à la loi posée ci-dessus[1].

	Singulier	Pluriel		Singulier	Pluriel
Nom.	yuktí-s	yuktá$_1$y-a$_1$s	Nom.	mr̥dú-s	mr̥dá$_1$w-a$_1$s
Voc.	yúkta$_1$i	yúkta$_1$y-a$_1$s	Voc.	mŕ̥da$_1$u	mŕ̥da$_1$w-a$_1$s
Acc.	yuktí-m	yuktí-ns	Acc.	mr̥dú-m	mr̥dú-ns
Dat.	yuktá$_1$y-Ai	yuktí-bhyas	Dat.	mr̥dá$_1$w-Ai	mr̥dú-bhyas
Loc.	yuktá$_1$y-i	yuktí-swa	Loc.	mr̥dá$_1$w-i	mr̥dú-swa

Différentes formes donnent lieu à des remarques particulières.

1. Génitif du singulier. La forme indo-européenne paraît avoir été *yuktá$_1$īs, mr̥dá$_1$ūs*, vu l'accord du sl. *kosti, synu*, avec le skr. *yuktés, mr̥dós* (Leskien Decl. 27). L'*i* est l'*u* devaient être longs, puisqu'ils provenaient de la contraction de *y^A* et *w^A*, la désinence étant *-^As* (p. 196). Cette contraction du reste n'est pas absolument régulière: elle n'a lieu ordinairement, pour l'*u* du moins, que si la semivoyelle est *précédée d'une consonne* comme dans *dhūtá* = **dhw^Atá* (§ 14).

2. Les ablatifs du zend comme *garōiț, tanaoț*, n'infirment point la règle: ils sont probablement de création récente (Leskien Decl. 35 seq.) et d'ailleurs la désinence est *-ad*, non *-d*. Si *garōiț* était ancien, il serait donc pour «*garayad*».

3. L'instrumental sing. et le génitif plur. sont malheureusement difficiles à étudier, à cause de la formation nouvelle *yuktī-*

1. Dans un article sur la gradation des voyelles (Académie de Vienne LXVI 217) M. Fr. Müller attirait l'attention sur l'antithèse des déclinaisons de *yuktí, mr̥dú*, et des thèmes consonantiques. Il faisait remarquer que le premier genre de thèmes affaiblit le suffixe précisément dans les formes qui pour les seconds sont fortes. Mais — outre que la «déclinaison consonantique» contient aussi, comme nous l'avons vu, des thèmes en *i* et en *u* — l'antithèse est pour ainsi dire fortuite: elle n'existe que dans la limite donnée par le principe des deux flexions et la nature des désinences. Au locatif et au vocatif les paradigmes se rencontrent nécessairement: *mŕ̥do* cf. *Zεῦ, dắtar; sūnávi* (véd.) cf. *dyávi, dātári*.

nām, mṛdūnām. Il reste pourtant des instrumentaux védiques comme *pavyā́, ūrmiā́*, et en zend les génitifs plur. *raϑwãm, χraϑwãm, vaṅhvãm* (Spiegel Gramm. p. 142). Les langues congénères ne sont pas d'accord entre elles.

Les types *pavyā́, vaṅhvãm*, sont évidemment en contradiction complète avec la flexion faible; nous devons les accepter tels qu'ils sont, comme un essai de déclinaison forte. L'anomalie paraît tenir à la nature des désinences.

4. Duel. Le dat.-abl. skr. *yuktíbhyām, mṛdúbhyām*, sl. *kostíma, synŭma*, ne présente rien de particulier. Pour le génitif-locatif, nous prions de voir à la page 209. La forme du nom.-acc. *yuktī́, mṛdū́*, sl. *kosti, syny*, n'est point encore bien éclaircie, et nous ne savons quoi en penser.

Les thèmes en *i* et *u* subissent dans la dérivation le même traitement que dans la flexion. Ils maintiennent leur *a* tant que l'élément ajouté ne commence pas par une consonne; *y* compte comme voyelle. C'est ainsi qu'on a en sanskrit *vāstavya* de *vāstu*[1], en grec *ἀστεῖος* de *ἄστυ*[1], *δέν-δρεον* de *δρυ*, en gothique *triva-, kniva-* de **tru*, **knu*. Que les adjectifs verbaux grecs en *-τέο* soient apparentés aux formes indiennes en *-tavya* c'est ce que les observations de M. Curtius (Verb. II 355 seq.) rendent douteux. Qu'ils soient sortis comme les adjectifs indiens de thèmes en *-tu*, c'est l'opinion commune qu'il n'y a pas lieu, croyons-nous, d'abandonner. Le mot *ἐτεός* dont le digamma apparaît dans *'ΕτεϜάνδρω* (inscr. cypriote, Revue archéologique 1877 p. 4) est accompagné encore de *ἔτυ-μος*. Devant les consonnes nous trouvons *i, u*: skr. *çucitvá, bandhutā́*, gr. *ταχυτής* etc. — Au féminin, le gr. *πλατεῖα* est probablement plus primitif que le skr. *pṛthvī́*; cf. toutefois *ὄργυια, Ἅρπυια* etc.

La flexion faible ne paraît avoir été en usage, au singulier, que pour les thèmes finissant par *i* et *u*. Toutefois on en peut soupçonner la présence dans les mots comme skr. *yantúr, aptúr, vandhúr.* Un thème à liquide eût fait au nomin. *yamtṛ́-s*, au dat. *yamtá₁r-ʌi*, à l'acc. *yamtṛ́-m*. Or *yamtṛ́s* a pu à la rigueur donner en sanskrit *yantúr* et par extension *yantúram* etc. En grec *μάρτυρ* serait pour **μάρτṛς*.

— Pluriel et duel des thèmes de flexion forte. —

Mieux que toute autre forme, l'accusatif du pluriel montre comme quoi le principe qui régit au singulier la déclinaison de

1. Nous devrions dire *vāsto, ἄστευ* etc. Malheureusement en nommant les thèmes sous cette forme, on s'expose à plus d'un malentendu.

thèmes comme *pitár*, *ukšán* etc., ne se vérifie plus aux autres nombres.

La place de l'accent à ce cas est donnée, comme nous l'avons vu (p. 39 seq.), par la désinence arienne *-as* pour *-n̥s* qui serait devenue *-ans*, *-ān*, si elle avait porté le ton. L'accentuation primitive s'est conservée du reste dans le grec (*πόδας*, cf. *ποσσί*) et, dans l'indien même, pour les thèmes sans dégradation qui, dans les Védas, accentuent rarement la désinence *-as*[1].

Ayant reconnu que l'accent frappait originairement le thème, M. Brugman crut être forcé d'aller plus loin et d'admettre — par hypothèse pure, car le témoignage du zend et de l'européen est ici tout à fait équivoque — que l'accusatif pluriel était anciennement un cas fort. A la page 40 nous avons adopté cette manière de voir, parce que nous ne comprenions pas encore que le pluriel des thèmes dont il s'agit dût être jugé autrement que le singulier. Mais à quelles invraisemblances ne conduit-elle pas? Comment cet affaiblissement systématique de toutes les espèces de thèmes sanskrits à l'accusatif plur. serait-il dû au hasard d'un remaniement secondaire? Comment, en particulier, expliquer la forme des thèmes à liquides, *pitŕ̥n*? Cette forme renverse toute l'hypothèse: elle ne se conçoit qu'en partant de l'indo-eur. p^{A}*tŕ̥-ns* (cf. goth. *fadruns*). Dans la supposition de M. Brugman on ne pourrait attendre en sanskrit que «*pitrás*» (pour «**pitáras*», «**pitárn̥s*»). Ainsi les deux choses coexistaient. La syllabe prédésinentielle était *affaiblie malgré l'accent*. Or cela est la négation même de toute flexion forte.

En revanche la simple confrontation de **pitŕ̥-ns*, **sákhi-ns*, **dyú-ns* avec **mr̥dú-ns* nous apprend que ces formes entrent sans la moindre difficulté dans le canon de la déclinaison faible.

La nasale de la désinence *-ns* a eu l'effet d'une consonne: de là *mr̥dú-ns* et p^{A}*tŕ̥-ns*, non *mr̥dáw-n̥s*, p^{A}*tár-n̥s*. On ne doit donc pas s'étonner de trouver aussi *bhárn̥t-n̥s*, *tudń̥t-n̥s*, *widús-n̥s*, *áp-n̥s* (*bháratas*, *tudatás*, *vidúšas*, *apás*).

Les thèmes à nasale ont dû faire *uksń̥s* ou bien *uksń̥nn̥s*. On

1. Exemples: *íšas*, *kšápas*, *gíras*, *túǵas*, *díças*, *drúhas*, *dvíšas*, *dhíyas*, *dhúras*, *púras*, *pŕ̥kšas*, *psúras*, *bhídas*, *bhúǵas*, *bhúvas*, *míhas*, *mŕ̥dhas*, *yúdhas*, *rípas*, *vípas*, *víças*, *vŕ̥tas*, *vríças*; *çríyas*, *stúbhas*, *spáças*, *spŕ̥dhas*, *sráǵas*, *srídhas*, *srúćas*, *hrútas*. V. le dictionnaire de Grassmann.

pourrait, sans improbabilité trop grande, retrouver cette dernière forme dans le véd. *ukšáṇas, vṛ̊šaṇas.* En tous cas *ukšṇás* n'est pas un type pur.

Au nominatif, le parallélisme de *pitáras, ukšā̊ṇas, sákhāyas, dyā̊vas,* avec *yuktáyas, mṛdávas,* saute aux yeux.

Nous arrivons aux cas dont la désinence commence par *bh* et *s*, p. ex. l'instr. *p^Atṛ-bhis, uksṇ-bhis, saki-bhis, dyu-bhis.* Comme dans *yukti-bhis, mṛdu-bhis*, l'affaiblissement est causé par la consonne initiale de la désinence et point par l'accentuation. Etudions cependant cette accentuation. Ni en sanskrit ni en grec la désinence n'a le ton (*pitṛ̊bhis, πατράσι* etc.). M. Osthoff (Beitr. de P. et B. III 49) rétablit **pitṛbhís, *πατρασί.* Dès qu'on admet la flexion faible, cette correction est inutile[1].

Mais il y a les mots-racines. Ici l'accent frappe les désinences *-bhis, -bhyas, -swa:* gr. *ποσσί*, skr. *adbhís, adbhyás, apsú.* Nous devons croire que c'est là une imitation, proethnique mais hystérogène, de l'accentuation du singulier. En tous cas, lors même que cette supposition serait fausse, et que les désinences en question auraient eu partout le ton, comme le pense M. Osthoff, le fait que l'affaiblissement n'est dû qu'au contact de la consonne désinentielle ne nous en semblerait pas moins certain.

Cependant, en présence de l'accord des formes fortes (*mṛdávc, pitáras*) avec les formes comme *pitṛ̊bhis* d'une part et l'accusatif pluriel de tous les thèmes de l'autre (v. ci-dessus), il nous semble qu'on a le droit de poser *la non attraction du ton vers les désinences* comme un des caractères distinctifs de la flexion faible.

Le génitif plur. skr. *ukšṇā́m* (goth. *auhsne*), zd. *brāϑrãm* (gr. *πατρῶν*) etc. se place à côté de *yukty-ā́m, mṛdw-ā́m* (zd. *vaṅhvãm*), v. p. 207.

Duel. Le nom.-acc. *pitárau, ukšā̊ṇau, sákhāyau, bāhávā*, est conforme aux règles de la déclinaison faible, plus conforme même que la forme étrange *yuktī* et *mṛdū* des thèmes qui sont si fidèles à cette flexion (p. 207). Au gén.-loc. *yuktí* et *mṛdú* font en sanskrit *yuktyós, mṛdvós.* Il faudrait **yuktáyos, *mṛdávos,*

---

1. En faveur de l'accentuation *pitṛ̊bhis*, on peut remarquer qu'elle est de règle pour les monosyllabes composés de *racine + suffixe*, comme *ví-bhis, dyú-bhis, snú-bhis, stṛ̊-bhis.* Si *-bhis* avait originairement possédé toujours le ton, on attendrait certes «*vibhís, dyubhís* etc.».

et pareillement *pitáros* etc. Or cette dernière forme précisément, d'après les recherches de Grassmann, est exigée par le mètre dans les 20 passages du Rig-Véda où le texte porte *pitrós*[1]; *mātaros* apparaît dans trois passages sur quatre. Nous ignorons s'il y a un grand nombre de cas analogues. Ceux-là nous semblent déjà très-significatifs. En zend on a le gén. duel *çpeñtôχratavão*. En slave *kostiju*, *synovu*, sans être de nature à confirmer grandement notre conjecture, ne lui donnent pas de démenti. Les formes comme *yuktyós*, *pitrós*, se seront formées en analogie avec les génitifs du pluriel.

La dégradation des thèmes *paroxytons* au pluriel et au duel (*bhárantas*, *bháradbhis* etc., *bháradbhyām*) doit être ancienne, puisqu'ici il n'est plus question d'accent. Les thèmes en *-yas* ont l'anomalie de maintenir leur *a*, peut-être sous l'influence du singulier, dont nous avons parlé p. 203 seq.

— Le nom de nombre quatre. —

Le goth. *fidvor* montre que l'*ā* du skr. *ćatvā́ras* n'est point a_2, mais un véritable *ā* long (= *a* + *a*). On devra diviser ou: $k_2a_1tw_A\text{-}\acute{a}_2r\text{-}a_1s$, ou: $k_2a_1tw\acute{a}_2{}_Ar\text{-}a_1s$. La première hypothèse est la plus naturelle, car où trouve-t-on des thèmes en *-a_Ar*? Dans l'un et l'autre cas les formes faibles comme l'instrumental devaient faire $^*k_2a_1tw_Ar$-, d'où le gr. **τετϝᾰϱ-*. Le sl. *četyr-ije*, le goth. *fidūr-dogs* supposent une autre forme faible $^*k_2a_1tw^Ar$-, $k_2a_1t\bar{u}r$- qui s'accorde parfaitement avec la donnée du goth. *fidvor*. En sanskrit on attendrait **ćatūr-* et non *ćatur-*. Il est remarquable cependant que l'accusatif fasse *ćatúras*, non «*ćatvr̥̄n*».

— Nominatif-accusatif sing. du neutre. —

Tous les thèmes finissant par a_1 + *sonante* prennent au nom.-acc. sing. du neutre leur forme réduite, quelle que soit d'ailleurs leur flexion. Pour les thèmes à nasale[2] v. p. 26 seq. Les thèmes à liquide ont en sanskrit *r̥*: *dātŕ̥*[3]; cf. gr. *νέκταϱ*

1. Notons bien que l'instr. sg. *pitrā́*, le dat. *pitré*, ne donnent lieu à aucune remarque semblable. — *Pitaros* avait à coup sûr le ton sur la 2e syllabe.

2. Les formes grecques comme *τέϱεν*, *εὔδαιμον* etc. sont hystérogènes.

3. Il y a un neutre *sthātúr* (l'opposé de *ǵagat*) dont je ne m'explique pas la syllabe finale.

(thème **νεκτερ*-). Puis on a *çúci, mṛdú*, et, des thèmes de flexion forte comme *dyu, su-dyu*.

Il est impossible que ce phénomène dépende de l'accentuation: elle varie en effet, et d'ailleurs les expulsions d'*a* ne sont jamais amenées par le ton que quand il vient *après* la syllabe attaquée.

L'affaiblissement tient donc ou à une cause purement *dynamique* ou à une influence pareille à celle qui crée la flexion faible, le conflit avec des phonèmes résistants. Nous préférons cette dernière explication.

Le thème nu étant supposé la forme première du nom.-acc. neutre, il se confondait primitivement avec le vocatif du masculin. Ainsi *mṛda*$_1$*u*, remplissait deux fonctions. Mais, tandis que le vocatif, en sa qualité d'interjection, était placé en dehors de la phrase, le nom.-acc. neutre subissait un frottement qui eut l'effet d'une désinence commençant par une consonne. Il rejeta son a_1.

Il paraît certain que le même phénomène s'est produit sur la particule *nu*, pour **na*$_1$*u* conservé dans *ná*$_1$*w-a* (p. 82).

Les neutres hétéroclites, comme *kard* (p. 224), et les neutres en *-as, -yas, -was* (*mánas, vásyas, εἰδός*) ne subissent point cette réduction. Citons comme exception rentrant dans la règle précédente le skr. *ā́yus* en regard du grec (masc.) *αἰϝοσ-* qui a donné l'acc. *αἰῶ*; en outre *yós* = lat. *jus*.

La forme *sthā́*, neutre védique de *sthā́-s*, doit être comptée parmi les anomalies.

2. APPARITION DU PHONÈME a_2.

Nous étudierons d'abord la répartition de a_1 et a_2 dans les suffixes comme *-an, -ar, -tar, -was* etc. qui peuvent expulser l'*a* dès qu'il est sollicité de tomber et qui ne présentent point d'autre *a* que l'*a* légitime des cas forts.

Il faut remarquer premièrement que le même suffixe peut prendre ou ne pas prendre a_2. Le suff. *-tar* des noms d'agents prend a_2; le suff. *-tar* des noms de parenté conserve partout a_1. Le premier cas seul nous intéresse ici; l'histoire du second rentre toute entière dans le chapitre de l'expulsion de l'*a*.

Les formes où l'on constate tout d'abord qu'un suffixe prend a_2 sont l'accusatif sing. et le nominatif du pluriel et du duel.

Quand l'une de ces formes présente le phonème a_2, on est sûr qu'il existe aussi dans les deux autres[1].

Il reste à savoir, et c'est là la question que nous examinerons, si l'apparition de a_2 dans les formes précitées entraîne aussi sa présence aux trois autres cas forts, le nominatif, le locatif et le vocatif du singulier.

1. Nominatif. Pour ce qui concerne la *quantité* de l'*a*, v. ci-dessous p. 213. Considérons d'abord sa qualité. M. Brugman a établi que le skr. *dā́tāram* est rendu en grec par **δώτορα**, nullement par **δωτῆρα**. Après cela il n'y a point de motif pour croire que l'équivalent grec du skr. *dātā* soit **δωτήρ** plutôt que **δώτωρ**. Le lat. *dator* nous paraît même trancher la question. Bien que M. Brugman ne dise rien d'explicite à ce sujet, ce savant est loin de mettre en doute la primordialité de *dator*, puisqu'il s'en sert pour expliquer la longue de l'acc. *datōrem* (primit. **datŏrem*). Cela étant, la flexion de **δωτήρ** n'apparaît plus que comme une variété de la flexion de **γαστήρ** et **πατήρ**, variété où l'**η** du nominatif s'est communiqué à plusieurs autres cas[2]. On devra admettre une classe de noms d'agent sans a_2 qui en sanskrit n'existe plus que dans *çáṃstar* (acc. *çáṃstăram*). — Dans les thèmes à nasale on trouve, en regard du gr. **χι-ών**, le lat. *hi-em-s*. Ne serait-ce pas l'indice d'une flexion qui, traduite en grec, donnerait au nom. «**χιήν**», à l'acc. **χιόνα**? C'est peu probable. Qui sait si l'*e* de *hiems* ne provient point d'une assimilation semblable à celle qu'on observe dans *bene* de *bonus*? Elle pouvait se produire par exemple à l'acc. **hiomem*, au plur. **hiomes*. Telle est aussi la raison de l'*e* de *juvenis*, cf. skr. *yúvānam*. A côté de *flamen*, *flamōnium*[3] pourrait faire conclure à l'acc. **flamōnem*, **flamŏnem*; mais cette forme s'explique suffisamment par l'analogie de *matrimonium* etc.[4] — Pour les thèmes en *-was*, M. Brugman admet avec raison

1. Le pluriel indien *dyā́vas* en regard de **Ζῆν** = ***Ζευν** doit sûrement son *ā* long au voisinage de *dyaus* et de *dyā́m* (sur lesquels v. p. 197) ou à l'analogie de *gā́vas*.

2. L'ancien accusatif en **-τερα** a laissé une trace dans les féminins en **-τειρα**. Ceux-ci en effet n'ont pu être créés que sur ce modèle, le type **-τρια** étant le seul qui réponde au skr. *-trī*.

3. Usener, *Fleckeisen's Jahrb.* 1878 p. 51.

4. Rien n'est plus incertain que les étymologies qui tirent le lat. *mulier* et le gr. **ὑγιής** des thèmes du comparatif en *-ya₂s*.

que le gr. εἰδώς (accus. ancien *εἰδόσα) est le continuateur direct de la forme primitive.

Ainsi rien ne peut faire admettre que la couleur vocalique du nominatif différât jamais de celle de l'accusatif.

En ce qui concerne la *quantité* de l'*a* du nominatif, c'est aujourd'hui l'opinion dominante que pour les thèmes à liquide, à nasale et à sifflante, il était long dès la période proethnique. Le système vocalique s'augmente donc de deux phonèmes: l'$\bar{a}_1$ et l'$\bar{a}_2$ longs, phonèmes tout à fait sporadiques et restreints, autant qu'on en peut juger, à cette forme de la flexion, les autres *ā* longs étant des combinaisons de deux *a* brefs.

La question de savoir si, après la syllabe à voyelle longue, venait encore l'*s* du nominatif a été l'objet de vifs débats. Le premier M. Scherer avait révoqué la chose en doute et vu dans l'allongement une façon spéciale de marquer le nominatif. A leur tour ceux qui admettent l'*s* et qui attribuent l'allongement à l'effet mécanique de la sifflante ne sont pas d'accord sur l'époque où elle a dû disparaître.

Pour ce qui concerne ce dernier point, nous nous permettrons seulement d'attirer l'attention sur le parallèle *sákhā(s)* — *Λητώ* posé à la page 200, et qui nous détermine, avec les autres arguments bien connus, à admettre *l'absence de sifflante après* ān, ām, ār *et* āi *dans la dernière phase de l'indo-européen.*

Nous adoptons la théorie où l'allongement provient d'une cause (inconnue) autre que l'action de l'*s*, sans croire toutefois que les deux caractères se soient toujours exclus l'un l'autre. Comment concevrait-on skr. *vés*, lat. *rates*, gr. Ζεύς (à côté de zd. *kava*, skr. *sákhā*, cf. p. 198), si l'*s* déterminait l'allongement? En outre il y a des cas où la voyelle longue se trouve devant une explosive. Ainsi le nom. sanskrit de *pa₂d* «pied» est *pād*, p. ex. dans *a-pád*. Si cette forme est ancienne, elle suppose un *ā* long proethnique. Mais sans doute on peut alléguer l'analogie des formes comme *pádam* (= πόδα). Citons donc tout de suite le germ. *fōt-* [1] dont l'*ō*, si l'on n'admet quelque part un *ā* long dans la flexion primitive du mot, est purement et simplement inexplicable. Or où l'*ā* long pouvait-il exister si ce n'est au nominatif singulier? Le dor. πώς confirme ce qui précède; -πος dans τρίπος etc., est refait sur les cas obliques, cf. Πόλυ-βος de βοῦς. Quant à ποῦς, c'est une forme obscure de toute façon et que nous ne considérons pas comme la base de πώς. — Si l'on admet que l'*ā* du skr. *nápātam* soit a_2 (p. 227), l'*ā* du nom. *nápāt* = zd. *napāo* (pour **napā[t]s*), comme l'*ō* du lat. *nepōt-*, prouvent aussi l'allongement. — Le lat. *vōx*

1. Le norr. *fōt-* est encore consonantique. Le goth. *fotu-* est né de *fot-* comme *tunþu-* de *tunþ-*. La langue a été induite en erreur par le dat. pl. *fotum* et l'acc. sg. *fotu* lesquels provenaient du thème consonantique.

permet la même conclusion: cf. gr. ὄψ et *vōcare* lequel est apparemment dénominatif de **vōc-*. — Enfin tous les mots comme lat. *fūr*, gr. φώρ, κλώψ, ῥώψ, σκώψ, παρα-βλώψ venant de racines contenant *e* ne s'expliquent qu'à l'aide de l'allongement du nominatif. Plus tard la longue pénétra dans toutes la flexion et même dans des dénominatifs comme *fūrari*, φωράω, κλωπάω, lesquels se propagèrent de leur côté (cf. βρωμάω, δρωμάω, δωμάω, νωμάω, πωτάομαι, τρωπάω, τρωχάω, στρωφάω). — A côté d'οἴνοψ on trouve οἰνώψ, à côté d'ἔποψ ἔπωπα (Hes.). Cette variation de la quantité paraît remonter à la même source.

2. Locatif. Ici la permutation est manifeste. En sanskrit on a *dātāram* et *dātári*, *ukšáṇam* et *ukšáṇi*, *kšā́mi* et *kšā́mas* (= gr. χθόνες). Le même échange se traduit en gothique par *auhsin* = *ukšáṇi* (p. 197) en regard de *auhsan* et *auhsans* = *ukšáṇam*, *ukšáṇas*. M. J. Schmidt a comparé à ce paradigme germanique le lat. *homo hominis homonem* (vieux lat.), parallèle qui s'est confirmé de plus en plus pour ce qui est du nominatif et de l'accusatif. Aux cas obliques il est difficile d'admettre que l'*i* (= *e*) de *homin-* réponde à l'*i* (= *e*) de *auhsin*. La voyelle latine paraît plutôt être purement anaptyctique, *hominis* se ramenant à **homnis* (cf. p. 47 en bas, et l'ombr. *nomne* etc.). En grec αἰϝεί pourrait bien appartenir au thème αἰϝοσ- (acc. αἰῶ) plutôt qu'à *αἰϝο = lat. *aevum*.

3. Vocatif. M. Brugman Stud. IX 370 pose *dáta*$_1$*r* comme prototype du skr. *dátar*. Mais cette forme peut tout aussi bien sortir de *dáta*$_2$*r*, et une fois qu'en grec le nom. δωτήρ est séparé de δώτορα (p. 212), le voc. δῶτερ que fait valoir M. Brugman n'a plus rien de commun avec les mots en -τωρ. M. Brugman lui-même a reconnu plus tard (K. Z. XXIV 92) que la qualité de l'*a* n'est pas déterminable — δῶτορ pouvant de son côté être hystérogène pour *δῶτερ —, et en conséquence il écrit pour les thèmes en *-was*: *widwa*$_2$*s* ou *widwa*$_1$*s*. L'incertitude est la même soit pour les thèmes à nasale soit pour les thèmes en *i* et *u* de flexion forte (*sákhe*, Λητοῖ, p. 200). Nous parlerons plus loin (p. 216) de la circonstance qui fait pencher les chances vers a_1. Il n'en est pas moins vrai que l'apparition de a_1 dans les thèmes dont nous parlons n'est démontrable que pour une seule forme, le locatif.

Voilà pour la permutation $a_2 : a_1$ dans les syllabes prédésinentielles qui ne gardent l'*a* qu'aux cas forts. Mais on comprend que celles de ces syllabes où la chute de l'*a* est impossible présentent encore une permutation d'un tout autre caractère, la permutation *forcée* si on peut l'appeler ainsi. La déclinaison du nom de l'aurore dans un grec très-primitif serait (cf. Brugman K. Z. XXIV 21 seq.): nom. **αὐσώς* (skr. *ušā́s*), acc. **αὐσόσα* (skr. *ušā́sam*), voc. **αὖσος* ou **αὖσες* (skr. *úšas*), loc. **αὐσέσι* (skr. *ušā́si*); gén. **αὐσεσός* (skr. *ušā́sas* pour **ušasás*), v. p. 201 seq. Dans ce paradigme l'apparition de l'*e* au locatif — et au vocatif si **αὖσες* est juste — résulte de la permutation *libre* étudiée ci-dessus. Au contraire l'*e* de **αὐσεσός* = skr. *ušăsas* n'existe absolument que parce qu'une cause extérieure empêche l'expulsion de l'*a* suffixal, et dans ce cas nous avons vu que c'est toujours a_1 qui apparait (p. 134).

Dans les thèmes-racines, la permutation forcée est fréquente. Ainsi l'a_1 du lat. *pedis*, gr. *πεδός*, skr. *pădás* en regard de *compodem*, *πόδα*, *pā́dam* (Brugman Stud. IX 369) est tout à fait comparable à l'a_1 de **αὐσεσός*. Le locatif en revanche faisait à coup sûr *pá₁di*, avec permutation *libre*.

Considérons à présent la permutation $a_2 : a_1$ dans les thèmes où *tous les cas sont forts*, c'est-à-dire les paroxytons (p. 204). Les comparatifs en *-yas*, qui ont a_2 au nominatif (lat. *suavior*) et à l'accusatif (skr. *vásyāṃsam* reflétant un ancien **vásyāsam*, gr. *ἡδίω* = **ἡδιοα*), présentent un *a* bref, soit a_1, dans les cas obliques du sanskrit: *vásyase*, *vásyasas*, *vásyasā*. Il est évident qu'ici il ne saurait être question de permutation forcée, et nous apprenons ainsi que le génitif, le datif et l'instrumental, quand l'accent leur permet d'être forts, ont le vocalisme du locatif[1].

Ceci aide à comprendre la flexion des neutres paroxytons en *-as*, lesquels ont a_2 au nominatif-accusatif, a_1 aux autres cas (Brugman l. c. 16 seq.). Si l'on convertissait en masculin le neut. *mánaₐs*, dat. *mána₁sʌi*, on obtiendrait au nom. *mánā₂s*, à l'acc.

1. La conjecture de M. Brugman (l. c. 98 seq.) part du point de vue que la présence de l'*a* aux cas faibles des noms en *-yas* est irrégulière, ce dont nous ne pouvons convenir (p. 203 seq.). — Ce qui précède fait voir que *padás*, **ušasás* auraient a_1 quand même la permutation n'y serait pas forcée. Néanmoins nous avons cru qu'il était plus juste de présenter la chose comme on vient de la lire.

mána₂sm, au dat. *mána₁sʌi*, c.-à-d. la même flexion que pour les comparatifs. Le datif serait donc tout expliqué. L'a_2 du nom.-acc. se justifie directement par le fait que le neutre de *wásyā₂s* est *wásya₂s* (lat. *suavius*), et le neutre de *widwā́₂s*, *widwá₂s* (gr. *εἰδός*). Ces trois types font exception à la règle qui demande l'expulsion de l'*a* au nom.-acc. neutre (p. 211).

Au pluriel et au duel (flexion faible) les thèmes, oxytons et paroxytons, qui ne peuvent rejeter l'*a* devant les consonnes initiales des désinences prenaient, selon la règle, a_1: les formes grecques *μένεσ-σι*, *ὄρεσ-φι*, en témoignent, aussi bien que les accusatifs indiens *pădás*, *uṡåsas* (= *padn̥s*, *uṡasn̥s*), cf. *pā́das*, *uṡā́sas*.

En anticipant ce qui est dit plus bas sur le vocatif, le résultat de l'étude qui précède peut se formuler ainsi: *Dans la flexion nominale les syllabes prédésinentielles où* a_1 *est suivi d'un phonème et qui admettent la modification en* a_2, *présentent toujours cette modification* 1° *au nominatif des trois nombres*, 2° *à l'accusatif du singulier*, 3° *au nom.-acc. sing. du neutre lorsqu'il conserve l'*a. *Partout ailleurs l'*a, *s'il n'est expulsé, ne peut avoir que la valeur* a_1.

L'échange des deux *a* dans les thèmes finissant par *a* est traité plus haut p. 90 seq. Dans les cas qui, pour les thèmes tels que *uksán*, sont les cas forts on observe un parallélisme frappant entre les deux classes de suffixes:

Sing. nom.	*uks-ā́₂n*	Cf.	*yuk-tá₂-s*
acc.	*uks-á₂n-m*		*yuk-tá₂-m*
loc.	*uks-á₁n-i*		*yuk-tá₁-i*
Plur. nom.	*uks-á₂n-a₁s*		*yuk-tá₂-a₁s*

Reste le vocatif sing. On a vu que la voyelle de ce cas ne peut pas se déterminer directement pour les thèmes comme *uksan* (p. 214). Seulement M. Brugman tire du voc. *yúkta₁* une présomption en faveur de l'hypothèse *dā́ta₁r* (*úksa₁n*) et nous adoptons son opinion, non point toutefois pour les raisons qu'il donne et dont nous parlerons tout à l'heure, mais uniquement parce que le locatif atteste la symétrie des deux paradigmes.

M. Brugman est convaincu que l'échange de a_1 et a_2 s'explique par l'accentuation, et en particulier que l'a_1 du voc. *yúkta₁*, qu'il regarde comme un affaiblissement, tient au recul du ton à ce cas. Or le locatif qui n'a point cette particularité d'accent montre exactement le même vocalisme. Ensuite où est-il prouvé que l'accentuation en question ait une influence quelconque sur l'a_2? On compte autant de a_2 après le ton que sous le ton, et d'ailleurs les deux *a* se trouvent placés cent fois dans les mêmes conditions d'accent, montrant par là qu'ils sont indépendants de ce facteur pour autant que nous le connaissons. C'est ce qui apparaît clairement, quand on parcourt par exemple la liste de suffixes donnée plus bas, le même suffixe pouvant avec la même accentuation prendre a_2 dans certains mots et garder a_1 dans d'autres. — Ainsi que nous l'avons dit p. 133 seq., nous considérons a_1 comme une voyelle primitive et nullement affaiblie, et a_2 comme une modification de cette voyelle. Autant il est vrai qu'on retrouve partout les trois termes a_2, a_1, *a-zéro*, autant, à notre avis, il serait erroné, de croire qu'ils forment une *échelle* à trois degrés et que a_1 est une étape entre a_2 et *zéro*.

M. Brugman dit (Stud. IX 371): «tous les doutes qui pour«raient surgir relativement au droit que nous avons de tenir l'*e* «du vocatif pour un *affaiblissement* sont levés par les thèmes «en *-ā*,» et il cite alors le vocat. *νύμφᾰ*, *ženo*, *ambă*. C'est là cet incompréhensible parallélisme des thèmes en *-ā* avec les thèmes en -a_1 (a_2) qui se vérifie encore au locatif et dont nous avons déjà parlé p. 93. On ne pourra y attacher grande valeur, tant que l'énigme ne sera pas résolue.

Nous avons vu de quelle manière, étant donné qu'un thème prend a_2, ce phonème alternera avec a_1 aux différents cas de la déclinaison. Il reste à établir ou plutôt à enregistrer, car on n'aperçoit aucune loi dans cette répartition, quels sont ces thèmes, quels sont au contraire ceux qui maintiennent a_1 partout.

Pour abréger nous écrivons, par exemple, *suffixe* -a_2*n*, ce qui signifie: variété du suff. -a_1*n* admettant l'a_2.

I. La syllabe prédésinentielle prend a_2:

Thèmes-racines. Les plus importants sont *pa*$_2$*d* «pied»: skr. *pā́dam*, gr. *πόδα* (Brugman Stud. IX 368); *wa*$_2$*k* «voix»: skr. *vā́ćam* (cf. p. 203), gr. *ϝόπα*. Sur le lat. *vōcem* v. p. 214. En grec *χοῦς* (gén. *χοός*), *δόρξ*, *φλόξ* (ce mot est hystérogène, la racine étant *φληγ*, v. p. 173 i. n.), *πτώξ*, *θώψ*. On pourrait douter si l'*ā* du skr. *āp* «eau» représente $a_1 A$ ou a_2. Nous nous décidons dans le premier sens pour 3 raisons: 1° si l'*ā* de *ắp-am* était a_2 on devrait, rigoureusement, avoir au datif *p-é*, 2° la parenté du gr. *'Απι-* (p. 56) est probable, 3° dans les composés comme *dvīpá*, *anūpá*, l'*a* initial de *ap* s'est fondu avec l'*i* et l'*u* qui précèdent, ce que n'eût pas fait a_1. — En composition on a p. ex. gr. *Βελλερο-φῶν*, *'Ιο-φῶν*, dont l'accusatif a dû faire primitivement *-φονα*. Une partie des composés indiens de *vah*, *sah* etc. ont à l'acc. *-vāh-am*, *-sāh-am*. La forme faible existe p. ex. pour *anaḍ-vắh-am* qui fait *anaḍ-uh-* (p. 202; sur le nominatif v. p. 43 i. n.). Pour *-sāh-* (= sa_2h) la forme faible devait être **sāh-*, le groupe *sgh* n'étant pas admissible. Or dans le Rig-Véda on ne trouve presque jamais que les cas forts, sauf pour *anaḍvah*. L'alternance de *-vāh-* et *-uh-*, de *-sāh-* et *-sah-* s'était donc perdue, sans qu'on osât cependant transporter dans les cas faibles la forme à voyelle longue. Il n'existe qu'un ou deux exemples tels que *satrā-sắh-e*. — Les nominatifs ont l'*ā* long (*havya-vāṭ* etc.). Comme la syllabe est fermée, la longue est dûe ou à une extension analogique ou à l'allongement du nominatif (p. 213).

Suffixes.

1. **-a_2n.** Ce suffixe abonde dans toutes les langues de la famille.

2. **-a_2m.** On trouve le suff. *-a_2m* dans *ghi-ám*, gr. *χι-ών* (zd. *zyāo*, lat. *hiems*, cf. p. 197) et *ghs-ám*: gr. *χθ-ών*, skr. nom. pl. *kšắm-as*. Brugman Stud. IX 308.

3. **-a_2r.** Skr. *dv-ắr-as*[1] (nom. pl.). La forme forte reparaît dans le sl. *dvorŭ*, le lith. *dvárας*, le lat. *fores*. Brugman l. c. 395. — On peut mettre ici *swasa₂r*, skr. acc. *svásāram*, lat. *soror*, lith. *sesũ*, irl. *siur* (cf. *athir*), gr. *ἔορ-ες*[2].

1. L'aspirée *dh* a subsisté, pensons-nous, dans ce mot jusqu'au jour où naquit la forme *dhúr* «timon, avant-train» venant de *dhṛ̥*. L'équivoque perpétuelle qui s'établit alors entre *dhúr* et les cas faibles de **dhvar* (comme *dhurám*) poussa à différentier ces formes.

2. M. Leo Meyer a vu dans *ὄαρ* le représentant grec de *swa₁sar*, opinion à laquelle personne n'a adhéré. En revanche il n'y a aucune difficulté phonique à identifier avec skr. *svásāras* *ἔορες· προσήκοντες, συγγενεῖς*; cf. *ἔορ· θυγάτηρ, ἀνεψιός* (probablement un vocatif), *εὐρέσφι· γυναιξίν*. Un grand nombre d'autres formes voisines quoique assez hétérogènes ont été

4. **-ma$_2$n.** Suffixe connu en grec, en latin, en germanique et dans l'arien. Il serait intéressant de savoir pourquoi, en grec, l'accusatif ancien en *-μονα* et l'accusatif hystérogène en *-μῶνα* se répartissent exactement entre paroxytons et oxytons.

5. **-wa$_2$n.** Ce suffixe, fréquent en sanskrit, se retrouve avec plus ou moins de certitude dans le gr. *πίων, πέπων, ἀμφικτίονες*, et *ἰθυπτίων* bien qu'on ne puisse peut-être identifier purement et simplement *-πτιων* avec skr. *patvan* ainsi que le fait M. Fick.

6. **-ta$_2$r.** Noms d'agent.

7. **-a$_2$s.** Skr. nom. pl. *ušás-as*, zd. *ushāoṅh-em*, gr. *ἠώς*, lat. *aurōra*; gr. *αἰδώς*. — Puis tous les neutres en *-as*. V. p. 215 seq.

8. **-ma$_2$s**, paraît exister dans l'ind. *púmas*, acc. *púmāṃsam* pour **pumásam*. Cf. p. 43 i. n. 203 i. n. 201.

9. **-ya$_2$s**, suff. du comparatif. Brugman K. Z. XXIV 54 seq. et 98.

10. **-wa$_2$s**, suff. du participe passé. Brugman l. c. 69 seq.

A cette première série se rattachent, comme nous l'avons vu, les suffixes finissant par *a* (*-a, -ta, -ma* etc.), qui tous prennent a_2.

II. La syllabe prédésinentielle n'admet pas a_2:

Thèmes-racines. *κτείς κτενός* (primitivement le gén. devait être **κτn̥νός, *κτανός*), *νέκες· νεκροί, κτέρες* (id.), lat. *nex* etc. En composition: skr. *vṛtra-hán(-am)*, *ṛtī-ṣắh(-am)* à côté de *ṛtī-ṣā́h(-am)*.

Quand un thème-racine se trouve en même temps ne pas prendre a_2 et être hors d'état de rejeter l'*a* — ex.: skr. *spaç, spáçam, spaçé*, gr. *ἐπί-τεξ* — il est naturellement impossible de dire à coup sûr s'il n'appartient pas au type *dvíš* (p. 202).

Suffixes.

1. **-a$_1$n.** Plusieurs thèmes sanskrits comme *vṛ́šan*, acc. *vṛ́šăṇam.* En grec on a *ἄρσεν-* (peut-être identique avec *vṛ́šan*), *τέρεν-, αὐχέν-, φρέν-*. Parfois ces mots généralisent l'*η* du nominatif, ainsi *λειχήν -ῆνος, πευθήν -ῆνος*. Le suff. *-a$_1$n* sans a_2 manque au germanique.

2. **-a$_1$r.** Skr. *n-ár*, acc. *náram* = gr. *ἀνέρα*. Cf. sabin. *nero*.

---

réunies par M. Ahrens *Philologus* XXVII 264. La déviation du sens n'a pas été plus grande que pour *φρατήρ*.

On a en outre *αἰθ-έρ-*, *ἀϝ-έρ-*, *σπινθ-έρ-*, *λα-πτυ-ήρ· σφοδρῶς πτύων* Hes.

3. **-ma$_1$n.** Gr. *ποιμέν-*, *πυθμέν-*, *λιμέν-* etc. Le letto-slave (*kamen-*, *akmen-*) a perdu *-ma$_2$n* et ne connaît plus que *-ma$_1$n*. C'est l'inverse qui a eu lieu soit pour le germanique soit pour le sanskrit[1].

4. **-ta$_1$r.** Noms de parenté[2] et noms d'agent (v. p. 212).

5. **-wa$_1$r.** C'est le suffixe qu'il faut admettre dans *devár*, acc. *devå̆ram*. En effet le gr. *δαέρ-* montre *A* dans la racine; or celle-ci ne peut être *dAiw* (v. p. 182). Sur ce mot cf. Brugman Stud. IX 391.

6. **-a$_1$s.** Nous avons vu p. 201 skr. *bhiy-ås(-am)*. Les thèmes en *-a$_2$s* formant le second terme d'un composé renoncent à l'*a$_2$*: skr. *su-mánăs-am*, gr. *εὐ-μενής*, *ἀν-αιδής*, lat. *degener*. Les adjectifs comme gr. *ψευδής*, skr. *tavás* se comportent de même.

Le sanskrit ne possède rien d'équivalent à la règle grecque qui veut que *πατέρ-*, *ἀνέρ-*, *γαστέρ-* etc., donnent en composition *εὐ-πάτορ-*, *ἀν-ήνορ-*, *κοιλο-γάστορ-*, phénomène qui est l'inverse de celui que nous venons de voir pour les thèmes en *-as*. La règle des neutres en *-μα*, analogue en apparence, a peut-être une signification assez différente. Il est évident tout d'abord que *πῆμα* n'a pu produire *ἀ-πημον-* qu'à une époque où l'*n* du premier mot existait encore, si ce n'est au nominatif-accusatif, du moins aux cas obliques[3]. Mais l'association de ces deux formes pourrait être même tout à fait primitive. Si l'on admet que les neutres en question sont des thèmes en *-ma$_2$n* et non en *-ma$_1$n* — question qui ne peut guère être tranchée —, *-πημον-* nous représente le propre masculin de *πῆμα*. Le sanskrit est favorable à cette hypothèse: *dvi-ǵánmān-am* : *ǵánma* = *ἀ-πήμον-α* : *πῆμα*[4].

---

1. La quantité de l'*a* varie en zend, comme dans tant d'autres cas. On ne saurait y attacher grande importance. En sanskrit *aryamán* fait *aryamå̆ṇam*, mais c'est un composé de la rac. *man*.

2. Sur l'anomalie de ces noms en gothique où ils présentent *a* dans le suffixe (*fadar* etc.), anomalie que ne partagent point les autres dialectes germaniques, v. Paul Beitr. IV 418 seq.

3. Après que l'*n* se fut évanoui on forma des composés comme *ἄστομος* au lieu de **ἀστόμων*.

4. Le rapport de *κέρας* et *χρυσό-κερως* n'a évidemment rien de commun avec celui de *πῆμα* et *ἀπήμων*, *-κερως* étant une simple contraction

Il n'est pas besoin de faire ressortir la confirmation éclatante de la théorie du phonème a_2 que M. Brugman a pu tirer de ces différents suffixes. Parmi les thèmes indiens en *-ar* ceux qui allongent l'*ā* sont 1° des noms d'agent, 2° les mots *dvár* et *svásar*: dans le gréco-italique les thèmes en *-ar* qui prennent *o* sont: 1° des noms d'agent, 2° les thèmes correspondant à *dvár* et *svásar*. L'arien offre *ušásam* en regard de *sumánăsam*: nous trouvons en gréco-italique *ausos-* et *εὐμενέσ-*, *degener-*.

Nous nous abstiendrons de toute hypothèse relativement aux féminins en *-ā*, à la nature de leur suffixe et de leur flexion[1].

Pour terminer nous considérons deux genres de déclinaison où, contre la règle ordinaire, les phénomènes de la flexion s'entrecroisent avec ceux de la formation des mots.

1. Déclinaison de quelques thèmes en *u*.

En sanskrit *ǵnu* (qui n'existe qu'en composition) et le neutre *dru* sont évidemment avec *ǵā́nu* et *dā́ru* dans le même rapport que *snu* avec *sā́nu*. L'*ā* des formes fortes est a_2, v. p. 86. En fait de formes faibles on trouve en grec *γνύξ*, *πρό-χνυ*, *ἰγνύς*, *δρυ-*; en gothique *knussjan*, *kn-iv-a-*, *tr-iv-a-*.

Or la règle de la grammaire hindoue relativement à *snu* est que cette forme se substitue à *sā́nu* — lequel peut aussi se décliner en entier — aux cas obliques des trois nombres (plus l'acc. plur.). Benfey Vollst. Gramm. p. 315.

La déclinaison primitive, d'après cet indice, a pu être: nom.-acc. *dá$_2$r-u*, dat. *dr-á$_1$w-ʌi* etc. Ce n'est guère plus qu'une possibilité mais, à supposer que le fait se confirmât, il introduirait dans la flexion indo-européenne un paradigme tellement extraordinaire qu'il est nécessaire d'examiner le cas et de voir s'il est explicable.

Etant donnée la déclinaison *dá$_2$r-u, dr-á$_1$w-ʌi*, on ne pourrait sans invraisemblance supposer deux thèmes *différents de fondation*, hypothèse qui résoudrait la question de la manière la plus

---

de *-κεραος*. Au contraire celui de *πεῖραρ* (*-ατος*) et *ἀ-πείρων* serait intéressant à étudier.

1. Cf. p. 93, 217.

simple, mais qui n'expliquerait pas l'alternance fixe des deux formes.

Il s'agit de trouver le moyen de réunir *da₂ru-* et *dra₁u-* dans un seul type primitif sans avoir recours à d'autres modifications que celles qu'entraîne la flexion du mot. En partant d'un thème paroxyton *dár a₁u* cela est impossible: le ton qui frappe la racine ne passe jamais sur le suffixe (p. 204). Supposons au contraire un thème premier **dar-á₁u*: *dr-á₁w-ʌi* est pour **dar-á₁w-ʌi* (voy. p. 236). Au nom.-acc. *dá₂r-u* nous constatons que le ton s'est retiré sur la racine, où il a protégé l'*a*. Toute la question est de savoir si l'on peut expliquer ce mouvement rétrograde de l'accent. Il nous semble que oui. En vertu de la règle que nous avons vue p. 210, le nom.-acc. du neutre **dar-áu* devait faire: **dar-ú*. *Mais l'*i *et l'*u *finissant un mot refusent de porter l'accent* (v. p. 190). Le ton était donc forcé de se rejeter sur la syllabe radicale.

Si l'on admet la déclinaison indo-européenne *dá₂ru drú₁wʌi* et l'explication de *dá₂ru* qui précède, il s'ensuit une rectification touchant la forme primitive du neutre d'un adjectif comme *mṛdú-s* qui a dû être *mrádu*. Cette forme était trop exposée aux effets d'analogie pour pouvoir se maintenir.

Dans la même hypothèse on posera pour la déclinaison du neut. *paku* (*pecus*): nom.-acc. *pá₁k₁-u*, dat. *pa₁k₁-w-ʌ́i*. Nous mettons *pakwʌ́i* et non *pakáwʌi*, parce qu'il y a des indices que ce mot suivait la déclinaison forte. En regard de l'adj. skr. *dráv-ya* on a *paçv-yà*, et le génitif védique du masc. *paçú-s* est invariablement *paçvás* (cf. *drós*, *snós*). Du reste la flexion forte ne change rien à la question de l'accent. Voici les raisons qui pourraient faire admettre la même variation du ton que pour les trois neutres précédents. L'acc. neutre skr. *paçu* se rencontre deux fois dans les textes (v. B. R.): la première fois il est paroxyton, en concordance avec le goth. *faihu*, la seconde oxyton. Puis vient un fait que relève M. Brugman Stud. IX 383, le parallélisme du masculin oxyton *paçú-s* avec *drú-s*, *δρῦ-ς*, et le masc. zd. *zhnu*. Cette circonstance resserre le lien du neutre *páçu* avec la famille *dā́ru*, *ǵā́nu*, *sā́nu*. — Le nom.-acc. *pá₁k₁u* est paroxyton pour la même raison que *dá₂ru*[1]. Dans le dat. *pa₁kwʌ́i* et le masc. *pa₁kú-s* l'*a*

1. La coloration divergente de l'*a* dans *pá₁ku* et *dá₂ru*, *gá₂nu*, *sá₂nu*, dépend de facteurs que nous ne connaissons pas. Supposer la même in-

radical subsiste seulement, comme le dit M. Brugman, parce que *pkú-* eût été imprononçable (le zd. *fshu* résulte d'altérations secondaires); cf. p. 48.

Le gérondif skr. *gatvá*, *çrutvá*, en regard de l'inf. *gántum*, *çrótum* rentre, à première vue, dans la catégorie que nous venons de voir. En réalité il n'en est rien. L'explication proposée pour *dáru*, basée sur l'*u* final de cette forme, ne s'appliquerait plus à *gántum*. D'ailleurs il faudrait que les infinitifs védiques en *-tave* eussent la racine réduite et l'accent sur le suffixe, mais on sait que c'est le contraire qui a lieu (*gántave*). Il convient d'en rester à la conclusion de M. Barth (Mém. Soc. Ling. II 238) que le gérondif en *-trā* ne sort pas du thème de l'infinitif. On trouverait même le moyen de réunir ces deux formes qu'il resterait à expliquer les gérondifs védiques comme *kṛtvī*.

2. Mots hétéroclites.

a. LES NEUTRES.

Il y a longtemps que M. Scherer a supposé que le paradigme indien des neutres comme *ákši*, où alternent les suffixes *-i* et *-an*, devait dater de la langue mère. Dans les idiomes congénères en effet on retrouve ces mots tantôt comme thèmes en *-i* tantôt comme thèmes en *-an*. M. Osthoff (l. c. 7) s'est joint à l'opinion de M. Scherer. Mais les mots en *-i*, *-an*, ne sont qu'une branche d'une famille plus grande, dont l'étroite union est manifeste.

La déclinaison de ce qu'on peut appeler les neutres hétéroclites se fait sur deux thèmes différents[1]. Le premier est formé à l'aide du suff. *-an*; il est oxyton; la racine y est affaiblie.

Ce premier thème donne tous les cas dont la désinence commence par une voyelle. Il suit la flexion forte.

---

fluence des sonantes que plus haut p. 87 serait une conjecture assez frêle. Peut-être le masculin $pa_1kú$ et les cas obliques oxytons où l'a_1 était *forcé* ont-ils influé par analogie sur le nomin. *$pá_2ku$. — Je ne sais comment il faut expliquer le datif védique (masculin) *páçve* si ce n'est par l'attraction qu'exerce l'*a* radical (p. 174). — M. Brugman (l. c.) montre qu'il a existé une forme ga_1nu à côté de *gnu* et ga_2nu; de même l'irland. *derucc* «gland» joint au lith. *dervà*, au sl. *drěvo* (J. Schmidt Voc. II 75) remonte à da_1ru. En tous cas il paraît inadmissible que cette troisième forme ait alterné *dans la déclinaison* avec les deux premières. Sur le lat. *genu* et le véd *sanubhis* cf. p. 47, 46.

1. Les nominatifs-accusatifs du pluriel et du duel devront rester en dehors de notre recherche, vu l'incertitude qui règne sur leur forme primitive.

Le second thème a le ton sur la racine, laquelle offre sa forme pleine. Normalement ce thème semble devoir être dépourvu de suffixe. Quand il en possède un, c'est ou bien *i* ou bien un élément contenant *r*, *jamais u ni ṇ*. Ce suffixe du reste n'en est probablement pas un; il est permis d'y voir une addition euphonique nécessitée à l'origine par la rencontre de plusieurs consonnes aux cas du pluriel (*asth-i-bhis*, etc.).

Les cas fournis par ce second thème sont ceux dont la désinence commence par une consonne, plus le nom.-acc. sing. lequel leur est assimilable (p. 210). En d'autres termes ce sont les cas moyens de la grammaire sanskrite ou encore les cas faibles de la flexion faible.

Les variations du vocalisme radical dont nous venons de parler rentrent dans le chapitre de la formation des mots, puisqu'elles correspondent à l'alternance de deux suffixes. A ce titre la déclinaison hétéroclite aurait pu être placée au § 13. Mais l'alternance des suffixes étant liée à son tour à celle des cas, il nous a paru naturel de joindre cette déclinaison aux faits relatifs à la flexion.

Les neutres désignent presque tous des parties du corps.

1e série: le thème du nom.-acc. est dépourvu de suffixe.

1. Gr. *οὖς* = lat. *aus* dans *aus-culto*. Le thème des cas obliques est *οὔατ-*, c.-à-d. **ούσ-ν-* (p. 28). Il a donné le goth. *auso ausins*. La double accentuation primitive explique le traitement divergent de l'*s* dans *auso* et le v. ht-all. *ōrā*. — Le nom.-acc. paraît hésiter entre deux formations, car, à côté de *o̥us*, le lat. *auris*, le lith. *ausis* et le duel sl. *uši* font supposer *ó̥usi*. D'autre part le sl. *ucho* remonterait à *ó̥usas*.

2. Lat. *ōs* = skr. *ās* (et *āsyà*), dat. *ās-n-é* (peut-être primit. *ăsné?*).

3. Le skr. *çīrs-ṇ-é* se ramène a **krAs-n-Aí*, lequel suppose un nom.-acc. *krá₁As* que le grec conserve peut-être dans *κατάκρᾶς* et indubitablement dans *κρᾱ́(σ)-ατ-(ος)*: la syllabe *κρᾶσ-* est empruntée au nom.-acc., le correspondant exact de *çīrš-ṇ-ás* ne pouvant guère être que **κορσατος*.

4. Le mot pour cœur a dû être *ká₁rd*, dat. *kr̥d-n-Aí*, ce qui rend assez bien compte du gr. *κῆρ* ou plutôt *κῄρ*, v. Brugman Stud. IX 296, du goth. *hairto hairtins*, du lat. *cor* etc. Cf. skr. *hr̥dí* et *hárdi*.

5. Skr. *dós*, dat. *doš-ṇ-é* «bras».

6. Lat. *jūs* «jus, brouet». Le sanskrit offre le thème *yūš-án*, employé seulement aux cas obliques.

7. Skr. *vár* «eau» à côté de *vári*; le thème en *-an* paraît être perdu.

2e série: le nom.-acc. se forme à l'aide d'un élément contenant *r*. Quand *r* est à l'état de voyelle, il se fait suivre de g_2 ou plus ordinairement d'une dentale qui paraît être *t* (cf. p. 28). Ces additions sont vraisemblablement les mêmes que dans *-kši-t*, *-kr̥-t* (p. 202) et *-dhr̥-k* (au nominatif des composés de *dhar*). Les dérivés *asra* (skr.) et *udra* (indo-eur.) indiquent bien que ce qui suit l'*r* n'est pas essentiel.

1. Skr. *ás-r̥-g*, dat. *as-n-é*. Gr. *ἔαρ*, *εἶαρ* (Grdz. 400). L'*a* du lat. *s-an-gu-i-s*, *san-ies* (cf. p. 28) paraît être anaptyctique (cf. chap. VI). Nous devons poser pour l'indo-européen, nom.-acc. *$á_1s$-r̥-g_2*, dat. *s-n-Ái*. En sanskrit l'*a* des cas obliques a été restitué en analogie avec le nom.-acc. L'*a* du lette *assins* est sans doute hystérogène, cf. p. 93 i. n. — D'après ce qui précède nous regardons lat. *assir*, *assaratum*, comme étrangers à cette famille de mots. Otfr. Müller (ad. Fest. s. v. *assaratum*) les croit d'ailleurs d'origine phénicienne.

2. Véd. *áh-ar*, dat. *áh-n-e* (pour **ahné* probablement).

3. Véd. *ū́dh-ar* (plus tard *ū́dhas*), dat. *ū́dh-n-e* (primit. *ūdhné?*); gr. *οὖθ-αρ*, *οὔθ-ατ-ος*; lat. *ūb-er* et *Ūfens*; v. ht.-all. *ūt-er* (neut.).

4. Lat. *fem-ur fem-in-is*. M. Vaniček dans son dictionnaire étymologique grec-latin cite ce passage important de Priscien (VI 52): dicitur tamen et hoc femen feminis, *cujus nominativus raro in usu est*. — Peut-être y a-t-il communauté de racine avec le skr. *bháṃsas*, *bhasád*.

5. Gr. *ἧπ-αρ ἥπ-ατ-ος*; zd. *yākare* (gloss. zd.-pehlvi); skr. *yák-r̥-t yak-n-é*; lat. *jec-ur jec-in-or-is*, *jocinoris*; lith. *jekna*. On peut conjecturer que les formes primitives sont: *ya_1Ak-r̥-t*, dat. *yAk-n-Ái*, ce qui rend compte de l'*ā* long du zend et du grec. Mais il est vrai que l'*e* du lithuanien et du latin s'y prête mal: on attendrait *a*.

6. Gr. *ὕδ-ωρ ὕδ-ατ-ος* (*ῡ*); v. sax. *watar*, goth. *vato vatins*; lat. *u-n-da*; lith. *va-n-dů*; sl. *voda*; skr. *udán* usité seulement aux cas obliques (nom.-acc. *údaka*). Conclusion: indo-eur. *$wá_2d$-r̥(-t)*, dat. *ud-n-Ái*. La nasale du latin et du lithuanien est évidemment épenthétique.

7. Gr. *σκ-ώρ σκ-ατ-ός*; skr. *çák-r̥-t çak-n-é* (lat. *stercus*). Ces formes ne s'expliquent que par une flexion primitive: *$sá_1k$-r̥-t*, dat. *sk-n-Ái*.

3e série: le thème du nom.-acc. se forme au moyen d'une finale *i*. — D'après ce que nous avons vu plus haut (p. 112, 113 en bas, 114) l'*o* des mots *ὄσσε*, *ὀστέον*, *οὖς*, doit être *o̥*. Au point de vue de la dégradation du vocalisme radical, ces exemples ne sont pas des plus satisfaisants. La racine apparaît invariable.

1. Skr. *ákš-i*, dat. *akš-ṇ-é*[1]. Le thème nu apparaît dans *an-ákš* «aveugle»,

1. Par une extension du thème nasal, le dialecte védique forme *akšábhis*. Le duel *akšíbhyām* est encore plus singulier.

nomin. *anák*. La forme en *-i* donne le gr. ὄσσε, le lith. *akis* et le duel sl. *oči*, l'autre le goth. *augo augins* où l'accentuation du thème en *-án* est encore visible.

2. Skr. *ásth-i*, dat. *asth-n-é*[1]. Gr. ὀστέ-ον, ὀστ-έ(ỵ)ο-ν (cf. *hṛ́d-aya*), lat. *os ossis* (vieux lat. *ossu*). Les formes comme ὄστρεον (huître) font supposer une finale ṛ à côté de la finale *-i*. V. Curtius Grdz. 209.

3. Skr. *dádh-i*, dat. *dadh-n-é*. Le boruss. *dadan* est sans grande valeur ici: c'est un neutre en *-a* (Leskien Decl. 64).

4. Skr. *sákth-i*, dat. *sakth-n-é*. Galien rapporte un mot ἴκταρ (τὸ τῆς γυναικὸς αἰδοῖον) employé, dit-il, par Hippocrate mais que la critique des textes paraît avoir eu des raisons d'extirper («jam diu evanuit» Lobeck *Paralip*. 206). Cette forme s'accorderait cependant très-bien avec *sákth-i*. Doit-on comparer ἰξύς, ἰσχίον, ἴσχι (Hes.)?

5. M. Benfey (Skr.-engl. Dict.) compare le skr. *áṅgi* et le lat. *inguen*. Mais le mot latin, outre les autres explications proposées (v. J. Schmidt Voc. I 81), se rapproche aussi du skr. *ǵaghána*.

b. MASCULINS ET FÉMININS.

Nous retrouvons ici le *thème en -an* et le *thème sans suffixe*. Ce dernier peut prendre la finale *i*. Seulement c'est le thème en *-an* qui est paroxyton et qui montre la racine pleine, et c'est le thème court qui est affaibli. Ces deux thèmes se répartissent de telle manière que les cas «forts» du masculin correspondent aux cas «très-faibles» (plus le locatif sing.) du neutre et que les cas «moyens» et «très-faibles» du masculin font pendant aux cas «moyens» du neutre. Décliné au neutre, *pánthan*, *pathí*, ferait certainement: nom. *pánthi*, dat. *pathné* (instr. pl. *pánthibhis*). — De plus les formes équivalentes *path* et *path* + *i*, contrairement à ce qui a lieu pour les neutres, coexistent d'habitude dans le même mot, la première étant employée devant les voyelles, la seconde devant les consonnes.

Le paradigme est complet pour le skr. *pánthan*: *pánthān-as*, *path-é*, *path-í-bhis*. La forme *pathin* est une fiction des grammairiens[2], voy. Böhtl.-Roth; *path*, *pathí* sont pour *pṇth*, *pṇthí*, cf. p. 24. Le lat. *ponti-*, le sl. *pąti*, reproduisent au sein de la forme en *i* le vocalisme du thème en *-an* et nous apprennent que l'*a* radical de

---

1. Le génitif consonantique zend *açtaçča* pourrait suggérer que le nominatif-accusatif a été primitivement *ast*, et que *asti-* était réservé aux cas du pluriel. Cf. plus bas les 3 thèmes du masculin.

2. *paripanthin* contient le suffixe secondaire *-in*.

pánthan est a_2. La même racine donne le goth. *finþa, fanþ*. Sur *pánthan* se décline *mánthan*.

Les cas «très-faibles» du skr. *pūš-án* (ici le thème en *-an* est oxyton) peuvent se former sur un thème *pūš*. Vopadeva n'admet la forme *pūš* que pour le locatif sing. Benfey Vollst. Gramm. p. 316.

Les autres exemples ne peuvent plus que se deviner. C'est entre autres le gr. *ἄξ-ων* qui est opposé au lat. *ax-i-s*, au sl. *osĭ*; le skr. *naktán* et *nákti* (on attendrait au contraire **náktan* et **naktí*, cf. lith. *naktìs*) avec le gr. *νυκτ-* et le goth. *naht-*. La triple forme se manifeste aussi dans le gr. *χερ-*, *χειρ-* (pour **χερι-*) et **χερον* (dans *δυσχεραίνω* de **δυσχέρων*). En zend *χshapan* «nuit» donne au nom. *χshapa*, à l'acc. *χshapan-em*, mais au gén. *χshap-ō* (Spiegel Gramm. 155); le sanskrit a éliminé **kšapan* en généralisant *kšap*.

Peut-être *pati* «maître» n'est-il pas étranger à cette famille de mots, ce qui expliquerait *patnī́*, *πότνια*. Le lith. *pàts* offre une forme sans *i*, et le désaccord qui existe entre l'accent du skr. *páti* et celui du goth. *-fadi-* cache bien aussi quelque anguille sous roche. La déclinaison de ce mot est remplie de choses singulières. En zend il y a un nomin. *paiti*. Cf. aussi *Ποσειδάων*.

C'est à titre de conjecture seulement que nous attribuerons la naissance du thème indien *náptar* (qui dans le Rig-Véda n'apparaît point aux cas forts) à l'insertion d'un *-ṛ-*, semblable a celui de *yák-ṛ-t* etc., dans les cas faibles du pluriel de *nápat*[1], ainsi *náp-t-ṛ-bhis* au lieu de *naptbhis*.

Il faut être prudent devant ce grand entrecroisement des suffixes. Nous sommes sur le terrain de prédilection d'une école qui s'est exercée à les faire rentrer tous les uns dans les autres. Nous croyons néanmoins que le choix d'exemples qui est donné

1. Le fém. *naptī́* prouve que l'*ā* de *nápātam* est a_2, autrement il devrait rester une voyelle entre *p* et *t*. Le lat. *nepōtem* a pris, ainsi que *datōrem*, son *ō* au nominatif (v. p. 213). L'irl. *niae*, gén. *niath* ne décide rien quant à la quantité de l'*a* (cf. *bethăd* = *βιότητος*, Windisch *Beitr. de P. et B.* IV 218), mais il s'accommode fort bien de a_2. Cf. enfin *νέποδες* (?). — La substitution de *nápt-ṛ-bhis* à «*naptbhis*» aurait une certaine analogie avec une particularité de la déclinaison védique de *kšip* et de *kšap*: ces mots font à l'instrumental plur. *kšip-ā-bhis*, *kšap-á-bhis*.

plus haut ne laisse pas de doute sur le fait qu'un ordre parfaitement fixe présidait à l'échange des différents thèmes, et sur l'équipollence de certains d'entre eux comme p. ex. *akš* et *akš + i*, en opposition à *akš + an*.

§ 13. Aperçu synoptique des variations du vocalisme amenées par la formation des mots.

Au § 12 nous avons dressé l'état des modifications qui s'observent dans les syllabes prédésinentielles. Ce qui suit aurait à en donner le complément naturel, l'histoire des modifications qui atteignent les syllabes présuffixales. Nous devons dire d'emblée que cet aperçu sera nécessairement beaucoup plus incomplet encore que le précédent. Ni les phénomènes de vocalisme ni ceux de l'accentuation n'ont été sérieusement étudiés pour ce qui concerne la formation des mots. En dehors de cette circonstance fâcheuse, il est probable qu'on n'arrivera jamais sur cette matière à des résultats aussi précis que pour ce qui touche à la flexion. Les exceptions aux règles reconnues sont trop considérables.

Nous commençons par une revue très-succincte des principales formations. A chaque suffixe nommé, nous enregistrons quelle accentuation et quel vocalisme radical il admet.

I. Thèmes nominaux.

Thèmes finissant par a_1-a_2.

Thèmes en -a_2. — 1° série: Oxytons (autant qu'on en peut juger, v. p. 82 seq.); racine au degré 2; v. p. 79 seq. 155. — 2° série: Oxytons; racine faible[1].

Thèmes en -ta_2. — 1° série: Paroxytons(?); racine au degré 2; v. p. 76. — 2° série: Oxytons; racine faible (participes); cf. p. 14, 23, 149, 157.

---

1. Voici quelques exemples: indo-eur. *yugá*, skr. *ušá*, *kr̥çá*, *piçá*, *bhr̥ça*, *vr̥dhá*, *vrá*, etc., zd. *gĕrĕδa* «hurlant» de *gared*, *bĕrĕga* «désir» de *bareǵ*; gr *ἀγός*, *ὀφλοί· ὀφειλέται*, *στραβός* de *στρεφ*, *ταρσός* de *τερσ*, et avec déplacement du ton, *ὄτλος*, *στίβος*, *στίχος*, *τύκος*; germ. *tuga-* «trait» (F. III³ 123), *fluga-* «vol» (F. 195), *buda* «commandement» (F. 214), goth. *drusa* «chûte», *quma* «arrivée». En composition ces thèmes ne sont pas rares: skr. *tuvi-grá*, *á-kra*; gr. *νεο γνό-ς*, *ἀ-τραπό-ς*, *ζα-βρό-ν· πολύφαγον*, *ἐλα-θρά· ἐν ἐλαίῳ ἑφθά*, *δί-φρο-ς*, *ἔπι-πλα*, **γνυ-πτό* dans *γνυπτεῖν* (Hes.); lat. *privi-gnu-s*, *prŏ-bru-m* (quoi qu'en dise Corssen Sprachk. 145).

Thèmes en -na_2. — 1e série: Paroxytons(?); racine au degré 2; v. p. 77 seq. — 2e série: Oxytons; racine faible[1] (participes). Quelques traces du degré 1; v. p. 77.

Thèmes en -ma_2. — 1e série: Accentuation douteuse; racine au degré 2; v. p. 74 seq. en ajoutant *βωμός*, *θωμός*, *ῥωχμός* (p. 138, 140, 167). — 2e série: Oxytons; racine faible[2].

Thèmes en -ra_2. — 1e série (peu nombreuse): Racine au degré 2; v. p. 138, 156. — 2e série: Oxytons; racine faible; v. Lindner p. 100 et ci-dessus p. 157.

Il est difficile d'apercevoir la règle des thèmes en -*ya_2* et -*wa_2*. L'exemple *a_1kwa_2* (cheval) ne permet point à lui seul de dire que les thèmes en *wa_2* ont a_1 dans la racine; ce peut être une formation secondaire, comme l'est par exemple le skr. *him-á*, gr. -*χιμ-ο-ς*, qu'on dirait contenir le suff. -*ma*, mais qui dérive du thème *ghi-am*.

Il semble qu'on puisse conclure ainsi: les différents suffixes finissant par a_2 admettent également la racine réduite et la racine au degré 2, mais n'admettent pas la racine au degré 1. Quant à l'accent, il repose toujours sur le suffixe lorsque la racine est réduite. La plus grande partie de la série qui est au degré 2 paraît avoir été composée aussi de thèmes oxytons; cependant la règle n'apparaît pas d'une manière nette.

Thèmes finissant par a_1 + *sonante ou s.*

I. Le suffixe n'admet pas a_2.

Thèmes en -a_1n. Oxytons; racine réduite: gr. *φρ-ήν*, **ϝρ-ήν* (p. 195); skr. *ukšán* (acc. *ukšâṇam* et *ukšáṇam*), *plīhán* (les langues européennes font supposer que le suff. est a_1n). Dans le skr. *vṛ̊šan* (acc. *vṛ̊šaṇam*) et le gr. *ἄρσην* il faut admettre que l'accentuation est hystérogène. Quelques exemples ont la racine au degré 1: gr. *τέρην*, *λειχήν -ῆνος*, *πευθήν -ῆνος*.

Thèmes en -ma_1n. Oxytons; racine faible. Gr. *ἀϋτμήν*, *λιμήν*, *πυθμήν*. V. p. 131. Si l'on range ici les thèmes neutres en -*man*, nous obtenons une seconde série composée de paroxytons

1. Goth. *fulls* = **fulnás*, gr. *λύχνος*, *σπαρνός*, *ταρνόν· κολοβόν* et tous les participes indiens en -*ná*.

2. Skr. *tigmá*, *yugmá*, *yudhmá*, *rukmá*, *sidhmá* (p. 171) etc.; gr. *ἀκμή*, *ἐρυγμός*, *πυγμή*, *στιγμή*.

où la racine est au degré 1. L'accentuation est assurée par l'accord du grec et du sanskrit, le degré 1 par les exemples réunis p. 130 seq., cf. p. 137 et 156.

Thèmes en **-a₁r.** Oxytons; racine faible. Skr. *n-ár, us-ár.*

Thèmes en **-ta₁r.** 1e série: Oxytons; racine faible. Gr. (*ἀ*)*σ-τήρ*, zend *ç-tăr-ō*, lat. *s-tella* (Brugman Stud. 388 seq.). Des noms de parenté comme *duhitár*, *pitár*[1], *yātár* (*y̥ntár*). — 2e série: Paroxytons; racine au degré 1. Skr. *bhrấtar*, gr. *φρᾱ́τηρ*; skr. *çáṃstar*. Le mot *mātár* et les noms d'agent grecs en *-τήρ* soulèvent une question difficile que nous examinerons plus bas à propos du suff. *-ta₂r*.

Pour les thèmes en **-a₁i**, il serait important de savoir si la flexion primitive de chaque exemple était forte ou faible, ce que nous ignorons bien souvent. Ce qu'on peut affirmer c'est qu'il y a des thèmes en *-a₁i* qui prennent *a₂* dans la racine (v. p. 85), que d'autres, comme l'indo-eur. *n̥sá₁i* (p. 24), et les infinitifs védiques tels que *dr̥çáye*, *yudháye*, affaiblissent la racine. Dans toutes les langues cette classe de mots est fortement mélangée de formes qui lui étaient étrangères à l'origine.

Thèmes en **-ta₁i** (flexion faible). La racine est réduite, v. p. 15, 23, 150; Lindner p. 76 seq., Amelung *Ztschr. f. deutsches Alterth.* XVIII 206. On attend donc que le suffixe ait l'accent, mais les faits qui le prouvent n'abondent pas. En grec le ton repose au contraire sur la racine (*πίστις*, *φύξις* etc.). En germanique comme en sanskrit oxytons et paroxytons se balancent à peu près. On a en gothique *ga-taurþi-*, *ga-kunþi-* etc., à côté de *ga-mundi-*, *ga-kundi-*, *dēdi-* etc. M. Lindner compte 34 paroxytons védiques contre 41 oxytons (masculins et féminins). Les probabilités sont malgré tout pour que le ton frappât le suffixe. Nous pouvons suivre historiquement le retrait de l'accent pour *matí*, *kīrtí* (véd.) qui devinrent plus tard *máti*, *kī́rti*. De plus *gáti*, *yáti*, *ráti* de *gam*, *yam*, *ram*, et *sthíti*, *díti* de *sthā*, *dā*, ont dû être oxytons à l'origine, autrement la nasale sonante des 3 premiers, aurait produit *-an-*[2] (p. 36) et l'*i* des seconds apparaîtrait sous la forme d'un *a* (p. 177). — Notons en sanskrit *s-tí* de *as*.

---

1. La racine de *pitár* peut être *a₁pA* ou *pa₁A*; dans les deux cas il y a affaiblissement.

2. Ce fait défend de reconstruire un primitif paroxyton *g̥ṁti* tel que

Thèmes en -a_1u de flexion faible. — 1° série (fort nombreuse): Oxytons (Bezzenberger *Beiträge* II 123 seq.[1]); racine faible; v. p. 15, 23, 157; Lindner p. 61. — 2° série: Oxytons; racine au degré 2, comme skr. *çankú*, sl. *sąkŭ*; v. p. 85 seq.

Thèmes en -a_1u de flexion forte. Oxytons; racine faible. Ex.: *di-á₁u, gǫ-á₁u* (p. 198).

Thèmes en -ta_1u. — 1° série: Oxytons; racine faible. Skr. *r̥tú, aktú* (= goth. *uhtvo* p. 24); zd. *pĕrĕtu* = lat. *portus*; goth. *kustus*. — 2° série: Paroxytons; racine au degré 2. Germ. *dauþus* (Verner K. Z. XXIII 123), gr. *οἰ-σύ-α* de la rac. *wa₁i* (v. Fick II³ 782), skr. *tántu, mántu, sótu* etc. C'est probablement à cette formation qu'appartiennent les infinitifs en *-tu-m* (cf. p. 223).

Thèmes en -a_1s. Oxytons; racine faible. Skr. *bhiy-ás* (v. p. 219). Sur les mots comme *ψευδής* v. p. 201.

II. Le suffixe admet a_2.

Thèmes en -a_2n. Oxytons; racine faible. Skr. *çv-án* «chien» (acc. *çvā́nam*). Le gr. *κύων* a retiré le ton sur la racine, tandis qu'aux cas obliques on a inversement: gr. *κυνός*, skr. *çúnas*. La loi générale des thèmes germaniques en *-a₂n* est d'affaiblir la racine, v. Amelung loc. cit. 208; sur l'accentuation de ces thèmes qui primitivement ont été tous oxytons, Osthoff *Beitr. de P. et B.* III 15. — Quelques thèmes du degré 1: gr. *εἰκών, ἀηδών, ἀρηγών; μάκων, σκάπων*; skr. *snehan* (gramm.), *rā́jan*, et plusieurs neutres tels que *gámbhan, maṃhán*.

Thèmes en -ma_2n. La racine est toujours au degré 1, v. p. 131, 137, 140, 156. On trouve en grec des paroxytons comme *τέρμων*; le sanskrit en possède un petit nombre, ainsi *géman, bhásman, klóman*. Le goth. *hiuhma, milhma*, accuse la même accentuation. Mais les deux premiers idiomes offrent en outre des thèmes en *-ma₂n oxytons* où la racine n'est point affaiblie, ainsi *χειμών, premán, varšmán, hemán* etc.

M. Brugman paraît disposé à l'admettre sur la foi du goth. *ga-qumþi-*, du skr. *gáti*, et du gr. *βάσις* (Stud. IX 326). Au reste il est juste de dire qu'on a des formes indiennes comme *tánti, hanti*.

1. Il est regrettable que dans ce travail le point de vue du vocalisme radical soit négligé, et que des formations très-diverses se trouvent ainsi confondues.

Thèmes en -a$_2$m. Oxytons; racine faible (p. 217).

Thèmes en -a$_2$r. — 1° série: Oxytons; racine faible (*dhu-ár*). — 2° série: Paroxytons; racine au degré 1 (*swá$_1$s-ar*). V. p. 218.

Thèmes en -ta$_2$r. L'accentuation et la conformation primitive des thèmes en *-tar* sont difficilement déterminables. A la p. 212 nous sommes arrivés à la conclusion que les noms d'agent grecs en *-τήρ* et *-τωρ* formaient dès l'origine deux catégories distinctes. La flexion des premiers devait se confondre primitivement avec celle des noms de parenté. Or les noms d'agent en *-τήρ* sont oxytons. On attend donc d'après les règles générales et d'après l'analogie des noms de parenté (v. p. 230), que la syllabe radicale y soit affaiblie. Elle l'est dans les mots comme *δοτήρ, στατήρ* etc. L'ancienneté de ces formes semble même évidente quand on compare *δοτήρ δώτωρ, βοτήρ βώτωρ*, à *πυθμήν πλεύμων*. Mais voici que l'affaiblissement en question ne s'étend pas au-delà des racines en *-ă*, car on a *πειστήρ, ἀλειπτήριον* etc. (p. 132). Voici de plus que le sanskrit ne possède aucun nom d'agent dont la racine soit affaiblie. On dira que les noms d'agent indiens ont pour suffixe *-ta$_2$r*, non *-ta$_1$r*. Mais il en existe un de cette dernière espèce: *çáṃstar* (acc. *çáṃstăram*), et cet unique échantillon non-seulement n'affaiblit pas la racine, mais encore lui donne le ton. Du reste en admettant même que les deux types *δοτήρ δώτωρ* nous représentent l'état de choses primitif, on ne comprendra pas comment un grand nombre de noms d'agent indiens — lesquels, ayant tous a_2, ne peuvent correspondre qu'au type *δώτωρ* — mettent le ton sur *-tar*. Deux circonstances compliquent encore cette question que nous renonçons complétement à résoudre: l'accentuation variable des noms d'agent sanskrits selon leur fonction syntactique (*dātā́ maghā́nam, dā́tā maghā́ni*), et le vieux mot *mātár* «mère» qui a la racine forte malgré le ton. — Il faut ajouter que le zend fournit quelques noms d'agent à racine réduite: *kĕrĕtar, dĕrĕtar, bĕrĕtar* etc.

Thèmes en -a$_2$s. — 1° série: Paroxytons; racine au degré 1. Ce sont les neutres comme *μένος*, v. p. 129. — 2° série: Oxytons; racine faible. Skr. *ušás.* Les mots comme *toçás* (duel *toçásā*) sont probablement hystérogènes, cf. p. 201.

Thèmes en -ya$_2$s. Paroxytons (Verner K. Z. XXIII 126 seq.); racine au degré 1; v. p. 130, 156 seq.

Thèmes en **-wa₂s**. Oxytons; racine (redoublée) faible. Cf. p. 35, 71 i. n., 155. Skr. *ǵagr̥bhvā́n*, gr. *ἰδυῖα*, goth. *berusjos* (= be-br-usjos).

Les participes de la 2ᵉ classe en *-n̥t* forment une catégorie particulière, vu l'absence de tout *a* suffixal (p. 185). Ils ont le ton sur le suffixe, et la racine réduite. L'exemple typique est l'indo-eur. *s-n̥t* de a_1*s* (Osthoff K. Z. XXIII 579 seq.). En sanskrit: *uçánt-*, *dvišánt-* etc. Cf. p. 38 et § 15.

Il faut nommer encore les formes comme *mŕ̥dh* et (*açva-*)*yúǵ* dont nous avons parlé p. 202, et où l'affaiblissement, quoique portant sur une syllabe prédésinentielle, n'est point causé par les désinences. Nous notons sans pouvoir l'expliquer un phénomène curieux qui est en rapport avec ces thèmes. Après *i*, *u*, *r̥*, *n̥*, *m̥*, un *t* est inséré. Or les racines en *ā*, on ne sait pourquoi, ne connaissent pas cette formation: «*pari-šṭhí-t*» de *sthā* serait impossible; *pari-šṭhā́* seul existe[1]. Ainsi *pari-šṭhā*, type coordonné à *vr̥tra-han*, se trouve enrôlé par l'usage dans un groupe de formes avec qui il n'a rien de commun: *pari-šṭhā*, *go-ǵí-t*, *su-kŕ̥-t* etc. sont placés sur le même pied. Jusqu'ici rien de bien surprenant: mais comment se fait-il que ce parallélisme artificiel reparaisse devant ceux des suffixes commençant par *y* et *w* qui demandent l'insertion du *t*? A côté de *ā-ǵí-t-ya*, *ā-kŕ̥-t-ya* nous avons *ā-sthā́-ya*; à côté de *ǵí-t-van*, *kŕ̥-t-van*, on trouve *rā́-van*. Les mêmes formations ont encore ceci d'énigmatique que la racine y est accentuée malgré son affaiblissement.

Thèmes féminins en **ā** (cf. p. 82). 1ᵉ série: Oxytons; racine faible. Skr. *druhā́*, *mudā́*, *ruǵā* etc.; gr. *βαφή*, *γραφή*, *κοπή*, *ῥαφή*, *ταφή*, *τρυφή*, *φυγή*, *ὁμο-κλή*, *ἐπι-βλαί*[2]. 2ᵉ série: Paroxytons; racine au degré 1. Goth. *gairda*, *giba*, *hairda*, v. hᵗ-all. *speha*; gr. *εἴλη*, *εἴρη*, *ἕρση*, *ἐρείκη*, *λεύκη*, *μέθη*, *πέδη*, *πεύκη*, *σκέπη*, *στέγη*, *χλεύη*. En sanskrit *varšā́*, identique avec *ἕρση*, est anormal par son accentuation.

---

1. Disons toutefois que le type *madhu-pá* (v. p. 177) est peut-être ce qui correspond à *go-ǵí-t*, *su-kŕ̥-t*. Mais à quoi attribuer l'absence du *t*?

2. L'accent est déplacé dans *βλάβη*, *δίκη*, *λύπη*, *μάχη*, *νάπη*, *ὕθη*, *σάγη*, *μεσό-δμη*. — Dans certains cas l'expulsion de l'*a* est empêchée: indo-eur. *sa₁bhā́* pour *sbhā́* (skr. *sabhā́*, goth. *sibja*, gr. *ἐφ-ἑται*).

II. Thèmes verbaux.

Plusieurs ont été *dérivés* d'autres thèmes verbaux. Ces formations ne rentrent pas dans le sujet que nous considérons, et il suffira de les indiquer sommairement: 1° Aoriste en *-sa*$_1$ (skr. *dik-ṡá-t*, gr. *ἴξον*) dérivé de l'aoriste en *-s* (*da*$_1$*ik-s-*). 2° Thèmes oxytons en *-a* tels que *limpá-*, *muńćá-*, *kr̥ntá-*, dérivés, ainsi que l'admettait Bopp, de thèmes de la 7e classe: exemple *tr̥m̥há*[*ti*] = *tr̥nah-* (dans *tr̥ṅḍhi*) + *á*. 3° Le futur en *-s-yá* est probablement une continuation de l'aor. en *-s*. 4° Les subjonctifs (p. 127). — Les optatifs tels que *syā-* (v. ci-dessous) sont à vrai dire dérivés, aussi bien que *bharaī-* (p. 193) et que les formes qui viennent d'être citées.

Thèmes en **-a**$_1$. — 1e série: Paroxytons; racine au degré 1; v. p. 126, 153, 159. — 2e série: Oxytons; racine (simple ou redoublée) faible; v. p. 9 seq., 20, 153 seq., 160 seq.

Thèmes en **-ya**$_1$. Racine faible, soit en sanskrit soit dans les langues congénères (p. 157, 159). Contre l'opinion commune qui regarde l'accentuation indienne de la 4e classe comme hystérogène, M. Verner (l. c. 120) se fonde sur cette accentuation pour expliquer le traitement de la spirante dans le germ. *hlahjan* etc. Dans ce cas le vocalisme des thèmes en *-ya* ne peut guère se concevoir que si l'on en fait des dénominatifs: ainsi *yúdh-ya-ti* serait proprement un dérivé de *yúdh* «le combat», *páç-ya-ti* se ramènerait à *spáç* (*σκοπός*). La langue se serait habituée plus tard à former ces présents sans l'intermédiaire de thèmes nominaux[1].

Thèmes en **-ska**$_1$. Oxytons; racine faible; v. p. 13, 22, 149. Dans le skr. *gáććhati*, *yáććhati*, l'*a* radical (sorti de *m̥*) s'est emparé du ton (cf. p. 174).

[Thèmes en **-na**$_1$**-u** et **-na**$_1$**-A**. Oxytons; racine faible; v. p. 22 et 187.]

Thèmes en **-ya**$_1$**A**. Oxytons; racine (simple ou redoublée) faible. Indo-eur. *s-yá*$_1$*A-*, optatif de *a*$_1$*s*. Skr. *dviṡyā́-* de *dveṡ*,

---

1. L'accentuation primitive de la caractéristique n'est pas malgré tout très-improbable, car, outre le passif en *-yá*, on a les formes comme *d-yá-ti*, *s-yá-ti* etc., qui paraissent venir de *ad*, *as* etc. De plus *sídhyati*, *tímyati* (p. 171 seq.) ne se comprendraient pas davantage que *sthíti* (p. 230) si le ton n'avait frappé primitivement le suffixe. Il faut ajouter que même dans l'hypothèse où *yúdhyati* serait dénominatif, on attendrait l'accentuation **yudhyáti*: cf. *devayáti*. — On trouve vraiment le ton sur *-ya* dans le véd. *raṇyáti* (Delbr. 163). Pour *haryánt* cf. Grassmann s. v. *hary*.

vavṛtyá- de *vart*, *ćaććhadyá-* de *ćhand*; goth. *berjau* (= *be-br-jau*), *bitjau* (= **bibitjau*). La formation est secondaire (cf. plus haut).

Mentionnons le thème de l'aoriste sigmatique comme $dá_1ik$-*s*- (p. 128, 191) qui ne rentre ni dans la formule *racine simple* ni dans la formule *racine* + *suffixe*.

Résumons brièvement ce qui ressort de cette énumération.

1. Les phénomènes qu'on constate dans la formation des mots ne peuvent être mis en relation qu'avec l'accent. On n'observe pas d'effets comparables à ceux qui se produisent dans les déclinaisons faibles (perte de l'a_1 du premier élément causée par une consonne initiale dans le second).

2. Qu'est-ce qui détermine la place de l'accent? Voilà le point qui nous échappe complétement. Le ton opte pour le suffixe ou pour la racine, nous devons nous borner à constater pour chaque formation le choix qu'il a fait[1]. Comme le même suffixe peut prendre et ne pas prendre l'accent ($riká_1$-, $rá_1ika_1$-), on prévoit que la règle sera extraordinairement difficile à trouver.

3. Relation du vocalisme avec l'accentuation.

Le ton repose-t-il sur la syllabe radicale, celle-ci apparaît sous sa forme pleine, au degré 1 ou au degré 2.

> Nous avons cherché à écarter les exceptions, dont la plus considérable est le cas des thèmes verbaux en *-ya*. — L'affaiblissement des mots sans suffixe comme *mṛ́dh* (v. ci-dessus p. 233) est d'un caractère tout à fait singulier: on ne sait même à quoi le rattacher.

Le ton repose-t-il sur le suffixe, la racine est au degré réduit ou (plus rarement) au degré 2, jamais au degré 1.

> Exceptions principales. Certains thèmes en *-man* tels que *χειμών*, *varšmán* (v. plus haut), et probablement une partie des thèmes en *-tar*, puis des exemples isolés assez nombreux. Comme

---

1. Sans cette alternative, le *principe du dernier déterminant* de M. Benfey et de M. Benlœw pourrait presque passer pour la loi générale de l'accent indo-européen. — M. Lindner (Nominalbild. 17 seq.) propose pour les thèmes nominaux du sanskrit les deux lois suivantes (la seconde pouvant annuler l'effet de la première): 1. L'accent frappe la racine dans le nom abstrait (Verbalabstractum), et le suffixe dans le nom d'agent. 2. L'accentuation du nom répond à celle du verbe au présent. La latitude que laisseraient ces deux lois est singulièrement grande.

nous l'avons dit, les oxytons en -*as* tels que *ψευδής* ne constituent pas d'exception formelle.

Les oxytons du degré 2 auxquels la règle fait allusion ici sont presque uniquement des thèmes finissant par *a* (v. ci-dessus p. 229) ou des thèmes en *u* de flexion faible (p. 231), ainsi *λοιπός*, *πλοχμός*, *ketú*. C'est une chose curieuse que de voir les deux *a* se comporter différemment vis-à-vis de l'accent. Elle donnerait à penser que la naissance du phonème a_2 est antérieure à la période d'expulsion. De fait, dans les syllabes prédésinentielles, il n'est jamais besoin de *supposer* l'expulsion d'un a_2 (par l'accent), puisque, d'après ce qu'on a vu p. 215, les cas faibles des oxytons montrent a_1 dans les paroxytons, et que ces derniers nous représentent l'état de choses qui a précédé les phénomènes d'expulsion.

Pourvu qu'on admette l'immobilité de l'accent dans les thèmes paroxytons (p. 203 seq.), les phénomènes d'accentuation et d'expulsion peuvent sans inconvénient pratique s'étudier séparément dans les deux sphères de la flexion et de la formation des mots. C'est ainsi que nous avons procédé.

Seulement ce que nous [illegible]ons devant nous, ce sont des mots et non des thèmes. Quand on dit que l'affaiblissement de la racine, dans le thème *uks-án*, est dû à l'accentuation du suffixe, il reste à chercher ce que représente cette phrase dans la réalité, et si vraiment les faits de ce genre nous introduisent de plain-pied dans l'époque paléontologique antérieure à la flexion, telle que M. Curtius la reconstruit par la pensée dans sa *Chronologie des langues indo-européennes*. Doit-on penser au contraire que tous les phénomènes se sont accomplis dans le mot fléchi[1]? Nous ne savons, et nous nous garderons d'aborder ce problème. Nous voudrions seulement, en combinant la loi des expulsions prédésinentielles avec celle des expulsions présuffixales, exprimer le plus simplement possible la somme des affaiblissements dûs à l'accent, telle qu'elle nous apparaît dans son résultat final: 1° TOUS LES a_1 PLACÉS DANS LA PARTIE DU MOT QUI PRÉCÈDE LA SYLLABE

1. Les cas dont nous avons parlé où l'on entrevoit une rencontre des phénomènes de flexion avec ceux de la formation (*dar-u*, *dr-aw-ši*, p. 221 seq.) seraient un argument à l'appui de cette seconde hypothèse.

ACCENTUÉE TOMBENT, à moins d'impossibilité matérielle (p. 48);
2° AUCUNE AUTRE EXPULSION D'a_1 N'EST CAUSÉE PAR L'ACCENT.

tá$_1$ig + ya$_1$s + ᴀi produit *tá$_1$igia$_1$sᴀi* (skr. *tégīyase*).
ya$_1$ug + tá$_1$i + a$_1$s » *yuktá$_1$ya$_1$s* (skr. *yuktáyas*).
wa$_1$id + wa$_1$s + ᴀ́i » *widusᴀ́i* (skr. *vidúṣe*).

Il resterait à obtenir une règle unique d'où découlerait *la place de l'accent* dans chaque forme. Quand la question se pose entre syllabe prédésinentielle et désinence, on est fixé pourvu qu'on connaisse le genre de flexion (forte ou faible). On a vu en revanche que le parti que prend l'accent devant la bifurcation entre racine et suffixe peut se constater pour des groupes considérables de thèmes, mais non se prévoir. Nous nous contentons donc de dresser un tableau récapitulatif. Ce tableau devra justifier les a_1 qui existent et qui manquent dans n'importe quelle forme primaire répondant aux conditions normales.

I. *Racine + suffixe*[1].		II. *Racine sans suffixe.*
1er cas. *Le ton reste sur la racine.*	2e cas. *Le ton quitte la racine.*	
Aucune expulsion n'est possible du fait de l'accent. Cf. ci-dessous.	a. *Le ton ne passe point aux désinences* (flexion faible). L'expulsion par le fait de l'accent atteindra tous les a_1 présuffixaux et aucun autre. Cf. ci-dessous.	b. *Le ton est attiré vers les désinences* (flexion forte)[2]. Il y aura expulsion: 1° de tout a_1 présuffixal, 2° si l'a_1 ne finit le thème, de tout a_1 prédésinentiel placé devant une désinence susceptible d'accent.
Dans la flexion faible les désinences commençant par une consonne produisent l'expulsion de l'a_1 prédésinentiel.		

Nous ne nous sommes pas préoccupés jusqu'ici des syllabes de redoublement. Le peu de chose qu'on sait de leur forme primitive rend leur analyse tout à fait conjecturale. Ils s'agirait

1. Il faudrait, rigoureusement, ajouter une troisième case: *racine + infixe*, à cause du type *yu-na-g* de la 7e classe (§ 14). En faisant de *-nag* un suffixe fictif, les phénomènes sont ceux de *racine et suffixe*.

2. Nous considérons la flexion thématique comme un cas spécial de la flexion forte (p. 188).

avant tout de déterminer si le redoublement doit être regardé comme une espèce d'onomatopée, ou s'il constitue une *unité morphologique* régulière, le caractère de l'unité morphologique étant de contenir, à l'état normal, a_1.

Au parfait, rien n'empêche d'admettre cette dernière hypothèse. Comme le ton repose au singulier de l'actif sur la racine[1] et partout ailleurs sur les désinences, la réduplication perd forcément son a_1, mais elle ne le possède pas moins virtuellement. Ainsi l'on a: indo-eur. *uwá$_2$ka*, *ūkmá* (skr. *uváča*, *ūčimá*) pour *wa$_1$wá$_2$ka, *wa$_1$wa$_1$kmá. Dans les formes comme *papáta*, l'*a* est forcé de rester. Quand l'a_1 radical est suivi d'une voyelle, on constate que celle-ci se répercute dans le redoublement: *bhibhá$_2$ida* pour *bha$_1$ibhá$_2$ida, etc.[2]

A l'aoriste en *-a*, il faut, pour expliquer à la fois l'affaiblissement radical et l'état normal du redoublement dans *váčat*, supposer un double ton primitif (*wá$_1$-uk-á$_1$-t*), tel que le possèdent les infinitifs en *-tavai* et d'autres formes indiennes (Böhtlingk *Accent im Sanskrit* p. 3). Il concilie du reste l'accentuation du gr. *εἰπεῖν* avec celle de *váčat*. Les aoristes sanskrits comme *atitvišanta* ou modifié leur réduplication: il faudrait **atetvišanta*.

Au présent, la plus grande incertitude règne. L'*i* de *ἵστημι* et de *píparti* pose une énigme que nous n'abordons point. Toutefois la variabilité de l'accent dans la 3e classe sanskrite semble indiquer un double ton dans les formes fortes, ce qui permettrait de comprendre *nenekti*, *vevekti*, *vevešṭi* (qui peuvent passer, il est vrai, pour des intensifs), zd. *zaozaomi*, *daēdōist*, et en grec *δείδω*. Au pluriel le ton, passant sur la désinence redevenait un, et en conséquence le redoublement perdait son *a*. De là les présents comme *didešṭi*. La flexion originaire serait: *dédešṭi*, *didiçmás*[3].

---

1. Le goth. *saizlep* permet de contrôler l'accent indien.

2. Le véd. *vavāča* est à coup sûr une innovation, car, en le supposant primitif, on ne pourrait plus expliquer *uvā́ča*. En grec *δείδοικα* et *εἰοικυῖαι* sont, en conséquence, hystérogènes.

3. Dans cette hypothèse le redoublement *dă-* du slave *damĭ*, *damŭ*, vient du singulier, et le *dă-* du skr. *dádāmi*, du pluriel. Formes premières: *dá$_1$ǫ-dá$_1$ǫ-mi*, plur. *dǫ-dǫ-más*.

Chapitre VI.

De différents phénomènes relatifs aux sonantes *i, u, r, n, m.*

§ 14. Liquides et nasales sonantes longues.

Dans le 21e volume du Journal de Kuhn, pour la première fois peut-être depuis la fondation de la grammaire comparée, une voix autorisée a plaidé la primordialité des présents sanskrits de la 7e formation. Tout a été imaginé, on le sait, sous l'empire de l'idée théorique que l'indo-européen a horreur de l'infixe, pour expliquer comment ce groupe de présents avait pu sortir de la 5e et de la 9e classe. M. Windisch déclare qu'aucune hypothèse ne le satisfait, constate qu'aucune ne rend véritablement compte de l'organisme délicat des formes alternantes *yunag- yung-*, et trouve que ces présents offrent au contraire tous les caractères d'une formation primitive. La 9e classe dont personne ne met en doute l'origine proethnique a péri dans toutes les langues européennes, hors le grec. Quoi d'étonnant si la septième, flexion bizarre et insolite, ne s'est conservée qu'en sanskrit et en zend?

Le spectre de l'infixe se trouve d'ailleurs conjuré, si l'on admet avec le même savant que la 7e classe soit une manifestation du travail d'élargissement des racines: dans *yunag-* par exemple, la racine serait proprement *yu* (*yau*) et *g* ne représenterait que le déterminatif. Pour peu cependant qu'on repousse cette théorie, qui n'a pas pour elle d'argument vraiment décisif, nous nous déclarons prêt à admettre l'infixe. Surtout M. Windisch accompagne sa supposition d'un corollaire dont nous ne saurions faire notre profit à aucune condition. Il conjecture dans la 7e classe une sorte de continuation de la 9e, et nous serons amené à voir dans la 9e un cas particulier de la 7e.

Formulons la règle au moyen de laquelle on passe de la racine, telle qu'elle apparaît dans les temps généraux, au thème de la 7e classe:

L'a_1 *radical tombe, et la syllabe* -ná₁- *est insérée entre les deux derniers éléments de la racine réduite.*

bh$a_1$id: *bhi-ná₁-d*   y$a_1$ug: *yu-ná₁-g*   wa_1d: *u-ná₁-d*
t$a_1$rgh: *tṛ-ná₁-gh*   bh$a_1$ng: *bhṇ-ná₁-g*

La flexion est donnée par les lois de la page 188. Elle amènera les formes faibles *bhi-n-d*, *yu-n-g*, *tr̥-n-gh*, *bhn̥-n-g*[1], *u-n-d*.

Maintenant plaçons en regard de cette formation le présent de la 9e classe analysé conformément à notre théorie de l'*ā* long: *pu-ná*$_1$*-A*, forme faible *pu-n-A*. Une parenté difficile à méconnaître se manifeste, et nous posons:

$$bhina_1d : bha_1id \left\{ \begin{array}{l} = puna_1A : x \\ = pr̥na_1A : x \\ = gr̥bhna_1A : x \end{array} \right.$$

Les valeurs des *x*, c'est-à-dire les racines véritables de nos présents en *-nā*, seront évidemment: pa$_1$wA, pa$_1$rA, ga$_1$rbhA (ou gra$_1$bhA).

C'est la rigoureuse exactitude de cette règle de trois que nous allons tâcher de démontrer.

A part d'insignifiantes exceptions, toutes les racines sanskrites non terminées par *-ī* qui appartiennent à la 9e classe prennent à l'infinitif en *-tum*, dans les thèmes en *-tavya* et en *-tar*, et au futur en *-sya*, l'*i* (long ou bref) dit *de liaison*. De plus elles n'admettent à l'aoriste sigmatique que la formation en *-i-ṡam*.

punā́ti: pavi-tár, paví-tra[2], pavi-ṡyáti, á-pāvi-ṡus.
lunā́ti: lávi-tum, lavi-ṡyáti, á-lāvi-ṡam.
gr̥ṇā́ti: ǵari-tár[3].
gr̥ṇā́ti «dévorer» (v. B. R.): gárī̆-tum, gari-ṡyáti, á-gāri-ṡam
pr̥ṇā́ti: párī̆-tum, párī̆-ṡyáti (*cf.* párī-man, párī-ṇas).
mr̥ṇā́ti: ā-marī-tár.
çr̥ṇā́ti: çárī-tos, çárī̆-ṡyáti (*cf.* çárī-ra, á-çarī-ka).
str̥ṇā́ti: stárī̆-tum, stárī̆-ṡyáti (*cf.* stárī-man).
gr. δάμνημι: dami-tár.
çamnāti[4]: çami-tár.
grathnā́ti: gránthi-tum, granthi-ṡyáti.
mathnā́ti: mánthi-tum, mánthi-ṡyáti.
çrathnā́ti: á-çr̥thi-ta[5].

---

1. Le skr. *bhanáǵmi* sort régulièrement de *bhn̥náǵmi*, mais dans les formes faibles comme *bhanǵmás* la nasale paraît avoir été restituée par analogie: *bhn̥ng* devait en effet donner *bhn̥̄g*, qui en sanskrit eût fait *bhāǵ-*.
2. Le dialecte védique offre aussi *potár* et *pótra*.
3. Tel est la l'état de choses primitif; plus tard on forme le futur *ǵaritā*.
4. Voy. Delbrück *Altind. Verb.* p. 216.
5. Voy. Grassmann s. v. Le *r̥* de ce participe indique que les formes

mr̥dnáti: márdi-tum, mardi-šyáti.
gr̥bhṇáti: grábhī-tar, grábhī-tum, a-grabhī-šma, etc.
skabhnáti: skámbhi-tum, skabhi-tá.
stabhnáti: stámbhi-tum, stabhi-tá, a-stambhi-šam.
açnáti: pra-açi-tár.
išṇáti: éši-tum, eši-šyáti.
kušṇáti: kóši-tum, koši-šyáti.
mušṇáti: móši-tum, moši-šyáti (*cf.* muši-ván).

Les exceptions sont, autant que j'ai pu m'en rendre compte: *badhnáti* qui n'offre l'*i* qu'au futur *bandhišyáti; pušnáti* qui fait *póšṭum* ou *póšitum*, mais *pušṭa*, jamais **pušitá;* et *kliçnáti* où l'*i* est partout facultatif. De quelque manière qu'on ait à expliquer ces trois cas, ils sont tout à fait impuissants comparativement aux vingt et un précédents, et il est légitime de conclure: si l'on tient que la racine de *pinášṭi* est *peš*, celle de *gr̥bhṇáti* ne doit point être nommée sous une autre forme que *grabhī* (soit *gra_1bh_A*). L'ī de *gr̥bh-ṇ-ī-más* a un rapport tout aussi intime avec l'ī de *grábhī-tar* que le *š* de *pi-ṃ-š-más* avec le *š* de *péš-ṭar*.

Pour juger complétement du rôle et de la valeur de l'ī dont nous parlons, on aura à observer trois points principaux:

1. Dès qu'on admet le lien qui unit le présent en *-nā* avec l'ī final, on reconnaît que cet ī, loin d'être une insertion mécanique vide de sens, fait partie intégrante de la racine[1].

2. Quant à sa nature: il n'y a point de motif pour ne pas l'identifier avec l'ī de *sthitá, pītá*. Nous avons reconnu dans ce dernier le descendant d'une voyelle faible proethnique désignée par ^{A} (p. 178 seq.), voyelle qui n'est elle-même qu'une modification de l'espèce d'*a*, ou des espèces d'*a* autres que a_1 et a_2 (*A*, *o̥*). — Plus haut l'*ā* long de *sthā-, pā-*, dont la moitié est formée par la voyelle mise à nu dans *sthi-, pī-*, nous a prouvé que celle-ci avait été une voyelle pleine dans la période proethnique très-ancienne. Ici l'*ā* de *punā-, gr̥bhṇā-*, donne la même indication relativement à l'ī de *pavi-, grabhī-*.

à nasale *çránthi-tum, çranthi-šyáti*, ne sont pas primitives. Le présent même devrait faire **çr̥thnáti*.

1. A la juger même dans sa valeur intrinsèque, l'idée qu'on se fait par habitude de l'ī de *pavitár* et de *grábhītar* n'est pas moins arbitraire que si l'on comptait par exemple pour des quantités négligeables l'*i* de *sthitá* ou l'ī de *pītá*.

3. D'autre part il y a entre l'*ĭ* ou ^{A} de *sthitá*, *pūtá*, et l'*ĭ* ou ^{A} de *pari-*, *grabhi-*, cette importante différence morphologique, que le premier résulte de la réduction d'un *ā* (a_1A), tandis que le second paraît exister de fondation à l'état autophthongue. S'il se combine avec a_1 dans le présent en *-nā*, il n'en préexistait pas moins à ce présent.

En résumé nous avons devant nous comme types radicaux: *pa*$_1$*w*^{A}, *pa*$_1$*r*^{A}, *gra*$_1$*bh*^{A} etc. Sous leur forme inaltérée — qui est la base du présent en *-na*$_1$A —, ces types sont *pa*$_1$*w*A, *pa*$_1$*r*A, *gra*$_1$*bh*A.

D'un côté, on vient de le voir, le rôle du phonème A dans *par-i punā-* est absolument parallèle à celui que remplissent *d* ou *s* dans *bhe-d- bhinad-*, *pe-š- pinaš-*. D'un autre côté, si l'on prend les racines *grabhī*, *mardi*, *moši*, il devient évident que notre phonème possède cependant des propriétés morphologiques toutes spéciales: aucune sonante, si ce n'est peut-être *u* (v. p. 244), et aucune consonne ne pourrait être mise à la place de l'*ĭ* dans les trois exemples cités.

Si donc on s'en tient purement à la base de classification, plus ou moins extérieure, que nous avons adoptée à la page 184, il convient d'établir deux grandes catégories de racines. Premièrement les différents types distingués à la page citée. Deuxièmement les mêmes types à chacun desquels serait venu s'ajouter A. On est ramené en un mot, sauf ce qui regarde la conception de l'*ĭ*, à la division qu'établit la grammaire hindoue entre les racines *udāttās*, ou demandant l'*i* «de liaison», et les racines *anudāttās* qui en sont dépourvues.

Revenons un instant à la 9e classe pour considérer un point laissé de côté jusqu'ici.

Aux présents *kšiṇāti*, *lināti*, répondent les infinitifs *kšétum*, *létum*. On attendait «*kšáyitum*, *láyitum* etc.» Il faut supposer que le groupe *-ay*^{A}*-* subit un autre traitement que *-aw*^{A}*-*, *-ar*^{A}*-*, etc. Comme l'optatif indo-eur. *bharaīt* = **bharay*^{A}*t* (p. 193) fournit un parallèle à cette contraction, il y a lieu de la croire proethnique[1]. Que le phonème ^{A}, en tous cas, existe réellement dans

1. Les exemples *çáyitum*, *çráyitum*, seraient alors des formations d'analogie. — Nous ne savons par quel moyen résoudre le problème que

les racines précitées, c'est sur quoi l'*ī* long des participes *kšī-ṇá*, *lī-ná* (v. plus bas), ne laisse aucune espèce de doute. Ajoutons à ces deux exemples *riṇấti* : *rī-tí*. — Dans les présents *krīṇấti*, *prīṇấti*, *bhrīṇấti*, *çrīṇấti*, l'ī long n'a certainement pénétré que sous l'influence analogique des formes comme *krīta*, *prīta*. C'est ainsi que le védique *mináti* s'est changé plus tard en *mīnấti*. Les infinitifs *krétum*, *prétum*, *çrétum*, sont tout pareils à *kšétum*, *létum*.

On peut évaluer certainement le nombre des *udāttās* à la moitié environ du chiffre total des racines. Plus bas nous augmenterons de quelques exemples la liste commencée p. 240. Mais auparavant on remarquera que la théorie de la 9e classe nous permet de prévoir, au moins pour un groupe considérable de racines, la propriété d'être *anudāttās*. Ce groupe, ce sont les racines de la 7e classe. Car autrement, d'après la loi (*«l'insertion de -na- se fait entre les deux derniers éléments de la racine»*) elles eussent donné évidemment des présents en *-nā*[1].

riṇákti : réktum, rekšyáti.	ćhinátti : ćhéttum, ćhetsyáti.
bhanákti : bháṅktum, bhaṅkšyáti.	bhinátti : bhéttum, bhetsyáti.
bhunákti : bhóktum, bhokšyáti.	ruṇáddhi : róddhum, rotsyáti.
yunákti : yóktum, yokšyáti.	pinášṭi : péšṭum, pekšyáti.
vináćmi : véktum, vekšyáti.	çinášṭi : çéšṭum, çekšyáti.

zend ćinaçti : *véd.* ćéttar.

Pour *anákti*, *tanákti*, et *tṛṇéḍhi*, l'*i* «de liaison» est facultatif. Les verbes *tṛṇátti* et *ćhṛṇátti* forment le futur *avec* ou *sans i*, l'infinitiv *avec i*. Les autres verbes contenant le groupe *ar + consonne* (*ardh*, *parć*, *varǵ*, *kart*), ainsi que *vináǵmi*, ont toujours l'*i* dans les formes indiquées.[2] Dans tous ces exemples la voyelle de liaison, quand elle apparaît, a été introduite par analogie. La plupart du temps on en avait besoin pour éviter le groupe incommode *ar + consonne double* (cf. *drakšyáti*, de *darç* etc.). Ce qui prouve cette origine postérieure, ce sont les formes faibles en *-ta* et en *-na* : *aktá*, *takta*, *tṛḍhá*, *tṛṇṇa*, *ćhṛṇṇa*, *ṛddhá*, *pṛktá*, *vṛktá*, *vigna*. Com-

---

posent les formes telles que *lāsyáti* de *lināti* (parallèlement à *lešyáti*), *māsyáti* de *mináti* etc. M. Curtius (Grdz. 337) regarde *mā* comme la racine de ce dernier verbe. Dans ce cas l'*i* de *mináti* ne pourrait être qu'une voyelle de soutien: *m-i-nấti* pour *mnấti* serait à *ma₁A* ce que *unátti* est à *wa₁d*.

1. La racine *vabh*, contre toute règle, suit à la fois la 7e et 9e classe: véd. *unap* et *ubhnás*. Il y a là un fait d'analogie, à moins qu' à côté de *vabh* il n'existât une racine *vabhi*.

2. Voy. Benfey Vollst. Gramm. § 156.

parmi les participes des verbes de la 9e classe *açitá* (*açnáti*), *išitá* (*išṇáti*), *kušitá* (*kušṇáti*), *gr̥hitá* (*gr̥hṇáti*), *mušitá* (*mušṇáti*), *mr̥ditá* (*mr̥dnáti*), *skabhitá* (*skabhnáti*), *stabhitá*[1] (*stabhnáti*). Nous ne citons pas *grathitá*, *mathitá*, *á-çr̥thita* (de *grathnáti*, *mathnáti*, *çrathnáti*); l'aspirée *th* y rendait peut-être l'*i* nécessaire d'ailleurs. Dans l'exemple *kliçita* ou *klišṭa* de *kliçnáti*, la forme contenant *i* tend à être remplacée, mais enfin elle existe, ce qui n'est jamais le cas pour les racines de la 7e classe.

Le principe de la formation en *-na₁u* (5e classe) ne saurait être regardé comme différent de celui des autres présents à nasale. Les formes en *-na₁-u-ti* supposent donc, à l'origine, des racines finissant par *u*. Dans plusieurs cas, la chose se vérifie: *vanó-ti, sanó-ti* (= *wn̥-ná₁-u-ti, sn̥-ná₁-u-ti*) sont accompagnés de *vanutar, sánutar* (= *wa₁nu-tar, sa₁nu-tar*[2]); *vr̥ṇó-ti*, outre *varūtár, várūtha*, a pour parents gr. *εἰλύ-ω*, lat. *volv-o*, goth. *valv-jan*; *kr̥ṇó-ti* se base sur une racine *karu* d'où *karóti*[3]. Même type radical dans *taru-te* (prés.) *taru-tár, taru-tra, tárū-šas, táru-šanta*, non accompagné toutefois d'un présent **tr̥ṇóti* (cf. *τρωννύω*). La place de l'*a₁* dans la racine ne change rien aux conditions d'existence de notre présent: *çra₁u* «écouter» pourra donc former *çr̥-ná₁-u-ti, çr̥ṇóti*[4].

Mais dès l'époque proethnique, on ne le peut nier, la syllabe *-na₁u* a été employée à la manière d'une simple caractéristique verbale: ainsi *k₂i-ná₁uti* (skr. *ćinóti*, gr. *κίνυται*), *tn̥-ná₁uti* (skr. *tanóti*, gr. *τανύω*), ne seraient point explicables comme formations organiques. — Toute cette question demanderait du reste un examen des plus délicats: il y a lieu en effet de se demander si l'*u* des exemples comme *tarutár, sanutár* (et comme *sanóti* par conséquent) est bien l'*u* ordinaire indo-européen. Sa contraction avec *r* dans les formes comme *tūrti* et *ćūrṇa* de *ćarvati* (équivalent à *taruti* moins *a*, *ćaruna* moins *a*) rend ce point plus que douteux. Cf. aussi, en grec, le rapport de *ὀμό-σσαι ὄμνυ-μι*.

---

1. Les formes *skabdha* et *stabdha* ne sont pas védiques. — Comme *pušṇáti* et *badhnáti* se distinguent d'une manière générale par l'absence de l'*i* (p. 241), les participes *pušṭá, baddhá*, n'entrent pas en ligne de compte.

2. Cf. gr. *ἀνύω* et *Ἐνυάλιος*.

3. Quelles que soient les difficultés que présentent à l'analyse les différentes formes de ce verbe, l'existence du groupe radical *karu*, à côté de *kar*, paraît absolument certaine. — Le présent *karóti* est fortement remanié par l'analogie. Un groupe comme *karó-* ne saurait être morphologiquement pur, car, si l'on en veut faire une racine, l'*a* double ne se conçoit pas, et si c'est un thème à deux cellules, la première devait encore perdre son *a*. On arrive donc à supposer **káru-mi*, **káru-ši* etc., c.-à-d. un présent de la 2e classe pareil à *taru-te* et à *ródi-mi*. L'influence de *kr̥ṇómi* amena ensuite la diphthongue et réagit sans doute aussi sur le pluriel et le duel, sur lesquels on nous permettra de ne rien décider de plus précis.

4. En zend, *r̥* s'étant imbibé de l'*u* qui suivait, on trouve *çurunu-* au lieu de **çĕrĕnu-*.

Aux racines *udāttās* énumérées plus haut ajoutons quelques nouveaux exemples qui ne possèdent point de présent de la 9e classe. Nous avons principalement en vue les cas où A est précédé d'une sonante[1].

avi « assister »: avi-tá (2e pl.), ávi-tave, avi-tár, ávi-šam.
dhavi « agiter »: dhávi-tum, dhavi-šyáti, á-dhāvi-šam.
savi « mettre en mouvement »: savi-tár, sávī-man, á-sāvi-šam.
havī « invoquer »: hávī-tave, hávī-man (mais aussi hótrā).
karī « verser »: karī-tum, á-kāri-šam.
kari « louer »: á-kāri-šam.
ćari « aller »: ćári-tum, ćari-tra, á-ćāri-šam.
ǵarī « vieillir »: ǵárī-tum, ǵarī-šyáti, á-ǵāri-šam.
tarī « traverser »: tárī-tum, tari-tra, pra-tarī-tár, á-tāri-šam, tárī-ša.
khani « creuser », kháni-tum, khaní-tra, á-khāni-šam.
ǵani « engendrer »: ǵáni-šva (impér.), ǵani-tár, ǵaní-tra, ǵáni-man (aussi ǵánman), ǵáni-tva, ǵani-šyáte, á-ǵani-šta.
vani « aimer »: váni-tar, vani-tá (forme forte introduite par analogie dans les thèmes en -ta), vani-šīšṭa. L'aoriste *vámsat*, sans *i*, est difficile à expliquer.
sani « conquérir »: sani-tár, saní-tra, sáni-tva, sani-šyáti, á-sāni-šam.
amī « nuire »: amī-ši (2e sg.), ami-ná, ámī-vā (amítra?).
bhrami « voyager »: bhrámi-tum, bhrami-šyáti.
vamī « vomir »: vami ti, a-vamī-t (Delbr. 187).
çamī « se donner de la peine »: çamī-šva, çamī-dhvam (Delbr. l. c.), çami-tár.
çrami « se fatiguer »: çrámi-tum, çrami-šyáti.

Comme on voit, les différents suffixes commençant par *t* et *s* sont favorables à la conservation de l'*ĭ*. Il n'en est pas toujours de même quand c'est un *m* qui suit ce phonème. Devant le suffixe *ma* l'*ĭ* n'apparaît jamais. Parmi les formations en *-man*, *ǵániman*, *dárīman*, *párīman*, *sávīman*, *stárīman*, *hávīman*, sont réguliers, mais on a en même temps *ǵánman*, *darmán*, *hóman*, et d'autres formes de ce genre[2]. Il est permis de supposer que l'*m* a exercé sur la voyelle faible une absorption toute semblable à celle qui a donné *ćinmás*, *ǵuhmás*, pour *ćinumás*, *ǵuhumás*.

Un autre groupe de formes où l'extirpation de l'*ĭ* peut se

---

1. On trouve une partie des formes védiques réunies par M. Delbrück *Altind. Verb.* 186 seq.

2. Inversement une minorité de thèmes en *-ī-man* sont tirés, analogiquement, de racines *anudāttās*. Ce sont, dans les Saṃhitās, *dhárīman*, *bhárīman*, *sárīman*.

suivre clairement, ce sont les présents de la 2e et de la 3e classe. Certains verbes ont maintenu intégralement le paradigme: la rac. *rodi* (*rodi-tum*, *rodi-syáti*, *rudi-tvā*, *á-rodi-sam*) possède encore le présent *ródi-ti*, plur. *rudi-más*. On connaît les autres exemples: *áni-ti*, cf. *áni-la*, *ani-syáti*; *çvási-ti*, cf. *çvási-tum*, *çvasi-syáti*; *vámi-ti* (Pāṇini), cf. *vámi-tum*, *vami-syáti*. Comment douter après cela, quand nous trouvons d'une part *ǵani-tár*, *ǵáni-trī*, *ǵáni-man*, *ǵanitrí* etc., de l'autre l'impératif *ǵáni-sva* et la 2e personne *ǵa-ǵáni-si* (Bopp Kr. gramm. § 337) — Westergaard ajoute pour le dialecte védique *ǵanidhve*, *ǵanidhvam*, *ǵanise* —, comment douter que *ǵa-ǵaṃ-si*, *ǵa-ǵan-ti*, ne soient hystérogènes? Chaque fois qu'un ĭ apparaît dans quelque débris du présent tel que *amī-si*, *çamī-sva*, on constate que la racine montre l'ĭ à l'infinitif et au futur.[1] Aussi nous n'hésitons pas un instant à dire que dans *piparti* de *parĭ*, dans *ćakarti* de *karĭ*, l'ĭ final de la racine a existé une fois, et que son absence n'est dûe qu'à une perturbation dont nous ne pouvons encore nous rendre compte. Peut-être la ressemblance de **piparĭti*, **ćakarĭti*, avec les intensifs est-elle ce qui a déterminé la modification.

Un autre fait qui ne doit point induire en erreur, c'est l'apparition fréquente de l'ĭ en dehors de son domaine primitif. Le nombre considérable des racines *udāttās*, l'oubli de la signification de l'ĭ, expliquent amplement cette extension hystérogène. D'ailleurs elle est le plus souvent toute sporadique. La propagation systématique de l'*i* ne se constate, entre les formations importantes, que pour le futur en *-sya*, qui a étendu cette voyelle à toutes les racines en *-ar*, et de plus aux racines *han* et *gam*. Devant les suffixes *-tar*, *-tu* et *-tavya*, — les trois formations obéissent à cet égard aux mêmes règles (Benfey Vollst. gramm. § 917) — l'ĭ, sauf des cas isolés, est en général primitif.[2] L'usage de l'aoriste en *i-sam*, malgré des empiétements partiels considérables, coïncide dans les lignes principales avec celui de l'infinitiv en *i-tum* (Benfey § 855 seq.). Parmi les exemples védiques

1. Il y a une exception, c'est *svápiti sváptum*.

2. Parmi les cas irréguliers on remarque les formes védiques *srávitave*, *srávitavaí*, *yámitavaí*. Inversement *tarī-tum* est accompagné de *tar-tum pavitár* de *potár*. La liste de ces variations ne serait jamais finie.

(Delbrück 179 seq.) on en trouve peu qui ne viennent pas d'une racine en *i*[1].

Une statistique spéciale que nous ne nous sentons pas en état d'entreprendre pourrait seule déterminer au juste, dans quelle mesure la théorie proposée nécessite d'admettre l'extension et aussi la disparition de l'*ĭ*.

La conservation de l'*i* dans les mots-racines mérite d'être notée: *váni* et *sáni* donnent les composés *vr̥ṣ́ṭi-váni-s*, *upamāti-váni-s*, *vasu-váni-s*; *ūrǵa-sani-s*, *go-šáṇi-s*, *pitu-šáṇi-s*, *vāǵa-sáni-s*, *hr̥dam-sáni-s*. Ces formes *-vani-* et *-sani-*, évidemment très-usuelles, ne sont pas de véritables thèmes en *-i*: l'accent, les racines dont elles dérivent, enfin le fait qu'on évite visiblement de former les cas à diphthongue — le Rig-Véda, sauf *ūrǵasane* (voc.), n'offre jamais que le nominatif et l'accusatif sing. —, tout y fait reconnaître le type *vr̥tra-hán*. Le génitif de *-sani* n'a pu être primitivement que *-san-as* = *-sn̥n-as* (cf. plus bas).

Devant les suffixes commençant par une voyelle, qu'observe-t-on? Les racines *mardi*, *pavi*, *tarĭ*, *ǵani*, donnent *mr̥d'ú*, *páv'ate*, *tár'ati*, *ǵán'as*. On pouvait le prévoir: le cas est le même que pour *somap'é* = *somap^A-é*, datif de *soma-pā́* (p. 203), et la voyelle élidée dans *páv'a-* n'est autre, comme on a vu, que celle qui a dû subir le même sort dans la 3e pers. pl. *pun'ate* = *pun'-n̥té* (p. 36).

Si maintenant nous prenons pour objet spécial de notre étude le groupe *sonante* + ^{A}, il ressort premièrement de ce qui précède cette règle-ci:

Le groupe sonante + ^{A} *précédé d'une voyelle rejette* ^{A} *s'il est suivi d'une seconde voyelle et demeure tel quel devant les consonnes.*

Nous passons à la démonstration de la règle complémentaire, qui forme le sujet proprement dit du présent paragraphe:

---

1. La forme *agrabhīšma* offie un intérêt particulier. Dans son *ī* long, évidemment le même que celui de *grábhī-tar*, *gr̥bhī-tá*, est écrite toute l'histoire du soi-disant aoriste en *-išam*. L'existence distincte de cet aoriste à côté de l'aoriste en *-s* repose principalement sur l'innovation qui a fait diverger les deux paradigmes en transformant la 2e et la 3e personne du dernier, *ágais*, (véd.) en *ágaišīs* et *ágaišīt*. Ajoutons que cette innovation, comme le suppose M. Brugman Stud. IX 312, venait elle-même, par analogie, de l'aoriste en *-išam*, où *-īs* et *-īt* étaient nés de *-ĭs-s* et *-ĭs-t*.

Le groupe sonante + ^{A}, *précédé d'une consonne ou placé au commencement du mot, se change en* sonante longue, *quel que soit le phonème qui suit.*

Ici plus qu'ailleurs il est indispensable de ne pas perdre de vue le principe que nous nous sommes efforcé d'illustrer dans les chapitres précédents. A part certains cas spéciaux, du reste douteux, tout affaiblissement proethnique, toute dégradation, toute alternance de formes fortes et faibles consiste invariablement, quelle que soit l'apparence qu'elle revête, dans l'expulsion d'a_1. C'est ce principe qui exigeait que nous prissions pour *unité morphologique* non la syllabe, mais le groupe ou la cellule dépendant d'un même a_1 (p. 186). Quand il y a déplacement d'accent, le ton passe non d'une syllabe à l'autre, mais d'une cellule à l'autre, plus exactement d'un a_1 à l'autre. L'a_1 est le procureur et le modérateur de toute la circonscription dont il forme le centre. Celle-ci apparaît comme le cadre immuable des phénomènes; ils n'ont de prise que sur a_1.

D'après la définition, ce qui est *cellule prédésinentielle* dans une forme comme l'ind. *róditi*, c'est *rodi*; dans *bódhati* au contraire ce serait *a*. Aussi le pluriel de *ródi-ti* est-il nécessairement *rudi-más*, parce que *rodi-* tombe sous le coup des lois II et III (p. 188). Il en est de même dans la formation des mots. Ainsi *grábhī-tar*, *skámbhi-tum*, *móṣi-tum*, thèmes à racine normale, sont accompagnés de *gr̥bhī-tá*, *skabhi-tá* (= **sk̥mbhitá*), *muṣi-tá*. Quel son a été sacrifié dans le type réduit? Est-ce la voyelle faible ^{A} qui précède immédiatement la syllabe accentuée? Nullement, c'est forcément l'*a* plein, placé deux syllabes avant le ton.

Cela posé, lorsqu'à côté de *pavi-tár* nous trouverons *pū-tá*, le phénomène ne peut pas se concevoir de deux manières différentes: *pū-* ne sera pas «une contraction», «une forme condensée» de *pavi-*. Non: *pūtá sera égal à pavitá moins a*; l'*ū* de *pūtá* contient le *-vi-* de *pavi-*, rien de moins, rien de plus.

Thèmes en *-ta*, *-ti*, etc.

1. Série de l'*u*. **avi-tár**: (*indra-ūtá*), *ū-tí*; **dhávi-tum**: *dhū-tá*, *dhū́-ti*; **pávi-tum**: *pū-tá*; **savi-tár**: *sū-tá*; **hávi-tave**: *hū-tá*, *devá-hū-ti*.

Comparez: **ćyó-tum**: *ćyu-tá*, *-ćyu-ti*; **pló-tum**: *plu-tá*, *plu-ti*;

çró-tum: *çru-tá*, *çrú-ti*; **só-tum** (presser): *su-tá*, *sóma-su-ti*; **sró-tum:** *sru-tá*, *sru-tí*; **hó-tum:** *hu-tá*, *á-hu-ti*[1].

2. Série de l'*r*. **cári-tum:** *cīr-tvā*[2], *cūr-ti*; **gari-tár:** *gūr-tá*, *gūr-tí*; **tári-tum:** *tīr-thá*, *a-tūr-ta*, *su-prá-tūr-ti*; **pári-tum:** *pūr-tá*, *pūr-tí*; **çári-tos:** *çūr-tá* (Grassmann s. v. *çūr*).

Comparez: **dhár-tum:** *dhr̥-tá*, *dhŕ̥-ti*; **bhár-tum:** *bhr̥-tá*, *bhr̥-tí*; **sár-tum:** *sr̥-tá*, *sr̥-tí*; **smár-tum:** *smr̥-tá*, *smr̥-tí*; **hár-tum:** *hr̥-tá*, etc.

3. Série de l'*n*. **kháni-tum:** *khā-tá*, *khā́-ti*; **gáni-tum:** *gā-tá*, *gā-tí*; **váni-tar:** *vā-tá*; **sáni-tum:** *sā-tá*, *sā-tí*[3].

Comparez: **tán-tum:** *ta-tá*; **mán-tum:** *ma-tá*; **hán-tum:** *ha-tá*, *-ha-ti*.

4. Série de l'*m*. **dami-tár:** *dān-tá*; **bhrámi-tum:** *bhrān-tá*, *bhrān-ti*; **vámi-tum:** *vān-tá*; **çámi-tum:** *çān-tá*, *çā́n-ti*; **çrámi-tum:** *çrān-tá*, etc.

Comparez: **gán-tum:** *ga-tá*, *gá-ti*; **nán-tum:** *na-tá*, *á-na-ti*; **yán-tum:** *ya-tá*, *yá-ti*; **rán-tum:** *ra-tá*, *rá-ti*.

Avant de passer à d'autres formations, arrêtons-nous pour fixer les données qu'on peut recueillir de ce qui précède.

1. Série de l'*u*. Les modifications secondaires étant nulles, cette série doit servir de point de départ et de norme pour l'étude des séries suivantes. Nous constatons que **pw^A^ta*, ou **pu^A^ta*, qui est à pa_1w^A ce que *pluta* est à pla_1u, s'est transformé en *pūta*.

2. Série de l'*r*. Il devient évident que *īr* et *ūr* ne sont que l'expression indienne d'un ancien *r*-voyelle long[4]. Dans les cas

1. Les racines des participes *ruta* et *stutá* ont des formes très-entremêlées, dont plusieurs prennent l'*ī̆*, probablement par contagion analogique. Sur *yuta* v. plus bas.

2. Cette forme se rencontre Mahābh. XIII 495, d'après l'indication de M. J. Schmidt (Voc. II 214).

3. La forme *sániti* est évidemment une création nouvelle imitée des formes fortes; *san* admettrait aussi, à ce qu'il paraît, *sati* pour *sāti*; inversement on indique *tāti* de *tan*, Benfey Vollst. Gramm. p. 161 seq.

4. Ici par conséquent la formule de la grammaire hindoue se trouve être juste, abstraction faite de l'erreur fondamentale qui consiste à partir des formes faibles des racines comme de leur état normal. Il est aussi vrai et aussi faux de poser *gr̥̄-* comme racine de *gūr-tá* que de dire que *pū* est la racine de *pū-tá*. Le lien nécessaire des formes fortes en *i* avec les phonèmes *ū* et *ī̆r*, *ū̆r*, est constaté dans cette règle: «les racines en *ū* et en *r̥̄* prennent l'*i* de liaison».

où il existe encore, comme *pr̥̄ṇ* et *mr̥̄ḍáti* pour **mr̥žḍáti*[1], ce phonème ne s'est formé que très-tard par le procès dit *allongement compensatif.* — Nous ajoutons tout de suite *que* īr *et* ūr *ne sont en aucune façon des allongements secondaires de* ir *et* ur. Partout où il existait un véritable r̥̄ (c'est-à-dire devant les consonnes), nous trouvons tout naturellement *īr*, *ūr*, et c'est seulement quand r̥̄ s'était dédoublé en r̥r (c'est-à-dire devant les voyelles), qu'on voit apparaître *ĭr*, *ŭr:*

īr, ūr : ĭr, ŭr = ū : uv.

C'est ce qui explique le fém. *ŭrvī́* de *urú* (rac. *var*) en regard de *pūrvī́* = **pr̥vī́* de *purú*[2].

La raison qui, dans chaque cas, détermine la teinte *i* ou la teinte *u* est la plupart du temps cachée. Voy. sur ce sujet Joh. Schmidt Voc. II 233 seq.

Parfois le groupe *ūr* cache un *v* qui s'est fondu dans l'*u*: ainsi *ūrṇā* pour **vūrṇā* = sl. *vlŭna*. L'existence du r̥̄ long n'en est pas moins reconnaissable: r̥ bref eût donné «*vr̥ṇā*», ou tout au moins «*ŭrṇā*». Il serait à examiner pourquoi dans certains exemples comme *hotr̥-vū́rya*, *v* persiste devant *ūr*.

Peut-être le groupe *ŭl* + *consonne* est-il quelquefois l'équivalent, dans sa série, des groupes *īr* et *ūr* + *consonne; ul* pourrait aussi être une modification du l̥ bref déterminée, dans *phullá* par exemple, par une durative qui suit la liquide.

3. Séries de l'*n* et de l'*m*. L'entier parallélisme de l'*ā* de *ǵātá* avec *ī*, *ū* et *īr* = r̥̄, parle assez haut pour qu'on ne puisse sans invraisemblance donner à cet *ā* aucune autre valeur préhistorique que celle d'une nasale sonante longue. Et cependant la mutation de *n*ᴬ en ṇ̄ n'est pas peut-être sans offrir quelque difficulté. Je comprends celle de *r*ᴬ en r̥̄: c'est, à l'origine, une prolongation de l'*r* durant l'émission du ᴬ. Pareil phénomène semble impossible quand c'est une nasale qui précède ᴬ, l'occlusion de la cavité buccale, et par conséquent la nasale, cessant nécessaire-

---

1. M. Benfey a montré que le verbe *mr̥ḷáti*, dans les Védas, a un r̥̄ long, et M. Hübschmann en a donné l'explication par la comparaison du zd. *marezhd.*

2. Nous admettons que dans *saǵūrbhis* de *saǵus*, *āçīr-dā* de *āçis*, la longue est due à un effet d'analogie dont le point de départ était fourni par les nominatifs du singulier *saǵūḥ*, *āçīḥ*, cf. *pūḥ*, *gīḥ*, de *pūr*, *gīr*.

ment au moment où le son ^{A} commence. De fait nous avons vu, à côté du gén. *matár* = **matr^As*, le groupe *n*^{A} subsister dans *ukṣṇás*. Le témoignage des langues congénères n'est pas décisif, car la voyelle qui suit l'*n* dans lat. *anat-*, v. h^t-all. *anud* = skr. *ati*, ainsi que dans *janitrices*, skr. *ǵanitár* (sur ces mots cf. plus bas), pourrait être émanée de la nasale sonante longue, et n'avoir rien de commun avec le ^{A} proethnique qui détermine cette dernière. Il est concevable aussi, et c'est la solution qui nous paraît le plus plausible, que *n*^{A} se soit changé en *n̥*^{A}: il s'agirait donc, exactement, d'une nasale sonante longue *suivie d'une voyelle très-faible*.

Nous ne faisons pas d'hypothèse sur la suite de phénomènes qui a transformé un tel groupe en *ā* long. L'idée qu'une *voyelle nasale* aurait formé la transition est ce qui se présente le plus naturellement à l'esprit, mais je ne sais si la série de l'*m*, où c'est évidemment *ām* (*dāntá* = **damtá*) qui fait pendant à l'*ā*, est de nature à confirmer une telle supposition.

Remarque concernant certaines formes de la 9e classe.

Le fait que le groupe *n* + ^{A} doit dans des cas donnés apparaître en sanskrit sous la forme d'un *ā* long intéresse directement la flexion de la 9e classe, où ce groupe règne à travers toutes les formes faibles. Dans *punīthá*, *pṛṇīthá*, rien que de régulier: ainsi que dans *ǵanitár*, *n*^{A} se trouve précédé d'une voyelle. Au contraire *gr̥bhṇīthá*, *muṣṇīthá*, offraient le groupe dans les conditions voulues pour qu'il produisît *ā*. De fait, nous sommes persuadé que sans le frein puissant de l'analogie, on serait arrivé à conjuguer *gr̥bhṇáti*, **gr̥bhāthá*. Je ne sais s'il est permis d'invoquer le zd. *friyānmahi* = *prīṇīmási*; en tous cas le sanskrit lui-même fournit ici des arguments. Le verbe *hr̥ṇī-té* (iratum esse) possède un thème dérivé *hr̥ṇī-yá-* dans le partic. *hr̥ṇī-yá-māna*. Essayons de construire la même formation sur un présent du type *gr̥bhṇā-*; nous obtenons, en observant la loi phonétique, *gr̥bhā-yá-*. Chacun sait que non-seulement *gr̥bhāyáti* existe, mais encore que tous les verbes en *-āya* qui ne sont point dénominatifs, montrent le rapport le plus étroit avec la 9e classe [1]. M. Delbrück a cherché à expliquer cette parenté en conjecturant des formes premières telles que

---

1. Si l'on admet l'existence d'un *y* de liaison, les verbes comme *hr̥ṇī-y-á-te* et *gr̥bhā-y-á-ti* peuvent se comparer directement aux dérivés de la 7e classe tels que *tr̥ṃhá-ti* (p. 234):

$$hr̥ṇī\text{-}y\text{-}á: \frac{\text{hr̥ṇá}_1\text{A-}}{\text{rac. ha}_1\text{rA}} = tr̥ṃh\text{-}á\text{-}: \frac{\text{tr̥ṇá}_1\text{h-.}}{\text{rac. ta}_1\text{rh.}}$$

**gr̥bhanyá-*, mais *an* ne se change jamais en *ā*, et le thème de *gr̥bhṇáti* n'est point *gr̥bhan* [1].

Comme on le suppose d'après ce qui précède, *-āyá-* devra toujours être précédé d'une *consonne* et jamais d'une *sonante*, mais *m* fait exception, on a p. ex. *damāyáti*. Cela tient apparemment à la nature du groupe *-mn-* qui se prononce en réalité comme *-mmn-*. En conséquence **dm̥(m)nᴬyá-* devint *damāyá-* et non « *damnīyá-* ».

Thèmes en *-na*.

Série de l'*u*. **dhavi**: *dhū-ná*; **lavi**: *lū-ná*.

Série de l'*r*. **karí**: *kīr-ṇá*; **garí**: *gīr-ṇá*; **ćarí**: *ćīr-ṇá*; **ǵarí**: *ǵīr-ṇá*; **tarí**: *tīr-ṇá*; **parí**: *pūr-ṇá*; **marĭ**: *mūr-ṇá*; **çarĭ**: *çīr-ṇá*.

Thèmes verbaux en *-ya*.

On peut réunir la 4e classe et le passif. Ces formations diffèrent pour l'accentuation, mais non pour le vocalisme.

Les séries de l'*i* et de l'*u* n'offrent rien d'intéressant, car on constate un allongement général de ces voyelles devant *y*. Ainsi *ǵe*, *çro*, donnent *ǵīyáte*, *çrūyáte* pour **ǵiyáte*, **çruyáte*.

Série de l'*r*: **ǵarí**: *ǵīr-yati*; **karĭ** (verser): *kīr-yáte*; **garĭ** (dévorer): *gīr-yáte*; **parí**: *pūr-yate*; **çarĭ**: *çīr-yáte*, etc.

Comparez: **kar**: *kr-iyáte*; **dhar**: *dhr-iyáte*; **bhar**: *bhr-iyáte*; **mar**: *mr-iyáte* [2].

Même divergence des racines en *-ari* et des racines en *-ar* devant le *-yā* de l'optatif et du précatif: *kīr-yāt*, *tīr-yāt*, *pupūr-yās* etc.; cf. *kr-iyāma*, *sr-iyāt*, *hr-iyāt* etc.

---

1. M. Kuhn a mis en parallèle avec les verbes en *-āyáti* le présent *stabhūyáti* qui accompagne *stabhnóti* de même, en apparence, que *stabhāyáti* accompagne *stabhnāti*. Cette remarque est certes bien digne d'attention; cependant nous avons cru devoir passer outre, vu l'impossibilité absolue qu'il y aurait à expliquer *stabhāyá-* par *stabhĭ* + *yá*.

2. Apparemment *kriyáte* équivaut à *kr̥-yáte*: *r̥* et *i* ont échangé leurs rôles. M. J. Schmidt qui traite de ces formes Vocal. II 244 seq. ramène *kriyate* à **kiryate* (pour **karyate*) et ne reconnaît pas de différence foncière entre ce type et *çīryáte*. Tout ce que nous avons cru pouvoir établir plus haut nous défend d'accepter cette opinion. Dans les formes iraniennes que cite l'auteur, *kiryētē* et *mĭryēitē* (= *kriyáte*, *mriyáte*), *ĭr* n'est probablement qu'un *ĕrĕ* (= *r̥*) coloré par *y*. Ce qui correspond en zend au groupe indien *īr*, c'est généralement *are*. Nous regrettons de ne pas être en état d'apprécier les arguments que M. Schmidt tire des dialectes populaires de l'Inde.

Série de l'*n*. Une confusion partielle s'est glissée entre les racines en *-an* et les racines en *-ani:* **khani**, **sani**, donnent *khā-yáte* ou *khan-yáte*, *sā-yáte* ou *san-yáte*; à son tour **tan** fait *tan-yáte* et *tā-yáte*. Il ne saurait régner de doute sur ce qui est primitif dans chaque cas, dès qu'on considère que **ǵani** forme invariablement *ǵā-yate* et que **man**, **han**, n'admettent que *mán-yate*, *han-yáte*. Le groupe *an*, dans *hanyáte* etc., est le représentant régulier de *n̥̄* devant *y* (p. 35). — A l'optatif, **ǵani** fait *ǵaǵā-yā́t* ou *ǵaǵan-yā́t* (Benfey Vollst. Gr. § 801).

Série de l'*m:* **dami**: *dā́m-yati*; **bhrami**: *bhrā́m-yati*; **çami**: *çā́m-yati*; **çrami**: *çrā́m-yati* etc.

Comparez: **nam**: *nam-yáte*; **ram**: *ram-yáte*.

Formes faibles des présents de la 2ᵉ et de la 3ᵉ classe.

Série de l'*u:* **hávī**: *hū-máhe*, *ǵu-hū-mási*; **bravī**: *brū-más*, *brū-té* (3ᵉ sg. act. *brávī-ti*).

Série de l'*r:* **ǵari** «louer»: *gūr-ta* (3ᵉ sg. moy.); **parī**: *pipūr-más*, *pipūr-thá* etc.; véd. *pūr-dhí*. La forme védique *pipr̥-tám* pourrait, vu le gr. *πιμπλᾰ-*, être sortie d'une racine plus courte qui expliquerait du même coup le thème fort *pipar-*[1].

Série de l'*n:* **ǵani**: *ǵaǵā-thá*, *ǵaǵā-tás*. Il n'est pas facile, faute d'exemples décisifs, de dire si *n̥̄*, placé devant *w* et *m* devient *ā* comme devant les consonnes ou *an* comme devant les voyelles. Le traitement qu'il subit devant *y* parlerait pour la première alternative, et dans ce cas *ǵaǵanvás*, *ǵaǵanmás* devront passer pour des métaplasmes.

Nous avons obtenu cette proportion:

ǵaǵā-thás : *ǵaǵáni-ši* } = *rudi-thás* : *ródi-ši*.
brū-thás : *brávī-ši* }

Formes faibles de l'aoriste sigmatique.

Le Rig-Véda offre l'aor. du moyen *a-dhūš-ata* (3ᵉ p. pl.), de la racine *dhavi*. Cette forme passe pour un «aoriste en *-s-am*»; en

1. L'hypothèse de M. Kuhn qui fait de *ī́rte* le moyen de *íyarti* paraît si vraisemblable qu'on ose à peine la mettre en question. Et cependant, si l'on compare *īrmá* «rapide», *írya* «violent» et le gr. *ὀρ-* (*ὄρσο*: *īršva* = *κόρση*: *çīršá*) ce présent fait tout l'effet d'être à *ari* ce que *pūrdhí* est à *pari*. L'accent aurait subi un recul.

revanche *a-dhāriš-am* est classé dans les « aoristes en *-iš-am* ». Nous avons vu que ces deux formations n'en forment qu'une dans le principe, et qu'en général la différence apparente réside uniquement dans le phonème final des racines (p. 246 seq. 247 i. n.). Ici elle a une autre cause: c'est bien la même racine qui donne *dhariš-* et *dhuš-*, seulement *dhuš-* contient l'*i* de *dhāriš-* à l'état latent; l'un est la forme faible de l'autre.

Voilà qui explique une règle que consigne le § 355 de la grammaire sanskrite de Bopp: au parasmaipadam, les racines en *r̥̄* suivent la formation en *-iš-am;* à l'ātmanepadam elles admettent aussi la formation en *-sam* et changent alors *r̥̄* en *īr*, *ūr*. La chose est transparente: on a conjugué d'abord *á-stariš-am*, *á-stīrš-i*, comme *á-kšaips-am*, *á-kšips-i* (cf. p. 191); le moyen *á-stariš-i* n'est qu'une imitation analogique de l'actif.

Thèmes nominaux du type *driš*.

Nous n'envisageons ici que les formes où la désinence commence par une consonne, représentées par le nominatif du singulier.

Série de l'*u:* **pavi:** *ghr̥ta-pū́-s;* **havī:** *deva-hū́-s.*

Série de l'*r:* **ǵari** « louer »: *ǵī́r*(-*s*); **ǵari** « vieillir »: *amā-ǵū́r*(-*s*); **tarĭ:** *pra-tū́r*(-*s*); **parĭ:** *pū́r*(-*s*); **marī:** *ā-mū́r*(-*s*); **starĭ:** *upa-stī́r*(-*s*). — Dans le premier membre d'un composé: *pūr-bhíd* etc.

Série de l'*n:* **khani:** *bisa-khā́-s;* **ǵani:** *r̥te-ǵā́-s;* **sani:** *go-šā́-s.*

Série de l'*m:* **çami:** *pra-çā́n*(-*s*), instr. pl. *pra-çā́m-bhis.*

Remarque sur quelques désidératifs.

On ne doit point être surpris de trouver *ǵihīršati* de *har*, *bubhūršati* de *bhar* etc., puisque l'on a aussi *ǵigīšati*, *çuçrūšati* etc. de racines *anudāttās* comme *ǵe* et *çrō*.

Avant d'entamer la seconde partie de ce sujet, il est bon de se mettre en garde contre une idée très-naturelle et plus vraisemblable en apparence que la théorie proposée ci-dessus. Elle consisterait à dire: au lieu d'admettre que *ū*, *r̥̄* etc., dans *lūna*, **pr̥̄ta* etc., sont des modifications de *u* + ^{A}, *r* + ^{A}, pourquoi ne pas poser des racines telles que $la_1ū$, $pa_1r̥̄$? Les formes fortes skr. *lavi-*, *parĭ-*, en peuvent fort bien dériver, et l'explication des formes faibles serait simplifiée. C'est à quoi nous opposons les remarques suivantes:

1. L'hypothèse à laquelle il vient d'être fait allusion est inadmissible:

a) Supposons pour un instant que les racines de *lavitár lūná* et de *parītár pūrtá* soient réellement *lū, pṝ*. Quel avantage en résulte? Aucun, car on ne saurait sans pousser l'invraisemblance au dernier degré, prétendre que l'ĭ de *gṛbhītár* et de *mōṣitum* n'a pas existé après les sonantes comme ailleurs *au moins dans un nombre limité de cas.* Or *toutes* les racines finissant par *sonante* + *ĭ* donnent *sonante longue* dans les formes faibles. On en reviendrait donc à reconnaître pour un nombre d'exemples grand ou petit la règle qu'on aurait voulu supprimer, et au lieu de simplifier on aurait compliqué.

b) En partant des racines *lū, pṝ* etc., on renonce à expliquer la 9e classe comme un cas particulier de la septième. Dès lors on ne comprend ni la prédilection des racines «à sonante longue», ni l'aversion des racines «à sonante brève» pour le présent en *-nā*.

c) Accordons, s'il le faut, qu'il n'y a aucun lien nécessaire entre la sonante longue et le présent en *-nā*; assimilons la syllabe *-nā* aux suffixes tels que *-ya* ou *-ska*. Comment expliquera-t-on, au moyen de racines *lū, pṝ*, les présents *lunā́ti* et *pṛṇā́ti*? Comment, en règle générale, est-il concevable que *lū* puisse donner *lŭ* et que *pṝ* puisse donner *pṛ̆*? — Ce point ne réfute pas seulement l'hypothèse de racines à sonante longue, c'est en même temps celui sur lequel nous croyons pouvoir ancrer en toute confiance la théorie de la 9e classe et partant la théorie des racines comme *lawA, parA*. Car ceci est évident *a priori*: toute théorie fondée sur l'idée que *-nā* est un simple suffixe se trouvera dans l'impossibilité d'expliquer la différence typique et radicale du vocalisme de la formation *lunā́ti, pṛṇā́ti*, et de la formation *lūná, pūrṇá*.

2. L'autre hypothèse, bien loin d'offrir des difficultés, est dictée par l'observation des cas analogues:

Dans les racines qui présentent successivement *sonante* + a_1 + *A*, par exemple *ǵyā, vā, çrā*, nous sommes bien sûrs que *A* fait partie intégrante de la racine. Si donc notre hypothèse est juste et si *kšī-ṇá*, *lu-ná*, *pūr-ṇá* etc. viennent de racines toutes pareilles à *gya*$_1A$, où il n'y a de changé que la place de l'a_1, il faudra que les deux types radicaux se rencontrent dans les formes où a_1 tombe. C'est ce qui a lieu.

Série de l'*i*:

ǵyā (g_2ya_1A) «vieillir»: *ǵyā-syáti*, *ǵī-ná*.

ǵya (g_1ya_1A[1]) «triompher de»: *ǵyá-yas*, *ǵī-tá*.

pyā «s'engraisser»: *pyá-yati*, *pī-ná*.

çyā «faire congeler»: *çyá-yati*, *çī-ná* et *çī-tá*.

La série de l'*u* offre *ū-ti* «tissu» de *vā*, *vāsyati*.

Série de l'*r*:

krā «blesser, tuer» dans *krá-tha*, d'où *krāthayati*[2]; forme faible: *kīr-ṇá*.

çrā «cuire, mélanger»: prés. *çrá-ti*, *çrā-tum*, *çīr-tá*, *ā-çīr*[3].

La série de l'*n* offre *ǵānáti* de *ǵñā*: c'est là une formation qui permet de rétablir **ǵātá* = **ǵn̥tá* (cf. *ǵātávedas*?) comme participe perdu de *ǵñā*. Le présent *ǵānáti* ne saurait être absolument primitif. La forme organique serait *ǵănáti* pour *ǵn̥náti*: cf. *ǵináti* de *ǵyā*. L'introduction secondaire de l'*n̥* long est comparable à celle de l'*ī* long dans *prīṇáti* (p. 243).

Ces exemples forment la minorité: la plupart des racines sanskrites qui finissent par *-rā*, *-lā*, *-nā*, *-mā*, apparaissent dépourvues de formes faibles[4]: *trātá*, *prāṇá*, *glāná*, *mlātá*, *ǵñātá*, *mnātá*, *snātá*, *dhmātá* etc.

---

1. Cette dernière racine, comme l'a montré M. Hübschmann, se retrouve dans le zd. *zināṭ* et l'anc. perse *adinā* (skr. *aǵināt*): elle a donc g_1 et n'est apparentée ni au gr. *βία* ni au skr. *ǵáyati*, *ǵigáya*.

2. *krathana* est apparemment une formation savante tirée de la soi-disant racine *krath*.

3. Cf. aussi *pū́r-va* en regard de *prā-tár*.

4. M. J. Schmidt qui, dans un article du Journal de Kuhn, a attiré l'attention sur cette particularité en présente une explication purement phonétique, fondée essentiellement sur la supposition d'une métathèse. Mais notre principe même nous empêche de discuter son ingénieuse théorie, car elle répond en définitive à la question que voici: *pourquoi est-ce qu'en sanskrit* dhmā *ne fait point* *dhmitá *quand* sthā *fait* sthitá? Si l'on admet ce que nous avons cru pouvoir établir plus haut, cette question *cesse d'en être une*, et l'on ne peut plus demander que ceci: *pourquoi* dhmā *ne fait-il pas* dhāntá *quand* sthā *fait* sthitá? — En outre l'hypothèse **dhamtá*, **dhamatá* (comme primitif de *dhmātá*) est incompatible avec la loi d'expulsion procthnique de l'*a*. La métathèse, si elle existe en sanskrit, ne paraît admissible que pour un nombre d'exemples insignifiant.

La raison n'en est pas difficile à trouver. Entre *trâtum* et **tirtá*, entre *ǵñâtum* et **ǵatá*, *dhmâtum* et **dhântá*, la disparate était excessive, et l'unification inévitable. Ne voyons-nous pas le même phénomène en train de s'accomplir sur les racines en *-yā*, où *çīna*, *çita*, *pīna*, sont accompagnés de *çyāna*, *çyāta*, *pyāna*, et où **khīta* de *khyā* a déjà fait place à *khyāta*?

A ces exemples empruntés à des syllabes radicales s'ajoute le cas remarquablement limpide de l'*ī* de l'optatif formé également de *i* + ^{A} (p. 191 seq.).

Ce qui achève de marquer l'identité de composition des racines qui ont produit *pūtá*, *pūrṇá* etc., avec les types *gya*$_1$$_A$, *kra*$_1$$_A$, ce sont les présents *ǵinā́ti*, zd. *zināt* de *g*$_1$*yā*; *ǵinā́ti*, zd. *ǵināiti* (gloss.) de *g*$_2$*yā*; *kr̥ṇā́ti* de *krā* «blesser»; **ǵanā́ti* (v. ci-dessus) de *gnā*. On retrouve là ces présents de la 9e classe, qui constituent un caractère si remarquable de notre groupe de racines. Il n'est pas besoin d'en faire encore une fois l'anatomie:

Type A: rac. *ǵya*$_1$-$_A$: *ǵi-ná*$_1$-$_A$*-ti*; **gi*-^{A}*-tá* (*ǵī-tá*).
Type B: rac. *pa*$_1$*w*-^{A}: *pu-ná*$_1$-$_A$*-ti*; **pu*-^{A}*-tá* (*pū-tá*).
(Type A: rac. *çra*$_1$*-u*: *çr̥-ná*$_1$*-u-ti*; *çr-u-tá*.)
(Type B: rac. *pa*$_1$*r-k*: *pr̥-ná*$_1$*-k-ti*; *pr̥-k-tá*.)

Nous avons vu (p. 247) la règle en vertu de laquelle la racine *ta*$_1$*r*^{A} élidera le phonème final dans un thème comme *tar'ati*. Les conditions sont tout autres s'il s'agit d'une formation telle que celle de la 6e classe: ici l'a_1 radical tombe, et l'on obtient le primitif *tr*^{A} + *áti*. Se trouvant appuyé d'une consonne, l'*r* ne laisse point échapper le son ^{A}: selon la règle il se l'assimile. Il en résulte *tr̥̄* + *áti*, et enfin, par dédoublement de *r̥̄*, *tr̥r-áti*. Si la racine était *tar*, la même opération eût produit *tr-áti* (cf. gr. *πλ-έσθαι* etc., p. 9).

Ce procès donne naissance, dans les différentes séries, aux groupes *-iy-*, *-uw-*, *-n̥n-*, *-m̥m-*, *-r̥r-*. Le sanskrit garde les deux premiers intacts et change les trois autres en *-an-*, *-am-*, *-ir-*[1] (*-ūr-*).

1. La théorie de M. J. Schmidt (Voc. II 217) tend à faire de *ir*, *ur*, des modifications de *ar*. L'auteur dit, incontestablement avec raison, que *kiráti* ne saurait équivaloir à *kr̥* + *áti*: cela eût donné «*kráti*». Mais la formule *kar* + *áti* sur laquelle se rabat M. Schmidt se heurte, elle, au

Thèmes verbaux en *-á*.

Série de l'*u*. **dhavi**: *dhuv-áti;* **savi** (exciter): *suv-áti.*

Série de l'*r*. **karī** (verser): *kir-áti;* **gari** (dévorer): *gir-áti, gil-áti;* **ǵari** (approuver): *ā-gur-áte;* **tarī**: *tir-áti, tur-áti;* **sphari** (aor. véd. *spharīs*): *sphur-áti.*

Série de l'*n*. **vani**: véd. *van-éma, van-áti;* **sani**: véd. *san-éyam, san-éma.* La place de l'accent ne laisse aucune espèce de doute sur la valeur du groupe *-an* qui est pour *-n̥n*. C'est une accentuation très-remarquable, car d'habitude les *a* radicaux hystérogènes se sont hâtés de prendre le ton et de se confondre avec les anciens. Dans nos verbes même, il est probable que *vánati, sánati* n'ont de la 1e classe que l'apparence: ce sont les égaux de *vanáti, sanáti,* après le retrait de l'accent.

Série de l'*m*. On ne peut décider si un présent tel que *bhrámati* vient de **bhrá₁mati* ou de **bhrm̥máti*[1].

Parfait.

On trouve, en conformité avec *dudhuvús, dudhuvé* de **dhavi**, des formes comme *taturúšas, titirús* de **tarī**, *tistire, tistirāṇá* de **starī** (Delbrück p. 125), *ǵuǵurúšas* de **ǵarī**[2].

En dehors de ces cas, on sait que les racines «en r̥̄» ne sont pas traitées, dans les formes faibles du parfait, de la même manière que les racines «en r̥». Le maintien de l'*a* y est facultatif et pour certains verbes obligatoire: ainsi *starī* fait *tastariva* (Benfey p. 375). La raison de cette particularité nous échappe: on attendrait «*tastīrva*».

La série nasale offre de nombreuses modifications analogiques. Les formes telles que *ǵaǵanus* (véd.) pour **ǵaǵn̥nus* de **ǵani**, *vavamus* = **vavm̥mus* de **vami** sont les seules régulières. Elles sont accompagnées de *ǵaǵńus, vemus*[3] etc.

---

principe de l'expulsion des *a*, principe qui ne permet pas d'admettre, qu'à aucune époque l'indien ait possédé des présents comme «**karáti*».

1. Il est à croire que *bhrámati* a suivi l'analogie de *bhrámyati*, car on ne concevrait point que le groupe *-m̥m-* produisît *-ām-*.

2. La brève de *ǵuǵūrvān* paraît être due à la réaction du thème faible *ǵuǵurus-*. Il faudrait **ǵuǵūrván*. La racine *tarī*, outre *titīrvān*, offre l'optatif *turyā-* pour **tūryā-*: l'*u* bref peut avoir été communiqué par le thème du moyen *turī-*.

3. Notons cependant cette remarque d'un grammairien cité par Westergaard: *vemuḥ, tadbhāšyādišu ćirantanagranthešu kutrāpi na dr̥štam.*

Thèmes nominaux du type *dvis*.

On a, devant les désinences commençant par une voyelle:
De *mano-ǵū́-* : *mano-ǵuv-*.
De *ǵír-* (**ǵr̥̄*): *gir-* (**ǵr̥r-*).
De *go-šā́* (**go-šn̥̄́-*): *go-šán-as* (**go-šn̥n-as*). R. V. IV 32, 22.
D'ordinaire le type *go-šā́* a cédé à l'attraction de la déclinaison de *soma-pā́*.

Dans la série de l'*m*, *pra-çā́m-*, grâce sans doute à une unification postérieure, conserve l'*ā* long devant les voyelles.

Les racines en *-a₁A* présentent des exemples remarquables: **prā** (comparatif *prā́-yas*, zd. *frā-yañh*) donne *pur-ú* soit **pr̥r-ú* (fém. *pūrvī́* soit **pr̥̄-vī́*); **çrā** donne *ā-çir-as*. Dans la série nasale, il est fort possible que *mánati* et *dhámati* viennent vraiment de *mnā* et *dhmā*, comme l'enseigne la grammaire hindoue. Ces formes se ramèneraient alors à **mn̥náti*, **dhm̥máti*.

En terminant mentionnons deux faits que nous sommes obligé de tenir pour des perturbations de l'ordre primitif:

1. Certaines formes nominales à racine faible offrent la sonante brève. 1° Devant les voyelles: *tuvi-grá* (à côté de *saṃ-girá* qui est normal) de *garĭ*; *pápri* (à côté de *pápuri*) de *parĭ*; *sásni*, *sišnu* de *sani*. 2° Devant les consonnes: *ćarkr̥tí* de *kari* «louer»; *sátvan*, *satvaná* de *sani*, etc.

2. L'*ā* résultant de la nasale sonante longue donne lieu à des méprises: ainsi *sā* forme faible de *sani* est traité comme racine, et on en tire p. ex. *çata-séya*. D'un autre côté les racines *anudāttās han* et *man* présentent *ghāta* et *mātavai*. La création de ces formes ne paraît explicable qu'en admettant une idée confuse de la langue de la légitimité de l'échange *-an-* : *-ā-* puisée dans les couples *sánitum* : *sātá*, et appliquée parfois à faux.

Un petit nombre d'exemples offrent *ū* et *r̥̄* *à l'intérieur* d'une racine finissant par une consonne. Il est rare malheureusement que la forme forte nous ait été conservée: ainsi *mūrdhán*, *sphū́rǵati*, *kū́rdati*, et beaucoup d'autres en sont privés. Nous avons cru retrouver celle de *çīršán* dans le gr. *κρᾱσ-* (p. 224). L'exemple capital est: *dīrghá* «long» comparé à *drā́ghīyas*, *drāghmán*, zd. *drāǵañh*.

dīrghá (= dr̥̄ghá, *drᴬghá) : drā́ghīyas = pr̥thú : práthīyas
= çīr-tá : çrā́-ti
= pūr-tá : parĭ-tár, etc.

Plusieurs racines paraissent être à la fois *udāttās* et *anudāttās*. Dans la série de l'*u*, on trouve, à côté du participe *yu-tá*, les mots *yū-ti* et *yū-thá* dont l'*ū* long s'accorde bien avec le fut. *yavi-tā*, l'aor. *a-yāvi-šam*, et le prés. *yunā́ti* (gramm.). On peut suivre distinctement les deux racines **var** et **varĭ**, signifiant toutes deux *élire*: la première donne *várati*, *vavrus*, *vriyā́t* (préc.), *ávr̥ta*, *vr̥tá*; la seconde *vr̥ṇīté*, *vavarus*, *vūryā́t*, *vurīta* (opt.), *vūrṇá*, *hotr̥-vū́rya*, *varĭ̄tum*. A côté de **dari** (*dr̥ṇā́ti*, *darĭ̄tum*, *dīryáte*, *dīrṇá*, gr. δέρα-ς), une forme **dar** se manifeste dans *dŕ̥ti*, zd. *dĕrĕta*, gr. δρατός. Au double infinitif *stártum* et *stárĭ̄tum* correspond le double participe *str̥tá* et *stīrṇá*, et le grec continue ce dualisme dans στράτος : στρωτός (= *στr̥τος, *στr̥̄τός). On pourrait facilement augmenter le nombre de ces exemples.

D'une manière générale, la racine *udāttā* peut n'être qu'un élargissement entre beaucoup d'autres de la racine *anudāttā*. Qu'on observe par exemple toutes les combinaisons radicales qui tournent autour des bases **-u-** «tisser», **k_1-u-** «s'accroître», **gh_1-u-** «appeler».

1. -a_1u.	*ó-tum*, *vy-òman* (Grassm.);		*vy-ùta*, *u-ma*.
	—		*á-çv-a-t*.
	hó-trā, *hó-man*;		*á-hv-a-t*.
2. -a_1wA.	—		
(udāttā)	*çávī-ra*		
	hávī-tave, *hávī-man*		*ū-ti*, *ūvús*.
3. -wa_1A.	*vā́-tum*, *va-vaú*,	gr. ἦ-τριον	*çū́-ra*.
	çvā-trá (?)		*hū-tá* etc., *huv-á-te*.
	hvā́-tum etc.,	zd. *zbā-tar*	
4. -wa_1i.	*váy-ati*, *uvā́ya*.		
	çváy-ati, *çváyitum*.		
	hváy-ati.		

Les racines citées généralement sous la forme *bhū* et *sū* (gignere) offrent deux caractères singuliers: 1° Aux formes fortes, apparition anormale de *-ūv-* et *-ū-* au lieu de *-av-* et *-avī-*, lesquels toutefois sont maintenus dans une partie des cas; ainsi la première des racines mentionnées donne *babhū́va*, *bhúvana*, *ábhūt* (1° p. *ábhūvam*), *bhū́man*, et en même temps *bhávati*, *bhavítra*, *bhávītva*, *bhávīyas*[1]; la seconde fait *sasū́va* (véd.), *su-šū́ma*, et en

1. *bhū́yas* est fait probablement à l'imitation du positif *bhū́-ri*. Le zd. *baēvare* paraît avoir pour base le comparatif qui est en sanskrit *bhávīyas*.

même temps *sávati*. 2° Plusieurs formes faibles ont un *u* bref: *çam-bhú, mayo-bhú, ád-bhuta; su-tá.*

Ces anomalies se reproduisent plus ou moins fidèlement en grec pour φῠ = *bhū* et pour δῠ. On sait que dans ces racines la quantité de l'υ ne varie pas autrement que celle de l'α dans βᾰ ou στᾰ, ce qu'on peut exprimer en disant que l'ῡ long y tient la place de la diphthongue ευ. L'obscurité des phénomènes indiens eux-mêmes nous prive des données qui pourraient éclaircir cette singularité. On classera parmi ces racines *pū* «pourrir» qui ne possède d'*a* dans aucun idiome et qui, en revanche, offre un *u* bref dans le lat. *pŭ-tris*. Il serait bien incertain de poser sur de tels indices une série *ū* : *u*, parallèle par exemple à a_1u : *u*. Qu'on ne perde pas de vue l'*a* du skr. *bhávati, bhávītva.*

Ce n'est point notre intention de poursuivre dans le grec ou dans d'autres langues d'Europe l'histoire fort vaste et souvent extrêmement troublée des racines *udāttās*. Nous bornerons notre tâche à démontrer, si possible, que les phénomènes phoniques étudiés plus haut sur le sanskrit et d'où sont résultées les longues *ī, ū, r̥̄, n̥̄, m̥̄*, ont dû s'accomplir dès la période indo-européenne.

Pour la série de l'*i*, cette certitude résulte de l'*ī* paneuropéen des formes faibles de l'optatif (p. 191 seq.).

Dans la série de l'*u*, on peut citer l'indo-eur. *dhū-má* de la racine qui est en sanskrit *dhavi*, le sl. *ty-ti* «s'engraisser» en regard du skr. *távī-ti, tavi-ṣá, tuv-í, tū́-ya;* le lat. *pū-rus* en regard de *pavi-tár, pū-tá*. Ce qui est à remarquer dans les verbes grecs θύω et λύω (skr. *dhavi dhū, lavi lū*[1]), ce n'est pas tant peut-être la fréquence de l'υ long que l'absence du degré à diphthongue. Qu'on compare κλευ κλυ = skr. *çro çrŭ*, πλευ πλυ = skr. *plo plŭ*, ῥευ ῥυ = skr. *sro srŭ*, χευ χυ = skr. *ho hŭ*[2]. Cette perte marque nettement la divergence qui existait entre les organismes des deux séries de racines.

Passons à la série des liquides.

---

1. κομβο-λύτης· βαλαντιο-τόμος Hes. est intéressant au point de vue de l'étymologie de λύω.

2. Dans le latin, où *rŭtus* et *inclŭtus* sont les seuls participes du passif en *-ŭ-to*, la longue ne prouve pas grande chose. Elle se montre même dans *secūtus* et *locūtus*. Les exemples qui, sans cela, nous intéresseraient sont *so-lūtus* et peut-être *argūtus*, si l'on divise *arguo* en *ar* + *guo* = *huváti*.

A. Devant les consonnes.

Quiconque reconnaît pour le sanskrit l'identité *pūrṇá* = **pr̥̄[A]ná* devra forcément, en tenant compte de la position de la liquide dans le lithuanien *pìlnas*, placer du même coup *l'époque de la mutation* dans la période proethnique. Et quant à la valeur exacte du produit de cette mutation, nous avons vu que, sans sortir du sanskrit, on est conduit à y voir un *r*-voyelle (long), non point par exemple un groupe tel que *ar* ou *[A]r*. Entre les idiomes européens, le germanique apporte une confirmation positive de ce résultat: le son qui, chez lui, apparaît devant la liquide est ordinairement *u* comme pour l'*r*-voyelle bref.

En LITHUANIEN r̥̄ est rendu par *ir*, *il*, plus rarement par *ar*, *al*.

gìrtas «laudatus» = *gūrtá*; *žìrnis*, cf. *ǵīrṇá*; *tìltas* = *tīrthá*; *ìlgas* = *dīrghá*(?); *pìlnas* = *pūrṇá*; *vìlna* = *ū́rṇā*; — *žarnà* «boyau», cf. plus bas gr. *χορδή*; *száltas* = zd. *çareta* lequel serait certainement en sanskrit **çīrta*, vu le mot parent *çiçirá*; *spragù* = *sphū́rǵati*.

Le PALÉOSLAVE présente *rĭ*, *rŭ*, *lŭ*.

krŭnŭ = *kīrṇá* «mutilé»; *zrĭno* = *ǵīrṇá*; *prĭvŭ* = *pū́rva*; *dlŭgŭ* = *dīrghá*; *plŭnŭ* = *pūrṇá*; *vlŭna* = *ū́rṇā*. Nous trouvons *lo* dans *slota* = lith. *száltas*.

Exception: lith. *béržas*, sl. *brěza* «bouleau» = skr. *bhūrǵa*.

Le GERMANIQUE hésite entre *ur*, *ul* et *ar*, *al*.

Gothique *kaurn* = *ǵīrṇá*; *fulls* = *pūrṇá*; *vulla* = *ū́rṇā*; — *arms* = *īrmá*; (*untila-*)*malsks* = *mūrkhá*; *hals* = *çīršá*(?), cf. *κόρρη· τράχηλος* Hes. L'*a* suit la liquide dans *frauja* = *pūrvyá*.

Le GREC répond très-régulièrement par *ορ*, *ολ*[1], ou *ρω*, *λω*.

---

1. Nous ne décidons pas si dans certains cas *ορ* et *ολ* ne représentent point les brèves r̥ et l̥. Les principaux exemples à examiner seraient: *ὄρχις*, zd. *ĕrĕzi*; *ὀρχέομαι*, skr. *r̥ghāyáte*; *Ὀρφεύς*, skr. *r̥bhú*; *ὀρσο-* (dans *ὀρσοθύρα*, *ὀρσοτριαίνης*, *ὀρσιπετής*), skr. *r̥švá*; *μορτός*, skr. *mr̥tá* (cf. toutefois véd. *murīya*): *χοῖρος* (cf. *χλούνης*), skr. *ghŕ̥švi*; *τόργος*, germ. *storka-* (Fick I[3] 825). L'omicron suit la liquide dans: *τρόνος*, skr. *tŕ̥ṇa*; *βλοσυρός*, goth. *vulþus* (Fick); *ἤμβροτον* = *ἤμαρτον*; *ἄλοξ* = *αὖλαξ* (p. 17); *κρόκος* (Hes.), cf. skr. *kr̥kavāku*, lat. *corcus*. On pourrait même citer pour *ρω* et *λω*: *γρωθύλος*, skr. *gr̥há* (J. Schmidt Voc. II 318), *βλωθρός* à côté de *βλαστός*. On ne doit pas comparer *πρωκτός* et *pr̥šthá*, vu le zd. *parçta*. — De même en latin r̥ paraît pouvoir donner *ar* et *ra*: *fa(r)stigium*, skr. *bhr̥šṭí* (gr. *ἄφλαστον*); *classis* est sûrement le skr. *kr̥šṭí* (cf. *quinque classes* et *pánča*

ὀργή[1])	*ūrǵá.*	δολ-ι-χός[3])	*dīrghá.*	πρώϊος	*pūrvyá.*
ὀρθός[2])	*ūrdhvá.*	πόρτις[4])	*pūrtí.*	τρώω	*tūrvati*(?).
κόρση	*çīršá.*	οὖλος[5])	*ū́rṇá.*	βρωτός	cf. *gīrṇá.*
				στρωτός	cf. *stīrṇá.*

Au lieu de ρω on aurait ρο dans βρότος «sang coagulé», si M. Bugge a raison d'en rapprocher le skr. *mūrtá* «coagulé», K. Z. XIX 446. Cf. ἄβρομος (Hes.) = ἄβρωμος.

1) D'après ce qui est dit p. 250, il est indifférent que la racine commence ou non par *w*. — 2) La remarque précédente s'appliquerait à ὀρθός — *ūrdhvá;* seulement le zd. *ĕrĕδwa* montre que la racine de *ūrdhvá* n'a point de *w* initial. Si donc, en se fondant sur βωρθία· ὀρθία et contre l'opinion d'Ahrens (II 48), on attribue à ὀρθός le digamma, le parallèle ὀρθός — *ūrdhvá* tombe. — 3) L'ι de δολιχός n'est pas organique. A une époque où le second ε de la forme forte *δέλεχος (ἐνδελεχής) était encore la voyelle indéterminée *A*, cette voyelle a pu être adoptée analogiquement par *δολχός; le traitement divergea ensuite dans les deux formes. — 4) Cf. p. 265, note 4. — 5) οὖλος «crépu» est égal à *Ϝολνος. Cf. οὔλη λευκή· θρὶξ λευκή.

En LATIN *ar*, *al*, et *rā*, *lā*, équivalent aux groupes grecs ορ, ολ, ρω, λω.

arduus	*ūrdhvá.*	*grātus*	*gūrtá.*
armus	*īrmá.*	*grānum*	*ǵīrṇá.*
largus[1])	*dīrghá.*	(?)*plānus*	*pūrṇá*[2]).
pars	*pūrtí.*	*strātus*	στρωτός.
cardo cf. *kūrdati.*			

1) Pour **dargus*, malgré le *l* de δολιχός, l'échange entre *l* et *r* étant assez fréquent précisément dans les racines dont nous parlons [1]. On pourrait aussi partir de **dalgus*, admettre une assimilation: **lalgus*, puis une dissimilation. — 2) Cf. *complanare lacum* «combler un lac», dans Suétone; *plēnus* est tiré par analogie de la forme forte. — Sans λάχνη, *lāna* pourrait se ramener à **vlāna* = *ū́rṇā.*

Au groupe *al* est opposé *ul* en sanskrit (p. 250) dans *calvus* = *kulva* et *alvus* = *úlva*, *úlba.*

On trouve *-ra-* dans *fraxinus*, cf. skr. *bhūrǵa.* D'autre part M. Budenz, approuvé par M. J. Schmidt (Voc. I 107), réunit *prō-*

---

kr̥̄šṭáyas?); *fastus*, comme M. Bréal l'a montré, contient dans sa première syllabe l'équivalent du gr. θαρσ (p. 129).

1. Exemples: χορδή et χολάς (p. 264); δέρας et *dolare;* κολοκάνος et *cracentes;* χάλαζα et *grando;* gr. στορ, sl. *stelją;* gr. χρυσός, goth. *gulþ* (p. 265); gr. κόρση, goth. *hals;* lat. *marceo*, goth. *-malsks;* lith. *gìrěti*, sl. *glagolati*, etc.

vincia au skr. *púrva*. Ce mot se retrouve aussi dans *prīvi-gnus* qui sera pour **provi-gnus* (cf. *convīcium*) [1].

Exemples qui se présentent entre différentes langues européennes:

Lat. *crātes*, goth. *haurdi-*. — Lat. *ardea*, gr. ῥωδιός (par prothèse, ἐρωδιός). — Lat. *cracentes* et *gracilis*, gr. κολ-ο-κάνος, κολ-ε-κάνος, κολ-ο-σσός. — (?) Lat. *radius*, gr. ὀρ-ό-δαμνος. — Gr. χορδή, norr. *garnir*, lith. *žarnà*.

B. Devant les voyelles.

Nous venons de voir les représentents européens du r̥̄ proprement dit. Il reste à le considérer sous sa forme scindée qui donne le groupe r̥r (skr. *ir*, *ur*), et ici les phénomènes du GREC prennent une signification particulière. Il semblerait naturel que cette langue où r̥ et l̥ deviennent αρ et αλ rendît également par αρ et αλ les groupes r̥r et l̥l. L'observation montre cependant que ορ et ολ sont au moins aussi fréquents et peut-être plus normaux que αρ, αλ, en sorte par exemple que πόλις répond au skr. *purí* tout de même que κόρση répond à *çīrṣá*. De ce fait on doit inférer que le phonème A, en se fondant dans la liquide, lui avait communiqué, dès la période proethnique, une couleur vocalique particulière dont le r̥ bref est naturellement exempt.

Βορέας, Ὑπερ-βόρειοι	*girí*.	(?) Φορωνεύς	*bhuraṇyú* (Kuhn).
πόλις	*purí*.	χολάς, χόλιξ (cf. χορδή)	*hirā*.
πολύς	*purú*, *pulú*.	χόριον [2]	*čīra* [3].
(?) πομ-φόλυγ-	*bhurágate* (Joh. Schmidt Voc. II 4).		

1. Doit-on admettre lat. *er* = r̥̄ dans *hernia* (cf. *haruspex*) en regard du lith. *žarnà* et *verbum* = goth. *vaurd* (lith. *vardas*)? On se rapellera à ce propos *cerebrum* opposé au skr. *çiras*, *termes* variant avec *tarmes* (racine udāttā *tere*), ainsi que l'*er* de *terra* qui équivaut à *or* dans *extorris*.

2. χρώς est apparemment un nom tel que *gīr*, *pūr* en sanskrit, c'est-à-dire qu'il remonte à χr̥̄ς. Les génitifs χροός et χρωτός sont hystérogènes pour *χορός. Le verbe χραίνω paraît être un souvenir du présent *χρα-νημι, *χr̥νημι, qui est à χρώς ce que *gr̥ṇāti*, *pr̥ṇāti* sont à *gīr*, *pūr*. — χρῶμα n'est pas absolument identique à *čárman*: le groupe ρω y a pénétré après coup comme dans βρῶμα.

3. Dans un petit nombre de formes indiennes, *īr*, *ūr*, par un phénomène surprenant, apparaissent même devant les voyelles; en d'autres termes r̥̄ ne s'est pas dédoublé.

En regard du skr. *hiranya* et *hiri-* on a l'éol. χροισός (forme ancienne de χρῦσός), lequel paraît égal à *χr̥τyó, cf. goth. *gulþa-*[1].

Formes verbales:

βόλεται	skr. *-gurá-te*[2] « approuver ».
τορεῖν	skr. *tirá-ti, turá-ti.*
μολεῖν	skr. *milá-ti*[3] « convenire ».

Même coïncidence dans les racines suivantes pour lesquelles le thème en *-á* fait défaut dans l'une des deux langues:

ὀρ-έσθαι, [ὄρ-σο]	cf. skr. *ī̆r-te, īr-ṣva* (p. 253 i. n.).
βορ-ά, [βρω-τός]	cf. skr. *gir-áti, gīr-ṇá.*
πορ-εῖν, [-πρω-τος]	cf. skr. *purayati* etc.[4]
στορ-, [στρω-τός]	cf. skr. *stir-ati, stīr-ṇá.*
αἱμα-κουρίαι,	cf. skr. *kir-áti.*

Les formes qui viennent d'être nommées ne représentent jamais qu'un des degrés vocaliques de leur racine, bien qu'en fait ce degré ait presque toujours usurpé la plus large place. La restitution du vocalisme primitif des différentes formes appartiendrait à l'histoire générale de notre classe de racines dans la langue grecque, histoire que nous ne faisons point. Voici très-brièvement les différentes évolutions normales d'une racine comme celle qui donne *στόρνυμι*:

1. στερα. 2. στορ, στρω. 3. σταρ-.

1. στερα, ou στερε. C'est la racine pleine et normale, répondant au skr. *starī̆*. Dans le cas particulier choisi, le grec n'a conservé qu'une forme de ce

---

1. On a comparé *ἀγορά* et *ajirá* « cour » (Savelsberg K. Z. XXI 148). M. Osthoff (Forsch. I 177) combat cette étymologie en se fondant: 1° sur l'o du grec, 2° sur la solidarité de *ἀγορά* avec *ἀγείρω*. La seconde raison seule est bonne, mais elle suffit.

2. Je tiens de M. Brugman ce rapprochement que le sens de *βουλή*, *βουλεύω*, rend plausible et qui ferait de *βούλομαι* un parent du lat. *grātus*. Toutefois son auteur n'y avait songé que parce que le *β* panhellène rend, à première vue, inadmissible pour le linguiste rigoureux la liaison avec le lat. *volo*, le sl. *velją* etc. Comme nous venons de reconnaître que *βόλεται* sort de *βl̥εται*, il devient possible d'expliquer *β* pour *ϝ* par le voisinage de la liquide (cf. *βλαστός* = *vr̥ddhá*). Si, en conséquence, on retourne à l'étymologie ancienne, il faut comparer le *-ολ-* de *βόλεται* au *-ur-* du skr. *vur-īta* (cf. *vr̥ṇīté, vūrṇá, hotr̥-vūrya* etc.).

3. Le parfait *mimela* est naturellement hystérogène.

4. Ainsi que l'admet M. Fick, la racine sanskrite *parī* semble correspondre à la fois au gr. *πελε* (dans *πέλεθρον*?) et au gr. *πορεῖν*, *πέπρωται* etc. Les mots indiens signifient en effet non-seulement *remplir*, mais aussi *donner, accorder, combler de biens* (cf. Curtius Grdz. 283).

degré: *τέρα-μνον* ou *τέρε-μνον*[1] pour **στέρα-μνον* (Grdz. 215). C'est la continuation d'un thème en *-man*, où la racine pleine est de règle (p. 131), cf. skr. *stárī-man*. — Autres exemples: *πέρᾰ-σαι*, *περᾶ-σω*; — *τερά-μων*, *τέρε-τρον*, *τέρε-σσεν* (*ἔτρωσεν*, Hes.); — *τελα-μών*, *τέλα-σσαι* (Hes.). Comme le font voir déjà ces quelques formes, le degré en question est resté confiné très-régulièrement dans les thèmes qui veulent la racine non affaiblie.

2. ϲτορ, ϲτρω, degré réduit dont nous nous sommes occupés spécialement ci-dessus, et qui répond au skr. *stīr*. En regard de *τέρα-μνον* on a *στρω-τός*, en regard de *πέρα-σαι*, *πόρ-νη*, en regard de *τερά-μων*: *τορ-εῖν*, *τορ-ός*, *τι-τρώ-σκω*, etc.

3. ϲτᾰρ-, ou ϲτρᾰ- = *stṛ̥*. Cette forme, dans le principe, appartient uniquement au présent en *-νημι* ou aux autres formations nasales que le grec lui a souvent substituées. La théorie de ce présent a été suffisamment développée plus haut, p 240 seq. — Exemples: *μάρναμαι*, corcyr. *βάρναμαι*[2], = skr. *mṛ̥ṇáti* de la rac. *marī*; *τε-τραίνω* de *τερα*.

Les trois formes précitées se mélangent continuellement par extension analogique. La troisième est de ce fait presque complétement supprimée. Exemples. Parallèlement à *μάρναμαι*, Hésychius rapporte *μόρναμαι* dont l'*o* est sans doute emprunté à une forme perdue, du même genre que *ἔτορον*. Parallèlement à *πέρνημι* — qui est lui-même pour **παρνημι*, grâce à l'influence de *περάσω* —, le même lexicographe offre *πορνάμεν* (cf. *πόρνη*). L'aoriste *ἔθορον* fait soupçonner dans *θόρνυμαι* le remplaçant d'un présent en *-νημι*, *-ναμαι*; en tous cas l'*o*, dans ce présent à nasale, est hystérogène, et en effet Hésychius donne *θάρνυται* et *θαρνεύω* (*θάρνυται* : *ἔθορον* = *stṛ̥ṇáti* : *stiráti*). L'omicron est illégitime aussi dans *ὄρνυμι*, *στόρνυμι*, *βούλομαι* = **βολνομαι* etc. — Le degré qui contient *ορ*, *ρω*, empiète d'autre part sur le degré non affaibli: de là p. ex. *στρωμνή*, *βρῶμα*, *ἔβρων*[3]. — On peut croire en revanche que *ἔβαλον* de la rac. βελε ne doit son *α* qu'au prés. *βάλλω* = **βαλνω*. Régulièrement il faudrait **ἔβολον*.

L'*o* résultant des groupes phoniques dont nous parlons a une certaine propension à se colorer en *υ* (cf. p. 99). Ainsi *πύλη* est égal à *-pura* dans le skr. *gopura* (Benfey), *μύλη* a une parenté avec *mūrṇá* «écrasé»[4], *φύρω* et *πορφύρω* rendent *bhuráti* et *ǵarbhurīti*[5], *μύρκος* est l'ind. *mūrkhá*. Il serait facile de multi-

---

1. La variabilité de la voyelle sortie de Ⅎ est fort remarquable. Il y a d'autres exemples pareils, ainsi *τέρε-τρον* et *τερά-μων*, *τέμε-νος* et *τέμα-χος*.

2. Le *β* de cette forme me paraît une preuve directe, entre beaucoup d'autres, de l'*r*-voyelle grec.

3. La flexion pure d'un aoriste de cette espèce serait: **ἔ-βερα-ν*, plur. *ἔ-βρω-μεν*.

4. La même souche a produit *μάρναμαι* qui répond directement à *mṛ̥ṇáti*.

5. La racine de ces formes sanskrites est, autant qu'on peut le pré-

plier les exemples en se servant de la liste que donne M. J. Schmidt Voc. II 333 seq. — Le groupe *υρ* (*υλ*) paraît même sortir quelquefois du r̥ bref.

Voici les exemples peu nombreux où le grec a développé *α* devant la liquide:

βαρύς	*gurú.*	*πάρος*	*purás.*
(?)*γαλέη*	*giri* «souris».	*ψάλυγ-ες*	*sphuliṅga.*
παρά	*purā́.*	(?)*φάρυγξ*	*bhuríj* (Bugge).

(?)*καλῑά* *kulā́ya* (plus probablement, composé de *kúla*).

Ajoutons: *ἔ-βαλ-ον* de la rac. βελε (*ἑκατη-βελέ-της*, *βέλεμνον*), *γάρ-ον* de la même souche que *βορ-ά*, *φαρ-όω*[1] (zd. *barenčñti*, 9e classe).

A propos des cas énumérés ci-dessus, il faut remarquer qu'entre autres formes plus ou moins certaines que prend en grec le phonème r̥̄, outre *ορ*, *ολ*, il semble représenté parfois par *αλα*, *αρα*. Exemples: *ταλα-* (forme forte dans *τελα-*); *παλάμη* = germ. *folma*, lat. *palma* (forme forte dans *πελεμίζω?*); *κάλαθος* qui serait à *κλώθω* ce que *dīrghá* est à *drā́ghīyas*; *σφαραγέω* = skr. *sphūrjáyati*; *βάραθρον* à côté de *βορ-*, *βρω-*.

Le LATIN présente tantôt *ar*, *al*, tantôt *or*, *ol*:

1. **ar, al** (**ra, la**, lorsqu'une sonante-voyelle qui suivait s'est changée en consonne):

grăvis	*gurú.*	*trans*	*tirás*[2] (?).
haru-spex	*hirā́.*	*parentes*	gr. *πορόντες* (Curtius).
mare	*míra.*	*caries*	goth. *hauri.*

2. **or, ol:**

orior	gr. *ὀρ-* (p. 265).	*molo, mola*	gr. *μύλη* (p. 266).
corium	skr. *cīra.*	*torus, storea*	skr. *stir-* (cf. p. 110 et 111).
vorare	skr. *gir-.*		

Quand le grec montre *α* au lieu d'o, le latin semble éviter les groupes *ar*, *al*, et donner décidément la préférence à *or*, *ol*;

sumer, ***bhari* ou ***bhrā*. Elle paraît être la même qui se cache dans le présent *bhr̥ṇāti* «rôtir» (gramm.).

1. Le rapport de *çiras* avec *κάρη* est obscurci par l'*η* final de la dernière forme.

2. L'identité en est douteuse: *trans* et *tirás* se concilieraient tous deux avec un primitif *tr̥ns*, si le mot sanskrit n'avait le ton sur la dernière. En conséquence *-as* n'y peut facilement représenter *-n̥s*. Peut-être *trans* est-il le neutre d'un adjectif qui répondrait au gr. *τρᾱνής* (lequel n'a qu'un rapport indirect avec *tirás* comme *πρᾱνής* avec *purás*).

gravis = *βαρύς* fait exception. Les exemples sont consignés à la p. 107: *volare*, gr. *βαλ-*[1]; *tolerare*[2], gr. *ταλ-*; *dolere*, *dolabra*, gr. *δαλ-*; *por-*, gr. *παρά*; *forare*, gr. *φαρόω*.

Il est douteux que le latin puisse réduire le groupe *r̥r* ou *l̥l* à un simple *r* ou *l*, quoique plusieurs formes offrent l'apparence de ce phénomène. Ce sont en particulier *glos*, *(g)lac*, *grando*, *prae*, comparés à *γαλόως*, *γάλα*, *χάλαζα*, *παραί*. Les parallèles indiens font malheureusement défaut précisément à ces exemples. Mais pour *glos*, le paléosl. *zlŭva* appuie le latin et donne à l'*α* du grec *γαλόως* une date peu ancienne; *γαλακτ-* est accompagné de *γλακτο-φάγοι*, *γλάγος* etc. Quant à *χάλαζα* — *grando*, c'est un mot en tous cas difficile, mais où le grec *-αλα-*, vu le skr. *hrāduni*, doit évidemment compter pour un tout indivisible[3], et adéquat au lat. *-ra-*. Le rapprochement de *prae* et *παραί* est fort incertain. Il reste *glans* en regard du paléosl. *želądĭ* et du gr. *βάλανος*. En lithuanien on a *gilė̃*, et M. Fick en rapproche, non sans vraisemblance, skr. *gula* «glans penis»[4]. Mais cet exemple même prouve peu de chose: le groupe initial du mot italique, slave et grec a pu être *gl̥-*.

Lithuanien. *gìrė* «forêt», skr. *girí*; *gilė̃* «gland», skr. *gula* (v. ci-dessus); *pilìs*, skr. *purí*; *skurà*, skr. *ćíra*; — *marė̃s*, skr. *mī́ra*; *malù* = lat. *molo* (v. plus haut).

Paléoslave. *gora*, skr. *girí* (la divergence du vocalisme de ce mot dans le lithuanien et le slave coïncidant avec le groupe *ir* du sanskrit est des plus remarquables); *skora*, skr. *ćíra*; *morje*, skr. *mī́ra*.

Gothique. *kaúrs* ou *kaurus*, skr. *gurú*; *faura*, skr. *purā́* (Kuhn); germ. *gora*, skr. *hirā* (Fick III[3] 102); goth. *þulan*, gr. *ταλ-*; v. h[t]-all. *poran*, gr. *φαρόω*; — goth. *marei*, skr. *mī́ra*; *mala* = lat. *molo*.

---

1. Il est vrai de dire que l'*α* de *βαλεῖν* semble plutôt emprunté au présent *βάλλω*, v. ci-dessus.

2. Cependant le son *a* apparaît dans *lātus*.

3. On le peut ramener peut-être à **-λᾱ-*; ou bien, si c'est une forme faible liée au skr. *hrā̆d* de la même façon que *dīrghá* l'est à *drāgh*, on tirera *-αλα-* de *r̥̄*, cf. p. 267, l. 13 seq.

4. Si l'on n'avait que les formes du latin et du slave, on penserait au skr. *granthí*.

filu = skr. *purú* est une exception des plus extraordinaires, qui rappelle norr. *hjassi* (= *hersan-*) en regard du skr. *çīršán*.

Abordons la série des nasales. Elle demande à être éclairée par la précédente, plutôt qu'elle ne répand elle-même beaucoup de lumière autour d'elle.

A. Devant les consonnes.

Les phénomènes grecs paraissent liés à la question si compliquée de la métathèse. C'est assez dire sur quel terrain scabreux et incertain nos hypothèses auront à se mouvoir.

Remarques sur les phénomènes grecs compris généralement sous le nom de *métathèse*.

Nous écartons tout d'abord le groupe *ϱω* (*λω*) permutant avec *οϱ* (*ολ*): l'un et l'autre ne sont que des produits de $\mathring{\bar{r}}$ (p. 263).

I. La transformation d'un groupe comme *πελ-* en *πλη-* est inadmissible, ainsi qu'on en convient généralement.

II. La théorie représentée en particulier par M. J. Schmidt suppose que *πελ-* s'est changé par svarabhakti en *πελε-*; c'est ce dernier qui a produit *πλη-*. — Nous y opposerons les trois thèses suivantes:

1. Dans la règle, le groupe *πελε-* sera originaire, et on n'a point à remonter de *πελε-* à *πελ-*. *πελε* est une racine *udāttā*.

2. Si vraiment *πελε-* a produit parfois *πλη-*, c'est à coup sûr la moins fréquente de toutes les causes qui ont pu amener les groupes radicaux de la dernière espèce.

3. Toujours en admettant le passage de *πελε-* à *πλη-*, on devra placer le phénomène dans une époque où le second *ε* (= *A*) de *πελε* était fort différent et beaucoup moins plein que le premier, qui est a_1.

III. Avant tout rappelons-nous que chaque racine possède une forme pleine et une forme privée d'a_1. Il faut toujours spécifier avec laquelle des deux on entend opérer. La différence des voyelles qui existe par exemple entre *γεν* (plus exactement *γενε*) et *καμ* n'a rien de nécessaire ni de caractéristique pour les deux racines. Elle est au contraire purement accidentelle, la première racine ayant fait prévaloir les formes non affaiblies, tandis que la seconde les perdait. Si les deux degrés subsistent dans *ταμεῖν : τέμαχος, βαλεῖν : βέλος*, c'est encore, à vrai dire, un accident. Donc il est arbitraire, quand on explique *γνη-, κμη-, τμη-, βλη-*, de partir, ici de *γεν*, là de *καμ*, et ainsi de suite, au hasard de la forme la plus répandue.

Il y a plus. Quand on aura acquis la conviction que le type «à métathèse» a régulièrement pour base la même forme radicale, la forme faible par exemple, encore faudra-t-il se reporter à l'ordre de choses préhistorique, où l'*α* des formes telles que *ταμεῖν* n'existait point encore; en sorte que *τματός* peut fort bien — le fait est même probable — n'être venu ni de *ταμτός* ni de *τεμτός* ni de *τεματός*.

IV. Le type où la voyelle suit la consonne mobile ne procède pas nécessairement de l'autre en toute occasion. Au contraire, il est admissible par exemple que la racine de *θανεῖν* (= *θn̥νεῖν*) soit *θνᾱ*. On aurait alors:

θαν-εῖν: *θνᾱ* = skr. *dhám-ati* (**dhm̥m-áti*): *dhmā*
= skr. *pur-ú*: *prá-yas*, etc.

Un exemple très-sûr, en-dehors du grec, nous est offert dans le lith. *žin-aú*, *pa-žin-tis*, goth. *kun-þs* (p. 273 seq.). Ces rejetons de *gnā* «connaître» ont pour base la forme faible *gn̥-* (devant les voyelles: *gn̥n*), qui est pour *gnA-*.

Dans le cas dont nous parlons, le type *θανεῖν* est forcément faible, et la voyelle y est donc toujours anaptyctique.

V. Enfin les deux types peuvent être différents de fondation. Il y aura à distinguer deux cas:

a) Racine *udāttā* et racine en *-ā* (ne différant que par la position de l'a_1, cf. p. 260). En grec on peut citer peut-être τελα (*τελαμών*) et τλᾱ (*τλᾱ́μων*), πελε (*πέλεθρον*) et πλη (*πλήρης* etc.), cf. skr. *parī* et *prā*.

b) Racine *anudāttā* et racine en *-ā*. La seconde est un élargissement (proethnique) de la première. Exemple: μεν, *μένος*, *μέμονα*, *μέμαμεν* et μν-ᾱ, *μνήμη*, *μιμνήσκω* (skr. *man* et *mnā*).

C'est proprement à ce dernier schéma que M. Brugman, dans un travail récemment publié, voudrait ramener la presque totalité des cas de «métathèse». Il admet un élément *-ā* s'ajoutant à la forme la plus faible — nous dirions la forme faible — des racines, *et qui échapperait à toute dégradation*. Le fait de l'élargissement au moyen de *-ā* (*-a_1A*) est certainement fort commun; nous le mettons exactement sur la même ligne que l'élargissement par *-a_1i* ou par *-a_1u*, qu'on observe entre autres dans *k_1r-a_1i* (skr. *çre*) «incliner», cf. *k_1a_1r* (skr. *çárman*); *sr-a_1u* (skr. *sro*) «couler», cf. *sa_1r*. Mais *çre* et *sro* ont leurs formes faibles *çri* et *sru*. Aussi ne pouvons-nous croire à cette propriété extraordinaire de l'élément *ā*, que M. Brugman dit exempt d'affaiblissement. Cette hypothèse hardie repose, si nous ne nous trompons, sur le concours de plusieurs faits accidentels qui, en effet, font illusion, mais, considérés de près, se réduisent à peu de chose.

Premièrement certains présents grecs comme *ἄημι* gardent partout la longue, ce qui s'explique facilement par l'extension analogique. En sanskrit *tous* les présents en *ā* de la 2ᵉ classe offrent la même anomalie (p. 146). Il est clair dès lors que des comparaisons telles que *ἄημες*: *vāmás* ne prouvent rien.

En second lieu les racines sanskrites en *-rā*, *-nā*, *-mā*, gardent l'*ā* long dans les temps généraux faibles. Ainsi on a *sthitá*, mais *snātá*. Nous avons cru pouvoir donner à la p. 257 la raison de ce fait, qui est de date récente.

Restent les formes grecques comme *τρητός*, *τμητός*. Mais ici la présence de l'élément *-ā* étant elle-même à démontrer, on n'en saurait rien conclure à l'égard des propriétés de cet *-ā*.

En ce qui concerne plus spécialement le grec, nous devons présenter les objections suivantes.

1. Les formes helléniques demandent à être soigneusement distinguées, dans leur analyse, des formes indiennes telles que *trātá*, *snātá*. Pour ces dernières la théorie de la métathèse peut être considérée comme réfutée. Elles sont accompagnées dans la règle de toute une famille de mots qui met en évidence la véritable forme de leur racine: ainsi *trātá* se joint à *trāti*, *trāyati*, *trātár* etc.; nulle part on ne voit *tar* [1]. Au contraire, en grec, les groupes comme τρη-, τμη-, sont inséparables des groupes τερ-, τεμ- (τερε-, τεμα-), et c'est visiblement dans les formes faibles qu'ils s'y substituent.

2. On n'attribuera pas au hasard le fait que les groupes comme τρη-, τμη-, γνη-, *lorsqu'ils ne forment pas des racines indépendantes* du genre de μνη-, viennent régulièrement de racines appartenant à la classe que nous nommons *udāttās*.

3. Que l'on passe même sur cette coïncidence, je dis que, étant donnée par exemple la racine *udāttā* ga_1n^{A} et l'élément *ā*, leur somme pourrait produire *gn̥n-ā* (gr. «γανη»), mais jamais *gn-ā* (gr. γνη) [2]. Il suffit de renvoyer aux pages 257 seq.

Nous reconnaissons aux groupes «métathétiques» trois caractères principaux:

1° Ils montrent une préférence très-marquée pour les formations qui veulent la racine faible.

2° Ils n'apparaissent que dans les racines *udāttās*.

3° La couleur de leur voyelle est donnée par celle que choisit le ^{A} final de la racine *udāttā*:

-γνη-τος : γενε-τήρ	κμᾱ-τός : κάμα-τος
-κλη-τος : καλέ-σω	τμᾱ-τός : τέμα-χος
βλη-τός : -βελε-της	1 δμᾱ-τός : δαμά-τωρ
τρη-τός : τέρε-τρον	2 δμᾱ-τός : δέμα-ς
σκλη-ρός : σκελε-τός	κρᾱ-τήρ : κέρα-σσαι
	πλᾱ-τίον : πέλα-σσαι
	πρᾱ-τός : πέρᾰ-σσαι

Dans la série nasale, ces trois faits se prêtent à merveille à une comparaison directe avec les groupes faibles indiens tels que *ǵā-* de *ǵani*, *dām-* de *dami*. En effet leurs primitifs sont, selon ce que nous avons cru établir plus haut (p. 251): *gn̥̄*^{A}-, *dm̥̄*^{A}-. Le son ^{A} étant supposé subir le même traitement dans les deux degrés de la racine, on obtient la filière suivante:

---

1. Sur *manati* et *dhamati* à côté de *mnā* et *dhmā* v. p. 259.

2. Grassmann commet la même erreur, quand il voit dans les racines *prā* et *çrā* des «amplifications de *pur* et *çir*». On aurait alors, non *prā*, *çrā*, mais *purā*, *çirā*.

[Forme forte: *γεν^ε-τήρ, γενετήρ.]
Forme faible: *γn̥̄^ε-τός, -γνητος.
[Forme forte: *τέμ^α-χος, τέμαχος.]
Forme faible: *τm̥̄^α-τός, τμᾱτός.

La variabilité de la voyelle étant ainsi expliquée et la règle d'équivalence générale confirmée par l'exemple

νῆσσα (dor. *νᾶσσα*) = skr. *ātí*[1],

nous identifions *-γνητος, κμᾱτός, δμᾱτός*, avec skr. *ǵātá, çāntá, dāntá*[2]. Tout le monde accorde que *γνήσιος* correspond au skr. *ǵatya*.

Nous ne pouvons, il est vrai, rendre compte de ce qui se passe dans la série des liquides. Là, toute forme faible primitive devait avoir un r̥̄ pur et simple — et non point r̥̄^A —; ce r̥̄, nous l'avons retrouvé en effet dans les groupes *ορ*. *ολ*, et *ρω, λω*. Où classer maintenant les formes comme *πρᾱτός, βλητός*? Par quel phénomène le degré faible correspondant à *πέρᾰ-σαι* nous offre-t-il parallèlement à *πόρ-νη*, type normal, cette formation singulière: *πρᾱτός*? C'est à quoi nous n'entrevoyons jusqu'à présent aucune solution satisfaisante.

Observations.

I. Le grec, si l'hypothèse proposée est juste, confond nécessairement le degré normal et le degré faible des racines en *-nā* et en *-mā*. Qu'on prenne par exemple la racine *γνω* «connaître»: la forme réduite est **gn̥^o*, lequel produit *γνω*. Il est donc fort possible que la syllabe *γνω-*, dans *γνώμων* et *γνῶσις*, réponde la première fois au v. h^t-all. *chnā-* (skr. *ǵñā-*), la seconde au goth. *kun-* (skr. *ǵā-*), cf. plus bas. — Une conséquence de

---

1. M. Fick met en regard de *kāñćana, κνηκός*, qui serait alors pour **κμηκός*; autrement il faudrait «*kāćana*». Le rapprochement est des plus douteux. — Dans *εἰνάτηρ* = *yātár* (type premier *yn̥̄^Atár*) on peut conjecturer que l'*ε* grec est prothétique, et qu'ensuite le *y* devenant *i* fit prendre à la nasale la fonction de consonne: **eyn̥̄^Atér, ein^Atér, εἰνάτερ*. — Dans cette hypothèse, l'n̥̄ ayant été éludé, *εἰνάτηρ* ne peut nous fournir aucune lumière.

2. Il est intéressant de confronter les deux séries:

tatá: τατός; matá: -ματος; hatá: -φατος; gatá: βατός.
ǵātá: γνητός; çāntá: κμητός; dāntá: δμητός.

Les formes telles que *γεγάτην* de γενε sont imitées de la première série, et intéressantes comme telles, mais aussi peu primitives que *γί-γν-ομαι*, ou que le skr. *sá-sn-i* (p. 259); *γίγνομαι* est très-certainement une modification analogique de l'ancien présent de la 3e classe qui vit dans le skr. *ǵaǵánti*.

cette observation, c'est que l'*α* bref de *τέθνᾰμεν* doit s'expliquer par l'analogie: la loi phonétique ne permet point de formes radicales faibles en *-νᾰ* (*-νε*, *-νο*) ou en *-μᾰ* (*-με*, *-μο*). M. J. Schmidt, partant d'un autre point de vue, arrive à la même proposition.

II. On connaît le parallélisme des groupes *-ανα-* et *-νη-*, *-αμα-* et *-μη-*, p. ex. dans *ἀθάνατος : θνητός*; — *ἀδάμας : ἀδμής*; — *ἀκάματος : κμητός*. Deux hypothèses se présentent: ou bien *-ανα-*, *-αμα-* sont des variantes de *-νη-*, *-μη-*, qui ont leur raison d'être dans quelque circonstance cachée; ou bien ils proviennent de *-ενα-*, *-εμα-* — formes fortes — grâce au même mélange du vocalisme qui a produit *τάλασσαι* à la place de *τέλασσαι*[1]. Ainsi *παν-δαμά-τωρ* serait pour **παν-δεμά-τωρ* et n'aurait pris l'*α* que sous l'influence de *δάμνημι* et de *ἔδαμον*.

Les exemples LATINS sont:

anta	skr. *ā́tā*[2].	*gnā-tus* }	skr. *ǵā-tá*.
anăt-	*ātí*.	*nātio* }	*ǵā-tí*.
janitrices	*yātár*.	cf. *geni-tor*	= *ǵani-tár*.

C'est encore *-an-* que présente *man-sio*, qui est au gr. μενε (*μενετός*) ce que *gnātus* est à *geni-*: puis *sta(n)g-num*, contenant la racine réduite de *τέναγ-ος*. Il est possible que *gnā-* dans *gnārus* soit la forme faible de *gnō-*. Il répondrait alors au second des deux *γνω-* helléniques dont nous parlions plus haut. Quant à *co-gnĭtus* il appelle le même jugement que *τέθνᾰμεν*.

Ainsi *-an-*, *-ani-* ou *-nā-*, voilà les équivalents italiques du phonème nasal que nous étudions. Qu'on ne s'étonne pas de l'*ā* de *gnātus* en regard de l'*η* de *-γνητος*. Rien n'est au contraire plus normal. On a vu qu'à l'*ε* grec sorti de ^{A}, le latin répond régulièrement par *a*, au moins vers le commencement des mots:

gnātus (*$g\bar{\mathring{n}}^{A}$*tos*) : *γνητος* (*$\gamma\bar{\mathring{\nu}}^{A}$*τος*) = *sătus* : *ἑτός*.

Dans les idiomes du nord nous trouvons en général les mêmes sons que pour la nasale sonante brève. Le phonème ^{A} dont $\bar{\mathring{n}}$, selon nous, était suivi, n'a pas laissé de trace. Il a été supprimé pour la même raison que dans *dŭšti*, goth. *dauhtar* = *θυγάτηρ*, etc. (p. 179 seq.).

LITHUANIEN: *gimtìs*, cf. skr. *ǵātí*; *pa-žin-tis* «connaissance» de *gnā*. Cette dernière forme est des plus intéressantes. Elle nous montre ce degré faible $g\bar{\mathring{n}}^{A}$ que les langues ariennes n'ont con-

1. Cette forme se trouve dans Hésychius.
2. Osthoff K. Z. XXIII 84.

servé que dans le prés. *ǵā-nāti*[1] et qui est à *gnu* ce que skr. *çĭr-* est à *çra*, v. p. 256 et 259. — Au skr. *ūti* répond *ántis*. — Paléoslave: *jętry*, cf. skr. *yātár*.

Germanique: goth. (*gina-*)*kunda-* = skr. *ǵātá*; *kunþja-*[2], cf. lith. *-žintis* «connaissance»; anglo-s. *thunor* «tonnerre» = skr. *tāra* «retentissant» (évidemment de *stani* ou *tani* «retentir, tonner»); anglo-s. *sundea* «péché», comparé par M. Fick au skr. *sātí*; v. h[t]-all. *wunskan*, cf. skr. *vāñćhati*[3]; — v. h[t]-all. *anut* = skr. *ātí*.

B. Devant les voyelles (groupes *-n̥n-* et *-m̥m-*).

Le grec change, comme on s'y attend, *n̥n* et *m̥m* en *αν* et *αμ*. Les aoristes **ἔταμον, ἔδαμον, ἔκαμον, ἔθανον**, font pendant aux formes sanskrites *vanáti, sanáti* pour **vn̥náti*, **sn̥náti* (p. 258), et supposent comme elles des racines *udāttās*. On a en effet

en regard de **ἔταμον**: **τέμε-νος, τέμα-χος, τμη-τός.**
— **ἔδαμον**: skr. *dami-tár*, **παν-δαμά-τωρ, Λαο-δάμα-ς, δμη-τός.**
— **ἔκαμον**: skr. *çami-tár*, **κάμα-τος, ἀ-κάμα-ς, κμη-τός.**
— **ἔθανον**[4]: **θάνα-τος, θνη-τός.**

Dans **ἔκτανον** en regard de **κτατός** (p. 46) le groupe *αν* ne se justifie que par la consonne double *κτ*.

Comme on aurait grand peine à retrouver les formations de ce genre dans d'autres langues d'Occident que le grec, nous nous bornerons à consigner quelques exemples paneuropéens remarquables dont l'analyse morphologique est du reste douteuse. Il

---

1. Le zend a les formes très-curieuses *paiti-zañta, ā-zaiñti*. Il nous semble impossible d'y reconnaître des formations organiques, car celles-ci seraient **pāiti-zāta*, **ā-zāiti*. Mais, *devant les voyelles*, *zan-* (= *zn̥n-*) est effectivement le degré faible régulier de *znā*; en sorte que *-zañta, -zaiñti* ont pu être formés sur l'analogie de mots perdus, où la condition indiquée se trouvait réalisée.

2. C'est un autre *un* qui est dans *kunnum* = skr. *ǵānīmás*, car nous avons vu que cette dernière forme est un métaplasme de **ǵănīmás*, **ǵn̥nīmás* (p. 256).

3. La racine ne peut être que *vami*; elle paraît se retrouver dans *vām-a*.

4. La racine est peut-être non **θευα** mais **θvā** (v. p. 270). Pour la théorie du *-αν-*, cela est indifférent.

s'en trouve même un, *tn̥n-ú*, qui vient certainement d'une racine *anudattā* (*tan*). A la rigueur on pourrait écarter cette anomalie en divisant le mot ainsi: *tn̥* + *nú*. Cependant il est plus naturel de penser que le suffixe est *-u*, que la forme organique devait effectivement produire *tn-ú*, seulement que le groupe *-n̥n-* naquit du désir d'éviter un groupe initial aussi dur que *tn-*.

Skr. *tanú*, gr. *ταvυ-*, lat. *tenuis*, v. h^t-all. *dunni*.

Skr. *sama* «quelqu'un», gr. *ἀμός*, goth. *suma-* (cf. p. 95 i. n.).

Goth. *guma*, lat. *homo*, *hemonem* (*hūmanus* est énigmatique), lith. *żmű*.

Gr. *κάμαϱος*, norr. *humara-* (Fick).

[Il est probable que sl. *žena* = goth. *qino* est un autre thème que le gr. *βανά*, *γυνή* (p. 99). Ce dernier étant égal au skr. *gnā́* (et non «*ganā́*»), paraît n'avoir changé *n* en *n̥n* que dans la période grecque. — Le mot signifiant *terre:* gr. *χαμαί*, lat. *humus*, sl. *zemja*, lith. *żemė*, skr. *kšamā*, a contenu évidemment le groupe *m̥m*, mais il était rendu nécessaire par la double consonne qui précédait.] Les syllabes suffixales offrent: le skr. *-tana* (aussi *-tna*) = gr. *-τavo* dans *ἐπ-ηε-τavó-ς*, lat. *-tino;* skr. *-tama* = goth. *-tuma* dans *aftuma* etc., lat. *-tumo*.

A la page 30 nous avons parlé des adjectifs numéraux comme skr. *daçamá* = lat. *decumus*. Dans la langue mère on disait à coup sûr *da₁k₁m̥má*, et point *da₁k₁amá*. Le goth. *-uma*, l'accentuation, la formation elle-même (*da₁km̥* + *á*) concourent à le faire supposer. Le grec a conservé un seul des adjectifs en question: *ἕβδομος*. M. Curtius a déjà conjecturé, afin d'expliquer l'adoucissement de *πτ* en *βδ*, que l'o qui suit ce groupe est anaptyctique. Sans doute on attendrait plutôt: «*ἕβδαμος*», mais l'anomalie est la même que pour *εἴκοσι*, *διακόσιοι* et d'autres noms de nombre (§ 15). A Héraclée on a *ἕβδεμος*.

§ 15. Phénomènes spéciaux.

I.

Le groupe indien *ra* comme représentant d'un groupe faible, dont la composition est du reste difficile à déterminer.

1. Dans l'identité: skr. *raǵatá* = lat. *argentum*, deux circonstances font supposer que le groupe initial était de nature

particulière: la position divergente dans les deux langues de la liquide, et le fait que la voyelle latine est *a* (cf. *largus* — *dirghá* etc.). Ces indices sont confirmés par le zend, qui a *ĕrĕzata* et non «*razata*».

2. Le rapport de *ĕrĕzata* avec *raǵatá* se retrouve dans *tĕrĕçaiti* — appuyé par l'anc. perse *tarçatiy*, et non «*θraçatiy*» — en regard du skr. *trásati*. On ne peut donc guère douter que la syllabe *tras-* dans *trasati* n'offre, en dépit des apparences, le degré *faible* de la racine. Il serait naturel de chercher le degré fort correspondant dans le véd. *tarás-antī*, si le même échange de *ra* et *ara* ne nous apparaissait dans l'exemple 3, où on aurait quelque peine à l'interpréter de la sorte.

3. Le troisième exemple est un cas moins limpide, à cause de la forme excessivement changeante du mot dans les différents idiomes. Skr. *aratni* et *ratnī*, zd. *ar-e-θnāo* nom. pl. (gloss. zend-p.) et *rāθna*; gr. *ὠλένη*, *ὠλέ-κρᾱνον* et *ὀλέ-κρᾱνον*, lat. *ulna*; goth. *aleina*. Peut-être le lith. *alkúnė* est-il pour **altnė* et identique avec le skr. *ratnī*. Le groupe initial est probablement le même dans une formation parente: gr. *ἄλαξ· πῆχυς. Ἀθαμάνων*, lat. *lacertus*, lith. *olektis*, sl. *lakŭtĭ*. V. Curtius Grdz. 377.

II.

Dans une série de cas où elles se trouvent placées au commencement du mot, on observe que les sonantes ariennes *i*, *u*, *r̥*, *n̥*, *m̥*, sont rendues dans l'européen d'une manière particulière et inattendue: une voyelle qui est en général *a* y apparaît accolée à la sonante, qu'elle précède. Nous enfermons entre parenthèses les formes dont le témoignage est indécis.

Série de l'*i*:

1. Skr. *íḍ-e* pour **iẓd-e:* goth. *aistan* (cf. allem. *nest* = skr. *nīḍá*).
2. Skr. *iná* «puissant»: gr. *αἰνός*(?).

Série de l'*u*:

3. Skr. *u* et *uta:* gr. *αὖ* et *αὖτε*, goth. *au-k*.
4. Skr. *ví:* lat. *avis*, gr. *αἰετός*.
5. Skr. *ukšáti:* gr. *αὔξω* (*vákšati* étant *ἀέξω*).
6. Skr. *ušás:* lat. *aurora*, éol. *αὔως*.

7. Skr. *usrá:* lith. *auszrà*.
8. Skr. *uv-é* «appeler»: gr. *αὔω*[1] (?).

Série de l'*r̥*:

9. Skr. *r̥ça:* lat. *alces* (gr. *ἄλκη*, v. h^t-all. *elaho*).

Série des nasales:

10. Skr. *a-* (négat.): osq. ombr. *an-* (lat. *in-*, gr. *ἀ-*, germ. *un-*).
11. Skr. *ágra:* lat. *angulus*, sl. *ąglŭ*.
12. Skr. *áhi*, zd. *azhi:* lat. *anguis*, lith. *angìs*, sl. *ąžĭ*, gr. *ὄφις*[2] (v. h^t-all. *unc*).
13. Skr. *áhati* (pour **ahiti*): lat. *ango*, gr. *ἄγχω* (sl. *v-ęzą*).
14. Skr. *aku*, parallèlement à *amhu*, dans *paro'hvī* (v. B. R.): goth. *aggvus*, sl. *ązŭkŭ*, cf. gr. *ἐγγύς*.
15. Skr. *abhí:* lat. *amb-*, gr. *ἀμφί*, sl. *obŭ* (v. h^t-all. *umbi*).
16. (Skr. *ubhaú:* lat. *ambo*, gr. *ἄμφω*, sl. *oba*, lith. *abù*, goth. *bai*.)
17. Skr. *abhrá:* osq. *anafriss* (lat. *imber*), gr. *ὄμβρος*[3].

La dernière série présente une grande variété de traitements. Il n'est évidemment pas un seul des exemples cités, auquel on soit en droit d'attribuer, en rétablissant la forme proethnique, la nasale sonante brève ou la nasale sonante longue ou le groupe plein *an*. Mais cela n'empêche pas les différents idiomes d'effacer parfois les différences. En germanique, le son que nous avons devant nous se confond d'ordinaire avec la nasale sonante (*un*); cependant *aggvus* montre *an*. Le letto-slave offre tantôt *an*, tantôt *a*, et une fois, dans *v-ęzą*, le groupe qui équivaut à l'*un* germanique. En latin, même incertitude: à côté de *an* qui est la forme normale, nous trouvons *in*, représentant habituel de *n̥*, et il est curieux surtout de constater dans deux cas un *in* latin opposé à un *an* de l'osque ou de l'ombrien[4]. Le grec a presque toujours *αν*,

---

1. L'hiatus, dans *ἄϋσας*, rend ce rapprochement douteux. Cf. cependant *ἀϜυτοῦ* (Corp. Inscr. 10) = *αὐτοῦ*.

2. La parenté de *ὄφις* avec *áhi* a été défendue avec beaucoup de force par M. Ascoli (*Vorlesungen* p. 158). Le vocalisme est examiné plus bas. Quant au *φ* grec = gh_2, *νείφει* en est un exemple parfaitement sûr, et l'on peut ajouter *τέφρα* (rac. dha_1gh_2, p. 111 i. n.), *πεφνεῖν*, *φατός* = skr. *hatá*, *τρυφή* = skr. *druhá*, peut-être aussi *ἀλφή* (Hes.) et *ἄλφοι*, cf. skr. *arghá*, *árhati* (Fröhde Bezz. Beitr. III 12). Sur *ἔχις* v. p. 279, note 2.

3. Faut-il ajouter: skr. *agní*, sl. *ognĭ*, lat. *i(n)gnis*?

4. Ce fait se présente encore pour *inter*, ombr. *anter;* aussi est-il sur-

αμ, une fois seulement *α*. Dans ὄμβρος la voyelle a pris une teinte plus obscure, enfin ὄφις a changé *om* en *o* par l'intermédiaire de la voyelle nasale longue *ō̃*. Homère, Hipponax et Antimaque emploient encore ὄ̄φις (*ō̃phis*) comme trochée; pour les références v. Roscher Stud. I[b] 124. Il n'est pas absolument impossible qu'une variante de ὀφι- se cache dans *ἀμφίσμαινα* et *ἀμφίσθμαινα* (Etym. Mag.), formation qu'on pourrait assimiler à σκύδμαινος (Hes.), *ἐριδμαίνω*, *ἀλυσθμαίνω*. — *ἀμφίσβαινα* (Eschyle) serait né par étymologie populaire.

En raison des difficultés morphologiques que présente le type *uṣás* — *αὔως*, *abhí* — *ἀμφί*, etc. (v. p. 280 seq.), il n'est guère possible de déterminer la nature du son que pouvaient avoir dans la langue mère les phonèmes initiaux de ces formes. On peut supposer à tout hasard que la voyelle faible ^{A} (p. 178 seq.) précédait la sonante, et qu'il faut reconstruire ^{A}*usas*, ^{A}*mbhi*, etc.

Les formes comme *ἀμφί*, *ὄμβρος* et *ὄφις* nous amènent à des cas analogues qu'on observe sur certains groupes à nasale *médiaux*. Avant tout: gr. *εἴκοσι* et *ἰκάντιν* (Hes.) = skr. *viṃçáti*. Cf. *ὄφις* et *anguis* = skr. *áhi*. Le second élément de *εἴκοσι* prend la forme *-κον-* dans *τριάκοντα*[1] (skr. *triṃçát*) — cf. *ὄμβρος*: *abhrá* —; il n'accuse dans *ἑκατόν* qu'une nasale sonante ordinaire, et reprend la couleur o dans *διακόσιοι*. Si d'une part certains dialectes ont des formes comme *ϝίκατι*, en revanche *δεκόταν* et *ἑκοτόμβοια* (p. 102) renforcent le contingent des o[2]. Enfin le slave n'a point «*sętо*» (cf. lith. *szìmtas*), mais *sŭto*. — Un second cas relativement sûr est celui du préfixe *ὀ-* alternant avec *ἀ-*[3] (cf. *ἑκατόν* : *διακόσιοι*), dans *ὄπατρος*, *ὄζυξ* etc., en regard de *ἀδελφειός* etc. En lithuanien on trouve *są-*, en paléoslave *są-* (*sąlogŭ* : *ἄλοχος*); l'équivalence est donc comme pour *ὄφις* : *ąžĭ*[4].

---

prenant qu'en sanskrit nous trouvions *antár* et non «*atár*». Il faut observer cependant que l'adjectif *ántara*, dont la parenté avec *antár* est probable, se trouve rendu en slave par *v-ŭtorŭ*. Or le nom de nombre *sŭto* nous montrera ci-dessous que l'apparition de l'*ŭ* slave, en tel cas, est un fait digne de remarque.

1. Nous ne décidons rien quant à l'analyse de *τριακοστός* (*triṃçattamá*).
2. Cf. p. 102.
3. Non pas *ἀ-*, lequel est forme faible de *ἐν-* (p. 34).
4. Autres exemples possibles d'un *o* de cette nature: *βρόχος*, cf. goth.

Ces faits engagent pour le moins à juger prudemment certains participes qu'on s'est peut-être trop pressé de classer parmi les formes d'analogie, en particulier *ὀντ-*, *ἰοντ-* et *ὀδοντ-*. La singularité de ces formes se traduit encore dans d'autres idiomes que le grec, comme on le voit par le v. h^t-all. *zand*, parallèlement au goth *tunþus*, le lat. *euntem* et *sons* à côté de *-iens* et *-sens*. Ces trois exemples sont des participes de thèmes consonantiques. Il est facile de recourir, pour les expliquer, à l'hypothèse de réactions d'analogie. Mais quelle probabilité ont-elles pour un mot qui signifie «dent», et dont l'anomalie se manifeste dans deux régions linguistiques différentes? Elles sont encore moins admissibles pour le lat. *euntem* et *sons*, les participes thématiques (tels que *ferens*) étant dépourvus de l'*o* (p. 197). Remarquons de plus que ὅσιος est très-probablement identique avec skr. *satyá* (Kern K. Z. VIII 400).

Le groupe grec *-εν-*, dans certains mots tout analogues, mériterait aussi un sérieux examen. Ainsi dans *ἐντι*, *ἔντασσι*, si ces formes sont pour **σ-εντι*, **σ-εντασσι*. C'est comme groupe initial surtout qu'il peut prendre de l'importance. Nous avons cité déjà *ἐγγύς*, en regard du goth. *aggvus*[1], du skr. *áhu*. On a ensuite *ἔγχελυς*[2] = lat. *anguilla* (lith. *ungurỹs*); enfin *ἐμπίς*, l'équi-

---

vruggo; *στόχος* comparé par M. Fick au goth. *staggan*; *κοχώνη*, cf. skr. *ǵaghána* de *ǵamh* (d'où *ǵánghā* «gamba»); *πόθος* à côté de *παθεῖν* (cf. p. 103); *ἁρμόζω* de *ἅρμα*, etc.

1. Cf. *ἔγχουσα*, variante de *ἄγχουσα*.

2. De même qu'il y a échange entre *ον* et *ο* (*τριάκοντα* : *εἴκοσι*), de même *ε* équivaut à *εν* dans *ἔχις* comparé à *ἔγχελυς*. Le parallélisme de ce dernier mot avec *anguilla* semble compromettre le rapprochement de *ὄφις* avec *anguis* et *áhi* (p. 277), et on se résoudra difficilement en effet à séparer *ἔχις* de ces formes. Mais peut-être une différence de ton, destinée à marquer celle des significations et plus tard effacée, est-elle la seule cause qui ait fait diverger *ἔχις* et *ὄφις*; ils seraient identiques dans le fond. Peut-être aussi doit-on partir d'un double prototype, l'un contenant gh_2 (*ὄφις*) et l'autre gh_1 (*ἔχις*). La trace s'en est conservée dans l'arménien (Hübschmann K. Z. XXIII 36). Quoi qu'il en soit, le fait que l'*ε* de *ἔχις* rentre dans la classe de voyelles qui nous occupe est évident par le grec même, puisque la nasale existe dans *ἔγχελυς*. — L'*ε* de *ἕτερος*, en regard de *ἅτερος* (dor.) et de *θάτερον*, n'est dû qu'à l'assimilation analogique telle qu'elle a agi dans les féminins en *-Ϝεσσα* (p. 35).

valent du latin *apis*[1] dont la forme germanique, v. h[t]-all. *bīa-*, rappelle vivement *ἄμφω* = goth. *bai*[2] (p. 277).

Dans la série des formes énumérées p. 276 seq. le propre des langues ariennes est de ne refléter le phonème initial en question que comme une sonante de l'espèce commune. Mais, ce qui est plus étrange, la même famille de langues nous montre encore ce phonème encastré dans un système morphologique pareil à celui de toutes les autres racines et obéissant, au moins en apparence, au mécanisme habituel.

Premier cas. Dans la forme forte l'*a* précède la sonante. — A côté de *áhati* (pour **ahúti*) = lat. *ango*, on a le thème en *-as* *áṃhas*, et à côté de *abhrá*, *ámbhas*. L'identité de *ukšáti* et *αὔξω* fait supposer que l'*u* de *ugrá*, dont la racine est peu différente, serait *au* dans les langues d'Europe, et qu'on doit lui comparer lat. *augeo*, goth. *auka*; or il est accompagné des formes fortes *ógas*, *ógīyas*. Semblablement *usás* (= *αὔως*) est lié au verbe *óšati*.

Deuxième cas. Dans la forme forte l'*a* suit la sonante. — Au présent de la 6e classe *ukšáti* (= *αὔξω*) correspond dans la 1e classe *vákšati*. Au skr. *ud-* (p. ex. dans *uditá* «dit, prononcé») répond le gr. *αὐδ-* dans *αὐδή*[3]; mais le sanskrit a en outre la formation non affaiblie *vádati*.

C'est la question de la représentation des deux séries de formes fortes dans les langues européennes qui fait apparaître les difficultés.

---

1. Cette forme a probablement passé par le degré intermédiaire *ăpis*, ce qui ferait pendant aux évolutions qu'a parcourues en grec *ὄφις*.

2. Cf. aussi *ἔνθα* = skr. *ádha* (?).

3. *αὐδή* ne se dit que de la *voix humaine* et renferme toujours accessoirement l'idée du sens qu'expriment les paroles. Cela est vrai aussi dans une certaine mesure du skr. *vad*, et cette coïncidence des significations donne une garantie de plus de la justesse du rapprochement. — Remarquons ici que l'*a* prothétique ne s'étend pas toujours à la totalité des formes congénères. Ainsi l'on a *ὕδω* parallèlement à *αὐδή*; *ὑγιής* en regard de *augeo*; *ὑσθόν* (Curtius, Stud. IV 202) à côté de *αὔω*, *αὐστηρός*. Sans doute *ἀπο-ύρας* et *ἀπ-αυράω* offrent un spécimen du même genre. A la p. 276 nous avons omis à dessein le v. h[t]-all. *eiscōn* en regard du skr. *iććháti*, parce que le lith. *j-ëškóti* accuse la prothèse d'un *e* et non d'un *a*. Si l'on passe sur cette anomalie, le gr. *ἰ-ότης* comparé à *eiscōn* (skr. *iš-*) reproduit le rapport de *ὕδω* avec *αὐδή* (skr. *ud-*).

Reprenons le *premier cas* et considérons cet échange qui a lieu entre *uš-ás* et *óš-ati*, *ug-rá* et *óg-as*, *abh-rá* et *ámbh-as*, *áh-ati* et *áṃh-as*. Il est difficile d'imaginer que l'*a* des formes fortes puisse représenter autre chose que a_1. Mais, cela étant, nous devrions trouver en Europe, parallèlement à une forme faible telle que *angh* par exemple, une forme forte contenant *e*: *engh*. De fait nous avons en grec *εὔω* (lat. *uro*) = *óšati* à côté de *αὔω* «allumer», *αὐαλέος*, *αὐστηρός* (mots où *αὐ(σ)* équivaut au skr. *uš*, comme l'enseigne *αὔως* — *ušás*). D'autre part la valeur de cet indice isolé est diminuée par certains faits, entre lesquels l'identité du skr. *ándhas* avec le gr. *ἄνθος* nous paraît particulièrement digne d'attention. Il est remarquable que l'*a* de cette forme soit un *a* initial et suivi d'une sonante, précisément comme dans *ámbhas*, *áṃhas*. L'analogie s'étend plus loin encore, et ce sera ici l'occasion d'enregistrer une particularité intéressante des types radicaux d'où dérivent les formes comme *^{A}usas*. Ils sont régulièrement *accompagnés d'une racine sœur où la place de l'a est changée*[1], et dans cette seconde racine l'*a* accuse toujours nettement sa qualité d'a_1.

1e RACINE		2e RACINE
Forme faible	Forme forte, observable dans l'arien seulement, et où la qualité de l'*a* est à déterminer	(Forme forte)
ušás — *αὔως*	*óšati*	wa_1s: skr. *vāsara*, *vasanta*, gr. *(ϝ)έ(σ)αρ*.
ugrá — *augeo*	*óg̃as*	wa_1g: lat. *vegeo*, zd. *vazyañt*[2].
ahati — *ango*	*áṃhas*	na_1gh: lat. *necto*, gr. *νέξας· στρώματα*.
abhrá — *anafriss*	*ámbhas*	na_1bh: skr. *nábhas*, gr. *νέφος*, etc.
skr. *a-*, osq. *an-* (nég.)	—	na_1: skr. *na*, lat. *nĕ*.

1. Nous ne parlons, bien entendu, que des exemples qui rentraient dans le *premier cas*. Le type radical du second cas est précisément (au moins en ce qui touche la place de l'*a*) celui de la racine sœur en question.

2. Le zend prouve que la gutturale est g_1, tandis que la première ra-

Revenons au mot *ándhas*. Pour nous il n'est pas douteux que la nasale qui s'y trouve n'ait été primitivement *m* et que la souche de ce mot ne soit la même que dans *mádhu* «le miel». Nous écrivons donc:

—		*ándhas*	ma_1dh: skr. *mádhu*, gr. *μέθυ*.

Mais comme *ándhas* est en grec *ἄνθος*, il s'en suivrait que *ámbhas* représente **ἄμφος*, non «*ἔμφος*», et que le lat. **angos* dans *angustus* doit se comparer directement à *ámhas*. En un mot *les a radicaux de la seconde colonne ne seraient pas des* a_1. Ce résultat, qui paraît s'imposer, nous met en présence d'une énigme morphologique qu'il est sans doute impossible de résoudre à présent.

Nous passons à l'examen du *deuxième cas*. Ici les langues occidentales permettent encore de distinguer la forme forte. Si *ukšáti* est rendu en grec par *αὔξω*, *vákšati* l'est par *ἀ(ϝ)έξω*. Autre exemple analogue: la rac. skr. *vas* «demeurer» se retrouve dans le gr. *ἄ(ϝ)ε(σ)-σα*, *ἀ(ϝ)έσ-(σ)κοντο*, dont la forme faible (en sanskrit *uš*) apparaît dans *αὐλή*, *ἰ-αύω*[1].

A première vue la clef de toutes les perturbations que nous observons semble enfin trouvée dans la nature de la sonante initiale (pour les cas précités, *u*, *w*). On n'aurait à admettre qu'une prononciation plus épaisse de cette sonante, effacée secondairement dans l'arien, traduite dans l'européen par la prothèse d'un *a*, *et s'étendant aussi bien à la forme forte qu'à la forme faible.* Rien de plus clair dès lors que notre diagramme:

---

cine montre g_2. Nous pensons néanmoins, vu d'autres cas analogues, qu'il n'y a pas lieu d'abandonner le rapprochement.

1. Sous l'influence de l'*u* (cf. p. 101), l'*α* de ce groupe radical *αὐσ-* se colore en *o* dans différentes formes rassemblées par M. Curtius, Grdz. 278. Ainsi *ὀύαί· φυλαί*, et *ὠβά* traduction stricte de *οὐή* en dialecte laconien (p. 169 i. n.). Puis *ὑπερ-ῷϊον*, formation de tout point comparable au skr. *antar-ušya* «cachette». L'*ω* n'est dans ce mot qu'un allongement d'*o* exigé par les lois de la composition grecque. On remonte donc à *ὑπερ-οϊον* (cf. *οἴη* = *κώμη*), *ὑπερ-ουϊον*, *ὑπερ-αυ(σ)-ιον*. — Le verbe *ἀ(ϝ)είδω* serait-il à *αὐδή* ce que *ἀ(ϝ)έξω* est à *αὔξω*? De toute manière la diphthongue en est inexpliquée. Cf. *ἀηδών*. — *ἀλέξω* répond à *rákšati* comme *ἀϝέξω* à *vákšati*, mais la forme réduite manque aux deux idiomes. Il est vrai que celle-ci peut se suppléer en recourant à la racine plus courte qui donne *ἤλ-αλκ-ον* et lat. *arc-eo*.

α-ὐξ = ukš *ἀ-Ϝεξ = vakš.*

Cet espoir d'explication tombe devant une nouvelle et fort étrange particularité des mêmes groupes radicaux. On observe en effet parallèlement aux types tels que ἀϜεξ ou ἀϜεϲ une sorte de type équivalent Ϝαξ, Ϝαϲ. Ce dernier apparaîtra soit dans les langues congénères soit dans le grec même.

ἀϜέξ-ω: goth. *vahs-ja* (parf. *vohs*, peut-être secondaire).
ἀϜέσ-(σ)κοντο: Ϝάσ-τυ.

Voici d'autres exemples fournis par des racines qui se trouvent être restreintes aux idiomes occidentaux:

ἄϜεθ-λον: lat. *vas, vad-is;* goth. *vad-i.*
'Αρεπ-υῖαι[1]: lat. *rap-io.*
ἀλεγ-εινός[1] (et *ἀλέγ-ω?*): *λαγ-εινά· δεινά* (Hes.).

Cette inconstance de la voyelle révélerait, dans d'autres circonstances, la présence du phonème ^{A}; mais si telle est la valeur de l'ε dans *ἀϜέξω*, la relation de cette forme avec *vákšati*, *ukšáti*, *αὔξω*, aussi bien que sa structure considérée en elle-même cessent d'être compréhensibles pour nous.

---

1. ἀρπ- est à ἀρεπ- ce que αὐξ est à ἀϜεξ. C'est la forme réduite. Il en est de même de ἀλγ dans son rapport avec ἀλεγ. *ἀλεγεινός* prouve qu'on a dit d'abord **ἄλεγος; ἄλγος* est dû à l'influence des formes faibles.

Additions et Corrections.

P. 7. La présence de l'*r*-voyelle en ancien perse paraît se trahir dans le fait suivant. Au véd. *mártia* correspond *martiya* (ou plus simplement peut-être *martya*); au véd. *mṛtyú* est opposé (*uvā*-)*marshiyu*, soit (*uvā*-)*marshyu*. Indubitablement la différence des traitements qu'a subis le *t* tient à ce que l'*i*, dans *martia*, était voyelle et dans *mṛtyú* consonne. Mais cette différence n'est déterminée à son tour que par la quantité de la syllabe radicale, et il faut, d'après la règle de M. Sievers, que la syllabe radicale de *-marshyu* ait été brève, en d'autres termes *que l'r y ait fonctionné comme voyelle.* Peut-être le *ṛ* existait-il encore à l'époque où l'inscription fut gravée, en sorte qu'on devrait lire *uvāmṛshyu*.

P. 9, note. M. Curtius admet une déviation semblable d'imparfaits devenant aoristes pour les formes énumérées Verb. I² 196 seq.

P. 10, lignes 11 seq. On peut citer en zend *çé-a-ñtu* de *çac* et en sanskrit *r-a-nte, r-a-nta* de *ar*.

P. 11, note. Biffer *sídati* (cf. p. 172, ligne 14).

P. 15. L'hypothèse proposée (en note) pour *ἰάλλω* est comme je m'en aperçois, fort ancienne. V. Aufrecht K. Z. XIV 273 et contre son opinion A. Kuhn ibid. 319.

P. 16. L'étymologie présentée pour goth. *haurn* est insoutenable. La forme runique *horna* (acc.) suffit à la réfuter.

P. 20. A *παθεῖν* de *πενθ* se joignent *λαχεῖν* de *λεγχ*, *χαδεῖν* de *χενδ*, *δακεῖν* de **δεγκ*; v. le registre. — Pour l'aoriste redoublé, cf. p. 107, l. 13.

P. 21, lignes 11 seq. Depuis l'impression de ces lignes M. Brugman a publié sa théorie dans les *Beiträge de Bezzenberger* II 245 seq. Signalons une forme intéressante omise dans ce travail: *ἀπ-έφατο· ἀπέθανεν* (Hes.) de φεν. Contre la reconstruction de formes comme **ἔκυμεν* de καυ (Brugman p. 253) cf. ci-dessus p. 182 i. n.

P. 30, ligne 2. Ajouter: «lorsqu'il ne le supprime pas.» Il n'est pas besoin de rappeler l'acc. *þan-a* et les formes semblables.

P. 32, note 2. La vue du travail en question, réimprimé à présent dans le second volume des *Studj Critici*, nous eût épargné de parler de plusieurs points (p. 30 seq.) qui s'y trouvaient déjà traités, et de main de maître, par M. Ascoli.

P. 33, ligne 12. Vérification faite, il faut joindre à *açmāsyà* le composé *ukšānna* de *ukšán* et *anna*.

P. 37. La note 1 devait être ainsi conçue: Le moyen *punate* (= *punṇte*), où l'absence d'*a* suffixal est manifeste, ne permet pas d'hésiter sur la valeur du groupe *an* dans *punánti*.

P. 42, ligne 1. «L'*ę* ne termine le mot que dans ce cas-là.» Cela est erroné. Nous aurions dû prendre garde à *korę* et aux pronoms *mę, tę, sę*, formes où *ę* final est notoirement sorti de *ē long* + nasale. Néanmoins l'opinion mise en avant relativement à *imę* ne nous paraît pas de ce fait improbable.

P. 42, note. Comme, dans le travail cité, M. Osthoff ne vise qu'un cas particulier de l'*r*-voyelle, il est juste de rappeler que l'existence de ce phonème n'a été affirmé d'une manière générale que dans l'écrit de M. Brugman sur les nasales sonantes. Ce qui revient exclusivement au premier savant, c'est d'avoir posé *or* comme représentant latin de l'*r*-voyelle. Cette dernière règle, dont nous devions la connaissance à une communication verbale de M. le prof. Osthoff, avait été publiée avec son autorisation dans les Mémoires de la Soc. de Linguistique (III 282), et il ne pouvait y avoir indiscrétion à la reproduire ici. — On sait que l'existence de l'*r*-voyelle dans la langue mère a toujours été défendue en principe soit par M. Hovelacque soit par M. Miklosich. Seulement ces savants n'indiquaient pas quels étaient les groupes spéciaux qui correspondaient dans les langues d'Europe au *ṛ* indien.

P. 44, note 2. Le skr. *amá* ne saurait représenter *ṇmá*, car cette forme eût produit «*anmá*».

P. 46, ligne 10. Une forme semblable à *μ-ία* se cache peut-être dans *μ-ῶνυξ*, si on le ramène à **σμ-ῶνυξ*. En outre *μόνος* est pour **σμ-όνος* et identique sans doute au skr. *samāná*, équivalent de *eka* (pour **sm-āná* par svarabhakti). Toutefois la forme *μοῦνος* ne s'explique pas.

P. 52. Pendant l'impression du présent mémoire a paru le premier cahier des *Morphologische Untersuchungen* de MM. Osthoff et Brugman. Dans une note à la p. 238 (cf. p. 267), M. Osthoff reconnaît, à ce que nous voyons, l'existence de la voyelle que nous avons appelée *A* et pour laquelle il adopte du reste la même désignation que nous. L'idée que M. Osthoff se fait du rôle morphologique de cette voyelle ainsi que de sa relation avec l'*ā* long n'est autre que celle contre laquelle nous avons cru devoir mettre le lecteur en garde, p. 134 seq. Nous ne pouvons que renvoyer au § 11 pour faire apprécier les raisons, à nos yeux péremptoires, qui militent contre cette manière de voir.

P. 53, ligne 12. L'étymologie proposée à présent par M. Fick et qui réunit *κεφαλή* au goth. *gibla* (Beitr. de Bezzenb. II 265) contribuera à faire séparer définitivement *caput* de *κεφαλή*. — Ligne 14. Sur *quattuor* cf. L. Havet, Mém. Soc. Ling. III 370.

P. 56. On joindra peut-être à la liste *ptak* (*ptāk*): gr. *πτακεῖν*, lat. *taceo* (cf. goth. *þahan*).

P. 58, ligne 2. Le mot *ῥουφεύς* «alêne» est fait pour inspirer des doutes sur la justesse du rapprochement de M. Bugge. Il indiquerait que la racine de *ῥάπτω* est ῥεμφ et que l'α y représente la nasale sonante.

P. 60. Le nom latin *Stator* est placé parmi les formes de la rac. *stā* qui ont un *ā* long. C'est une erreur; l'*a* est bref. — Le suff. lat. *-tāt* = dor. -τᾶτ (Ahrens II 135) aurait pu être mentionné.

P. 70, lignes 13 seq. Cf. plus bas la note relative à la p. 121.

P. 78, ligne 11. Ajouter goth. *hlai-na-* «colline», de *k*$_1$*la*$_1$*i* «incliner».

P. 81, ligne 13. Ajouter: λέμφο-ς «morve», φειδό-ς «parcimonieux».

P. 84, note 1. Il nous semble probable d'admettre pour des cas sporadiques une seconde espèce d'*s* indo-européen, d'un son plus rude que celui de l'espèce ordinaire. En effet l'apparition de *ç* pour *s* en sanskrit coïncide dans plusieurs cas avec des exceptions aux lois phonétiques qui frappent cette sifflante en grec, en latin ou en slave. Skr. *çuška, çúšyati*: gr. σαυκός, σαυσαρός. Skr. *çevala* «matière visqueuse»: gr. σίαλον «salive». Skr. *kéçara*: lat. *caesaries*. L'ancienne identification de ἴσος avec skr. *viçva*, bien que désapprouvée par M. Curtius, nous paraît des plus convaincantes[1]; or le slave a de son côté *vĭsĭ* (et non *vĭšĭ*). Le cas de ἥμι-συ ne diffère point, comme on va le voir, du cas de ἴσος. M. Ascoli a reconnu dans -συ l'élément formatif du zd. *θri-shva* «le tiers»[2]. Or n'est-il pas évident que la seconde moitié de *wi-*s_2*u* (skr. *višu*), et de *wi-*s_2*wa* (ἴσος) qui n'en est qu'une continuation, offre cette même syllabe -s_2*u* composée avec *wi-* pour *dwi-*[3] «deux»? — Notons delph. ἥμισσον = ἡμι-σϝο-ν.

P. 102, lignes 16 et 17 Ajouter *frūstra, lūstrum*, en regard de *fraus, lavare*. — Ligne 20. Ce qui est dit sur le rapport de *incolumis* à *calamitas* est faux, le vieux latin possédant un mot *columis* synonyme de *incolumis*.

P. 103, ligne 10 d'en bas. Après la correction apportée plus haut à la page 58, l'exemple ῥάπτω — ῥομφεύς doit disparaître.

P. 108, liste b. Ajouter: [δολιχός — *largus*], v. p. 263.

P. 119, ligne 23. La forme κάνδαλος n'est évidemment qu'une variante de σκάνδαλον et ne doit point être comparée à *kandará*.

P. 121, lignes 5 seq. Il convient de remarquer que la séparation de a_2 et a_1 est consacrée à peu près partout dans le système de Schleicher. Son tort consistait seulement à confondre a_2 avec ā. On a peine à concevoir à présent comment les yeux du grand linguiste ne se dessillèrent point sur une pareille erreur, qui, en elle-même, a quelque chose de choquant,

---

1. Sans doute *visu*, base de *viçva*, n'a pas le *ç*. Mais c'est là une oscillation fort explicable.

2. Signalons cependant ce qui pourrait venir troubler cette analyse. M. Justi propose de voir dans *θrishva, čaθrushva*, des dérivés de *θris* «ter», *čaθrus* «quater». Cette opinion prendrait de la consistance, si l'existence de l'élément *-va*, employé de la sorte, se confirmait d'ailleurs. Or le sanskrit offre en effet *čatur-va-ya* (*-ya* comme dans *dva-yá*, *ubhá-ya*). D'autre part M. Ascoli mentionne comme inséparables de *θrishva*: *haptaṅhu, ashtaṅhu*, ce qui changerait la question. *Studj Crit.* II 412.

3. On sait que la chute proethnique du *d* est constatée dans le nom de nombre vingt.

puisqu'elle conduit à identifier l'*o* et l'*ā* grecs. Les faits propres à la révéler ne faisaient cependant pas défaut. Ainsi Schleicher affirme très-bien, contrairement à l'opinion d'autres autorités, que l'*a* thématique de *φέρομες* — *bhárāmas* diffère de celui de *φέρετε* — *bhárătha;* en revanche il le confond aussitôt avec la voyelle longue de *δάμνāμι* — *punámi*. Or, considérons l'imparfait, qui offre une syllabe fermée. Le sanskrit lui-même prend soin d'y marquer et d'y souligner la divergence, puisqu'à l'*o* d'*ἔφερον* répond l'*ă* d'*ábharăm*, tandis que *ápunām*, en regard de *ἐδάμνāν*, maintient la longueur de l'*ā*.

P. 124 seq. Les vues que nous exposions sur le *gouna* paraissent avoir surgi simultanément dans l'esprit de plusieurs linguistes. Tout dernièrement M. Fick a proposé dans les *Beiträge de Bezzenberger* (IV 167 seq.) la théorie défendue ci-dessus.

P. 140, ligne 4 d'en bas. Le mot *θωή* «punition» va, semble-t-il, avec *θωμός*, rac. θη. Cf. *θωὴν ἐπι-θήσομεν*, Odys. II 192.

P. 147. M. Brugman indique dans les *Morphologische Untersuchungen* qu'il publie en collaboration de M. Osthoff et dont le premier cahier a paru pendant l'impression du présent mémoire une autre explication de l'*au* de *dadhaú*, *áçvau* etc. Ce savant croit y voir le signe distinctif des *ā* longs finaux du sanskrit qui contenaient a_1 dans leur seconde moitié (loc. cit. 161). — A la page 226, M. Osthoff l'approuve et présente en outre sur le type *dadhaú* des observations qui s'accordent en partie avec les nôtres.

P. 148. Nous sommes heureux de voir exprimer sur *πέφη* par M. G. Mahlow une opinion toute semblable à la nôtre. V. K. Z. XXIV 295.

P. 150, lignes 12 seq. Nous aurions dû mentionner l'exception que font les causatifs tels que *snăpayati* de *snā*, exception du reste sans portée, vu le caractère moderne de ces formes.

P. 160 seq. Le mot *γρομφάς* que M. Curtius (Grdz. 57) ne peut se décider à séparer de *γράφω* prouverait que cette dernière forme est pour **γρ̥μφώ* (rac. γρεμφ); *γράφω* n'a donc rien à faire dans la question du phonème *A* et ne doit pas être identifié au goth. *graba*.

P. 167. *δῶρον* «largeur d'une main, *écartement*» pourrait se ramener, avec *δῆρις* «division, discorde», à une rac. *dēr*.

P. 171, ligne 6. Ajouter *dur-găha*. — Ligne 21. Ajouter *hlădate* : *prahlătti* (Benf. Vollst. Gramm. p. 161).

P. 172, ligne 10. Ajouter *çākvará* «puissant».

P. 174, ligne 13. Nous citons ailleurs (p. 258) deux exceptions des plus intéressantes, *vanáti* et *sanáti*. Trop isolées pour infirmer la règle, elles viennent à point pour témoigner de son caractère tout à fait hystérogène dans la teneur absolue qu'elle a prise dans la suite.

P. 179, ligne 7 d'en bas. Ajouter: *nactus* et *ratis*, de racines $a_1 n A k_1$ [1] et $a_1 r A$ [1]. D'après les lois exposées au § 14, le phonème *A* aurait dû, dans

1. Skr. *anaç* dans *anaçāmahai*, gr. ἐνεκ (pour *ἐνεκ*, bien que plus tard ce soit le second *ε* qui alterne avec o_2 : *ἐνήνοχα*); — skr. *ari*, gr. ἐρε. Les formes germaniques *nōh* et *rō* ont accompli, comme d'autres racines de

ces formes, donner naissance à des sonantes longues, et on attendrait **anctus* ou **anactus* et **artis*. Il serait trop long de rechercher ici pourquoi le phénomène n'a point eu lieu. Mentionnons le goth. *-nauhts*, qui coïncide entièrement avec *nactus*.

P. 183, note. Ajouter *μάνδρα* «étable» en regard du skr. *mandirá*. Ce rapprochement est douteux.

P. 191 seq. Dans le moment où nous corrigions l'épreuve de ce feuillet, le Journal de Kuhn (XXIV 295 seq.) nous apportait une savante dissertation de M. Johannes Schmidt traitant des optatifs. Il y a entre les résultats auxquels il arrive et les nôtres une conformité flatteuse pour nous. — Ce que nous cherchons vainement dans le travail de l'éminent linguiste, c'est une explication du fait que les formes faibles ont converti *ia* en *ī*.

P. 197, ligne 1. L'*r*-voyelle devient en effet *ar* dans l'arménien: *artsiv* = skr. *r̥ǵipyá; arǵ* = skr. *ŕ̥kša; gail* = skr. *vŕ̥ka*, etc.

P. 198, ligne 4 d'en bas. L'adjectif ind. *gau·rá* apporte quelque confirmation à l'hypothèse *ga·au*, car autrement la diphthongue *āu* n'aurait pas de raison d'être dans ce dérivé.

P. 204, note. Ajouter *dānā́* de *dāmán*.

P. 220, lignes 20 seq. Nous aurions dû prendre en considération les composés de *φρήν*, tels que *ἄφρων*. Nos conclusions en auraient été modifiées.

P. 259 en bas. La racine du mot *ūrdh-vá* pourrait être *rādh, rā́dhati*. En ce cas, ce serait un exemple à joindre à *dīrghá: drā́ghīyas*.

P. 263, ligne 8. Noter le dor. *κάρρα* = *κόρση*. Il semble indiquer que le son qui précédait *ρ* ne s'est fixé que fort tard.

---

cette espèce (ainsi *knō* = skr. *ǵani, hrō* «glorifier» = skr. *kari*) une évolution métathétique.

Registre des mots grecs.

N. B. — Les mots dont se composent différentes listes énumératives compactes ne sont pas portés sur ce registre.

ἀ- (cop.) 278
ἀ- (nég.) 276
ἁ- 278 i. n.
ἄανθα 114
ἀβλαδέως 16 i. n.
ἀβλοπές 100
ἄβρομος 263
ἀγ- 103, 116
ἀγαρρίς 15
ἀγερμός 75
ἄγη (aor.) 154
ἅγιος 45 i. n. 117
ἀγκών 104
ἀγορά 265 i. n.
ἀγός 228 i. n.
ἄγος 117, 156
ἅγος 117
ἀγοστός 53
ἄγυρις 98
ἀγυρτής 76 i. n.
ἄγχω 96, 277
ἄγω 96, 159 seq. 173
ἀγωγός 156
ἀδάμας 273
ἀδαχέω 101
ἀδμής 273
ἄεθλον 54, 283
ἀείδω 282 i. n.
ἀέξω 282, 283
ἄεσα 282
ἀέσκω 54, 282, 283
ἄετμα 131 i. n.
ἀϝυτοῦ 277 i. n.
ἀζηχής 156
ἅζομαι 157, 173
ἀηδών 231, 282 i. n.
ἄημι 141, 270
αήρ 220
ἀθήρ 116
αἴγλη 99 i. n.
αἰγυπιός 99 i. n. 104
Ἄϊδ- 202
αἰδώς 219
αἰετός 101, 276
αἰϝεί 214
αἰθήρ 220
αἴκλον 55, 99
αἱμακουρίαι 265
αἰνός 276
αἴξ 116
αἰπόλος 104
αἰῶ 214
ἀκμή 229 i. n.
ἄκμων 64, 181
ἀκόλουθος 81
ἄκρος 157
ἀκτίς 24
ἀκωκή 156
ἄκων 116
ἀλαλκεῖν 282 i. n.
ἄλαξ 276
ἀλανές 61
ἄλαστος 157
ἄλγος 283 i. n.
ἀλεγεινός 283
ἀλέγω 283
ἄλειφα 29
ἀλέξω 282 i. n.
ἀλεύομαι 84 i. n.
ἀληθής 156
Ἀλιθέρσης 129
ἀλίνειν 74
ἅλις 101 i. n.
ἀλιτεῖν 75
ἄλκη 277
ἀλκί 202
ἐλλανής 61
ἄλλος 96
ἀλλότερρος 46
ἄλλυ 98
ἀλοιμός 74
ἀλοιτός 75
ἄλοξ 262 i. n.
ἀλυκτεῖν 60
ἀλυσκάζω 84 i. n.
ἀλφή 277 i. n.
ἅμα 46
ἀμαχεί 91
ἀμείψεται 129
ἀμερφές 129
ἀμέσω 104
ἀμῖξαι 101
ἄμμε 25
ἀμνός 56
ἀμός 95, 275
ἄμπωτις 150

ἀμφαδόν 148
ἀμφήν 99
ἀμφί 277
ἀμφικτίονες 219
ἀμφιρρεπής 129
ἀμφίσβαινα 278
ἄμφω 277, 279, 280
ἀναιδής 220
ἄναρ 104
ἀνδάνω 151, 158, 173
ἀνέώσθαι 140
ἄνευ 46
ἀνήνωρ 220
ἀνήρ 219, 230
ἄνηστις 168
ἄνθος 281
ἀνθρήνη 167
ἀντηρίς 202
ἄνυται 22
ἀνύω 244 i. n.
ἀνφόταρος 55
ἄνωγα 140, 155
ἀνώγω 140
ἀνώνυμος 99
ἄξων 227
ἄοζος 103
ἀολλής 101 i. n.
ἀορτήρ 132
ἀορτής 76 i. n.
ἀοσσητήρ 109
ἅπαξ 34
ἀπαυράω 280 i. n.
ἀπείρων 221 i. n.
ἀπέφατο 284
ἀπήμων 220
Ἀπία (γῆ) 56
Ἀπιδανός 56, 218
ἄπλετος 142
ἁπλόος 34
ἀπό 116
ἀπολαύω 54, 57, 181
ἀπορρώξ 167
ἆπος 156
ἀπούρας 280 i. n.
ἀποφεῖν 100
ἅπτω 158
ἀπυδόας 39 i. n.
ἀραμέν 166
ἀραρίσκω 181
ἀραρυῖα 155
Ἀρεπυῖαι 283
ἀρήγω 167
ἀρηγών 167, 231
ἀριθμός 180
ἄρκτος 16
ἁρμόζω 279 i. n.
ἀρνός 196
ἄροτρον 180
ἄρουρα 103
Ἅρπυια 207, 282
ἀρρωδεῖν 104
ἄρσην 219, 229
ἀρωγός 167
ἀσκηθής 156
ἄσμενος 154
ἀσταφίς 101
ἀστεῖος 207
ἀστήρ 230
ἄστομος 220 i. n.
ἀστραπή 100
ἄστυ 54, 207, 283
ἀσχαλάω 103
ἄσχετος 142
ἀταρπός 228 i. n.
ἅτερος 279 i. n.
ἄτρεγκτος 63
αὖ 276
αὐαλέος 281
αὐδή 280, 282 i. n.
αὖλαξ 17, 262 i. n.
αὐλή 282
αὔξω 276, 280 seq.
αὔρα 101
ἄϋσας 277 i. n.
αὐστηρός 280 i. n. 281
αὖτε 276
ἀϋτμήν 131, 229
αὖφην 99
αὐχήν 99, 219
αὔω (vocare) 277
αὔω (accendere) 281
αὔως 169 i. n. 276, 280 seq.
ἄφελμα 104
ἀφέωκα 140, 147
ἄφλαστον 262 i. n.
ἄφρων 288
Ἀχαιοί 69
ἀχήν 53
ἄχομαι 63, 160, 161
ἄψορρος 78
ἄωτον 140
βάζω 120, 157, 173
βάθος 129 i. n.
βαθύς 24, 152
βάλανος 268
βάλλω 107, 266, 268
βανά 99, 275
βάπτω 158
βάραθρον 267, 268
βάρναμαι 266
βαρύς 267
βασιλεύς 180
βάσις 281 i. n.
βάσκω 23, 234
βαστάζω 53
βάτην 146, 147
βατήρ 137
βατός 23, 272 i. n.
βάτραχος 6., 100
βαφή 233
βεβάμεν 149
βέβηκα 149, 154
βείομαι 127 i. n.
βελ- 103, 269
βέλεμνον 88, 103, 267
-βελέτης 103, 267, 271
Βελλεροφῶν 203, 218
βένθος 24, 129, ..2
βῆθι 190
βῆμα 137, 138
βήσομαι 137
βῆσσα 152, 172
βία 256 i. n.
βλάβη 233 i. n.
βλάβομαι 160, 161

βλαστός 14, 265 i. n.
βλητός 271, 272
βλωμός 111
βολέμενος 88 i. n.
βόλεται 265
βολή 103
βορ- 98, 111, 265
Βορέας 264
βόσις 150
βόσκω 149, 180
βοτήρ 137, 180, 232
-βοτος 149
βουβῆτις 144 i. n.
βουλεύω 265 i. n.
βούλομαι 111, 265, 266
βοῦς 110, 115, 150, 199, 200, 213
βραδύς 16
βραχεῖν 161
βροτός 97
βρότος 263
βρόχος 278 i. .
βρῶμα 266
βρωτός 263
βυθός 100 i. n.
βυσσοδομεύω 100 i. n.
βωμός 100, 138, 144, 229
βῶν 41, 199
βωρθία 263
βωτάζειν 138 i. n.
βώτωρ 137, 232
γαίω 181
γάλα 268
γαλέη 267
γαλόως 268
γαμφή 101
γάρον 267
γατάλη 101, 138 i. n.
γαῦρος 57, 181
γεγάασι 21
γεγάτην 21, 272 i. n.
γέγηθα 181
γεναθά 39
γέλος 81 i. n.
γενετήρ 272
γέννς 133
γέργερος 55
γίγνομαι 10, 11, 272 i. n.
γλάγος 268
γλάφω 160, 161
γλίχομαι 161 i. n.
γλύφειν 161
γνάθος 100 i. n.
γνήσιος 272
-γνητος 271, 272, 273
γνυθός 100 i. n.
γνύξ 221
γνυπτεῖν 228 i. n.
γνω- 105, 272, 273
γόδα (macéd.) 181
γόμφος 101, 115
γόνυ 29, 86, 221 seq.
γουνατ- 29
γραφή 233
γράφω 160, 161, 163, 287
γράω 160 i. n.
γρόφω 100
γρώνη 138
γρωθύλος 262 i. n.
γύαλον 107
γυμνός 115 i. n.
γυνή 99, 275
δαήμων 107
δαήρ 220
δαίομαι 150
δαίρω 157 i. n.
δαίω (inflammare) 181
δακεῖν 152, 174 i. n.
δάκνω 152, 158
δάλλω 107, 182, 268
δαμάζω 107
-δαμάτωρ 271
δαμεῖν 273, 274
δάμνημι 240, 273
Δάν 198
δαόν 107
δαπάνη 56
δάπτω 56, 158
δαρθάνω 107, 152 i. n.
δαρτός 14, 196 i. n.
δασύς 24
δαυχμόν 99 i. n.
δαύχνα 99 i. n.
δάφνη 99 i. n.
δέδαε 107
δεδαρμένος 12
δέδηα 181
δεδίωχα 140
δέδονται 178 i. n.
δέδοται 149
δείδιμεν 149
δείδοικα 149, 238 i. n.
δείδω 238
δείκνυμι 22 i. n. 153, 187 i. n.
δειμός 75
δεῖπνον 55
δειράς 17
δείρω 157 i. n.
δέκα 29 seq. 102
δέκατος 32
δεκόταν 102, 278
Δελφοί 81
δελφύς 133
δέμας 271
δέμω 95
δένδρεον 207
δέρας 260, 263 i. n.
-δερκτος 14
δέσις 150
δέσποτᾰ (voc.) 93
-δετός 142, 149
δῆγμα 152, 156
δηλέομαι 107, 182
δῆμος 95
δήξομαι 152, 155
δῆρις 287
δηρός 107
δήσω 140
δήω 153, 173
διάδημα 140
διακόσιοι 278
διδάσκω 104, 107
δίδημι 140
δίδωθι 190

δίδωμι 139, 147, 238 i. n.
δίεμαι 140, 142
διέτμαγον 153
ΔιϜειϑεμις 92 i. n.
δικεῖν 161
δίκη 233 i. n.
διssός 286
δίφρος 228 i. n.
διώκω 140
-δμητος (aedificatus) 271
δμητός (domitus) 271, 272, 274
δοάσσατο 73
δόγμα 131, 173 i. n.
δοιοί 94
δολιχός 263
δόλος 80
δολφός 81, 83
δόμορτις 100
δόμος 95
δόρξ 217
δόρυ 29, 86, 96, 221 seq.
δόσις 150
δοτήρ 137, 232
δοτός 149, 180
δουρατ- 29
δοχμός 180
δρᾶμα 137
δραμεῖν 46, 101
δρατός 14, 196 i. n. 260
δρέπανον 79
δρόμος 101
δρόπις 85
δρῦς 207, 221 seq.
δῠ- 261
δυϜανοίη 54
δυσπονής 129
δυσχεραίνω 227
δύω (num.) 147
δω- [illegible]
δῶ 95 i. n.
δῶμα 131
δῶρον 139
δῶρον = παλαιστή 287
δώσω 137
δωτήρ 137, 212, 214
δωτίνη 131 i. n.
δῶτις 131 i. n. 150
δωτορ- 200, 212, 214
δώτωρ 137, 212, 214, 232
ἔᾱγα 154
ἐάγη 154
ἔᾱδα 154
ἐάλην 47
ἔαρ 68, 281
ἔαρ (sanguis) 225
ἔασι 38 seq.
ἔασσα 39
ἑασφόρος 105 i. n.
ἐάφθη 54
ἔβαλον 266, 267
ἕβδομος 30, 275
ἔβην 146
ἔβησα 137
ἔβρων 266
ἐγγύς 277, 279
ἔγρετο 9
ἔγχελυς 279
ἔγχουσα 279 i. n.
ἐγώ 93
ἐδ- 168
ἑδ- 168
ἐδάρην 47 i. n.
ἔδεισα 128, 137
ἐδηδών 168
ἐδηδώς 168
ἐδηξάμην 155
ἔδησα 140
ἔδομαι 127 i. n.
ἔ-δομεν 146
ἕδος 181
ἔδρακον 10
ἐδωδή 168
ἕεδνον 77
ἕηκα 140
ἑῆος 169 i. n.
ἔθεμεν 146
ἔθεται 169
ἔθος 169
ἔθηκα 140
εἰ 56
εἶαρ (sanguis) 225
εἴδετε 127
εἴδομεν 127
εἰδώς 132 i. n.
εἴην 144 i. n. 192
εἴκλον 54
εἴκοσι 102, 275, 278
ἔικτο 71 i. n.
ἔικτον 12
εἰκών 231
-ειλεχώς 71 i. n.
εἴλη 233
εἴληχα 151
εἴληφα 154
εἰλύω 244
εἵμαρται 12
εἶμεν 192
εἷμεν 146
εἶμι 127, 146
εἰνάτηρ 230, 272 i. n.
εἰνοσίφυλλος 164
εἰοικυῖαι 238 i. n.
εἰπεῖν 238
Εἰραφιώτης 34
εἴρη 233
εἰρήνη 144 i. n.
εἷς 46
εἴσομαι 129
εἴω 127, 148
εἴωθα 168
ἑκατόν 102, 278
ἐκέκλετο 11
ἕκηα 169 i. n. 182 i. n.
ἔκομεν 105, 112
ἑκατόμβοια 102, 278
ἔκταν 21
ἐλαθρά 228 i. n.
ἔλαφος 34
ἐλαφρός 157
ἐλαχύς 24
ἔλεγος 81
ἔλεγχος 81
ἑλεῖν 161 i. n.
ἔλεος 81 i. n.

ἐλθεῖν 161, 162
ἑλίκη 53
ἑλιός 34
ἕλμις 18
ἔμβραται 12
ἐμέμηκον 154
ἐμπίς 279
ἐμπυριβήτης 137
ἔνατος 32
ἐνδελεχής 263
ἔνησα 140
ἔνθα 280 i. n.
ἔνθινος 78
Ἐνθουσιασμός 84 i. n.
ἐνίσπε 9
ἐνίσπες 10
ἐννέα 29 seq.
ἕνος 82
ἔντασσι 279
ἐντί 190 i. n. 279
Ενυάλιος 244 i. n.
ἑξήκοντα 143
ἐξωβάδια 169 i. n.
ἔορες 218
ἑορτή 76
ἑός 68
ἔπαρδον 10
ἐπασσύτεροι 98
ἔπεφνον 11, 277 i. n.
ἐπηετανός 275
ἔπηλυς 202
ἐπί 93, 109
ἐπιβλαί 233
ἐπιληκέω 156
ἐπιλήσμων 156
ἐπιμηθής 152, 156
ἐπίξηνον 181
ἔπιπλα 228 i. n.
ἐπίρροθος 169, 173 i. n.
ἐπίσταμαι 146
ἐπίτεξ 219
ἐπλόμην 9
ἔπραθον 10
ἑπτά 29 seq. 41
ἔπτηχα 154
ἐπτόμην 9
ἔπωπα 214
ἔραμαι 22, 166
ἐρατός 23
ἔργον 81
ἔρεβος 130
ἐρείκη 233
ἐρετμόν 180
ἐρεύγω 67
ἔρημος 166
ἐρκάνη 79
ἔρος 81 i. n.
ἐρράγην 167
ἐρρέθην 142
ἐρρηγείας 167
ἔρρηγμαι 167
ἔρρωγα 166 i. n. 167
ἔρση 233
ἔρσην 55, 34
ἐρυγμός 229 i. n.
ἐρυθρός 157
ἐρωδιός 264
ἔσβην 140
ἔσπαρται 12
ἕσπερος 68
ἑσπέσθαι 11
ἕσπον 9
ἔσταλμαι 12
ἕσταμεν 149
ἕσταται 149
ἕστατο 146 i. n.
ἕστηκα 149, 154
ἕστημεν 146
ἕστην 146 i. n.
ἵστησα 137
ἑστία 54
ἔσσευα 21, 128, 182 i. n.
ἑσσύανται 38 i n.
ἔσχον 9
Ἐτεϝάνδρω 207
ἐτεός 207
ἕτερος 279 i. n.
ἔτετμον 11
-ετός 142, 149, 180, 273
-ετοσσε 73
ἔτραγον 180
ἔτραπον 10, 13, 46, 50
ἔτυμος 207
εὔαδον 153, 174
εὐέθωκα 169
εὐήνωρ 165 i. n.
εὐηχής 156
εὐθενία 168
εὐθηνία 168
εὐλάκα 17
εὐλή 117 i. n.
εὐμενής 220, 221
εὐνή 78
εὐπαγής 156
εὐπάτωρ 220
εὐπηγής 156, 171
εὑρεῖν 161 i. n.
ἐΰς 169 i. n.
εὕω 281
ἐφέται 233 i. n.
ἔφθαρμαι 12
ἔφθην 143, 146
ἐφθορκώς 102
ἔχεσφιν 129
ἔχευα 21, 128, 146
ἐχθαίρω 45
ἐχῖνος 97
ἔχις 279 i. n.
ἑωυτόν 100
ϝάναξ 155
*ϝαρνός 196, 229
ϝεσ- (vestire) 173
ϝεσπάριος 55
ϝίκατι 278
*ϝρήν 196, 229
ζαβρόν 228 i. n.
ζαχρηής 182
ζεά 68, 81
Ζεῦ 198
ζεύγνυμι 22 i. n. 153, 187 i. n.
Ζεύς 198, 213
Ζῆν 41, 198
ζόασον 73
ζούσθω 154

ζύγαινα 45
ζύμη 131
ζωμός 131
ζώννυμι 112, 115, 154, 172
ἥβη 144 i. n.
ἡγέομαι 156, 163, 173
ἡγόν 156
ἡδέϝα 200 i. n.
ἥδομαι 153, 173, 174
ἧδος 156
ἡδύς 181
ἤειρε 169 i. n.
ἤθεῖος 169
ἦθος 168
ἠϊκανός 58
ἠλίθιος 75
ἧμα 140, 141
ἧμαι 143, 181
ἦμαρ 28
ἤμβροτον 262 i. n.
ἥμερος 144 i. n.
ἡμερτόν 81 i. n.
ἡμί 143
ἡμι- 144 i. n. 173
ἥμισυς 286
ἧμων 140
-ηνεχυῖαν 71
ἦος 169 i. n.
ἠπάομαι 158
ἧπαρ 18, 28, 225
ἠρέμα 166
Ἠριδανός 56
Ἡρῶ 200
ἥσατο 155
ἥσυχος 144 i. n.
ἧσω 140
ἦτριον 260
ἦχος 164
ἠώς 169 i. n. 215, 219, 276
θαάσσω 155
θάλλω 181
θάλος 156
θάμβος 151
θάνατος 273, 274
θανεῖν 270, 274
θάπτω 158
θάρνυται 266
θάρσος 129, 263 i. n.
θᾶσσον 157
θεός 81 i. n.
θερμός 76
θέρος 119
θέρσος 129
θέσις 150
θετός 142, 145, 149, 175
θηγός 156
θήγω 153, 155
θηέομαι 169 i. n.
θηλέω 156, 181
-θημα 140
θημών 140
θηπόν 156
θήπων 156
θήσω 140
θιγγάνω 151 i. n.
θιγεῖν 151 i. n.
θίς 133
θνητός 273, 274
θοίνη 77
θορεῖν 266
θόρναξ 77
θόρνυμαι 266
θόωκος 155
θρᾶνος 143
θρασύς 129
θρῆνος 167
θρόνος 77, 101
θρώναξ 167
θυγάτηρ 180, 230
θύραξ 99 i. n.
θύω (furere) 261
θωή 287
θωμός 140, 141, 144, 229
θῶξαι 155
θώπτω 156, 158
θωῦμα 100
θωχθείς 155
θώψ 156, 218
ἰαύω 282
ἰαχή 59, 156 164
ἰγνύς 221
ἴδμαι 71 i. n.
ἴδμεν 71 i. n.
ἴδμων 132 i. n.
ἱδρύω 168, 180
ἰδυῖα 233
ἵεμεν 142
ἵζω 45
ἵημι 140, 147
ἰθυπτίων 219
ἱκάντιν 278
ἴκταρ 226
ἵληθι 190
ἱμάτιον 81
ἵμεν 146
ἵμερος 81
ἶξον 234
ἰξύς 226
ἰοδνεφής 129
ἴομεν 127
ἰοντ- 279
ἰότης 280 i. n.
ἴουλος (vermis) 117 i. n.
Ἰοῦν 200
Ἰοφῶν 218
ἵσᾱμι 147
ἴσος 286
ἵστημι 143, 147, 184, 238
ἵστωρ 132 i. n.
ἴσχι 226
ἰσχίον 226
ἰωγή 155
καγκύλας 104
Καιάδας 119
καίατα 119
καινός 119
καίνω 108, 157
καίω 182
κάκαλον 59, 182
κάλαθος 267
κάλαμος 107
καλιά 267
κᾶλον 115
καλός 119

καμάρα 119
κάμαρος 275
κάματος 271, 273, 274
καμεῖν 274
κάμπη 119
κανάζω 101
κάνδαρος 58, 183 i. n.
κάπτω 158
καπύω 103
κάπων 180
καρδιά 16
κάρη 267 i. n.
κάρρα 288
κάρρων 111
κάρσις 15
κάρταλος 101
καρτός 14
κάρχαρος 17
κατάρκας 224
κάτηδα 168
κατύ 102
καχλάζω 158, 169, 17
κάχληξ 101
κείω 127 i. n.
κεκαδήσει 166
κεκαδών 166
κεκάσμεθα 178
κεκαφηώς 155
κέκευται 100
κέκηδα 154
κέκηφε 154, 155, 158
κεκλεβώς 71 i. n.
κέκοκε 112
κέκονα 103
κέκῡφα 158 i. n.
κελαινός 17
κέλευθος 81
κελεφός 81 i. n.
κέλης 119
κεν-τ- 76
κέπφος 81
κεράμβυξ 16 i. n.
κέραμος 180
κέρας 220 i. n.
κέρασσαι 271
κέρδιστος 130
κέρκος 81
κεφαλή 53, 285
κέχανδα 152
κέχλᾱδα 158, 169
κῆδος 156
κήδω 153, 176
κηκίω 176
κῆρ 16, 224
κηρός 143
κῆτος 156
κῐκυς 180
κινέω 187 i. n
κίνυται 187 i. n.
κιχάνω 144 i. n.
κίχημι 141, 144 i. n.
κλευσόμεθα 129
κληΐς 101, 169 i. n. 182
-κλητος 271
κλοιός 101
κλόνις 110, 112, 115
κλύω 160, 161
κλωβός 182
κλώθω 112, 153, 267
κλῶμαξ 168
κλώψ 214
κμητός 271—274
κναδάλλεται 156
κνηκός 272 i. n.
κνώδαλον 156
κνώδων 156
κνωπεύς 156
κνώψ 156
κόγχη 83
κογχύλαι 104
κοθαρός 100
κοίης 113
κοιλογάστωρ 220
κοιμάομαι 75
κολοκάνος 263 i. n. 264
κολοσσός 264
κόλυβος 100
κομβολύτης 261 i. n.
κόναβος 101
κονή 103
κόνις 99, 108
κόντος 76
κοπή 233
κόπρος 103
κόπτω 112, 164, 180
κόραξ 110, 115
κόρζα 100
κόρθυς 86
κόρση 111, 258 i. n. 262, 263, 288
κορσό- 78
κόσμος 108, 173, 180
κότταβος 180
κόχλος 101
κοχώνη 279 i. n.
κράατος 224, 259
κραίνω 101
κράνος 107
κρατήρ 271
κράτιστος 130
κρατύς 130
κρέας 53
κρείσσων 130
κρήμνημι 168, 173
κρημνός 168
κρήνη 101
κρόκος 262 i. n.
κροκύς 86
κρόμβος 100
Κρόνος 101
κροτώνη 101
κρουνός 101
κρῶμαξ 168, 167
κτᾰ- 21, 23, 274
κτανεῖν 46, 274
κτάομαι 142
κτείς 219
κτέρες 219
κύκλος 99
κύλιξ 99
κυματωγή 138, 155
κυνός 26, 196, 231
κυνοφόντις 76 i. n.
κύρνος 107
κύων 105, 196, 231

κώπη 155
κωφός 164, 180
λαβεῖν 151, 153, 173
λαγάσσαι 166
λαγεινά 283
λαγχάνω 103, 151
λαθεῖν 153
λάθρα 157
Λάκαινα 45
λακεῖν 153, 162
λαμβάνω 151, 158
λαμπτός 151
λάμψομαι 151
λανθάνω 61, 151, 158
λαπτυήρ 220
λάπτω 158
λάσκω 159
λαυ- 78
λαυκανίη 17, 25, 99
λαυχάνη 25, 99
λαχεῖν 151
λάχνη 263
λάω 160 i. n.
λέαινα 116 i. n.
λειχήν 219, 229
λέκτρον 133
λελαβέσθαι 154
λέλαθον 154
λελάκοντο 154
λελακυῖα 155
λέλασθαι 155
λελασμένος 153, 155
λέλεγα 71, 73
λέλειπται 71
λέληθα 153, 154, 155
λέληκα 135, 154, 159
λέλογας 73
λέλογχα 103, 151
λέμφος 286
λεύκη 233
λευκός 81
λήγω 166
λήθω 61, 153, 158
ληΐς 181
λῆμμα 156
ληπτός 151, 157
λῆρος 60
λήσομαι 153, 155
Λητῴ 200, 213
Λητοι- 200
Λητοῖ 200, 214
λήψομαι 151, 155
λίβει 161
λιβρός 157
λιμήν 131, 220, 229
λίμινθες 18
λίμνη 33
λιμπάνω 151, 158
λίτομαι 160, 161
λόγχη 103
λοιγός 83
λοιμός 75
λοιτός 75, 76
λοξός 78
λοῦσον 84 i. n.
λυγρός 157
λύκος 99
λυμαίνομαι 75
λύμη 75
λυμνός 115 i. n.
λύπη 233 i. n.
λυσκάζει 84 i. n.
λύχνος 229 i. n.
λύω 161, 261
λώβη 155
λωγάς 156
μαδάω 56, 172
μαθεῖν 152
μάθος 156
μαίνομαι 182
μαίομαι 137, 138 i. n.
μακεῖν 161
μᾱκοάω 155
μακρός 63, 156, 157
μᾶλλον 157
μάνδρα 287
μανθάνω 151, 152
μάντις 182
μάρναμαι 266
μάρτυρ 207
μασάομαι 61
μᾶσσον 157
μάσσω 56
μάσταξ 99
μασχάλη 101
μᾱτήρ 137.
ματίον 142
-ματος 23, 272 i. n.
ματύαι 99
μάχη 233 i. n.
μάχλος 100
μάχομαι 160, 161
μέγας 53, 54
μέδιμνος 80
μέθη 233
μέθυ 282
μείων 130
μέλε (ὦ) 81
μεμακυῖαι 155
μέμαμεν 270
μέματον 21
μεμαυῖα 21
μέμβλεται 11
μεμηκώς 154
μέμηλα 169
μέμηνα 182
-μεναι (inf.) 92, 204
μενετός 273
μενθῆραι 152
-μενο (suff.) 88
μεσόδμη 233
μεταμώνιος 138 i. n.
μέτερρος 46
μετήορος 169 i. n.
μέτρον 142
μήκιστος 156
μῆκος 137 i. n. 156
μήκων 143, 231
μῆνις 182
μήτηρ 61, 65, 230, 232
μῆτις 143
Μητρῴ 200
μῆχος 60, 156
μία 46
μιμνήσκω 270

μίμνω 10, 11 i. n.
μινύς 130
μισθοφορά 84
μνήμη 270
μοῖτος 76
μόκρων 109
μολεῖν 265
μολπίς 85
μόμφις 85
μόννος 106, 114
μόνος 285
μόρναμαι 266
μόρσιμος 78
μορτή 76
μόσχος 101
Μοῦσα 76
μυκλός 100
μύλη 266, 267
μύρκος 266
μύσταξ 99
μῶκος 155
-μῶν- (suff.) 131, 219
μῶνυξ 285
ναίω 54
νάπη 233 i. n.
νᾱρός 101
ναυᾱγός 156
ναῦος 54
ναύω 54
νάω 54
νείφει 83, 277 i. n.
νέκες 219
νέκταρ 210
νέκυς 133, 199
νένοται 112 i. n.
νέξας 281
νεογνός 228 i. n.
νεοθηλής 156
νέομαι 54
νέος 68, 82, 211
νέποδες 227 i. n.
νέφος 67, 129, 281
νέω 54
νήθω 141
νῆμα 140
νηός 169 i. n.
νῆσος 101
νῆσσα 58, 272
νόα 103
νόθος 156
νομάς 156
νόος 54, 108, 112 i. n.
νόσος 78
νόσφι 179 i. n.
Νότος 101
νύκτωρ 196 i. n.
νύμφᾰ (voc.) 93, 135, 217
νύξ 99, 100, 114, 180, 227
νῶ 111, 147
νώγαλον 156
νωθής 156
νῶτον 105
ξαίνω 181
ξένος 81
ξόανον 78, 79
ὁ 93
ὁ- 278
ὄαρ 218 i. n.
ὄγκος 104
ὄγμος 102, 103, 139 i. n.
ὀδάξω 101
ὄδερος 181
ὀδούς 279
ὄζος 115
ὄζος Ἄρηος 103
ὄζω 96, 115
ὄθη 233 i. n.
ὄθομαι 112, 160, 161
οἶδα 71
οἴη 282 i. n.
οἶκοι 91
οἶκος 83
οἶμα 131
οἶνος 77
οἰνώψ 214
ὀΐομαι 112
οἷός 201
ὅτις 114, 201
οἰσπάτη 138 i. n.
οἰσπωτή 138 i. n.
οἶστρος 101
οἰσύα 231
οἰωνός 101
ὄκνος 77
ὀκ- 115
ὀκτα- 30 i. n.
ὀκτώ 109, 114, 147
ὄλβος 103
ὀλείζων 130
ὀλέκρανον 276
ὁλκάς 156
ὁμαλός 100
ὄμβρος 97, 277, 278
ὀμιχεῖν 101
ὄμνυμι 112, 244
ὁμοκλή 233
ὁμός 95
ὀμφαλός 180
ὄναρ 104
ὀνητός 137
ὀνήτωρ 137
ὄνομα 97, 99
ὀντ- 279
ὄνυξ 97, 99
ὄνω 100
ὀξύς 108
ὀπάων 109, 114
ὄπιθεν 109
ὄπις 109
ὀπός 115
ὀρ- 110, 265
ὄργανον 79
ὀργή 263
ὄργυια 207
ὄρεσφι 216
ὀρθός 263
ὀρκάνη 79
ὄρνις 115
ὄρνυμι 266
ὀρόδαμνος 264
ὀρός 83
ὄρπηξ 167
ὀρράτω 73
ὄρρος 115

ὀρρωδεῖν 104
ὄρσο 253 i. n. 265
ὀρσο- 262 i. n.
ὀρφανός 115
Ὀρφεύς 262 i. n.
ὄρφνη 77
ὄρχαμος 103
ὀρχέομαι 262 i. n.
ὄρχις 262 i. n.
ὅσιος 279
ὄσσε 97, 114, 225, 226
ὀσσητήρ 109
ὀσταφίς 101
ὀστέον 225, 226
ὅστινος 226
ὄστρεον 226
ὅτλος 228 i. n.
ὄτταβος 180
οὖθαρ 18, 225
οὐλαμός 75
οὖλος 263
οὐρανός 181
οὖρος (ventus) 101
οὖς 114, 224, 225
οὐσία 45
οὐτάω 101, 188 i. n.
ὄφις 277, 278, 279 i. n.
ὀφλοί 228 i. n.
ὄχανον 79
ὀχέω 73, 129
ὀχθέω 103
ὄχμα 131
ὄχος 129
ὄψ 97, 203, 214, 217
παγερός 157
παθεῖν 20, 24, 61, 103, 152, 279 i. n.
πάθος 129 i. n.
παῖς 101
πακτόω 157
παλάμη 267
παλίνορσος 78
παλίντονος 85
πᾶμα 137
πανδαμάτωρ 273, 274
πανδημεί 91
πάομαι 119 i. n.
παρά 107, 111, 267, 268
παραβλώψ 214
παραί 268
παραλέξομαι 129
παραύα 114
παρήϊον 114
παρθένος 101
πάρος 267
Παρρασία 34
πᾶς 119 i. n.
πάσχω 61, 152
πατάρα 55
πατήρ 175, 180, 230 i. n.
πάτος 24
πατράσι 18, 209
πατροκτόνος 85
πατρόκτονος 85
Πατρῴ 200
πατρῶν 209
παῦρος 60, 181
παχύς 23
πέδη 233
πέδον 81
πεῖραρ 221 i. n.
πέλασσαι 271
πέλεθος 81 i. n.
πέλεκυς 133
πελεμίζω 267
πελιός 105
πέλμα 132
πελός 81
πέμπτος 32
πένθος 129, 152
πέντε 31
πεντήκοντα 143
πεπαγοίην 154
πεπαθυῖα 22
πεπαρεῖν 101
πεπαρμένος 12
πέπεισμαι 71
πέπηγα 154
πεπορασμένος 101
πέποσθε 22
πέποσχα 103
πέποται 149
πεπτηώς 140
πέπτωκα 140
πέπων 219
πέρασαι 266, 271
περκνός 17, 81
πέρκος 81
πέρνημι 266
Πέρραμος 46
Περσέφαττα 203
πευθήν 219, 229
πεύθομαι 67
πεύκη 233
πέφανται (φεν) 21 i. n.
πέφαται 21
πέφευγα 71 i. n.
πέφη 148
πέφηνα 154
πεφήσεται 148
πῆγμα 156
πήγνυμι 59, 152
πηκτός 157
πῆμα 144 i. n. 152
πῆξαι 152, 155
πήξω 155
πηρός 60, 181
πήσας 152
πήσομαι 152
πήττω 158
πῆχυς 96, 173, 199
πικρός 157
πίμπλαμεν 13, 253
πίνω 180
πιπίσκω 180
πίπτω 11, 140
πίστις 230
πιφαύσκω 182
πιφράναι 13
πίων 219
πλᾶτίον 271
πλατύς 16
πλέθρον 16
πλεύμων 132
πλευρά 132 i. n.

πλήων 169 i. n.
πλησίον 271
πλόκαμος 75
πλοῦτος 76
πλώω 67
ποδ- 97, 134, 213, 215, 217
πόθος 103, 279 i. n.
ποιμαίνω 45
ποιμήν 131 i. n. 220
ποίμνη 33
ποίμνιον 45 i. n.
ποινή 74, 77, 78, 138
πολιός 105
πόλις 264
Πόλυβος 213
πόλυντρα 100 i. n.
πολύρρην 196
πολύς 264
πολύφᾶνος 138 i. n.
πόμα 137
πομφόλυξ 264
πόπανον 79
πορεῖν 265
πόρκος 110, 115
πορνάμεν 266
πόρνη 78, 266, 272
πορόντες 267
πόρπαξ 167
πόρρω 111
ποτί 111
πόρτις 263
πορφύρω 266
Ποσειδάων 227
πόσθη 110
πόσις (conjux) 96, 97, 98, 114, 227
πόσις (potio) 150
πότερος 89, 94
ποτήριον 137
ποτί 113
πότμος 74
πότνια 227
ποτός 149
ποῦς 213
ποῦς (puer) 101
πρακνός 17
πράσον 17
πρᾶτός 271, 272
πρειγευτάνς 40
πρηνής 107, 267 i. n.
πρόβασις 180
πρόβατον 114, 180
πρόσσω 111
προσώπατα 29
προτί 111, 113, 114
πρόφρασσα 29
πρόχνυ 221
πρώϊος 263
πρωκτός 262 i. n.
Πρωτεύς 156
πταίρω 103
πτακών 153, 285
πτῆξαι 155
πτήσσω 153, 157
πτοία 101
πτολίπορθος 85 i. n.
πτόρθος 101
πτόρμος 103
πτῶμα 140 i. n.
πτώξ 156, 218
πτῶσις 140 i. n.
πτωχός 155
πυγμή 229 i. n.
πυθμήν 131, 220, 229, 232
πύλη 99
πύματος 110
πυνθάνομαι 151
πυνός 110
πῶμα 137
πώς 213
ῥαγεύς 166
ῥαγῆναι 167, 180
ῥακτοί 17 i. n.
ῥάμφος 99 i. n.
ῥάνα 196 i. n.
ῥαπίς 101
ῥάπται 17 i. n.
ῥάπτω 58, 103, 286
ῥαφή 233
ῥεγεύς 166
ῥέζω (tingere) 166
ῥέμβος 81
ῥηγεύς 166
ῥήγνυμι 153, 166 i. n. 167
ῥῆγος 166, 173
ῥήτωρ 144 i. n.
ῥογεύς 166
ῥόδον 97
ῥόθος 164
ῥόμος 18
ῥομφεύς 103, 285
ῥόος 80
ῥόπαλον 101
ῥόπτρον 133
ῥοφέω 74
ῥύγχος 99
ῥωγαλέος 167 i. n.
ῥωθιός 264
ῥώθυνες 99 i. n.
ῥώθων 164
ῥώομαι 158, 169
ῥωχμός 167, 229
ῥώψ 214
σάγη 233 i. n.
σαίρω 181
σαπῆναι 153, 154
σαπρός 56, 157
σάττω 157
σαυκός 286
σαυσαρός 69, 84, 183 i. n. 286
σέρφος 81
σεσαρυῖα 155, 181
σέσηπα 154
σῆμα 137, 147
σήπω 153
σίαλον 286
σκαληνός 101
σκάλλω 181
σκάπτω 158
σκελετός 271
σκέπη 233
σκηνή 101
σκήπτω 158

σκήπων 60, 231
σκίρον 113
σκληρός 271
σκοιός 101, 112
σκολιός 101
σκοπέω 73
σκοτομήνιος 120 i. n.
σκότος 101, 112, 120 i. n. 129
σκώληξ 167, 181
σκώπτω 158
σκώρ 225
σκώψ 214
σμῶδιξ 138
σμώνη 138
σοῦται 127 i. n.
σοφός 103
σπάνις 142
σπαργάω 103
σπαρέσθαι 46
σπαρνός 229 i. n.
σπάρτον 14
σπαρτός 14
σπατίλη 138 i. n.
σπινθήρ 220
σπλάγχνον 180
σποράς 156
σποργαί 103
στάλσις 15
στάσις 150
στατός 136, 149, 175, 180
σταυρός 54
στέγη 233
στέγω 168
στένιον 81
στένος 81 i. n.
Στέντωρ 80, 132
στεῦται 127
στέφανος 79
-στημα 137
στήμων 136, 137
στήσω 137
στίβος 228 i. n.
στιγμή 229 i. n.
στιφρός 157
στίχειν 161
στίχος 228 i. n.
στορ- 111, 263 i n. 265
στόρνυμι 266
στόχος 279 i. n.
στραβός 228 i. n.
στραγγός 101
στράτος 260
στρογγύλος 101
στροπά 100
στρότος 100
στρόφις 85
στρωμνή 266
στρωτός 260, 263, 266
στυγεῖν (aor.) 161
στῶμιξ 138
-συ (suff.) 286
συβώτης 137
σύζυξ 202
σύμπωθι 190
σφάζω 157
σφαραγέω 267
σφεδανός 138
σφοδρός 138, 157
σχές 10
σχῆμα 140
σχολή 103
σωρός 181
σῶτερ 214
ταγός 156, 158
τακερός 157
τακῆναι 154
ταλ- 107, 268
ταλα- 267, 273
ταλαίπωρος 181
ταμεῖν 269, 274
-τανο (suff.) 275
τάνυται 22, 244
τανυ- 275
ταρβέω 107
ταρνόν 229 i. n.
ταρσός 228 i. n.
ταρτημόριον 17
ταρφύς 50
τάσσω 158
-τᾱτ (suff.) 285
τατός 23, 272 i. n.
ταφεῖν 151, 161
ταφή 233
ταχύς 157, 181
τέγος 168
τεθαλυῖα 155
τέθηκα 149
τέθηλα 181
τέθηπα 151, 154
τέθνᾰμεν 273
τεθνηῶτα 169 i. n.
τέθραμμαι 50
τεθωγ- 155, 159
τεῖδε 91
τειμή 75
τεῖος (cret.) 119 i. n.
-τειρα (suff.) 212 i. n.
τείρω 157 i. n.
τεῖσαι 74
τεῖχος 129, 151 i. n.
τέκμαρ 28
τέκνον 77
τέκταινα 45
τέκτυνες 98
τελαμών 131, 266, 270
τέλασσαι 266, 273
τέλσον 81
τέμαχος 266 i. n. 269, 271, 272, 274
τέμενος 266 i n. 274
τέμμαι 118 i. n.
τέναγος 278
τενθρήνη 167
-τέο (suff.) 207
τεράμων 131, 266
τέρεμνον 88, 266
τέρετρον 266, 271
τέρεσσεν 266
τέρην 219, 229
-τερο (suff.) 89
τέσσαρες 58, 119, 210
τετάρπετο 11
τέταται 21
*τετεκαμεν 71 i. n. 134

τέτευχα 71 i. n.
τέτηκα 154, 159
τέτλαμεν 12, 149
τετμεῖν 74
τετραίνω 266
τέτυγμαι 71 i. n.
τέχνη 77
τέφρα 111 i. n. 277 i. n.
τῆθος 156
τηκτός 157
τήκω 63, 153, 163
τήξω 155
τιθασός 142
τίθεμεν 142
τίθημι 140, 143, 147
τίνυται 244
τιταίνω 45
τιτρώσκω 266
τλῆθι 190
τλήμων 137, 270
τμάγεν 153, 154
τμήγω 153
τμητός 269—272, 274
τό 92
τοί 93
τοῖχος 80
τοκάς 156
τόνος 80
τόξον 78, 108
τόργος 262 i. n.
τορεῖν 265, 266
τόρμος 74
τουτεῖ 91
τοφιών 111 i. n.
τρᾱνής 267 i. n.
τράπελος 17
τραφεῖν 50
τράφω 55
τράχω 55
τρητός 271
τριάκοντα 278
τριακοστός 278 i. n.
τρίπος 213
τριχάϊκες 69
τρόνος 262 i. n.
τροπέω 74
τρόφις 85
τρόχις 85
τρυφή 233, 277 i. n.
τρώγω 153, 180
τρωννύω 244
τρωπάω 165 i. n. 214
τρώω 263
τύκειν 161
τύκος 228 i. n.
ὑάλη 117 i. n.
ὑγιής 212 i. n. 280 i. n.
ὕδω 280 i. n.
ὕδωρ 225
ὑλάω 60
ὑμήν 131
ὕμνος 84
ὑπά 102
ὑπέρ 89
Ὑπερβόρειοι 264
ὑπερῷον 282 i. n.
ὕπνος 77
ὑπό 102
ὑπόδρα 16
ὑρειγαλέον 167 i. n.
ὑσμίνη 131 i. n.
ὑτθόν 280 i. n.
φαγ- 83, 96, 116, 154, 161, 173, 177,
φαγεῖν 154, 161
φάεα 169 i. n. 182
φαμέν 146, 147
φαρόω 107, 268
φάρυγξ 267
φάρω 55
φάσκω 149
φάτις 150
-φατος (φεν) 23, 272 i. n. 277 i. n.
φατός (φᾱ) 149
φαῦος 154
φειδός 286
φέριστος 130
φέρμιον 75
φερνή 77
φερτός 14
φῆμα 137
φήμη 138
φημί 146, 147
φήσω 137
-φητωρ 137
φθάμενος 146
-φθαρτος 14
φθείρω 157 i. n.
φθήσομαι 137, 143
φθόη 112
φθόσις 112
φιλήρετμος 165 i. n.
φλαδεῖν 161
Φλέγυς 18
φλέγω 173 i. n.
φλόξ 217
φοβέω 73
φοινίκανς 40
φοινός 78
φοξός 164
φόρβυ 86
φορέω 73
φόρμιγξ 85
Φορωνεύς 264
φρασί 26
φράτηρ 230
φρήν 26, 219, 229, 288
φρόνις 85
φροντίς 76 i. n.
φῦ- 261
φυγή 233
φύξις 230
φύρω 266
φώγω 110, 115, 153, 163, 164
φώζω 153, 157
φωνή 138
φώρ 214
χάζω 157
χάλαζα 263 i. n. 268
χαμαί 93, 101, 275
χανδάνω 151
χάος 54
χαρμονή 88 i. n.

χάσκω 60
χατίζω 150
χάτις 150
χαῦνος 54
χειή 102 i. n.
χείρ 227
χείσομαι 151
χέλυς 133
χέρσος 14, 81
χθών 101, 218
χίλιοι 81
-χιμος 229
χιών 212, 218
χλεύη 233
χλιερός 55
χλούνης 262 i. n.
χόανος 79
χόδανος 79
χολάς 263 i. n. 264
χοῖρος 262 i. n.
χολή 115
χορδή 262, 263 i. n. 264
χόριον 264
χόρτος 76, 77
χοῦς 217
χραίνω 264 i. n.
χράομαι 142
χραύω 182
χρόμις 85
χρυσόκερως 220 i. n.
χρυσοραγές 166
χρυσός 263 i. n. 265
χρῶμα 264 i. n.
χρώς 264 i. n.
χυμός 131
χώομαι 153, 173
χώρα 138, 156
ψάλυξ 267
ψευδής 129, 201, 220
ψήχω 155
ψυδρός 157
ψωμός 138
ψώρα 138
ψῶχος 155
ψώχω 155 i. u.
ὠβά 282 i. n.
ὠδίς 168
ὠθέω 112, 164
ὠκύς 108, 156, 172
ὠλέκρανον 276
ὠλένη 276
ὠμηστής 168
ὠμός 155, 172
ὦμος 104, 115
ὤνησα 137
ὦνος 78
ὠτειλή 138 i. n.
ὠχρός 156, 157.

RENVOIS.

Lat. *sanguis* 28 i. n. 235.
Skr. *sasavấn* 22, 35.

Errata.

P. 17, l. 5 d'en haut,	lire *fornus*	au lieu de	**fornus*.
P. 20, note 3,	— la « vriddhi »	--	le « vriddhi ».
P. 22, l. 16 d'en haut,	— *ϙ̊πμαι*	—	*ϙ̊ημαι*.
P. 28, ll. 2 et 4 d'en bas,	— *ἦμαϱ*	—	*ἦμαϱ*.
P. 61, l. 6 —	— vieux latin	—	vieux-latin.
P. 65, l. 7 d'en haut,	— *svŏtja-*	—	*svŏtya-*.
P. 70, l. 4 —	— intimement	—	intimément.
P. 79, l. 1 d'en bas,	— la règle	—	le règle.
P. 86, l. 12 —	— *φεϱβ*	—	*φέϱβ*.
P. 92, note 2,	— différentié	—	différencié.
P. 107, l. 7 d'en bas,	— allusion	—	allusions.
P. 113, l. 2 d'en haut,	— *ćhāyá*	—	*chāyá*.
P. 125, l. 1 d'en bas,	— veut	—	vent.
P. 166, l. 3 —	— rac. λην, gr λήγω	—	rac. λην.
P. 207, l. 5 —	— *yantúr*	—	*yantúr*.
P. 228, note,	— *ἀταϱπός*	—	*ἀτϱαπός*.
P. 229, l. 8 d'en bas,	— 196	—	195.
P. 254, l. 8 —	— *çro*	—	*çrō*.
P. 256, l. 10 d'en haut,	— *ūti*	—	*ŭti*.
P. 272, l. 4 d'en bas,	— **gn̥̄o*	—	**gn̥o*.

www.ingramcontent.com/pod-product-compliance
Lightning Source LLC
Chambersburg PA
CBHW071533160426
43196CB00010B/1761
* 9 7 8 2 0 1 2 5 8 6 3 3 8 *